그림으로 쉽게 배우는 장영일 포인트 레슨

초보자를 위한 **골프 입문**

그림으로 쉽게 배우는 장영일 포인트 레슨

초보자를 위한
골프 입문

장영일 지음 | 이용훈 그림

골프아카데미

▷ ▷ ▷ 추천의 글

　오늘 여기 장영일 프로의 귀한 원고를 받고 보니 마음의 눈이 새롭게 뜨입니다. 오랜 세월 오직 골프만을 생각하고 노력해 온 그임을 매우 잘 알기에 감개 무량합니다.
　골프 종목도 이제는 한민족의 유전자적인 잠재 능력을 개발하여 국제경쟁력과 경제성이 높고 외화 획득과 국위 선양을 할 수 있는 정책적인 종목으로 집중 육성할 시기가 도래한 것 같습니다.
　장영일 프로의 이 책은, 골프의 요체는 무엇이며 어떻게 하면 이를 쉽게 익힐 수 있는가에 관해 엔지니어링 측면에서 수많은 실전 경험과 누구도 부인할 수 없는 물리적이고 과학적인 근거에 입각한 레슨서입니다.
　우리 나라를 비롯한 동양인의 골프가 국제적 수준으로 향상되기 위해서는 서양 이론의 추종이나 단순한 모방의 수준을 넘어 우리 체형에 맞는 과학화된 스윙 체제를 이루어야 합니다. 실로 이 책은 그러한 점에 부합하는 좋은 교과서라고 여겨집니다.
　모쪼록 골프에 입문하는 많은 사람들이 비교 분석할 수 있는 필독서가 되었으면 하는 바람이 큽니다. 앞으로 더욱 정진하여 한국 골프의 발전에 기여하기를 기원합니다.

프로 골퍼 　연 덕 춘

▷ ▷ ▷ 지은이의 말- 골프란 어떤 스포츠인가

여러분은 지금도 슬라이스나 훅 때문에 고생하고 계십니까?

오랫동안 골프를 해 오면서도 지금까지 알지 못하던 부분 및 의문점을 누군가가 나타나서 골프의 알파와 오메가를 속 시원하게 알려 주었으면 하는 바람은 초보자나 프로나 마찬가지일 것입니다. 영국에서 골프가 발생한 지 500여 년이 흐르는 동안 교습서나 레슨서 말고도, 역사 · 평론 · 해석 · 코스 설계 · 클럽 구조 등에 관해서 동서의 명인과 평론가 및 사가들이 쓴 책은 매우 많아서 도서관 하나쯤은 능히 채우리라 봅니다.

알면 알수록 항상 부족함을 느끼는 것이 골프인 것 같습니다. 골프에는 굶주림만 있지 결코 포만감은 없다는 생리 탓이겠지요.

저는 진실로 프로 골퍼를 신이 내리신 직업이라는 소명감 속에 골프를 신앙처럼 여기고 살아가고 있습니다.

제 스승은 일제 치하 때 일본 골프장에 징발되어 골프를 운명처럼 만난 분입니다. 저는 그분의 문하생으로서 전수받고, 선수 생활을 경험했고 지금은 지도자로서 학문을 탐구하는 중입니다.

그 동안 제가 피나는 노력으로 습득한, 서로가 부인할 수 없는 물리적이고 과학적인 이론에 맞추어 골프를 사랑하시는 여러분과 공감대를 형성할 수 있는 모던 골프로 안내해 드리겠습니다.

골프가 주는 교훈은, 첫째 자기 스스로를 지배할 수 있는 자제력을 기르는 것이며, 둘째 어떤 불운도 감수하는 미덕을 갖는 것입니다. 바로 그러한 점에 맞추어 기량과 교양적인 측면에서 말씀드립니다.

18홀에서 100을 치는 골퍼는 '골프를 소홀히 하는 비순수파'라고 하며, 90을 치는 사람은 '가정을 소홀히 하는 사람', 그리고 70을 치는 사람은 '가정과 사회와 사업과 만사를 소홀히 하는 사람'이라는 속언이 있습니다.

과연 그럴까요.

골프를 잘하려면 시간과 정력과 돈, 3요소가 필요하다는 속언 역시 그럴 듯합니다. 하지만 분명한 것은, 3요소를 마구 쏟는다고 해도 누구나 정상의 실력과 뛰어난 품성을 골고루 갖춘 골퍼가 되지는 않지요.

골프는 18세기 중엽 스코틀랜드 지방의 양 치는 목동들의 놀이에서 발상해서 오늘날의 귀족적인 스포츠로 발달하였습니다.

우리 나라에서는 1897년 원산에서 세관 관리로 고용된 영국인들이 세관 구내에 6홀을 만들어 경기한 것이 처음입니다. 그리고 오늘날에는 국내 유수의 골프장에서 세계적인 선수권대회를 개최하기에 이르렀습니다.

하늘에서 골프장 코스를 내려다보면 18명의 여인의 몸매를 표본으로 설계했다는 말이 맞는 것 같습니다. 이처럼 골프는 정복의 스포츠입니다.

골프의 심리적인 특성은, 첫째 구타·파괴 본능 충족, 둘째 자아 실현(성취 쾌감), 셋째 사회성 실현(성취 쾌감), 넷째 정교성(가장 넓은 공간에 가장 적은 홀), 다섯째 성적 매력(퍼팅)을 지닌 스포츠라고 할 수 있습니다.

이 책에서는, 문화·인체 공학·음식 등의 여러 면에서 우리와 매우 다른 서양인들의 여가 선용 스포츠를, 동양인 특히 우리 한국인의 체형에 맞추어 과학적이고 체계적인 농축된 엑기스 레슨으로 정립, 현대적인 감각에 맞추어 고감도 고품격의 지상 레슨을 실시하려고 합니다. 기초반에서 고급반(싱글로 가는 길)에 이르기까지 총 3권으로 묶어 효율적인 레슨을 기고해 올리겠습니다.

2001년 첫 달에

뉴질랜드 체육대학교 골프학과 교수
프로 골퍼

그림으로 쉽게 배우는, 초보자를 위한 골프입문

차 례

- 추천의 글   4
- 지은이의 말   5

골프 기초 상식
프로 골퍼의 에티켓   14
스텐스의 폭과 볼의 위치   17
스윙   19
백스윙   22
톱 오브 스윙   24
다운스윙   26
임팩트   28
팔로스루   30
피니시   32

골프장 이 말 저 말
골프는 등 뒤로 하는 게임이다   34
명필은 붓을 가리지 않는다   36
나이 들어 골프는 다리로 친다   38
골프에 천재 없다   40
골프는 마음을 벌거벗기는 스포츠   42

장영일 포인트 레슨
올바른 그립   44
골프는 근육 기억법으로 배운다   46
슬라이스의 원인 3가지   48
슬라이스를 치유하려면   50
'3삼각' 유지 타법   52

체형별 스윙법   54
겨울철 코스 공략법 - 맞바람   58
겨울철 코스 공략법 - 트러블샷   60
다운스윙하는 요령   62
임팩트   64
팔로스루   66
어프로치샷의 정석 - 피치샷   68
어프로치샷의 정석 - 피치앤드런샷   70
어프로치샷의 정석 - 러닝 어프로치   72
페어웨이 우드 공략 비법   74
아이언샷의 기본   76
볼이 디벗에 들어갔을 때   78
70~80야드 거리 공략법   80
비거리 늘리는 비책   82
웨지샷에서 훅이 자주 나는 이유   84
왼팔이 스윙 궤도에 미치는 영향   86
스핀 거는 펀치샷   88
캔을 이용한 효율적인 퍼팅 연습   90
단단한 바닥에서의 피치샷   92
똑바로 굴리려면 낮게 쳐라   94
벙커샷의 원리를 이해하자   96
스웨이는 파워를 비축할 수 없다   98
헤드업은 쓸데없는 걱정이다   100
깊은 풀에서 퍼팅을 시도할 때   102
고질적인 슬라이스를 없애자   104
OB, 이제 두렵지 않다   106
티샷이 숲속으로 들어갔을 때   108

그림으로 쉽게 배우는, 초보자를 위한 골프입문
차 례

도그레그홀 공략 요령	110
여성 골퍼의 어드레스 점검	112
경사가 볼의 탄도에 미치는 영향	114
의도적인 훅샷의 공략	116
의도적인 슬라이스샷	118
연습은 어떻게 무엇을 왜 해야 하는가	120
롱퍼팅을 할 때 주의할 점	122
쇼트 퍼팅	124
섕크는 기량이 향상된 미스샷이다	126
티의 높이를 잘 몰라 생기는 미스샷	128
클럽을 내린 각도는 어느 정도가 이상적일까	130
슬라이스와 훅의 효과적 연습법	132
다음 타구를 치기 좋은 쪽으로 공략해야	134
드로볼 공략 방법	136
롱아이언을 능숙하게 다루는 요령	138
그립은 양손으로 '걸레를 짜듯이'	140
겨울철 100야드 이내의 컨트롤샷	142
효과 만점의 칩샷	144
백스윙은 왜 천천히 해야 하는가	146
오버스윙 교정법	148
바람을 이기는 티샷 요령	150
섕크, 이렇게 교정한다	152
왼발이 아래로 내려가는 경사 공략법	154
잔디벙커를 만날 경우	156
티샷의 지혜	158
50~60대 골퍼의 불평	160
롱퍼팅은 과감하게	162
좁은 홀은 페이드 공략이 최선	164
비거리를 늘리는 비결	166
그린에서 긴장 완화시키는 방법	168
손 자연스럽게 써서 친다	170
슬라이스를 페이드로 바꿀 수 있다	172
체형별 스윙	174
손과 몸 연결 동작	176
잡초밭에 잠긴 볼 탈출 공략법	178
벙커샷의 기본 원칙	180
파3홀의 공략 요령	182
볼이 러프에 묻혀 있을 때	184
제2타에 유리한 낙하 지점을 정한다	186
오르막 홀의 공략 요령	188
녹다운 샷	190
드라이버 미스샷의 원인	192
머리를 써서 티샷을 하자	194
바람 부는 날의 티샷	196
팔꿈치 사용법	198
페어웨이 우드 공략법	200
체력에 맞는 스윙의 선택	202
트러블샷의 기본 전략	204
아마추어 사이드 공략법	206
효과적인 아이언샷 연습 방법	208
파워를 극대화하는 비결	210
이른 봄의 그린 공략법	212

그림으로 쉽게 배우는, 초보자를 위한 골프입문

차 례

롱아이언 사용법	214	목표를 구체적으로 정하자	268
왼팔 스윙의 비밀	216	슬라이스를 치료하는 열쇠	270
그립과 슬라이스의 연관성	218	비거리와 스윙 아크의 관계	272
어려운 러프에서의 샷	220	피칭 테크닉	274
드라이버의 특징과 셋업	222	눈을 감고 감각을 익히자	276
퍼팅에서 가장 중요한 요소	224	클럽 헤드 가속과 지레의 원리	278
자신의 결점을 교정한다	226	퍼팅의 명수가 되자	280
발자국 안의 공 탈출 방법	228	스윙의 메커니즘	282
백스핀 치는 요령	230	피치샷의 이해	284
토핑의 원인과 치료법	232	퍼팅의 마술사가 되자·1	286
톱스윙의 올바른 위치	234	퍼팅의 마술사가 되자·2	288
임팩트는 스윙의 한 과정이다	236	퍼팅의 마술사가 되자·3	290
코킹은 어느 시점에서 해야 하나	238	퍼팅의 마술사가 되자·4	292
다시 점검해 보는 그립	240	발끝이 올라간 상황의 공략법	294
스윙시 척추의 각도	242	고질적인 슬라이스 퇴치법·1	296
오른쪽 그립의 올바른 자세	244	고질적인 슬라이스 퇴치법·2	298
벙커샷의 기본기	246	고질적인 슬라이스 퇴치법·3	300
왼발이 벙커 둔덕에 걸려 있을 때	248	고질적인 슬라이스 퇴치법·4	302
톱스윙에서의 샤프트 방향	250	고질적인 슬라이스 퇴치법·5	304
3/4 스윙 타법의 이해	252	오른팔 사용법을 알자	306
장타자로 가는 길	254	드라이버로 러프를 탈출한다	308
카본 우드가 적합한 골퍼	256	일관성 있는 어드레스	310
퍼시몬 우드가 적합한 골퍼	258	좋은 그립의 조건	12
정확한 볼의 위치	260	백스윙의 시동	314
어드레스의 순서	262	확실한 벙커 탈출법·1	216
손목으로 하는 칩샷	264	확실한 벙커 탈출법·2	316
견실한 다운스윙	266	확실한 벙커 탈출법·3	320

그림으로 쉽게 배우는, 초보자를 위한 골프입문

차 례

여성골프특강- 페어웨이 우드 공략법 · 1	322
여성골프특강- 페어웨이 우드 공략법 · 2	324
여성골프특강- 페어웨이 우드 공략법 · 3	326
여성골프특강- 핀에 근접시키는 칩샷	328
스윙의 기본 셋업	330
스윙의 메커니즘	332
그립을 쥐는 방법	334
퍼팅 스트로크의 비법	336
연습 방법과 목적 그리고 이유	338
측면 경사지의 세컨샷 공략법	340
볼이 양발보다 높은 라이	342
올바른 어드레스 · 1	344
올바른 어드레스 · 2	346
올바른 어드레스 · 3	348
슬라이스 철저 해부 · 1	350
슬라이스 철저 해부 · 2	352
슬라이스 철저 해부 · 3	354
다운스윙 잘못으로 인한 슬라이스 · 1	356
다운스윙 잘못으로 인한 슬라이스 · 2	358
다운스윙 잘못으로 인한 슬라이스 · 3	360
페어웨이를 사수하라	362
페어웨이는 넓다	364
회전축에 관한 두 가지 포인트	366
임팩트 자세에 도움 되는 연습 방법	368
왼쪽 손등으로 옆사람을 치듯이	370
수풀 속에서 확실한 탈출법	372
플레이를 방해하는 요소들	374
장마철 벙커 공략법	376
임팩트를 향상시키는 방법	378
클럽의 변천에 따른 스윙 타법	380
복잡 미묘한 골프 심리학	382
어깨의 회전은 수평도 수직도 아니다	384
골퍼의 스윙 전략	386
체형에 따른 골퍼의 스윙 전략	390
보디 턴 연습법	396
허리의 회전을 느끼게 하는 연습법	398
좋은 퍼트의 핵심	400
쇼트퍼팅 연습법	402
비에 젖은 그린 공략법	404
헤드 스피드를 가속시키는 법	406
목표를 향해 피니시하는 법	408
쇼트아이언 어드레스의 중요성	410
지혜로운 OB코스 공략법	412
빗속의 라운딩을 위한 상식	414

그림으로 쉽게 배우는

초보자를 위한 골프입문

프로 골퍼의 에티켓
골프 기초 상식

　골프는 룰과 에티켓의 스포츠다. 지구상에서 심판이 없는 유일한 운동이며, 심판은 자기 양심이다.
　인간이 즐기는 스포츠 가운데 가장 좋은 환경에서 가장 긴 시간을 소요하는 경기이며, 긴 시간 동안 다른 사람과 담소하면서 하는 유일한 스포츠다. 져도 좋고 이겨도 좋은 게임이다. 하지만 스포츠인 이상 룰을 지켜야 한다. "Don't pass the buck!" 즉 "탓을 남에게 돌리지 마라!" 경기 도중 실수를 했을 때 모든 탓을 남에게 돌리지 말고 "내 탓이요!" 하면서 인격을 수양하는 스포츠가 되어야 한다.
　그 골프 규칙의 세 가지 정신은, 첫째, 코스가 있는 그대로의 상태에서 플레이해야 한다, 둘째 볼은 놓인 상태 그대로 플레이한다, 셋째 페어플레이 정신에 철두철미해야 한다라는 것이다.
　골퍼의 에티켓 30계명은 다음과 같다.
　1. 골퍼라는 티를 너무 내지 말 것
　2. 식당은 피크닉 장소가 아니다
　3. 식사도 플레이의 한 토막
　4. 목욕장은 깨끗이
　5. 클럽하우스에 들어가기 전에 구두의 흙먼지를 털어라
　6. 식당에서 술주정을 삼가라
　7. 맨발은 욕탕과 라커룸에서만
　8. 다른 사람이 볼을 칠 때는 정숙할 것
　9. 너무 서둘러서도 안 된다

10. 볼을 지나치게 오래 찾으려면 후속 팀을 패스시켜라

11. 걸음을 빨리 걷는다

12. 코스를 비워 놓는 것은 골퍼의 수치

13. 담배 꽁초 및 휴지로 코스를 더럽히지 말 것

14. 앞에 팀이 있을 때는 마구 볼을 치지 말 것

15. 벙커에 발자국을 남기지 말라

16. 벙커는 높은 곳을 골라 들어가고 나와야 한다

17. 퍼트 라인을 방해하지 말 것

18. 남의 퍼트 라인 바로 뒤에 서 있어도 안 된다

19. 퍼팅이 끝나면 재빨리 그 길을 떠나라

20. 티 그라운드 위에서 연습 스윙을 하지 말 것

21. 뭉텅 파 낸 터프는 제자리로 돌려놓을 것

22. 스파이크를 질질 끌어 그린을 망가뜨리지 말 것

23. 핀을 아무렇게나 잡아 빼지 말 것

24. 될 수 있는 한 백을 가볍게

25. 자신의 샷이 나쁜 것은 캐디의 탓이 아니다

26. 트러블샷이 예상되면 몇 개의 클럽을 빼어 들고 재빨리 현장으로

27. 시간을 독점하지 말라

28. 한 팀의 실력은 고르게

29. 초심자가 진행을 늦게 하도록 하지 말 것

30. 파티는 간소하게

골프는 '과학(Science)'이다. 골프의 매력은 기계적 기술보다 정신적 기술을 우선하고 있다. 그러한 맥락에서, 아무리 기계적인 좋은 스윙을 갖추었어도 먼저 정신적인 에티켓을 갖추지 못한 골퍼는 진정한 의미에서의 골

퍼라고 할 수 없다. 낮고 겸손한 마음 자세를 통해 우리 모두는 인생을 대하는 바른 자세와 골프의 어드레스를 배울 수 있다.

골프의 열병을 앓고 있는 많은 골퍼들은 골프의 오르가즘을 최상으로 느끼고자 기술 연마에 여념이 없다. 하지만 테크닉의 싱글보다도 매너의 싱글이 되었으면 하는 바람이 크다.

아마 그 동안 골프를 하면서, 속이는 골프, 어느 누구라도 치기 어려운 곳에 놓인 공을 한 번이라도 건드려 보지 않은 골퍼는 없을 것이다. 그러나 상대를 속일 수는 있어도 자기의 양심은 속일 수 없다.

누가 보지 않더라도 나는 인간적으로 어떻게 살아야 되겠으며, 제3자와 연결해서는 어떻게 대인 관계를 유지하느냐 하는 정신이 바로 골퍼의 격조와 품성을 말하는 것 아닐까? 에티켓 계명을 숙지하고 사회·국가적인 차원에서 품격 높은 골퍼의 길을 걸어야 한다.

스탠스의 폭과 볼의 위치
골프 기초 상식

당신의 몸과 두 발을 어떻게 취하는가?

어깨 넓이는 양발 끝의 기준이 된다. 자연스러운 어드레스로 클럽을 쥔 채 양손을 눈앞에 올려 기도하듯이 두 손을 합장하여 그 두 손을 조용히 내려 겸손하게 자세를 취한 그 위치에 볼이 있는 것이 올바른 자세다.

왼발뒤꿈치 안쪽의 연장선상에 볼을 둔다. 클럽이 바뀜에 따라서 길이가 바뀌므로스탠스의 폭도 그림과 같이 바뀌어 간다. 스탠스에서 두 발을 너무 넓게 벌리면 몸의 동작이 억제되고 팔로만 스윙을 주도하게 된다.

반드시 '발끝을 어깨 넓이만큼' 어드레스를 취한다. 지구를 밟고 서서 독수리가 나뭇가지를 꽉 잡고 있는 모습은 그네 꼬임의 법칙처럼 상체의 비틀림을 하체가 버틴다. 상체의 삼각근(등심)과 하체의 대퇴부(아롱사태)가 맞물려 비틀 수 있는 용수철처럼, 맷돌의 원리처럼 선다.

인간은 의·식·주가 충만하게 되면 삶의 즐거움을 추구하려는 경향이 있다고 한다. 앉아서 즐기는 행위 가운데 가장 심취하게 되는 것이 마작(또는 고스톱, 포커)이고, 누워서 즐기는 것 가운데 가장 재미있는 행위가 섹스(SEX)이며, 서서 즐기는 것 가운데 가장 재미있는 스포츠가 골프라고 한다.

세상에서 우둔한 사람이 골프를 독학하는 사람이 아닐까 한다. 왜냐하면 스트레스와 갈등의 단계를 엄청나게 거치기 때문이다.

옛말에 고행을 3년 하지 말고 스승의 말씀을 3번 들으라고 했다.

갈등을 이겨내는 인내는 아름답다.

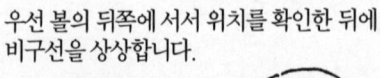

스탠스의 폭과 볼의 위치

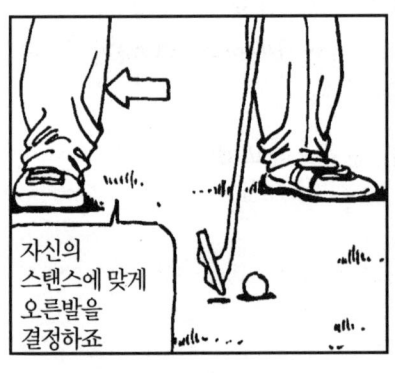

스윙
골프 기초 상식

스윙이란 클럽을 휘두르는 것이다. 클럽과 몸을 이어 주는 것은 양손이다. 따라서 클럽을 휘두른다는 것은 '팔을 휘두르는 것' 이다.

야구나 테니스는 움직이는 볼을 주시하고 히트한 뒤에 목표 지점에 시선을 두지만, 골프는 민첩한 운동 신경보다는 목표 지점을 머리 속에 상상하고 정지해 있는 공을 주시해야 한다는 점에서 높은 정신력과 집중력 그리고 조건반사신경이 요구된다.

올바른 어드레스가 되면 다음은 스윙의 방법을 익혀야 하는데 골프는 자신의 힘만을 믿고 설쳐서 휘두르는 것이 아니라 스윙의 순서를 이해해서 일정한 스윙을 창조하여야 한다.

스윙에 대한 마음가짐
① 정확한 그립과 어드레스 점검
② 몸의 긴장을 풀고 릴렉스해야 한다
③ 가볍게 제자리걸음을 한다
④ 큰 스윙을 연습한다
⑤ 방향과 샷의 결과에 구애받지 않도록 하며
⑥ 리듬과 감각을 근육에 기억시킨다
⑦ 팔의 모양을 배구선수가 리시브하듯 쭉 내밀어 받쳐 주면 등과 어깨는 긴장이 풀린다.

왜글(Waggle)(그림 1)
스윙을 더 한층 원활하게 하기 위하여 스윙을 시작하기 전에 헤드를 약간 띄우고 40-50cm 정도 백스윙하여 목표 선을 의식하면서 천천히 한두 번 정도 왕복한다.

왜글은 근육의 긴장을 풀고 스윙을 부드럽게 하기 위한 예비 동작이다. 이 방법은(그림 1)과 같은 순서로 어드레스부터 양 팔꿈치를 구부려서 클럽 헤드를 올려 백스윙 방향으로 움직인다.

스윙축(그림 2)

스윙에서는 하나의 축이 필요하다. 이 축은 머리로부터 몸의 중심을 통하고 있다고 생각하면서(가상해서) 이 축을 중심으로 해서 양팔 양손으로 클럽을 스윙한다.

스윙 궤도(그림 3)

스윙 궤도란 클럽 헤드가 통하는 길이다. 똑바로 어깨를 돌리고 몸을 비틀어서 클럽을 휘두르면 가벼운 스퀘어 회전 타법으로 연속된 샤프트의 움직임에 의하여 평평한 면으로 되어 보인다. 클럽의 길이(종류)에 의하여 스윙 궤도는 차이가 있다.

인간의 몸와 정신은 자연스러운 것을 좋아하고 불필요한 간섭을 좋아하지 않는다. 어떤 골프 이론가라도 기본 문제에 관한 한 자연스러워야 한다. 이 동작 저 동작을 하지 말라는 금기 사항은 탁상 공론에 불과하다. 골프는 단순 논리여야 한다.

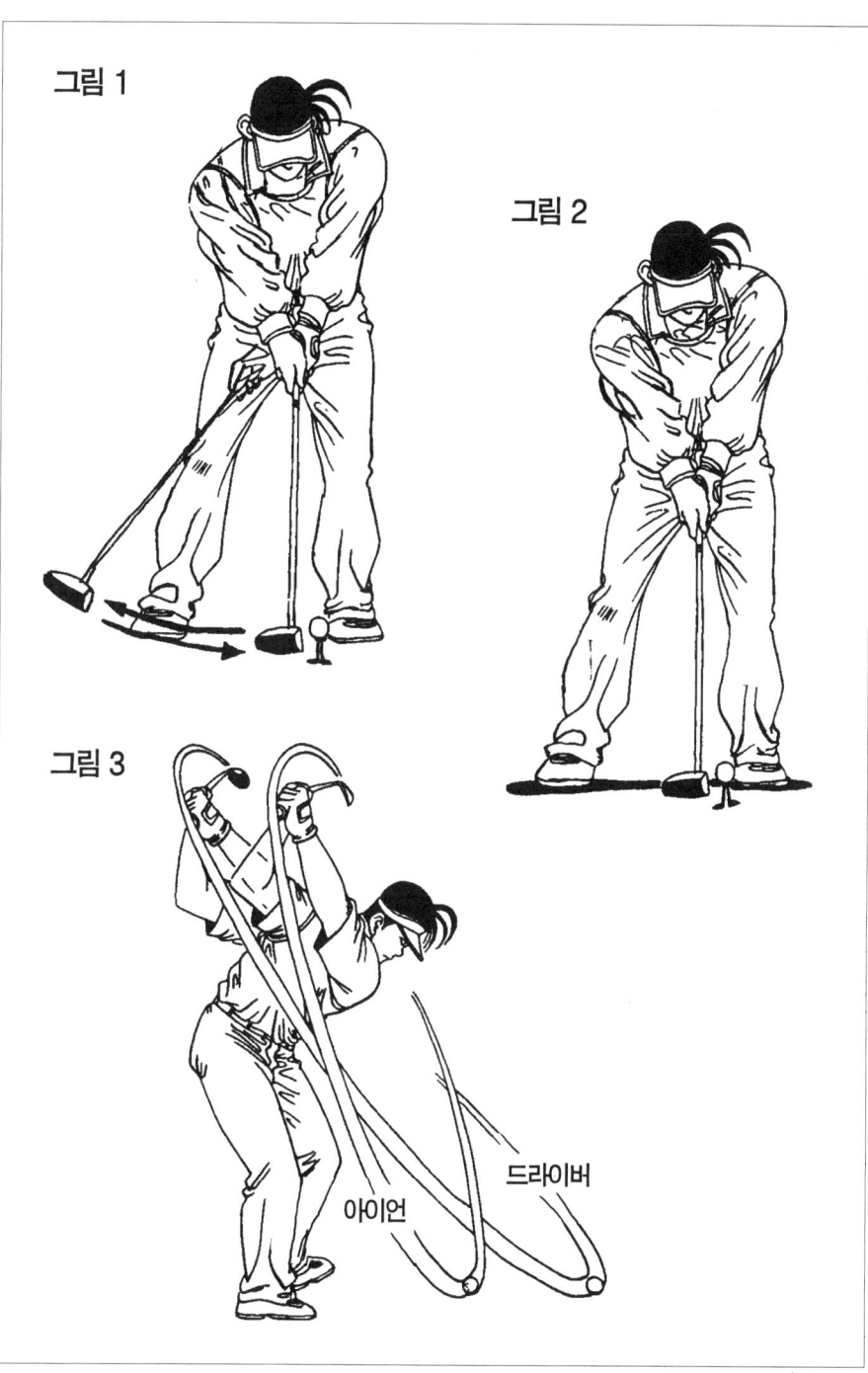

백스윙
골프 기초 상식

스윙 계획면(그림 참조)

스윙 궤도와 스윙 면은 크게 관련되어 있다. 견실한 스윙은 정교한 평면을 만든다. 스윙의 평면이 올바른지의 여부를 알려면 백스윙이 거의 절반에 해당하는 허리 부근에 왔을 때 또는 다운스윙이 다시 거의 같은 위치에 내려왔을 때 클럽의 그립엔드가 똑바로 볼을 지향할 수 있는지를 확인하는 일이다.

백스윙(Back Swing)(그림 참조)

백스윙의 목적은 다운스윙을 구사하기 위해 골퍼의 몸과 클럽을 신체의 오른쪽 상단의 임의의 최적 위치에 옮겨 놓는 동작이라 할 수 있다. 백스윙은 공을 치기 위한 준비 동작이며, 공이 목표를 향하여 정확히 날아가도록 하기 위해서 정확한 다운스윙을 만들어 내는 예비 동작이다.

많은 골퍼들이 백스윙의 궤도에 대해 잘못 알고 있다. 어드레스를 취한 시점에서부터 골프채가 하나의 반원을 이루며 스윙의 정점까지 이르는 것으로 보는 골퍼가 많은 것이다. 그렇게 보기 때문에 백스윙이 우스운 방향으로 오르는 것이다.

다짜고짜 밖을 거쳐 올라가든지 아니면 타면을 열면서 올리든지 백스윙의 시작은 어깨와 손이 하나로 합쳐져 하게 된다. 어깨에서 골프채까지 하나로 합쳐 있기 때문에 그립 끝은 언제나 자기 몸 쪽을 향하고 있다. 그렇게 테이크백을 하면 골프채는 오른쪽 허리 높이까지 온다. 거기서부터 골프채는 방향을 바꾸는 것이다. 그때까지는 몸의 중심으로 스윙의 원을 이루었던 것이 오른쪽 허리께부터는 곧추 올라가는 것이다. 백스윙의 궤도란 처음에는 원처럼 둥글지만 도중에서부터 수직적인 동작으로 변하는 것이다.

　백스윙의 순서인 어깨→허리→무릎순에 따라 어깨의 회전이 90도의 회전을 이룰 때 허리는 비례하여 45도, 무릎은 15도 정도 회전하는 것이 이상적이다. 왼팔을 펴서 클럽을 치켜올리면 자연히 손목의 꺾임이 온다. 이것을 콕(Cock)이라 하는데 어디서 콕을 할까 하는 것을 의식하지 말고 스윙을 반복 연습하는 가운데 자연히 몸에 숙달시키는 것이 좋다. 단 콕의 방향에 주의하기 바란다. 반드시 왼손 엄지 방향으로 콕 해야 한다.

　백스윙의 연속 동작 그림을 참조하여 스윙을 일련의 움직임으로 보면서 대근육을 움직이면서 근육을 기억시키면 '적극적인 사고(Postitive Mental)'가 형성될 것이다.

백스윙 연속 동작　　스윙 계획면

톱 오브 스윙
골프 기초 상식

톱 오브 스윙(Top Of Swing)이란 백스윙의 정점을 일컫는 말이다. 스윙의 정점은 있는 것 같으면서도 없는 것이다. 클럽을 휘둘러 올리는 동작과 내리는 동작 사이에 약간의 시차가 있는데, 그 되받아치는 일순간이 톱스윙이다. 이것은 공을 치기 위한 완전한 준비 동작이다(그림2 참조).

왼쪽 손등(왼손 그립)에 주의하라

톱스윙에서는 페이스의 방향이 문제가 되지만, 점검해야 하는 것은 그립의 상태다. 왼쪽 손등과 클럽 페이스는 그립할 때부터 평행이어야 하며, 탑에서 엄지 방향으로 콕한다. 그것이 적절한 방향을 결정한다. 즉 손목이 왼손 엄지 방향으로 굽지 않고 손바닥 혹은 손등 방향으로 구부러지는 것이 문제다(그림2 참조).

탑(TOP)에서 여유를 가져라

백스윙과 다운스윙 사이가 탑이지만 탑은 전후의 두 움직임을 분리하는 것은 아니다. 스윙 전체는 물 흐르듯이 매끄러운 연속 동작이 되어야 한다.

하나의 리듬을 타는 스윙 템포를 위해 자신의 이름을 활용해 보자. 이름 첫 자로 어드레스를 시작해서 이름 끝 자로 피니시를 마치면 좋은 스윙 템포가 될 것이다.

업라이트(UP-Right)와 플랫(Flat)스윙

스윙 평면의 상태를 보고 업라이트와 플랫스윙으로 구분한다. 이것은 클럽의 라이(Lie)에 따라 차이가 생긴다. 스윙 평면이 수직에 가까운 평면을 이룰 때 업라이트하다고 한다. 또 스윙 평면이 비스듬히 누어진 평면이 될 때 플랫(Flat)하다고 말한다. 이것은 골프 클럽의 라이(Lie)와 클럽의 길이, 플레이어의 신장에 따라 결정되는 것으로서, 일반적으로 숏아이언(Short Iron)은 업라이트하게 되고 드라이버(Driver)는 플랫하게 된다. 또한 같은 클럽을 사용하더라도 키가 큰 사람은 업라이트한 스윙 평면을 그리고 키 작은 사람은 플랫한 스윙을 하게 된다. 따라서 스윙 형태는 자기 체형에 따라 자연스럽게 이루어지는 것이 바람직하다.

그림 1
전면 • 측면 톱스윙

그림 2
슬라이스- 정방향 - 훅

다운스윙
골프 기초 상식

다운스윙은 클럽이 임팩트 구간에 이르는 동안 클럽 페이스의 회전 가속도가 최대가 되도록 하는 동작이다. 백스윙이 다운스윙을 위한 준비 동작이라면 다운스윙은 임팩트의 과정이다.

훌륭한 백스윙을 했어도 다운스윙이 잘못되면 비구선과 일치되는 임팩트는 기대할 수 없으며 정확한 방향과 거리(파워)를 보장받지 못한다. 따라서 다운스윙은 정확한 속도와 각도로 임팩트하는 길잡이로서, 다운스윙이 정확하면 비구선에 일치되는 정확한 파워(헤드 무게×속도)를 얻을 수 있다.

다운 스윙의 순서

백스윙이 어깨→ 허리→ 무릎의 순서로 회전하여 몸에 탄력을 주었다면 다운스윙은 무릎→ 허리→ 어깨의 순서로 몸의 회전을 풀어 주므로 임팩트에서 큰 힘을 낼 수 있는 것이다. 탑에서 만들어진 콕의 상태를 그대로 유지한 채 오른쪽 허리 위치가 되면 클럽 헤드를 목표로 던져 주면서 콕을 순간적으로 풀어 준다(그림1 참조). 다운스윙 동작을 구분해서 보지 말고 일련의 동작으로 연상하면서 연습을 반복해 본다.

큰 해머로 쐐기를 박아 넣는 타구 감각으로

골프 스윙의 순서 가운데 4번째 동작인 다운스윙에 가장 유사한 액션을 말한다면 해머로 큰 나무의 뿌리에 쐐기를 박는 것이라고 할 수 있다. 이 해머 스윙은 두 가지 중요한 시점의 올바른 감각을 가르쳐 준다. 첫째는 해머를 휘둘러 내리는데 체중 이동 없이는 할 수 없으므로 이 동작을 하면 왼쪽의 리드가 생긴다.

둘째로는 왼팔의 반경으로 하는 호른 스윙 전체를 통하여 불요불굴해서 쐐기를 바르게 박는 것을 보장해 준다(그림2 참조).

너무 빠른 템포가 균형을 그르친다

 스윙은 두 변 위에서 하는 것이므로 발이 중요하다. 건물의 바탕이 기울면 건물도 기울 수밖에 없듯이 골프 스윙에서도 발이 단단하지 못하면 스윙 태도가 어긋나게 된다. 그 전형적인 예가 스윙 템포가 너무 빨라 생기는 결함이다. 다운스윙을 빠른 템포로 하되 균형을 지키면 괜찮다.

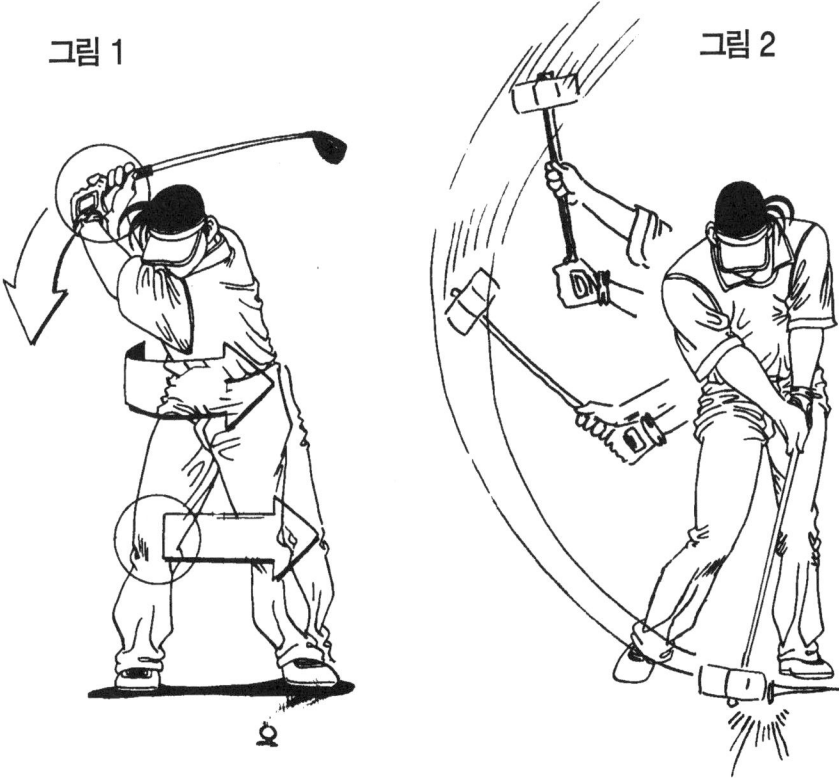

그림 1 그림 2

임팩트
골프 기초 상식

임팩트(IMPACT)는 볼을 세게 때리는 동작이 아니라 클럽 페이스가 볼과 만나는 순간이다. 그 순간의 핵심적인 사항은 공에 접촉되는 클럽 페이스의 방향, 클럽 헤드의 위치 그리고 클럽 헤드의 회전 속도. 임팩트의 자세는 어드레스가 원형이다(그림 1 참조).

임팩트의 순간 왼팔과 샤프트는 일직선이 되고 목표 선에 스퀘어로 볼을 히트한다. 올바른 임팩트의 형은 어드레스를 재현하는 것이다. 어드레스와 다른 것은 백스윙으로 시작하고 톱에서 다운스윙으로 이행하는 동작 중에 모았던 파워의 흐름이 전신(온몸)에 있다는 것이다. 왼쪽의 벽(좌벽 타법)이라는 것이 전신의 파워가 분산하지 말고 임팩트 순간에 집중하기 위해서 있는 것이다. 따라서 스윙 중에 임팩트를 포착하려는 행동은 오히려 스윙을 실패로 이끄는 결과를 초래한다. 단지 임팩트를 이미지시키도록 해야 한다. 임팩트는 클럽이 공에 맞추는 순간으로 1/2000초 미만의 짧은 시간이며 이 때 클럽 헤드의 속도는 최대가 되어야 한다. 결국 임팩트는 어드레스와 같으며 단지 체중의 이동이 일어난다는 것의 차이다.

임팩트에서 스윙이 끝나는 것이 아니라 적절한 폴로스루로 연결 동작이 필요하다. 임팩트의 순간부터 그립이 이행하므로 오른손이 왼손 위에 덮이게 된다. 이 리스트턴(Wrist Turn, 왼손목 되돌리기) 동작이 자연스럽게 되지 않아 스윙 아크까지 잘못된다.

보다 더 멀리 날리기 위한 것은 올바른 스윙, 보다 빠른 클럽 헤드의 스피드와 팔의 흔듬과 다리 힘으로 보다 큰 스윙의 호를 그림으로써 생기는 것이다.

골프의 3요소라 일컫는 스리콘스(3cons) 즉 control(통제) confidence(자신) 및 concentration(정신 집중)은 골프를 한층 향상시키는 데 필수적이며, 집착과 용기 및 영감은 악착 같은 승부의 3요소다. 그림 2를 참조하여 일련의 동작으로 연습과 반복을 하면 좋은 결과를 낳는다. 골프의 생명이란 항상성·장타성·정확성이다.

볼을 칠 때는 한 가지 이상의 생각을 말라.

그림 1

그림 2

팔로스루
골프 기초 상식

　스윙의 최종 목적은 공을 멀리 정확하게 날려 보내는 것이기 때문에 공을 맞히는 것에만 집중하다 보면 임팩트 이후의 동작들을 소홀하게 하는 경향이 있다. 팔로스루는 임팩트 순간부터 클럽 페이스의 회전 속도를 줄여가며 몸의 움직임을 서서히 멈추어 가는 동작이다.

　이와 같이 임팩트 이후에 클럽 헤드 회전 운동이 중력의 반대 방향으로 작용하면서 자연스레 이루어지는 스윙의 결과이며 무의식적인 동작이다. 그러나 임팩트를 인지하여 동작을 실행하기에는 너무나 짧은 시간에 이루어지므로 임팩트 전후 동작에 세심한 노력이 필요하다. 따라서 팔로스루 역시 공에 직접적인 영향을 미치지는 않지만 클럽이 지나가는 궤도를 올바르게 유도해 주므로 를 정교하게 하는 기술이다. 예를 들면 기차가 주춤거림 없이 목적지를 정확한 시간에 정확한 지점을 통과할 수 있는 것은 레일(궤도) 위를 달리기 때문이다.

　골프 스윙에서 팔로스루를 제대로 해주는 것은 달리는 기차가 목표를 향하여 두려움 없이 속력(파워)을 낼 수 있는 것과 같다. 투수가 투구를 할 때 캐쳐의 글로브를 향하여 뿌린 듯한 피니시는 스윙의 결과다. 팔로스루가 자연스레 무의식적으로 이루어지지 않는 결과는 잘못된 백스윙에서 그 원인을 찾아내야 한다.

손목의 회전(Rolling)
　왼발을 축으로 몸의 회전이 계속될 때 클럽의 헤드는 목표를 향하여 던져 준다. 그러면 클럽 헤드는 목표 쪽으로 뻗어 가려는 힘이 생기지만 또 다른 하나의 힘 즉, 스윙축에 의해서 클럽 헤드는 몸쪽으로 운동 방향을 정한다.

이때 목표를 향해 던져진 팔은 그대로 두고 손목의 회전으로 클럽의 운동 방향을 전환하면서 피니시로 연결된다. 이런 현상을 롤링(Rolling)이라 한다. 반드시 롤링은 팔로스루 스윙을 하는 동안 팔로스루 이외에서 일어나면 안 된다.세상사 무슨 일이든지 재미가 있어야 실력도 향상하고 목표도 달성해 나간다.

그림 1

왼쪽 발꿈치를 지면에 붙일 것.
왼쪽 다리에 힘을 주어 단단한 벽을 형성할 것.

그림 2

왼팔의 힘을 유지하면서 왼손의 그립을 견고하게 한다.
왼손바닥은 좌후방을 지향하고 오른팔이 펴져서 목표 방향으로 휘두른다.

그림 3

머리의 위치는 오른쪽 히프 뒤에 남기고 오른팔은 펴져서 턱밑에 오른쪽 어깨가 들어간다.

피니시
골프 기초 상식

스윙을 정리하는 단계로서 피니시 상태를 보고 스윙의 완성도를 알 수 있다. 그러나 대부분의 골퍼들이 피니시가 골프 스윙의 결정이라고 생각하고 멋있게만 하려다가 실수를 초래한다.

스포츠 전문가들은 골프 스윙의 피니시가 가장 아름다운 동작이라고 예찬한다. 팔로스루에서 휘둘러 나온 양손 양팔은 왼쪽 다리에 체중이 이동함과 동시에 몸의 회전 방향에 따라서 높이 휘둘러 떠올리는 하이 피니시를 할 수 있다. 이때 오른발 뒤꿈치는 몸의 회전에 의해서 안쪽으로 쥐어짜는 것처럼 지면으로부터 자연히 떨어져 들어올린다. 머리는 오른팔이 휘둘러 나오게 되므로 오른쪽 어깨로 밀려 올려져서 볼의 방향을 본다(그림 1).

그림 1

피니시는 만드는 것이 아니고 타이밍이 좋게 스윙된 결과다. 즉 결과가 좋으면 과정도 좋은 것이다.

헤드 무게에 의해서 몸에 감겨지는 클럽은 등을 가로질러 클럽 헤드가 오른쪽 엉덩이에 오도록 한다. 사람의 체형과 체력에 따라서 똑같은 모양을 유지하기는 힘들지만 연습과 반복을 통해서 바른 동작을 할 수 있도록 연습한다.

피니시를 잘하기 위해서는 스윙 전체가 안정되어야 한다. 스윙이 좋으면 피니시도 틀이 잡히는 것이 아니고 오히려 피니시를 먼저 확실히 취할 작정으로 스윙을 할 때 좋은 결과가 된다. 마지막 피니시 동작이 끝날 때 허리띠의 버클(또는 배꼽)이 목표 지점을 향해야 된다. 만일 목표를 향하고 있지 않다면 중심 이동이 제대로 이루어지지 않았다는 증거다(그림 2).

헤드업(Head-up)

헤드업이란 쓸데 없는 걱정이다. 스윙은 결코 어려운 것이 아닌데, 어렵고도 성의 없게 가르치고, 배우는 사람 자신도 어렵다고 생각하는 데 문제가 있다. 남에게 머리를 숙여야 한다는 것은 골프에서도 같다. 낮고 겸손한 자세. 우스운 이야기로 앞이 보이지 않는 사람도 스윙을 시켜 보면 헤드업을 한다는데…….

스윙의 결과를 빨리 보고 싶은 확인 본능을 억제시켜야 한다. 머리를 숙여야 한다는 점에 주의할 필요가 있다. 머리를 곤두세우고 고개짓을 하는 것만 하거나 남을 깔보는 태도는 번번이 실패한다는 인생의 진리와도 같다.

그림 2

골프는 등 뒤로 하는 게임이다
골프장 이 말 저 말

인생이란 무거운 짐을 등에 지고 산 넘고 물 건너 먼 길을 걷는 것과 같다고 한다. 그런 점에서 골프는 바로 이 인생을 닮았다.

그렇다. 인생은 산책이 아니고 행군이다. 첫 홀부터 OB를 냈다 치자. 고해를 헤매는 플레이어, 인생살이를 꼭 닮지 않았는가.

미스샷에 서양 사람들은 노골적으로 화를 내고 감정 표현을 한다. 그러나 우리들은 체념하는 표정으로 감정을 자제하는 것을 미덕으로 안다.

낮고 겸손한 자세. 이것이 골프의 어드레스다.

'여자는 끌어안고, 골프는 뿌리치고, 클럽은 칭칭 몸에 감으라'는 말이 있다. 등뒤로 감아서 뿌리치고 다시 등 뒤로 피티시하는 것. 그래서 '골프는 등 뒤로 하는 게임'이라고 한다. 낮고 겸손한 어드레스가 필요한 이유는 그래야 클럽을 등 뒤로 감아 내치는 샷이 가능하기 때문이다.

첫 홀 미스는 대개 손목의 위치가 높은 오만불손한 어드레스 때문이다. 손목이 높으면 어깨뼈가 턱뼈보다 올라가고, 시계추의 진자운동처럼 자연스럽게 클럽을 등 뒤로 감아 다시 등 뒤까지 휘두르는 스윙은 불가능해진다. 이름하여 '귀 옆으로 하는 게임'이 되고 만다.

힐 부분을 땅에 대고 토를 살짝 들어올려 100원짜리 동전 두 개가 들어가도록 해 보자. 이것이 바로 낮고 겸손한 어드레스다.

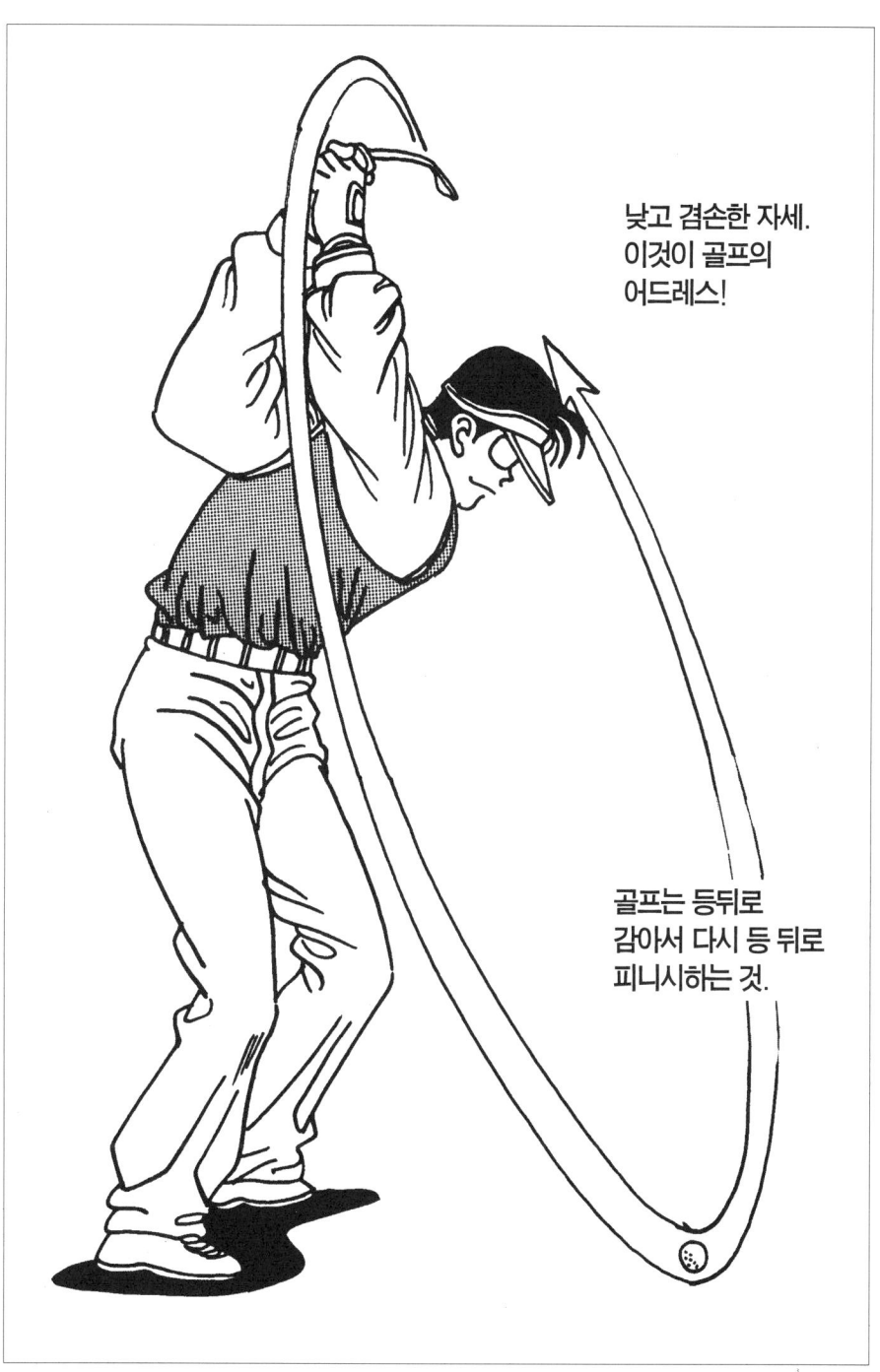

명필은 붓을 가리지 않는다
골프장 이 말 저 말

 필드에 나서는 분들 가운데는 새로 산 유명 브랜드 골프채로 한껏 멋진 샷을 과시하고 싶은 골퍼가 있을 것이다. 채 좋다고 골프를 잘할 수만 있다면 얼마나 좋을까. 실제는 그렇지 못하다는 데 아마 골퍼들의 고민이 있다.
 프로들은 어느 클럽을 써도 거의 비슷한 스코어를 낸다. 여자용 5번 아이언 하나만으로도 70대를 능히 치기도 한다. 퍼터만으로 77타를 쳤다는 기록도 있다.
 사실 프로들은 클럽 선택에 엄청난 신경을 쓴다. 전쟁에 이기기 위해서 좋은 무기는 필수다. 특히 드라이버나 퍼터는 더욱 그래서 어느 메이커와 계약을 맺어도 이 두 클럽만은 다른 메이커 것을 써도 양해하는 것이 관례다. 그러나 이것은 어디까지나 톱 프로의 얘기고 아마추어들은 사정이 다르다. 문제는 스윙이다.
 하나의 클럽으로 몇 종류의 샷을 할 수 있을까? 세베 바예스테로스는 어려서부터 한 자루의 골프채로 연습한 것으로 유명하다.
 클럽이 귀하던 시절, 우리 초창기 프로들은 몇 개 안 되는 채로 논밭에서 공을 띄우기도 하고 바로 위로 치솟게도 하고 마치 공을 손으로 다루듯 기량을 연마해 우리 골프 역사를 만들었다.
 어떤 클럽 하나를 정해 놓고 100% 마스터하면 명인의 길이 열린다. 아마추어들은 숏아이언부터 완벽하게 연습할 일이다. 숏 아이언이 완성되면 롱 아이언, 드라이버까지 좋은 스윙이 이루어진다. 골프 스윙이란 회전 운동이며 비싼 채든, 싼 채든, 긴 클럽이든, 짧은 것이든 기본은 한 가지다.
 '아내와 골프채는 재수'라는 농담이 있다. 어떻게 쓰느냐가 가치를 결정한다는 말이다.

나이 들어 골프는 다리로 친다
골프장 이 말 저 말

'골프의 비거리와 남자의 섹스 능력은 비례한다'고 한다. 꼭 그런 것은 아니겠지만 '강한 남자'에 대한 동경 만큼이나 장타에 대한 골퍼의 욕망은 다들 마찬가지다. 특히 체력이 떨어지기 시작하는 40대 이상의 주말 골퍼에게 장타 비결은 일종의 복음처럼 들릴 것이다.

장타를 가능케 하는 요소는 여러 가지가 있다. 볼의 각도, 회전, 헤드 스피드 등…….

애버리지 골퍼들은 대개 기술적인 부분에 초점을 맞추면서 가장 본질적인, 하체만이 만족스러운 장타를 낳을 수 있다는 점은 소홀히 한다.

이집트의 스핑크스는 상체는 사람, 하체는 사자의 몸으로 되어 있다. 골프야말로 이런 상반된 몸 동작의 조화가 중요하다.

어깨의 회전 운동은 발레리나처럼 유연하게, 하체는 역도 선수처럼 튼튼한 버팀목을 이루어야 팔의 타성 운동과 체중 이동 운동의 조인트 현상으로 장타를 만들어 낼 수 있다. 1주일 내내 자가용만 타고 다니는 팔자 좋은 사람은 하체가 부실할 수밖에 없다. 쇠약해진 허리와 다리가 이를 지탱하지 못하고 좌우상하 편차 운동(스웨이)이 되어 필경 미스샷이 연출된다.

40세 이후에 장타를 염원하는 주말 골퍼들은 하체 강화를 위해 부단히 노력해야 한다. 1주일에 2~3일간 2km 정도 가볍게 조깅하자. 나이 들어서도 거리가 줄지 않게 하는 가장 현실적인 방법이다.

몇 가지 더 붙인다면, 댄서가 춤을 추듯 백스윙에서는 오른발, 다운스윙 때는 왼발로 체중 이동을 하는 연습도 거리를 늘리는 훌륭한 방법이다.

오른발을 왼발보다 볼 1개 정도 뒤로 뺀 크로스스탠스도 좋다. 인사이드 아웃 궤도로 드로성 구질이 되어 런으로 비거리를 보상받을 수 있다.

골프에 천재 없다
골프장 이 말 저 말

'골프는 입문 1년 안에 싱글이 된다' 는 말이 있다. 바꿔 말하면, 1년 안에 이루지 못하면 평생 싱글이 되기 힘들다는 얘기다.

골프의 특성상 집중적인 연습만이 싱글의 즐거움을 안겨 준다. '쇠뿔도 단김에 빼라' 는 말이 있듯이, 근육 세포가 스윙 매커니즘을 깨닫기 시작할 때 눈에 쌍심지를 켜고 달려들어야 스코어의 눈금을 팍팍 줄일 수 있는 것이다. 꾸준히 연습, 시나브로 기량을 향상시키겠다는 자세는 싱글 포기 선언이나 마찬가지다.

하지만 골프 연습은 그다지 재미 없다. 수십 개의 볼을 치고 나면 싫증이 난다. 스윙이란 수천 수만 개의 볼을 쳐서 몸에 익히고 자연스럽게 같은 스윙을 근육에 기억시켜야만 잘할 수 있는 고약한 스포츠지만, 어떤 절박한 필요성과 계기가 없으면 소홀해지기 쉽다.

복잡다난한 생각을 떨쳐 버리고 소박한 자세로 연습에 임해야 한다. 소박한 자세란 한 번에 한 가지 골프 기능을 숙달시켜 목표를 달성하는 것을 말한다. 똑같은 일을 여러 번 반복하기란 재미도 없고 지루한 일이지만 그것에 즐거움을 느껴야 한다. 주사 한 대로 만병을 치유할 수 없지 않은가.

자기의 스윙을 굳히려면 오랜 세월 동안 많은 볼을 참을성 있게 쳐야 한다는 사실을 모르는 사람은 없다. 또 일단 몸에 익힌 스윙일지라도 그것을 유지하려면 계속 볼 치는 연습을 해야 한다. 72시간이 지나면 신경세포에 기억된 스윙이 지워져 간다는 통계가 있다.

자기가 실천할 수 있는 연습 테두리를 분명히 정하자. 좋은 선생님의 어드바이스를 받을 수 있다면 금상첨화. 그것이 여의치 않으면 매일 한두 박스씩은 쳐라. 그것도 없다면 거실에서의 섀도스윙으로 감각을 잃지 말자.

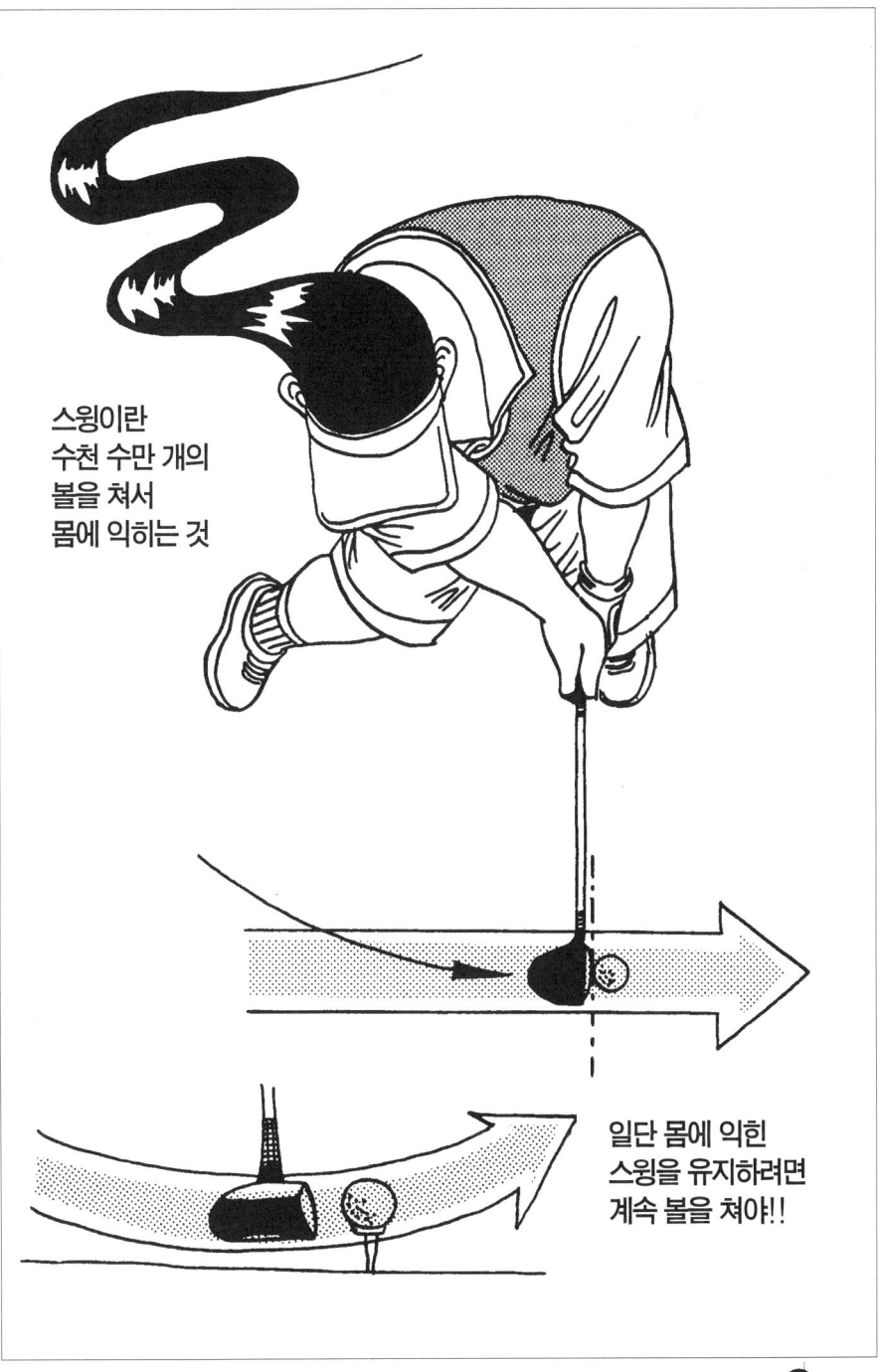

골프는 마음을 벌거벗기는 스포츠
골프장 이 말 저 말

　목사와 신부님이 저녁 내기 골프를 했다. 목사님은 라운드 도중 라이가 좋지 않으면 눈치를 보며 손과 발로 치기 좋은 장소로 옮겼다.
　전반 나인을 목사님이 이기고 있는데 후반 나인홀을 시작할 즈음 갑자기 천둥번개가 치면서 죄없는 신부님이 맞아서 쓰러졌다. 회개하는 마음으로 목사님이 기도를 하는데 하늘 저편에서 하느님 말씀 가라사대,
　"내가 번개를 너한테 쳤는데 슬라이스가 나서 죄없는 신부가 맞았느니라. 이는 나의 미스샷이다."

　골프는 지구상에서 심판이 없는 유일한 운동이다.
　골프 규칙 제13조는 '볼은 있는 그대로의 상태로 플레이해야 한다' 이다. 다. 골프에서의 룰은 자기가 스스로 지키는 것이며 골퍼의 양심에 맡기는 것이다. 골프의 첫 단계는 에티켓과 룰을 배우는 것이다. 그러나 필드에서는 양심에 반하게 하는 유혹이 많다. 조금만 공을 옮겨 놓으면 잘 칠 수 있을 것 같아 슬쩍슬쩍 건드리게 된다. 퍼팅 때 마크를 앞으로 슬금슬금 밀어 놓거나 스코어를 속이기도 한다. 터치 플레이 중독증 환자는 심지어 라이가 좋은데도 옮기고 보자는 못된 습관이 배어 나온다. 이런 행위는 자신을 기만하는 것이거니와 동반자들의 기분을 망가뜨린다. 사람은 어느 정도는 대중 앞에서 가면으로 위장하지만 위기에 빠지면 그 가면을 벗어 버리게 된다. 진정한 아마 골퍼의 탄생은 노터치 플레이를 배우는 데서 비롯된다.
　'골프만큼 남을 속이기 쉬운 게임이 없다. 또 골프만큼 남을 속인 사람이 상대방으로부터 경멸받는 스포츠도 없다.' 1900년대 초반의 미국 골프 스타 프랜시스 위메트의 책 『Golf Facts For Young People』에 나오는 말이다.

올바른 그립

장영일 포인트 레슨

 골퍼와 클럽을 이어 주는 접점은 바로 그립이다. 그립은 어떻게 쥐는가가 그 골퍼의 핸디라고 해도 지나친 말이 아닐 정도로 중요하지만 대부분의 주말 골퍼들이 간과하고 있는 것이기도 하다. 기구를 사용하여 공을 다루는 스포츠 종목은 맨손으로 하는 것보다 까다롭다. 마치 젓가락을 잘못 잡아 불편하게 음식을 먹는 아이들처럼 잘못된 그립은 스윙 폼을 보기 싫게 만들어 버린다.

 그립의 최종 목표는 스퀘어 그립이다. 먼저 왼쪽 손등을 목표 쪽으로 향하게 한 뒤 클럽을 손바닥으로 쥔다. 이때 놓는 위치에 따라 팜그립, 또는 핑거그립으로 구분한다. 엄지손가락의 위치는 그립 중앙에서 약간 오른쪽으로 올려놓고 극히 자연스럽게 뻗친다.

 어드레스를 했을 때 눈으로 자신의 그립을 보면 엄지와 인지 사이의 뿌리 부분이 목 오른쪽과 어깨 사이를 가리키면 이상적이다. 오른손은 볼을 강하게 때리기 위한 그립이다.

 공을 강하고 정확하게 원하는 곳으로 보내기 위해선 왼손 등이 목표 선과 직각을 이뤄야 하며 동시에 셋업했을 때 클럽 페이스 역시 목표에 직각이어야 한다.

 오른손바닥으로 왼손바닥을 때려 보면 알 수 있다.

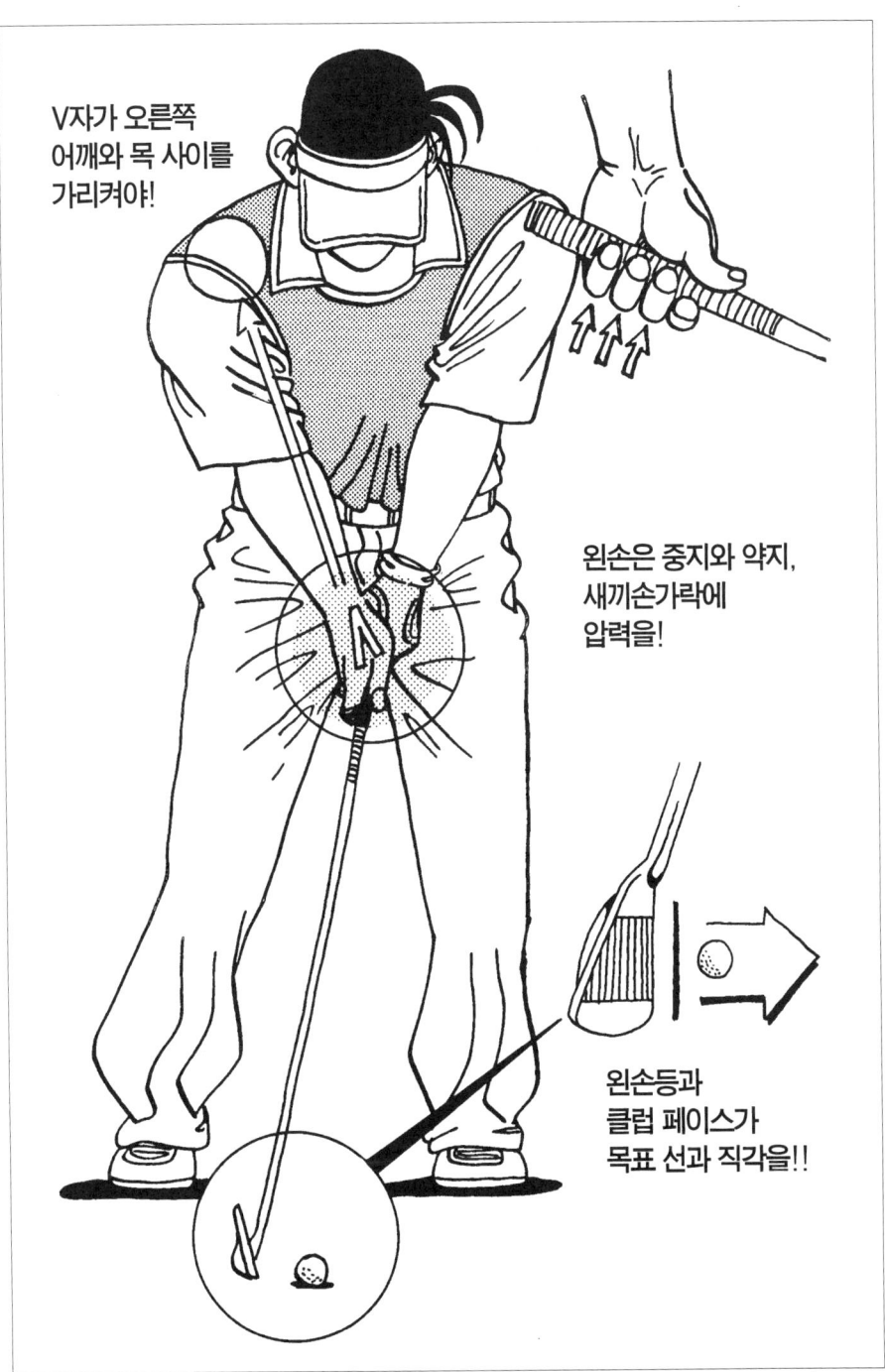

골프는 근육 기억법으로 배운다
장영일 포인트 레슨

골프의 기본은 평행과 직각이다. 어깨, 허리, 무릎선이 목표 방향과 평행을 이루어야 하고 그립 또한 스퀘어한 것이 가장 이상적이다. '세 살 적 버릇 여든까지 간다'는 말이 있듯이 처음 입문 과정에서 제대로 배우지 않으면 그릇된 동작이 점차 굳어져 자칫 치유할 수 없는 지경에 이를 수 있다.

그래서 골프는 '근육 기억법(Muscle Memory)'으로 배운다고 말한다. 골프의 시작은 그립이다. 먼저 왼손은 골퍼의 체격 조건이나 근력 등에 따라 팜그립, 핑거그립, 스트롱그립 가운데서 선택하면 효율적이다.

오른손은 엄지와 검지 사이를 밀착시킨 상태서 중지와 약지로 클럽을 받쳐드는 느낌으로 클럽 헤드의 움직임을 능동적으로 유발시켜야 한다.

오른손으로 백스윙을 한 뒤 왼쪽 무릎·허리·어깨순으로 다운스윙을 시도하며 헤드의 가속을 얻어 임팩트를 구사, 클럽 헤드가 볼이 놓여 있는 최저점을 통과하면 양손의 역할은 능동적인 기능에서 수동적인 역할로 자연스럽게 바뀐다.

또한 그립은 견고하다는 느낌보다는 언제든지 클럽 헤드에 샤프트의 탄성을 실어 보낸다는 정도의 가볍고 경쾌한 것이 좋다.

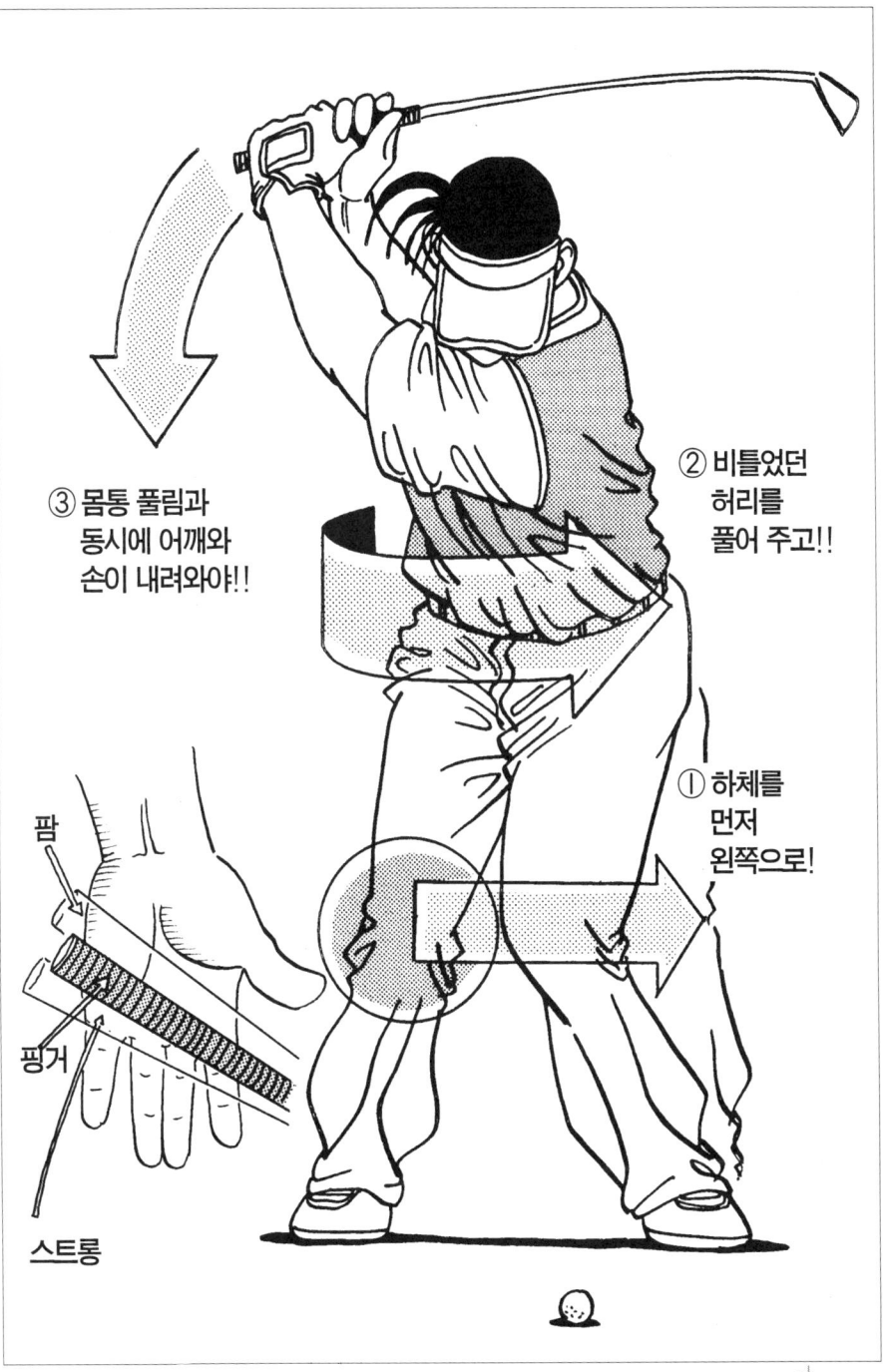

슬라이스의 원인 3가지
장영일 포인트 레슨

몸에 좋은 보약도 한꺼번에 닥치는 대로 이것저것 먹으면 오히려 해롭다. 그 사람의 체질에 맞는 적정량을 순차적으로 써야 약효를 극대화할 수 있다. 이렇듯 골프도 미스샷의 원인을 정확히 파악한 뒤에 처방해야 한다.

수많은 골퍼들이 고질적으로 '열병'을 앓고 있는 슬라이스의 원인은 무엇일까?

방향성과 비거리에서 많은 손해를 볼 수밖에 없는 슬라이스의 원인은 3가지다. 슬라이스(Slice)란 말 뜻 그대로 볼을 커트해 썰듯 공을 치기 때문에 오른쪽 방향으로 회전이 가해져 나타난다.

첫 번째 원인은 클럽 헤드가 바깥쪽에서 안쪽으로 공을 때리는 아웃사이드 인 스윙 때문이며, 두 번째는 클럽 페이스 자체가 열려서 타격하는 경우다. 그리고 세 번째는 페이스의 앞쪽인 힐 부분에 맞는 경우다. 볼이 헤드페이스의 중심을 벗어나 맞으면 반발력에 의한 힘의 작용이 가해져 힐 가까이 맞을 경우는 슬라이스, 토 쪽에 맞을 때는 훅 회전이 될 수밖에 없다.

이 밖에도 슬라이스 원인은 많지만 이 세 가지가 가장 기본적이다.

골프에는 힘 빼는 데 3년, 슬라이스 3년, 훅 3년이라는 우스갯소리가 있을 만큼 슬라이스는 거의 모든 주말 골퍼들이 앓는 병이면서도 잘 고쳐지지 않는 것이기도 하다.

① 아웃사이드 인의 궤도는 볼을 시계 방향으로 회전시키므로 슬라이스가 된다!

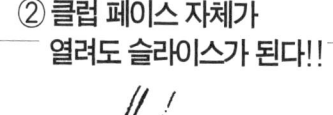
② 클럽 페이스 자체가 열려도 슬라이스가 된다!!

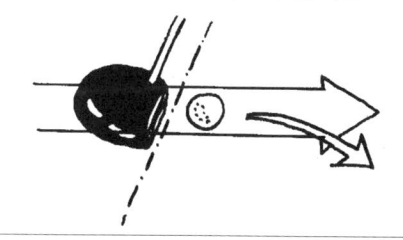

③ 힐 부분에 맞아도 슬라이스가 된다

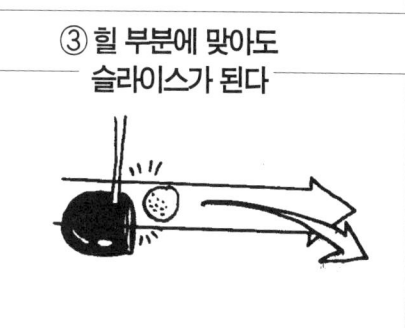

슬라이스를 치유하려면
장영일 포인트 레슨

슬라이스는 초보자의 최대 고민거리다. 스트레스 해소를 위해 시작한 골프가 이 슬라이스 때문에 역으로 커다란 스트레스를 제공한다. 주말 골퍼들은 빨랫줄처럼 장쾌하게 뻗어나가는 스트레이트 구질을 머릿속에 그리며 레슨을 받거나 '신무기' 구입에 돈을 투자하지만 어느 것도 명쾌한 치유법이 될 수 없다.

전회에서 밝혔듯 슬라이스의 원인은 다양하다. 이를 해결하기 위해서는 우선 ▲셋업 상태에서 자신의 그립을 내려다봤을 때 왼손 너클 파트(두 개의 주먹뼈)와 오른손 중지 손톱이 보이는가를 확인해야 한다. 이런 상태서의 어드레스는 목표 선과 일치시켜 주는 슬라이스 교정의 핵심 요소다. 또한 ▲정확한 어드레스를 마쳤다면 백스윙시 손목을 돌리는가를 점검해야 한다. 백스윙을 할 때는 손목 움직임을 자제하고 몸회전을 이용해야 한다. 피니시 때는 오른손을 펴서 왼쪽 어깨 방향으로 거수 경례하듯 한다.

힘을 뺀 릴렉스한 상태에서 스윙을 해야 헤드 무게에 의한 히팅이 이루어져 거리와 방향성이 좋아지는데 이때 필요한 동작이 롤링 즉, 왼손등 되돌리기 타법이다. 헤드 스피드가 부족하고 근력이 약한 여성 골퍼에게서 롤링이 잘 이루어지지 않는 것을 자주 볼 수 있는데 집이나 사무실 벽에 등을 대고 서서 롤링을 시도해 보면, 플로스루 때 두 팔이 목표를 지향하도록 하는 동작을 익힐 수 있다. 오른손은 마치 책장을 넘긴다는 느낌으로 컨트롤하면 된다.

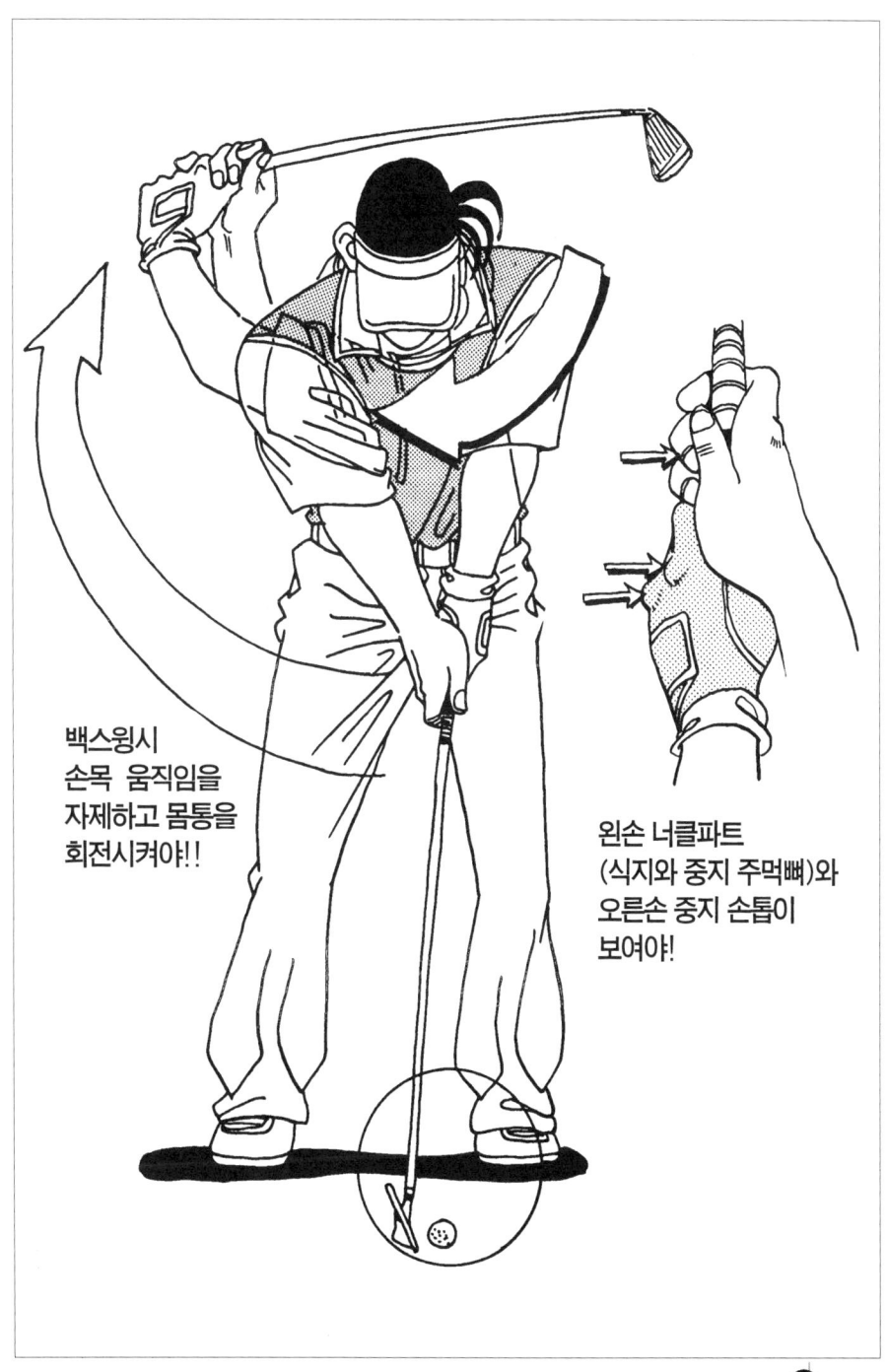

'3삼각' 유지 타법
장영일 포인트 레슨

가장 완벽한 직선 구질을 치는 골퍼는 없다. 이것은 사람이 시계의 진자처럼 수직으로 360도 원운동을 할 수 없기 때문이다. 그렇다면 '보다 멀리, 보다 정확히' 라는 골프의 숙제를 해결하기 위한 완벽에 가장 근접한 방법은 무엇일까.

어드레스 및 백스윙시 3가지 삼각형을 유지함으로써 그 해답을 찾을 수 있다.

어드레스시 양발을 어깨 너비 정도 벌려 신체의 좌우대칭을 유지함으로써 머리와 스탠스가 만드는 삼각형이 그 첫번째다.

둘째는 양팔과 그립이 이루는 선이다. 어드레스를 할 때 양팔과 클럽은 'Y' 자 혹은 '역K' 자 형태를 이룬다. Y자 형태가 이상적이며 역K자 모양은 초보자들에게는 몸이 경직되기 쉬운 어드레스다. 이때 이루어진 삼각형이 손목의 움직임에 의해 각도가 변하면 토핑, 뒤땅치기, 슬라이스, 훅 등 미스 샷의 형태로 나타난다.

세 번째는 척추의 마지막 부분인 미추골(꼬리뼈)과 양발 뒤꿈치가 이루는 가상의 삼각형을 말한다.

스윙시 위에서 말한 세 가지 삼각형을 염두에 두면 실수를 줄이고 완벽에 가까운 샷을 구사할 수 있을 것이다. 이것은 맷돌의 원리다. 안정된 아랫맷돌(하체)을 바탕으로 윗맷돌(상체)이 마음껏 회전운동을 하면 가장 이상적일 수 있는 것이다.

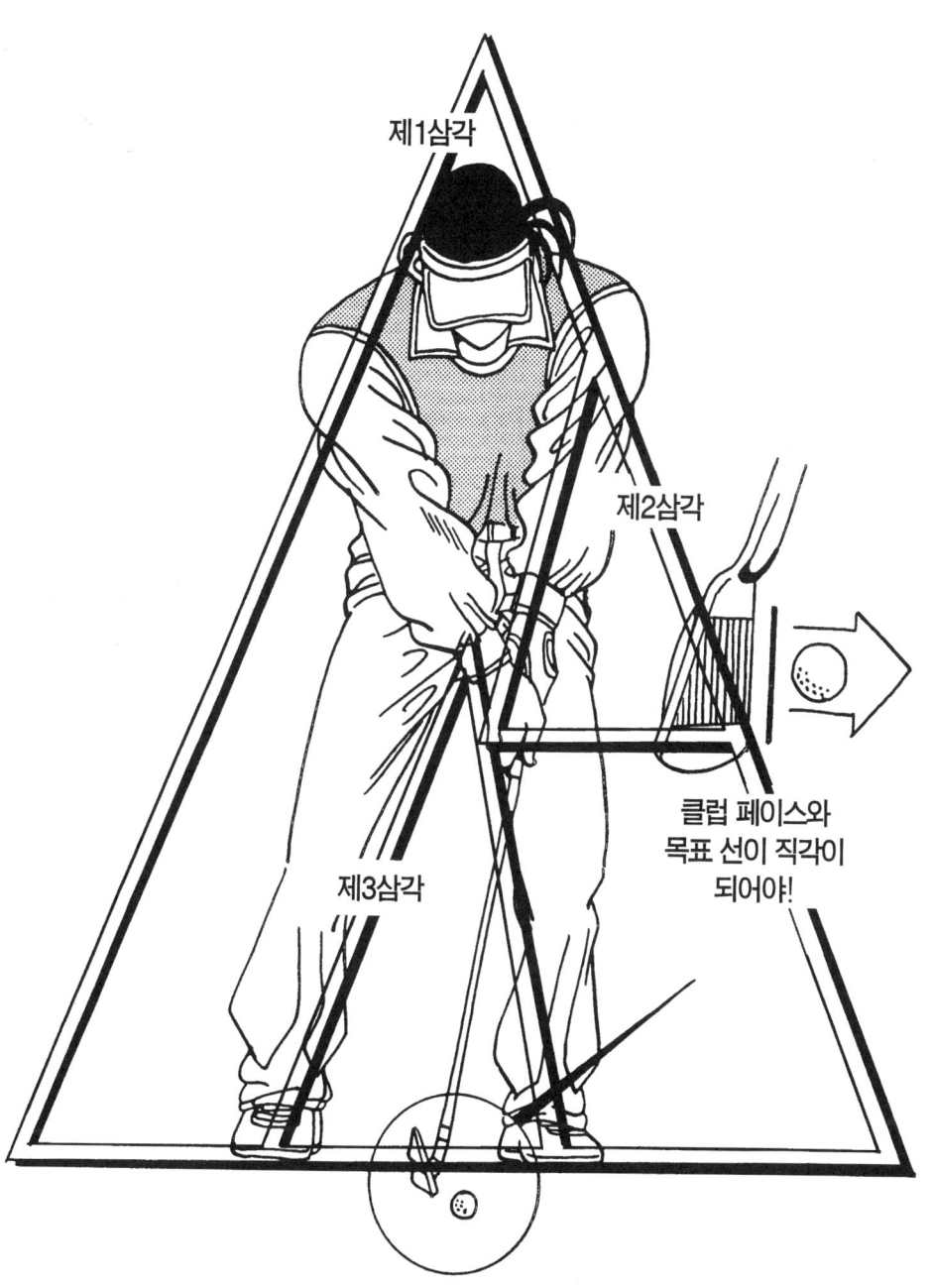

체형별 스윙법
장영일 포인트 레슨

체격 조건이 좋지 않다고 해서 골프를 못 하란 법은 없다. 반대로 좋은 체격을 지녔다고 해서 모두가 좋은 샷을 구사할 수 있는 것은 아니다. 사람마다 자신의 체격에 맞는 스윙을 최대한 개발, 자기 것으로 소화하는 것이 중요하다.

키가 큰 사람의 스윙법

키가 큰 사람은 팔 다리가 길어 스윙아크도 크게 된다. 이처럼 큰 스윙은 비거리 면에서 유리할 수 있는 요소를 지니고 있는 반면 작은 사람에 비해 중심이 높아 하체가 불안정해짐으로써 스윙이 흔들릴 가능성이 높다. 따라서 간결한 스윙을 하는 데는 어려움이 따른다.

이러한 경우에는 우선 신체의 축이 큰 폭으로 흔들리고 있지 않은가 하는 부분을 먼저 점검해야 한다. 장신인 사람이 공을 멀리 치고자 하는 의욕이 강하게 되면 무릎을 곧게 편 상태에서 지나치게 몸을 앞으로 숙이는 경향이 많은데 그렇게 되면 토대가 불안정해지며 팔과 몸이 제각기 놀게 된다. 이 때는 무릎을 약간 굽힌 채 엉덩이를 뒤로 빼고 등을 곧게 펴는, 마치 역도 선수가 바벨을 들어올리기 직전의 모습과 같이 중심을 낮게 하는 어드레스가 좋다. 무릎을 펴게 되면 백스윙시 하반신이 체중 이동을 지탱하지 못하기 때문이다. 새우처럼 등을 구부리고 가슴을 움츠리면 신체의 기능이 위축될 수밖에 없다. 팔과 몸이 일체된 스윙을 하기 위해 가슴을 가볍게 펴고 톱에서 오른손의 정확한 위치를 알기 위해 클럽을 들지 않고 공을 멀리 던지는 연습을 해 본다.

키가 작은 사람의 스윙법

호쾌한 장타, 모든 골퍼들의 희망일 것이다. 파5홀을 2온 시키는 쾌감은 장타자가 아니면 맛볼 수 없는 희열이다. 그런데 키가 작은 사람은 큰 사람에 비해 장타를 치기에 불리한 것이 사실이다. 스윙 아크가 작기 때문이다.

단신인 사람은 하체를 단단하게 유지하는 데 신경을 집중해야 한다. 그렇지 못할 경우 클럽의 길이와 샤프트의 탄성을 이용하지 못하게 된다.

팔이 짧으면 어깨 회전이 충분하지 못해 큰 스윙을 이루지 못하고 $\frac{3}{4}$스윙으로 위에서 내려치는 다운블로 타법이 되기 쉬워 스위트 스폿으로 정확하게 공을 쳐도 아웃사이드 인 스윙이 되어 슬라이스가 발생하기 쉽고 헤드 움직임의 궤도도 작아진다. 따라서 키가 작은 사람은 비거리를 늘리기 위해 스윙아크를 최대한 크게 하는 것이 중요하다.

이를 위해서는 어드레스시 앞으로 숙임을 작게 하고 가슴을 펴고 자세를 크게 잡는다. 그리고 테이크 백시 클럽 헤드가 지나가는 길에 따라 머리를 가볍게 오른쪽으로 턴을 하면 된다. 몸의 회전축이 움직이지 않으면 얼굴을 회전해도 좋다.

다음은 어깨를 충분히 회전해 공의 위치가 어깨뒤에 위치하도록 최선의 백스윙을 연습해 본다. 긴 클럽을 날카롭게 휘두르기 위해서는 손목의 코킹과 몸의 충분한 회전등 좋은 리듬이 중요하다.

살진 사람의 스윙법

비만한 사람은 몸을 돌리기 어렵다. 때문에 어드레스에서 조금이라도 회전이 용이한 자세를 취하는 것이 중요하다. 다소 비만한 사람은 파워가 있어 비거리를 내는데 유리하기도 하지만 한편으로는 가장 불리한 체형이기도 하다. 몸의 회전이 마른 사람에 비해 어렵다는 이유에서다.

이러한 사람은 우선 가능한 백스윙을 깊이 할 수 있도록 어드레스를 만들어야 한다. 중요한 것은 먼저 스탠스를 좁게 해야 한다. 보통 드라이버의 경우 어깨 너비 정도가 기준이지만 비만한 사람은 이보다 좁게 스탠스를 취해야 한다. 이것만으로도 몸을 충분히 돌릴 수 있다. 또한 오른발 끝은 약간 오픈하는 것이 좋다. 오른쪽으로 회전이 쉽게 되며 백스윙에서의 불편을 완화시키기 때문이다.

그러나 백스윙이 편하다고 해서 지나치게 오른발을 열면 다운스윙에서 왼쪽으로 몸을 돌리기 어렵게 된다. 또한 오른발을 공 2개 정도 뒤로 위치시키는 클로스 스탠스를 취하는 것도 좋은 방법이다. 이때 중요한 것은 어깨선만큼은 목표 선에 대해 평행을 유지하도록 하는 것이다. 어깨선은 항상 목표를 향해야 안정감이 증가된다.

한 가지 더. 비만으로 인한 회전 부족을 보충하기 위해서는 코킹을 잘 이용해야 한다. 코킹만 가지고도 몸을 충분히 비트는 효과를 얻을 수 있다.

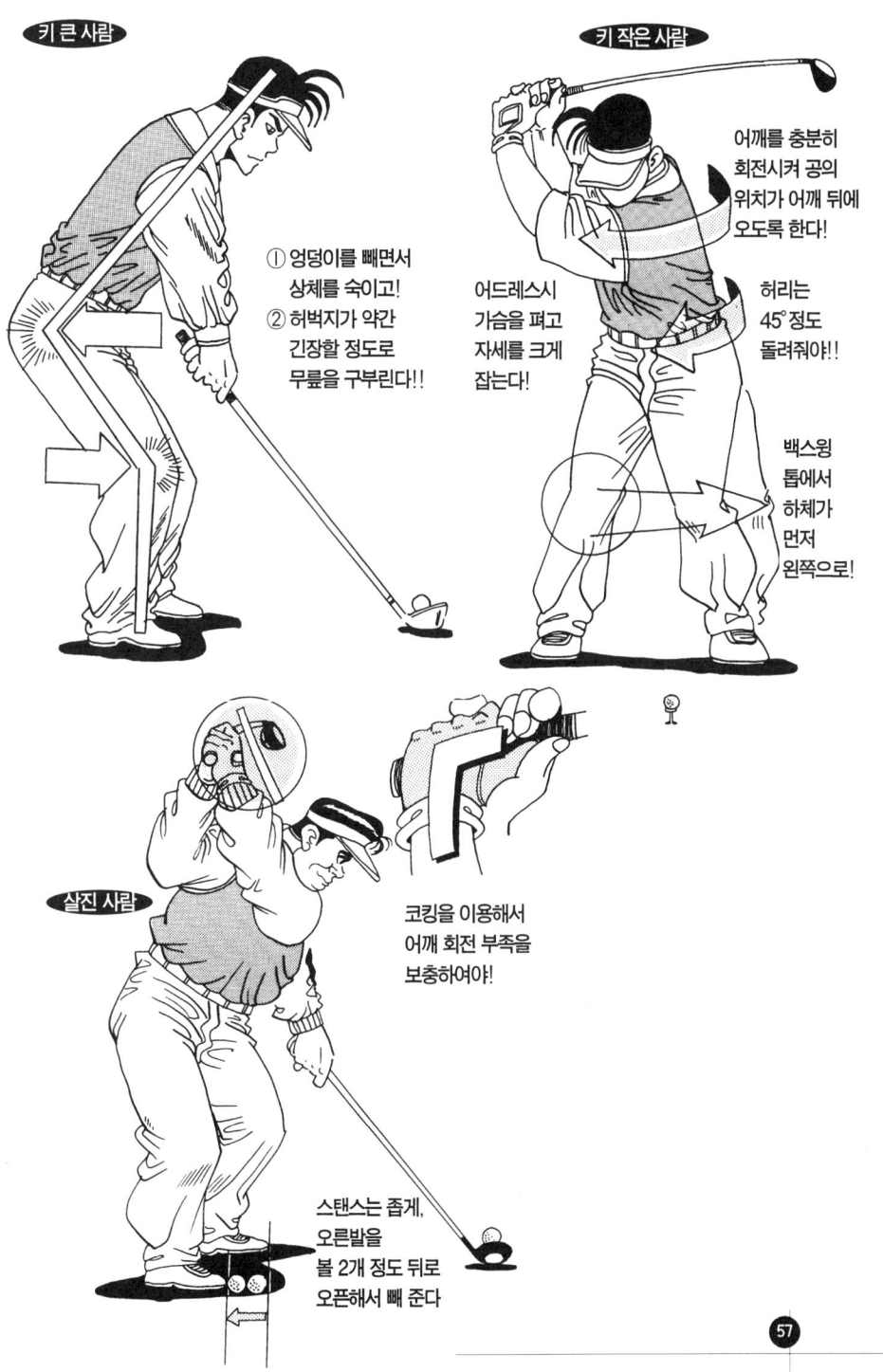

겨울철 코스 공략법 - 맞바람

장영일 포인트 레슨

본격적인 겨울이다. 떨어진 낙엽과 시든 잔디, 그리고 눈 위에서 또는 강한 바람을 이겨내며 라운딩을 해야 한다. 겨울철 코스 공략은 가을까지의 그것과는 사뭇 다르다.

겨울의 강한 맞바람은 전진을 방해한다. 그렇다고 바람에 질 수는 없는 일. 이런 상황에서도 만만치 않은 비거리와 강한 볼을 치기 위해서는 첫째, 어드레스를 확실하게 결정하는 것이 중요하다. 공의 위치를 평상시보다 공 1개 혹은 1개 반 정도 오른쪽에 놓음으로써 클럽의 로프트를 세워야 낮은 탄도의 공을 날릴 수 있다. 중심은 왼쪽에 60% 정도 둔다는 느낌으로 자세를 잡아야 한다. 그러나 상체를 왼쪽으로 기울여서는 안 된다. 그럴 경우 스웨이가 될 수가 있기 때문이다.

둘째, 백스윙을 작고 콤팩트하게 한다. 백스윙이 크면 오른발에 체중이 남아서 올려 치는 스윙이 되기 쉽다. 따라서 백스윙은 왼쪽 어깨가 왼발 앞에 왔을 때 멈추고 체중은 왼쪽 엉덩이와 대퇴부 연결 부위 정도에 싣는다.

마지막으로 클럽 페이스를 닫아서 친다. 그래야 무겁고 강한 볼을 날릴 수 있다. 체중을 공에 싣는다는 느낌으로 클럽 페이스를 닫듯이 타격한다. 어드레스 때 공을 평상시보다 오른쪽으로 놓는 것도 이 때문이다. 몸은 그대로인 상태에서 스윙을 하면 낮고 무거우며 약간은 스로성 타구를 날릴 수 있다.

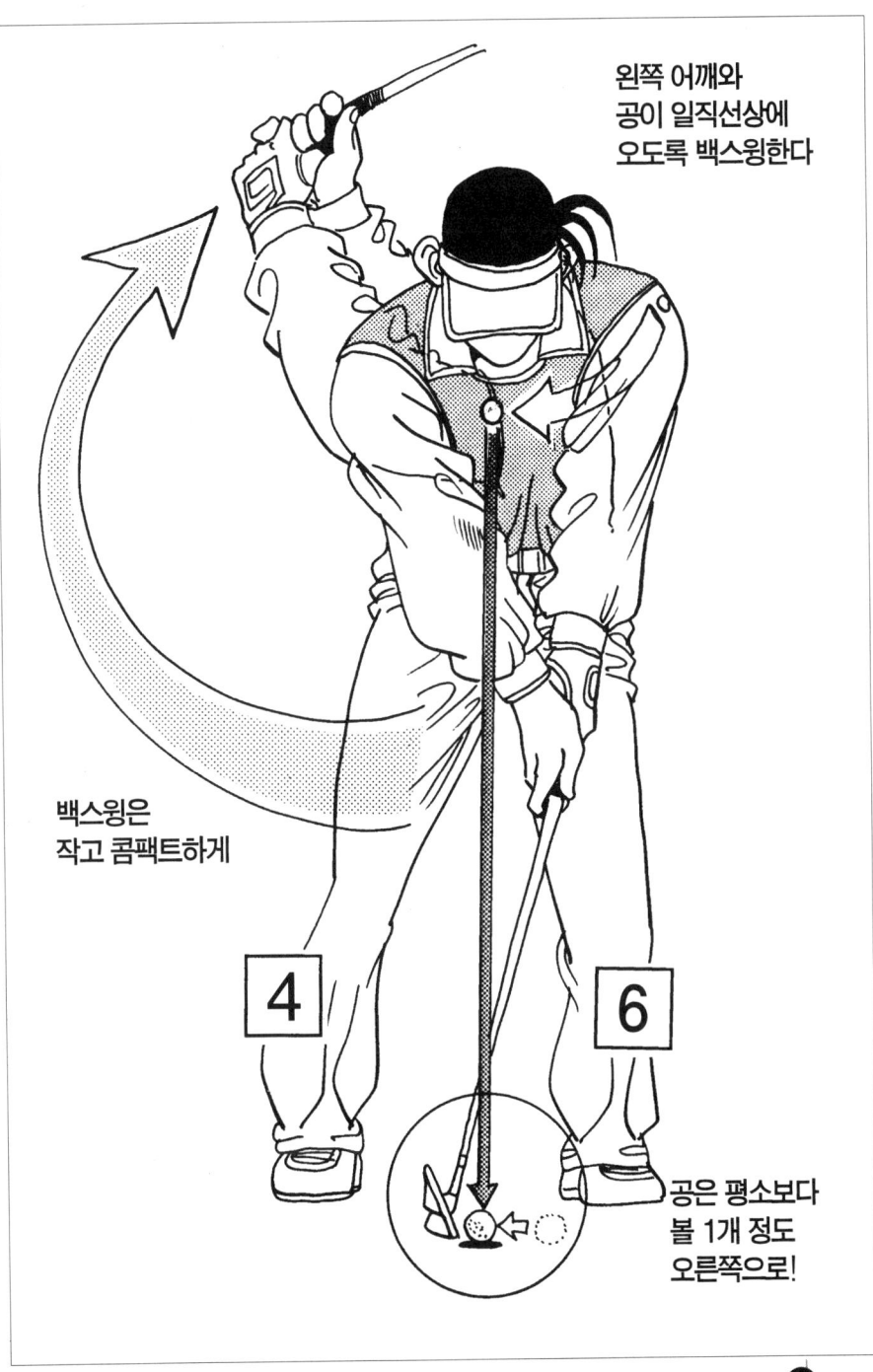

겨울철 코스 공략법 - 트러블샷
장영일 포인트 레슨

　겨울철 시든 잔디의 특성은 초록의 그것에 비해 탄력이 없고 특히 건조하기 때문에 스윙시 클럽이 튕겨지기 쉽다. 이렇게 되면 단단한 지면에 튕겨 토핑이 발생하거나 페이스가 열리면서 공이 전혀 엉뚱한 방향으로 날아가는 경우가 흔하다.

　이렇듯 시든 잔디, 단단한 지면의 경우에는 클럽 헤드를 예각으로 날카롭게 넣어 치는 것이 좋다. 물론 그립은 확실하게 잡아야 한다. 손을 몸의 왼쪽에 두는 핸드퍼스트 형태를 만들어 공 바로 위에서 클럽을 내린다는 생각으로 스윙을 해야 한다. 클럽의 솔이 먼저 지면에 닿는 것을 방지하기 위해서다.

　그린까지의 거리가 상당히 남아 있을 경우 라이가 문제가 되긴 하지만 페어웨이 우드를 활용하는 것이 좋다. 아이언은 솔 형태에 의해 잔디의 저항을 받기 쉽지만 우드는 솔이 넓어 유리하다. 특히 겨울의 시든 잔디는 미끄러지기 쉽기 때문에 시도해 보는 것이 좋다.

　리프가 깊은 상황에서는 탈출만을 생각하고 클럽을 위에서 내리꽂듯 해야 한다. 이때 중요한 것은 어드레스시 공을 오른쪽에 치우치도록 놓고 오른쪽 팔꿈치가 몸에서 떨어지지 않을 정도로 작게 사용하여 콤팩트한 백스윙을 취해야 한다는 점이다.

　클럽은 8번 이상으로 로프트가 있는 것을 사용해 탈출의 확률을 높여야 한다. 이 샷은 스윙이 작으나 공을 위에서 치게 되므로 공이 생각보다 멀리 날아가는 점을 주의한다.

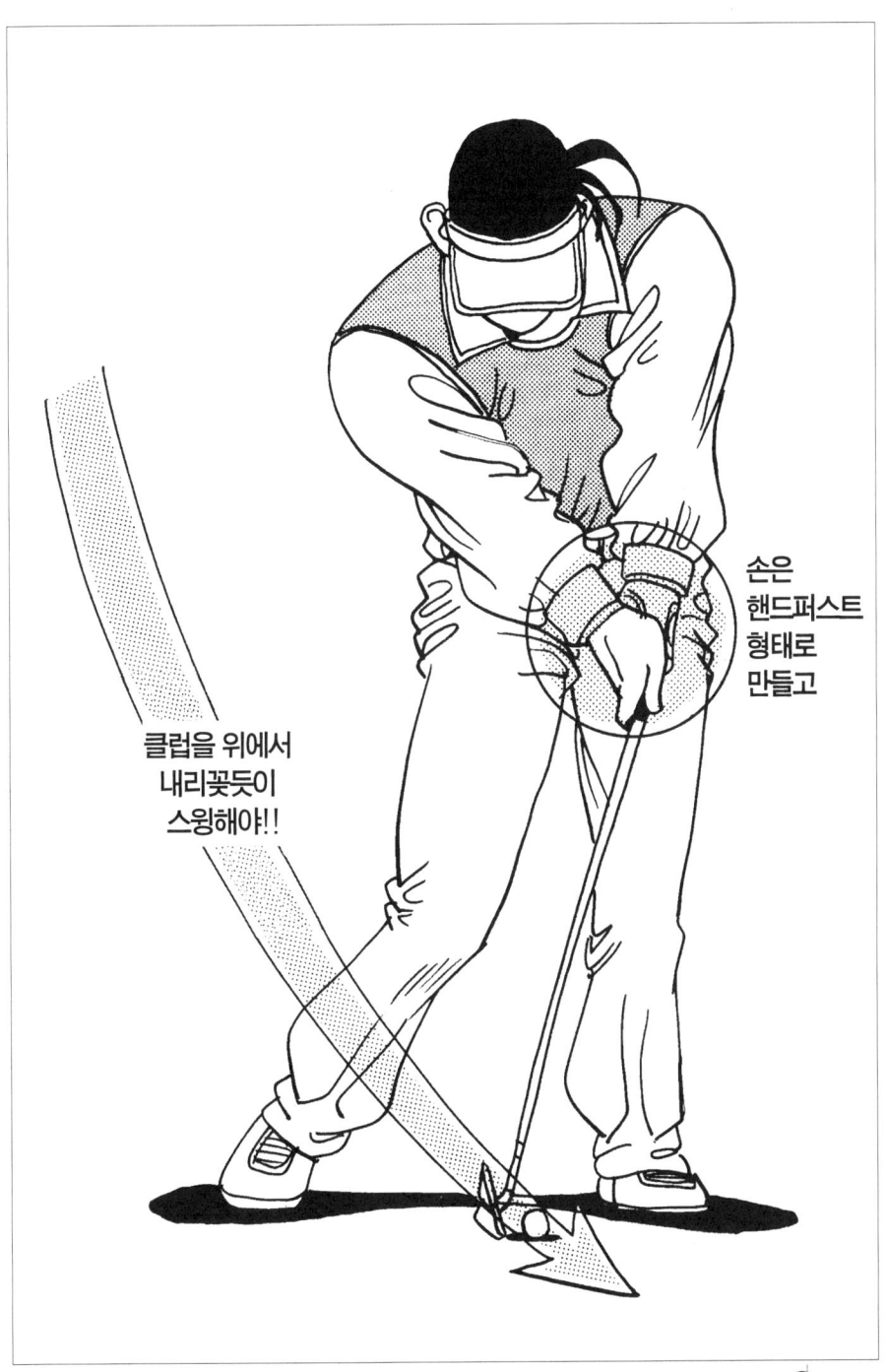

다운스윙하는 요령
장영일 포인트 레슨

　다운스윙이란 클럽이 임팩트 구간에 이르는 동안 클럽 페이스의 회전 가속도가 최대에 이르도록 하는 동작이다. 백스윙이 다운스윙을 위한 동작이라면 다운스윙은 임팩트 과정이다. 훌륭한 백스윙을 했다고 하더라도 다운스윙이 잘못되면 비구선과 일치되는 임팩트를 기대할 수 없으며 정확한 방향과 거리를 보장받지 못한다. 따라서 다운스윙은 정확한 속도와 각도로 임팩트하는 길잡이라고 할 수 있다.

　백스윙이 어깨 - 허리 - 무릎의 순서로 회전해 탄력을 주었다면 다운스윙은 이것의 역순으로 몸의 회전을 풀어 줌으로써 임팩트에서 큰 힘을 낼 수 있도록 하는 것이다. 백스윙 톱에서 만들어진 코킹은 그립이 오른쪽 허리 위치에 올 때까지 그대로 유지했다가 이후 클럽 헤드를 목표 쪽으로 던져 주면서 손목을 순간적으로 풀어 주면 된다.

　다운스윙은 해머로 큰 나무의 뿌리에 쐐기를 박는 동작과 가장 흡사하다(그림 참조). 이 때의 해머스윙은 올바른 스윙 감각을 위한 두 가지 점을 제공한다. 왼쪽 벽면과 단단히 고정된 양발, 즉 안정된 스탠스다. 왼쪽 벽면이 무너지거나 스탠스가 흔들리면 미스샷이 유발된다.

　다운스윙은 빠른 템포로 하되 균형을 지키고 신체의 굴절 각도를 유지하는 것이 매우 중요하다.

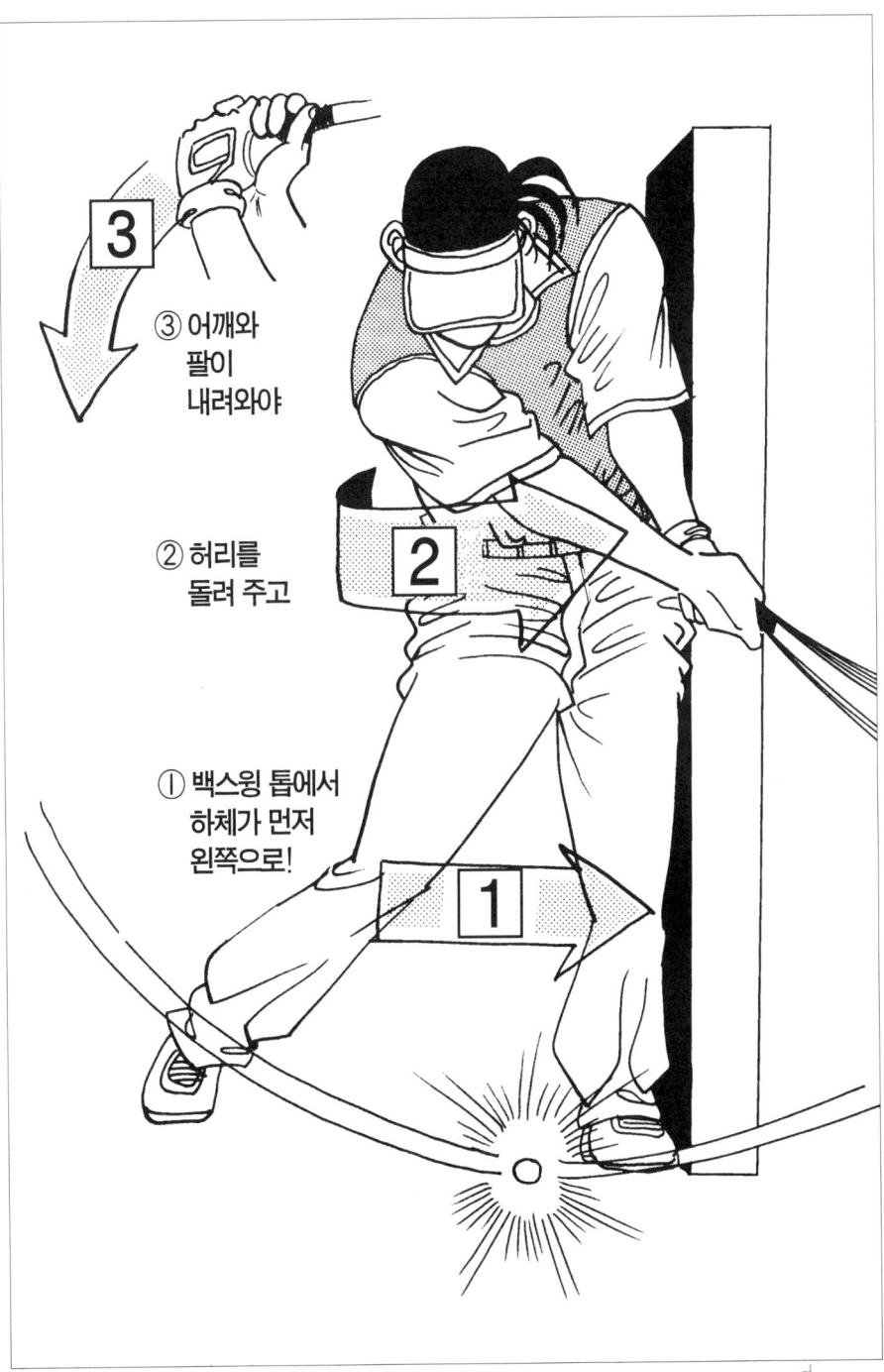

임팩트
장영일 포인트 레슨

　임팩트는 볼을 세게 때리는 동작이 아니라 클럽 페이스가 볼과 만나는 순간이다. 이때의 핵심은 공에 접촉되는 페이스의 방향, 클럽 헤드의 위치와 회전 속도다. 임팩트 순간 왼팔과 샤프트는 일직선이 되고 목표 선에 대해 스퀘어로 히팅이 되어야 한다. 즉 올바른 임팩트는 어드레스 자세를 재현하는 것이다.

　그러나 어드레스와 다른 점은 백스윙에서 시작, 톱에서 다운스윙으로 이행하는 동작 중에 생겼던 파워의 흐름이 임팩트 순간 전신에 모여 있다는 것이다. 전회에서 다운스윙시 왼쪽에 벽을 만들어야 한다는 것은 파워의 분산을 막고 임팩트 순간에 힘이 집중되도록 하기 위함이다.

　결국 임팩트는 어드레스 때와 자세가 같으나 단지 체중 이동이 일어나는 차이가 있으며, 클럽에 공이 맞는 순간은 1/2,000초도 안 되는 매우 짧은 순간이다.

　스윙은 임팩트에서 끝나지 않는다. 적절한 폴로스루로의 연결 동작이 필요하다. 임팩트 순간부터 그립은 오른손이 왼손 위를 덮는 리스트 턴(Wrist Turn), 즉 왼손목 되돌리기 동작이 자연스레 이루어져야 한다. 그렇지 못할 경우 스윙아크가 흔들려 좋은 샷을 만들어 내기 어렵다.

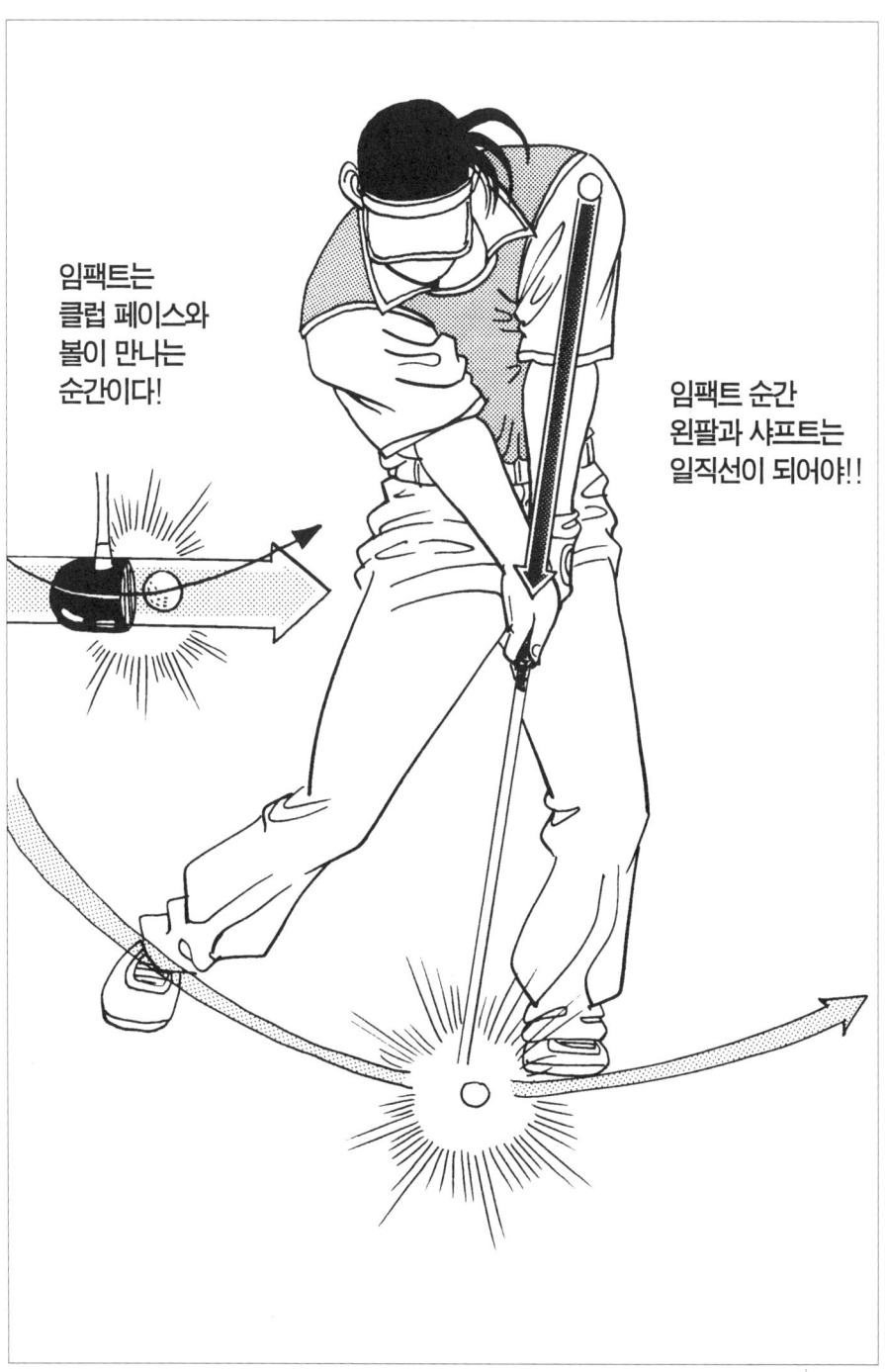

폴로스루
장영일 포인트 레슨

　스윙의 최종 목적은 공을 멀리, 정확하게 날려보내는 것이다. 따라서 공을 맞히는 것에만 집중하다 보면 임팩트 이후의 동작들을 소홀히 하는 경향이 있다.

　폴로스루는 공에 직접적인 영향을 미치지는 않지만 클럽이 지나가는 궤도를 올바르게 유도해 주는 역할, 즉 임팩트를 정교하게 하는 기술이다. 임팩트는 골퍼들이 스스로 인지해 동작을 실행하기에 너무 짧은 시간에 이루어지므로 이 임팩트 동작 전후에 세심한 노력이 필요하다.

　예를 들어 기차가 주춤거림 없이 목적지를 향해 속력을 낼 수 있는 것은 레일 위를 달리기 때문이다. 골프 역시 일정한 궤도를 따라 스윙할 수 있다면 두려움 없이 힘찬 임팩트를 구사할 수 있을 것이다.

　폴로스루에서의 핵심은 왼발을 축으로 회전이 계속될 때 클럽 헤드를 목표를 향해 던져 주는 동작이다. 그렇게 되면 클럽 헤드는 목표 쪽으로 뻗으려는 힘이 생기지만 또 다른 하나의 힘, 즉 스윙축에 의해 클럽 헤드는 몸쪽으로 운동 방향을 정하게 된다. 이 때 목표를 향해 던져진 팔은 그대로 두고 손목의 회전으로 클럽의 운동 방향을 전환하면 피니시로 연결되는 것이다.

　이런 현상을 '롤링' 이라고 하는데 롤링은 반드시 폴로스루를 하는 동안에 이루어져야 한다.

어프로치샷의 정석 - 피치샷
장영일 포인트 레슨

　골프는 멀리 날리고(드라이버), 접근하고(어프로치), 마무리(퍼팅)하는 세 가지 단계로 코스를 공략한다. 이 가운데 어프로치는 가장 중요한 승부처라고 할 수 있다.

　어프로치샷에는 두 가지 요소가 있는데 하나는 볼을 높이 띄우는 부분이고 다른 하나는 볼이 낙하해서 굴러가는 부분이다. 그러므로 먼저 볼을 떨어뜨릴 곳을 결정한 뒤 공이 굴러갈 라인을 생각하는 것이 좋다.

　그린 주변에서 홀컵에 보다 가깝게 붙이고자 할 때 유용하게 쓰이는 클럽이 피칭웨지다.

　볼을 띄워서 장애물을 피한다든지 빨리 볼을 멈추게 할 수 있어 정확성과 거리 조절에 용이한 클럽이다. 또 풀이 깊어서 볼이 잠겨 있어도 클럽 페이스의 로프트가 크기 때문에 풀을 잘라내고 쳐낼 수가 있다.

　피치샷의 어드레스시 볼의 위치는 양발 중앙보다 오른쪽이며 그립은 볼보다 앞쪽에 위치하도록 한다. 거리를 내는 것이 목적이 아니므로 오른발을 왼쪽에 붙여서 스탠스의 폭을 좁게 하고 15도 정도 오픈하는 것이 좋다. 거리의 조절은 스윙 폭으로 정한다.

　피치샷은 백스핀이 걸리는 것이 좋다. 그린에 떨어져 즉시 멈춰서는 볼이 피치샷의 이상적인 형태다. 볼은 커트한다는 느낌으로 임팩트한다.

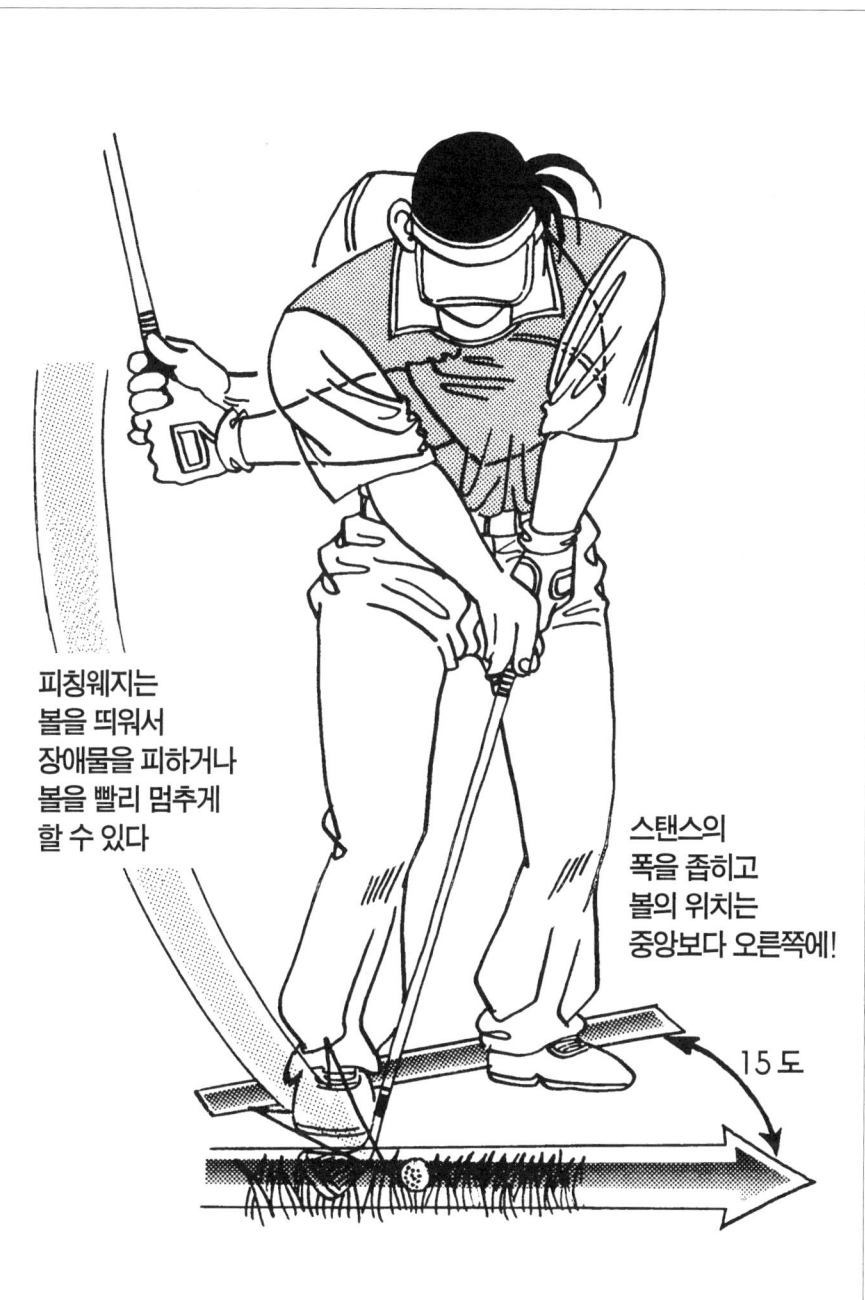

어프로치샷의 정석 - 피치앤드런샷
장영일 포인트 레슨

 그린 주변에서의 어프로치 중에서 가장 많이 이용되는 것이 피치앤드런이다. 공과 그린 사이에 장애가 없고 확 트인 길에서 굴려 올리는 것 같은 상황에서의 샷이다. 공을 어느 정도 떠올려서 그린에 낙하시킨 뒤 런으로 핀에 접근해 가는 것이다.
 요령은 피치샷과 같다. 백스윙에서 몸의 움직임을 작게 하고 왼손 그립을 단단히 해서 어깨와 양팔이 삼각형을 유지하면서 클럽 페이스를 목표의 정방향으로 내친다. 이때는 피치샷과는 달리 어느 정도 볼의 탄력을 느슨하게 할 필요가 있다. 때문에 그립을 왼쪽 대퇴부 위쪽에 위치하게 하고 핸드퍼스트의 자세를 취하는 것이 좋다.
 주말 골퍼들이 쇼트 게임에서 가장 까다롭게 느끼는 것이 거리 조절이다. 이때는 힘보다 스윙의 폭으로 거리를 조절해야 한다. 스탠스는 15도 정도 오픈하고 볼의 위치는 양발 중앙에 놓는다. 피니시는 거리에 따라 크기가 다르지만 크게 하지 않아야 런이 많아진다. 9번 아이언의 경우 $\frac{2}{3}$가 캐리, $\frac{1}{3}$이 런이므로 이것을 염두에 두고 공을 떨어뜨릴 위치를 판단해야 한다.

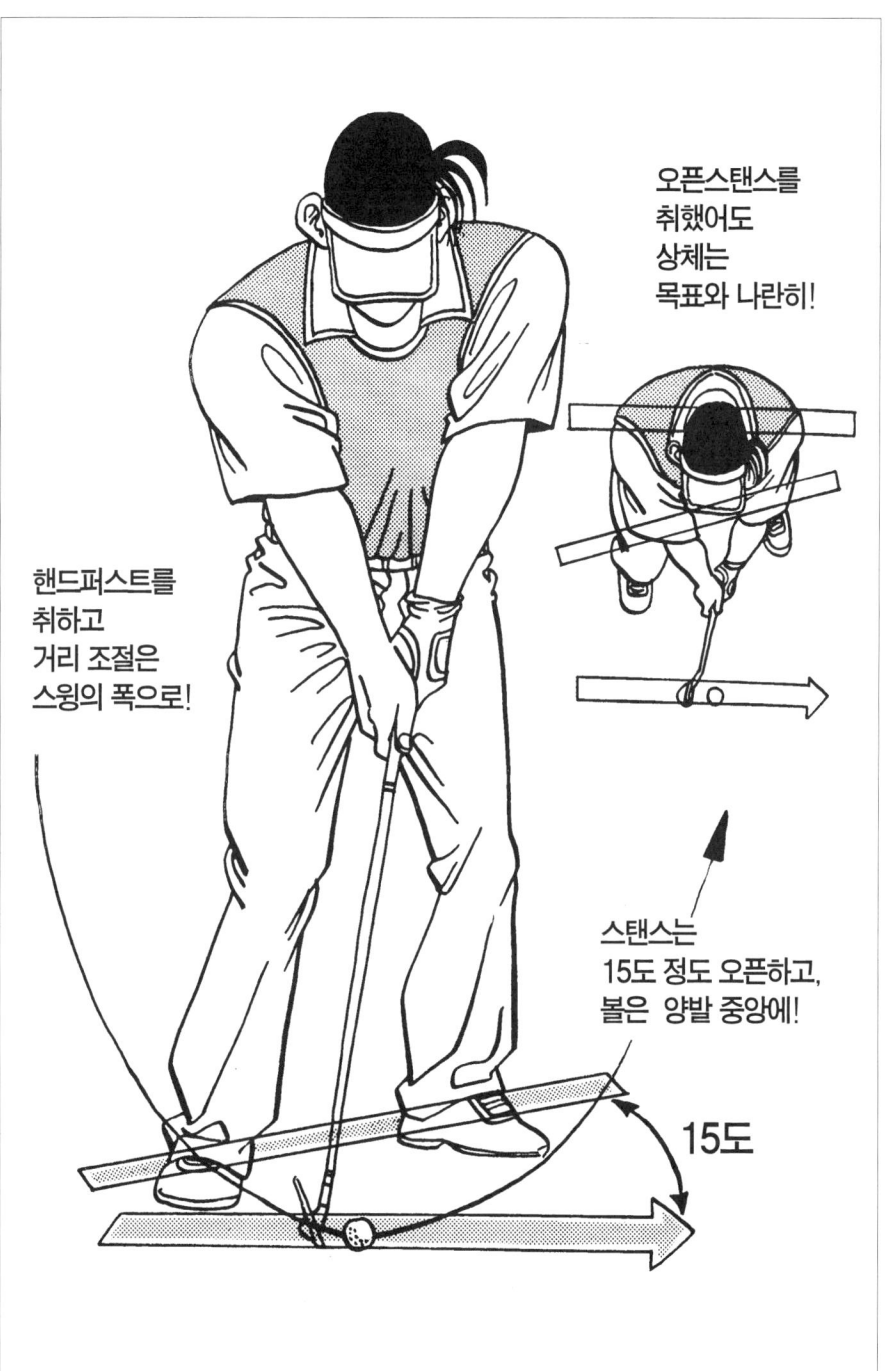

어프로치샷의 정석 - 러닝 어프로치
장영일 포인트 레슨

그린에지에서의 어프로치샷으로 퍼팅의 연장이라고 생각해도 좋은 것이 러닝 어프로치다. 이것은 거리에 따라서 여러 가지 클럽으로 구별해서 친다.

러닝 어프로치는 손목을 고정시켜 놓고 사용하는 것이 기본이다. 손목의 고정이란 왼손의 중지, 약지, 새끼손가락을 견고히 하는 것을 말한다. 즉 팔꿈치에서 손까지를 샤프트라고 생각하면 된다. 이 방법으로 공략하면 어깨 회전으로 좀더 나은 거리감을 가질 수 있다.

러닝 어프로치, 즉 칩샷은 클럽을 짧게 쥐고 스탠스를 좁게해서 가벼운 오픈 스탠스를 취하고 스윙을 한다. 로프트가 큰 클럽은 런이 적고 로프트가 적은 클럽은 런이 많아진다.

칩샷의 기본은 어드레스 때 체중의 대부분을 왼발에 실리도록 해야 한다. 클럽을 파지한 두 손은 항상 헤드보다 앞에 위치한다. 이렇게 하면 다운블로로 헤드를 보낼 수가 있다. 볼의 위치는 스탠스의 중심에 위치하고 양발과 몸의 라인은 약 15도 정도 오픈하고 손목을 확실히 고정시킨 상태 그대로 홀컵을 향해 스윙한다.

이때는 '도달하지 않으면 들어갈 수가 없다' 는 적극적인 생각으로 핀을 약간 오버시킨다는 느낌으로 치는 것이 좋다. 방향을 볼 때는 핀을 주시해야 하지만 거리를 생각할 때는 핀을 보지 말고 떨어뜨릴 장소를 보는 것이 좋다. 특히 거리에 따라 클럽을 선택하되 짧게 쥐고 볼을 쳐야 컨트롤하기가 쉽다.

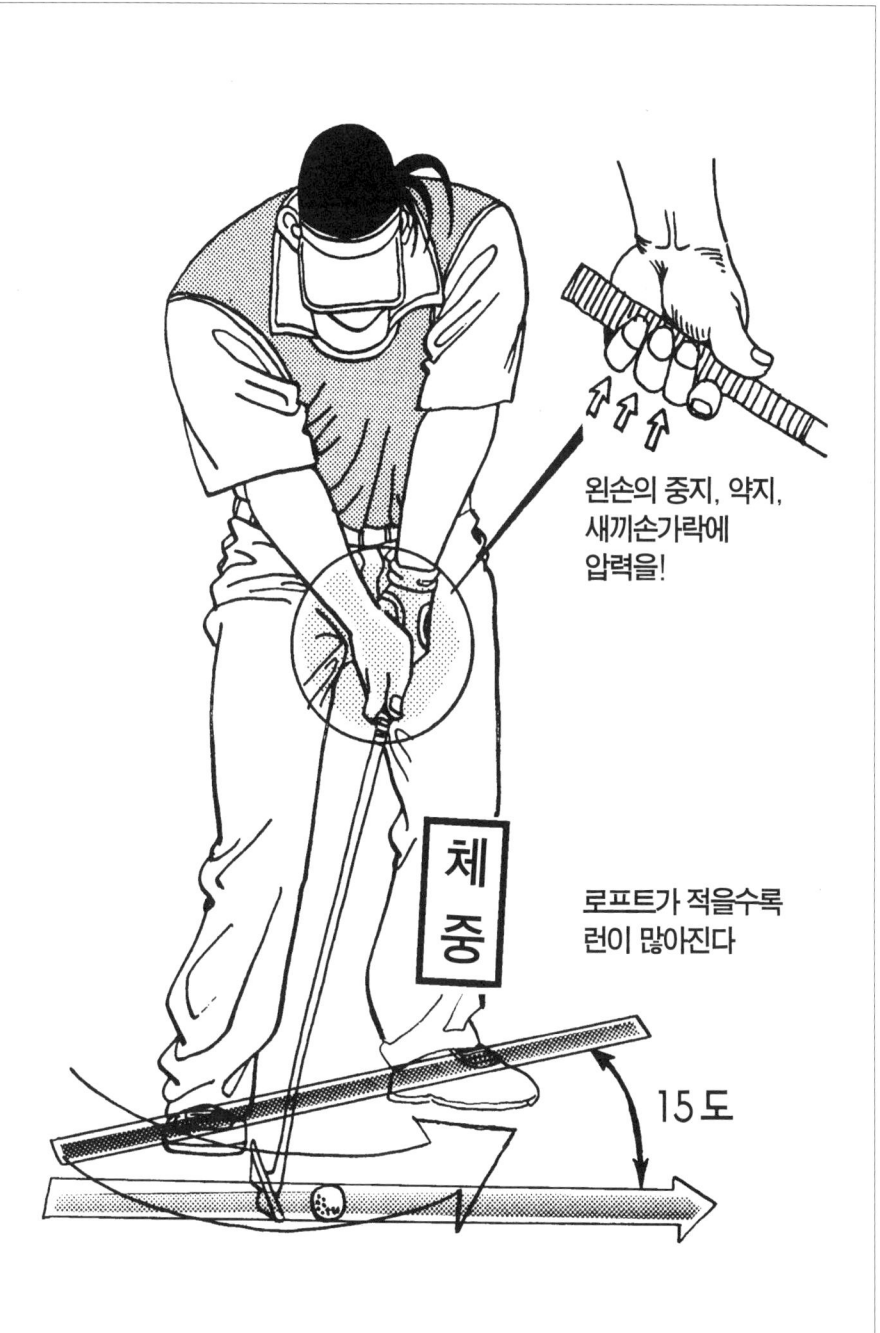

페어웨이 우드 공략 비법
장영일 포인트 레슨

    페어웨이 우드는 거리와 정확성이 요구되는 클럽으로 2, 3, 4, 5번 우드를 말한다. 드라이버는 볼을 티에 올려 놓고 샷을 하지만 페어웨이 우드는 잔디나 모래 위에서 직접 볼을 쳐야 한다.
    페어웨이 우드는 클럽의 길이와 각도 때문에 볼을 띄우기가 어렵다고 느끼기 쉽다. 그러한 심리 때문에 임팩트할 때 상체가 빨리 들리고 헤드업이 자주 발생한다. 그러나 페이스의 로프트에 의해 볼은 뜨게 되어 있으므로 지나치게 의식할 필요는 없다.
    왼손 그립은 역시 견고하게 파지해야 하며, 어드레스는 낮은 자세가 이상적이다. 그립의 끝을 2~3cm 정도 남기는 쇼트 그립이 좋다. 볼의 위치는 왼쪽 발꿈치 안쪽의 선상이며 스탠스의 폭도 드라이버보다는 약간 좁게 한다. 그리고 잔디 위에서의 샷은 사이드 블로임을 명심해야 한다.
    슬라이스가 심하게 나는 사람은 크리크(5번), 가벼운 슬라이스 구질을 가진 사람은 버피(4번)에 익숙하도록 연습하는 것이 좋다.
    페어웨이 우드 샷에서 중요한 포인트는 양발 무릎을 부드럽게 유지하고 어깨 회전을 충분히 해야 한다는 점이다.

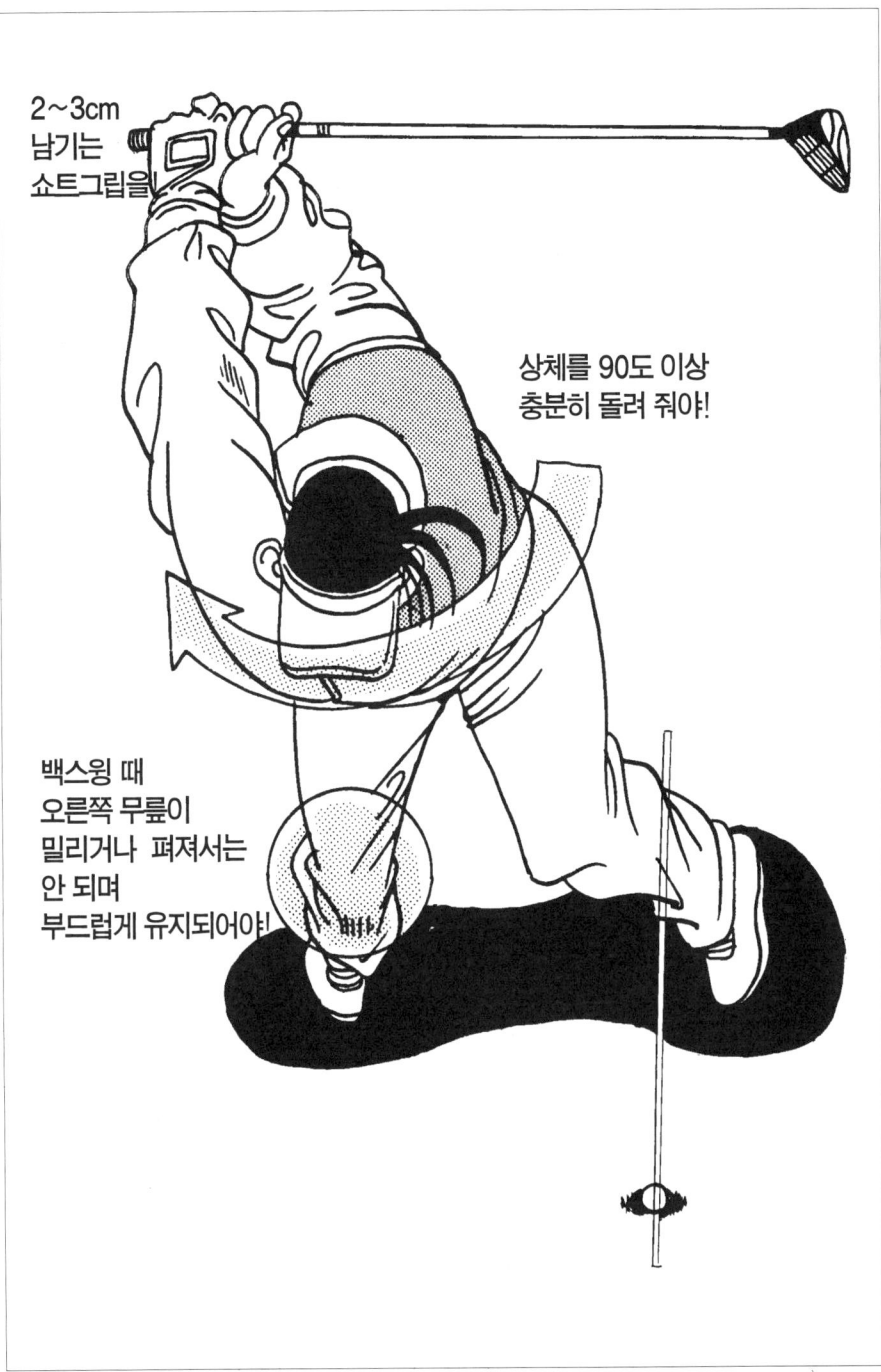

아이언샷의 기본
장영일 포인트 레슨

아이언샷은 거리보다 정확성을 요하는 샷이다. 아이언은 우드보다 짧고 클럽 페이스의 각도가 다양해 클럽마다 거리의 차이가 있다. 1~4번이 롱아이언인데 아마 골퍼의 경우 1, 2번은 거의 사용치 않고 3번 아이언도 로프트가 작고 헤드가 가벼워 사용법이 까다롭기 때문에 좋아하지 않는 클럽이다.

그러나 사용법만 제대로 이해하면 충분히 활용할 수 있고 또 롱아이언을 사용해야만 코스 공략의 폭이 넓어진다.

아이언샷의 스윙은 업라이트가 원칙이다. 우드에 비해 중심 심도가 낮기 때문에 스위트스폿을 벗어나 타격을 하면 볼이 떠올라 거리가 나지 않는다. 어드레스시 왼손등의 위치와 볼의 위치를 일직선상에 놓는다. 어느 클럽이나 마찬가지지만 특히 로프트가 작은 클럽일수록 임팩트 때 헤드의 튀김이 중요한데 그렇지 않을 경우 볼은 잡히지 않고 오른쪽으로 날아간다.

롱아이언 사용시 중요한 것은 샤프트가 길기 때문에 임팩트보다는 스윙이 강조되어야 한다는 점이다. 볼의 위치는 왼쪽발 뒤꿈치 안쪽의 선상에 놓는 것이 좋다. 그렇게 함으로써 스윙이 최저점에 달하기 전에 치는 다운블로 타법을 구사하면 볼에 백스핀이 걸려 볼은 낙하점 가까이에서 멈추게 된다.

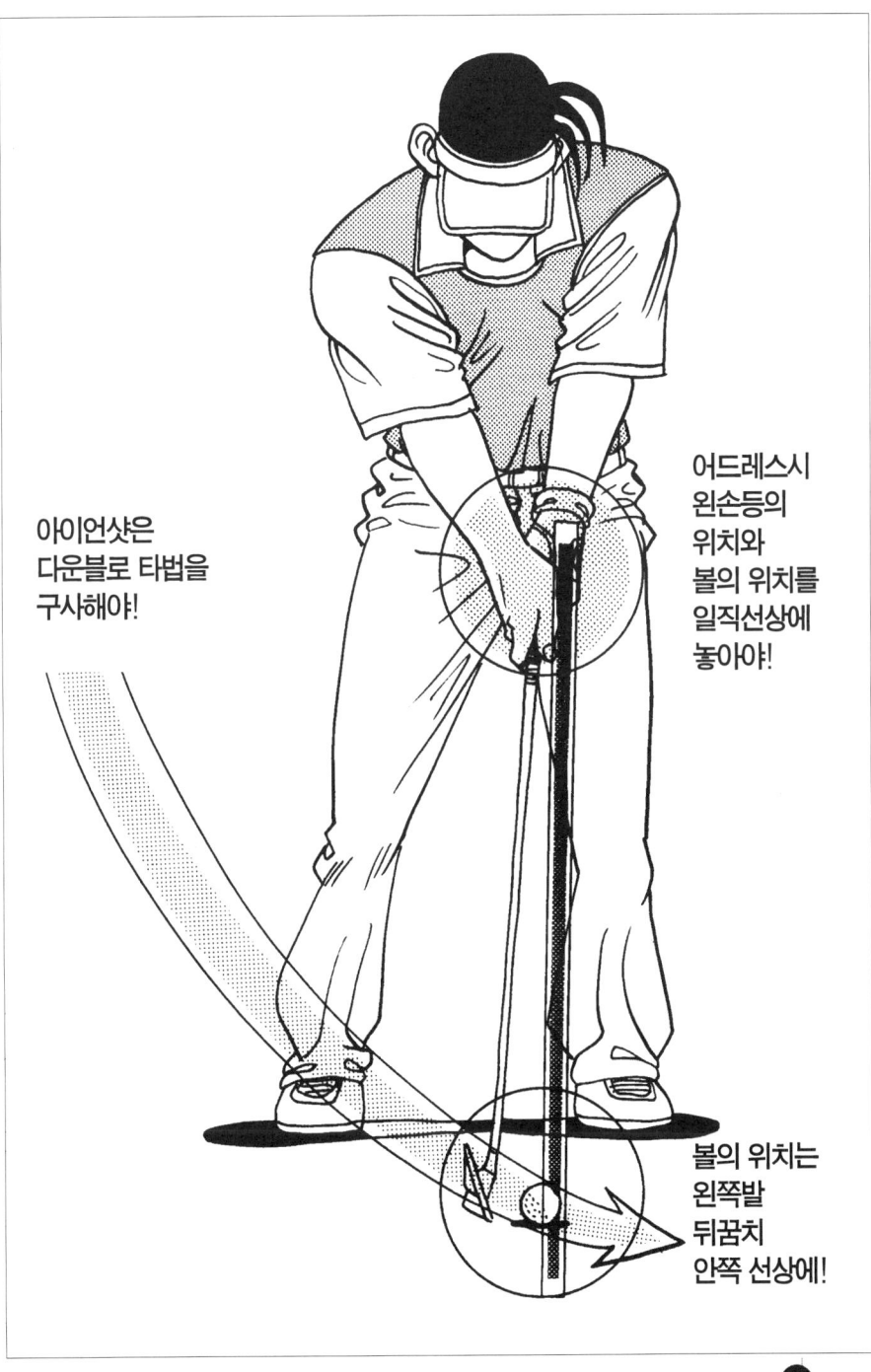

볼이 디벗에 들어갔을 때

장영일 포인트 레슨

골프는 '넥스트 샷(Nest Shot)' 이라고 말한다. 다음 샷을 좋은 곳에서 하기 위해 목표를 설정하고 공을 친다는 말이다. 그런데 티샷을 페어웨이 중앙으로 공략했지만 다가가 보니 볼이 재수없게도 디벗에 들어가 있는 경우가 많다. 이럴 때는 어떻게 공략해야 좋은 샷을 연출할 수 있을까.

큰 디벗의 정중앙에 볼이 있을 경우는 그렇게 나쁜 라이라고 할 수 없다. 볼이 디벗의 뒤편에 위치했을 때가 문제다. 이때 우선 생각해야 할 문제는 '어떻게 하면 뒤땅을 때리지 않는가' 하는 점이다. 체중을 왼발에 싣고 볼의 위치는 스탠스의 중앙보다 약간 오른쪽으로 놓는다. 그리고는 업라이트한 백스윙을 취하고 볼에 대해 찍듯이, 즉 다운블로로 샷을 해야 한다. 이 타법은 약간 뒤땅을 때릴지도 모른다는 느낌을 가지게 되지만 결과는 알맞은 거리를 낼 수가 있게 된다.

공이 디벗의 바로 앞쪽에 정지되어 있는 경우도 곤란하기는 마찬가지. 이런 때는 정상적인 스윙을 할 수밖에 없으므로 볼이 높게 떠오르며 날아가게 된다는 점을 잊지 말아야 한다. 또 디벗의 방향에 따라 볼이 좌우로 날아가는 위험도 있다. 깊은 디벗에서는 손목을 다치는 경우도 있는데 이런 경우에는 스코어보다는 부상 방지를 염두에 두어야 한다.

70~80야드 거리 공략법
장영일 포인트 레슨

　드라이버 샷이 안정되어 OB가 줄어들어 보기 플레이가 가능한 주말 골퍼들에게 있어 가장 어렵게 느껴지는 거리가 70~80야드 정도일 것이다. 피칭 웨지로 풀스윙을 하면 그린을 오버하고 다소 부드럽게 공략하면 짧아서 고민이다.

　이 거리에서는 온그린은 물론 원 퍼트가 가능한 위치에 접근시키고자 하는 마음이 앞서게 된다. 그렇지만 샤프트를 짧게 잡고 손으로만 치면 뒤땅을 치는 경우가 많고 또한 손목에 힘이 들어가 거리와 방향 조절이 어려워진다.

　이때는 보통의 쇼트 아이언 공략처럼 편한 자세로 풀 스윙을 하는 것이 좋다. 다만 힘을 조절해야 하므로 무릎의 강도가 중요하며 왼쪽 무릎에 체중을 실어 놓고 하체를 움직이지 않는 상태에서 테이크 백을 가져가는 것이 포인트다.

　즉 구체적으로 말하면 왼쪽 어깨는 오른쪽으로 돌리지만 체중은 왼쪽에 잡아 둔다는 기분으로 쳐야 한다는 것이다. 볼의 위치는 스탠스의 정중앙에서 조금 오른쪽에 두는 것이 좋다. 쇼트 아이언으로 풀 스윙을 할 때 스탠스를 너무 좁게 하면 하체의 중심이 흔들릴 우려가 있다는 지적이 많으나 힘의 강도를 유지하는 스윙은 좁게 서는 것이 유리하다.

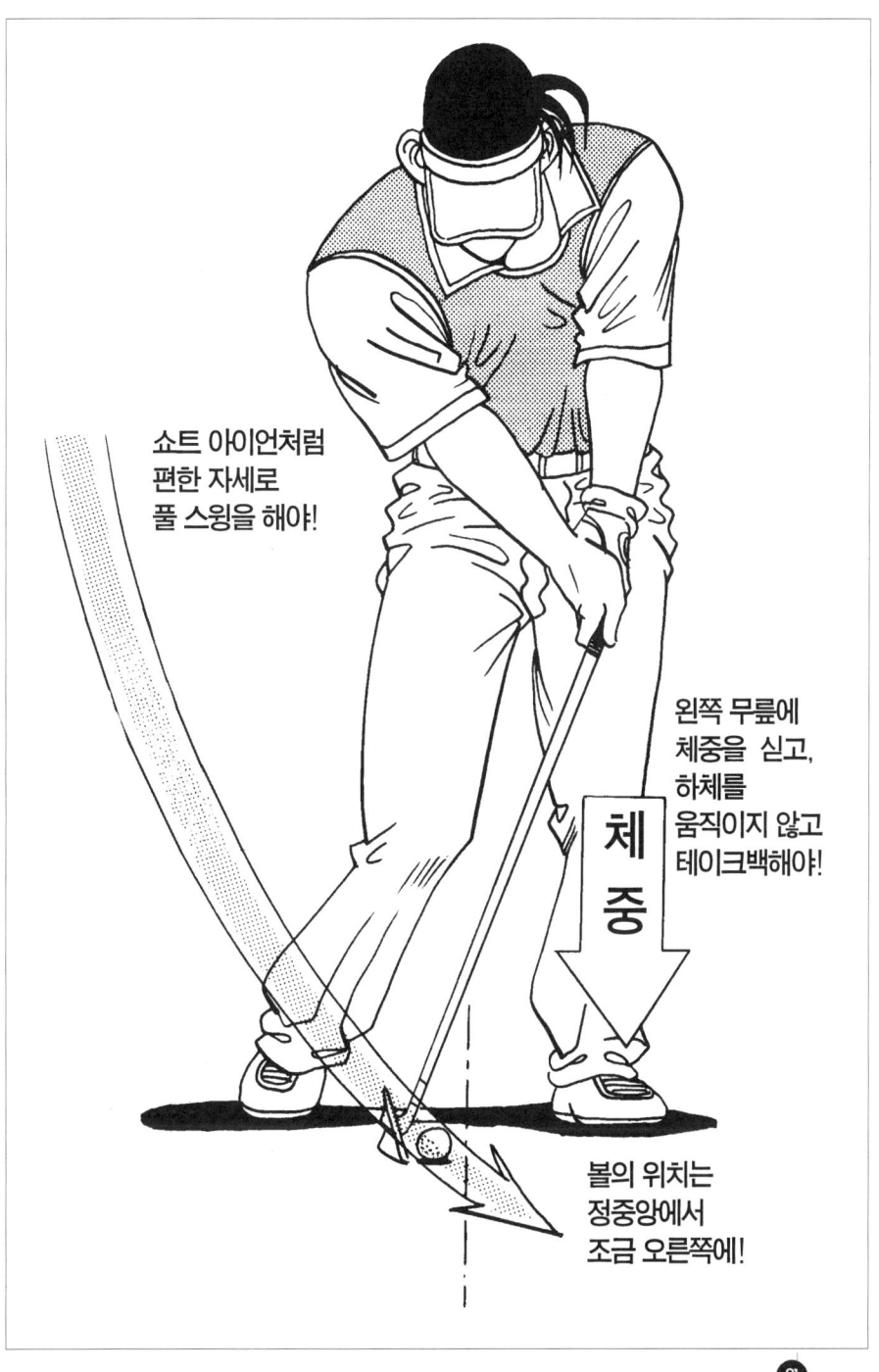

비거리 늘리는 비책

장영일 포인트 레슨

스윙은 견실하게 교과서대로 하는데 비거리가 짧아 고민하는 골퍼들이 많다. 이런 골퍼들은 컨트롤이 까다로운 롱아이언을 자주 사용해야 하므로 스코어를 줄이는 데 애로가 많다. 비거리를 늘리는 비책은 없을까 하는 것이 이들의 최대 숙제다.

이 문제에 대한 해답을 오른손에 있다. 골프의 스윙은 왼팔로 하라는 얘기를 많이 들었을 것이다. 이 말은 왼손으로 리드를 하라는 것이지 왼팔로만 치라는 것은 아니다. 왼손등이 방향을 정하고 오른손이 컨트롤하면서 원하는 방향으로 클럽을 휘두르는 것이 파워 골프의 원동력이다.

왼쪽 사이드를 견고히 하라는 것은 왼손등이 대문을 두드리듯 리드를 강조하는 것이다. 스윙에서 오른손의 사용을 피하려는 골퍼들이 많은데 오른손의 역할은 왼손만큼 중요하다.

골퍼의 대부분은 오른손잡이다. 따라서 오른손의 힘이 왼손보다 강하다. 오른손바닥에 힘을 모은 뒤 오른쪽 팔꿈치를 오른쪽 엉덩이 바로 앞에 위치시키고 벽을 밀어 본다. 같은 방법으로 왼손등을 이용해 보면 두 가지 동작이 분명 다르다는 것을 알 수 있을 것이다.

웨지샷에서 훅이 자주 나는 이유
장영일 포인트 레슨

홀컵 50~60야드 지점에서 웨지샷을 하면 훅이 종종 일어난다. 이럴 때는 우선 어드레스를 살펴볼 필요가 있다. 평상시 롱샷을 할 때는 스퀘어 스탠스를 취하는데 비해 웨지샷을 할 때는 허리의 회전을 빨리 할 수 있는 오픈 스탠스가 유리하다. 오픈스탠스는 정상적인 방향과 스탠스를 취한 다음 왼발의 위치를 볼 2개 정도 뒤로 뺀 뒤 발가락 쪽을 공의 방향으로 열어 주면 되는데 이때 허리, 어깨, 심지어는 오른발까지 바꾸게 되어 방향이 틀어지는 경우가 많으므로 주의해야 한다.

또 훅이 나는 것을 두려워한 나머지 임시변통으로 양손을 슬라이스 방향으로 미는 경우가 있는데 이럴 경우 공이 회전에 의해 더욱 훅이 심하게 날 수 있다.

따라서 손목의 이용을 자제하고 손목을 고정시킨 뒤 팔과 왼쪽 어깨로 공을 찍듯이 내려치는 감각으로 헤드를 안으로 끌어당기듯 스윙해야 한다.

그러면 자연히 공은 올바른 방향으로 날아간다. 반대로 슬라이스가 잦은 사람은 손목을 이용해 슬라이스 쪽으로 강하게 밀어치면 슬라이스를 방지할 수 있다. 손과 팔에 의한 스윙은 훅, 어깨와 허리를 강하게 리드하면 슬라이스가 난다는 점을 유의하자.

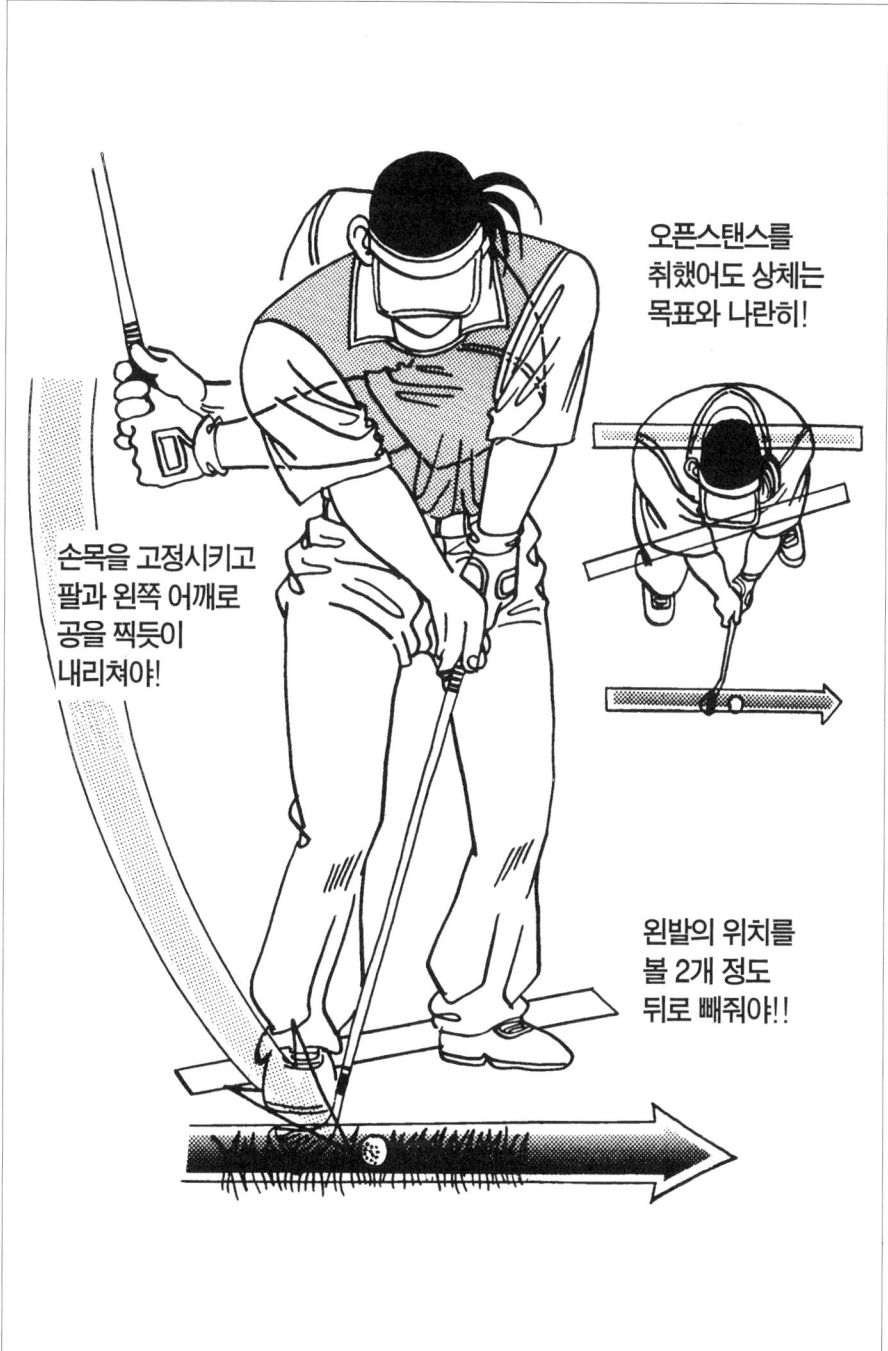

왼팔이 스윙 궤도에 미치는 영향
장영일 포인트 레슨

골프의 꽃이라고 할 수 있는 드라이버 샷이 250야드를 상회할 수 있다면, 아마도 이것이 모든 주말 골퍼들의 꿈일 것이다. 1/2,000초 미만의 짧은 순간에 이루어지는 임팩트시 얼마만큼 자연스런 롤링이 이루어지는가가 이 꿈을 현실화시켜 주고 방향성도 결정하는 중요한 포인트라고 할 수 있다.

어드레스에서 왼팔이 어떤 자세를 취할 때 정확한 스윙 궤도의 강한 히팅이 이루어질까. 골프의 스윙은 오른쪽으로 백스윙을 하고 다시 왼쪽으로 다운스윙을 하는 과정이다. 이때 왼팔은 직선 운동이 기본이지만 앞으로 나와 있는 클럽 헤드 때문에 스윙 동작시 롤링을 하게 된다. 즉 백스윙 톱이 형성되는 과정에서 롤링을 하게 되는 것이다.

어드레스 상태에서 왼팔뚝의 안쪽이 하늘을 향하면 팔뚝이 오픈되었다고 한다. 이럴 경우 백스윙시 롤링은 자연스럽게 이루어지지만 임팩트 이후 폴로스루 때는 자연스런 롤링이 어려워 의도적인 롤링을 하게 된다. 따라서 그립과 관절에 힘이 들어가 원활한 스윙을 할 수 없게 되고 슬라이스가 발생하기 때문에 비거리가 짧아지는 결과를 초래하는 것이다.

그러므로 그림처럼 왼쪽 팔꿈치를 목표 쪽으로 향하게 한 뒤 가슴에 밀착한다는 느낌으로 어드레스를 취하면 임팩트 뒤의 자연스런 롤링을 보장하고 이것은 곧 비거리의 향상으로 이어진다. 그러나 너무 지나치게 왼팔뚝을 닫는 것은 지나친 롤링으로 인해 훅이 발생하므로 주의해야 한다.

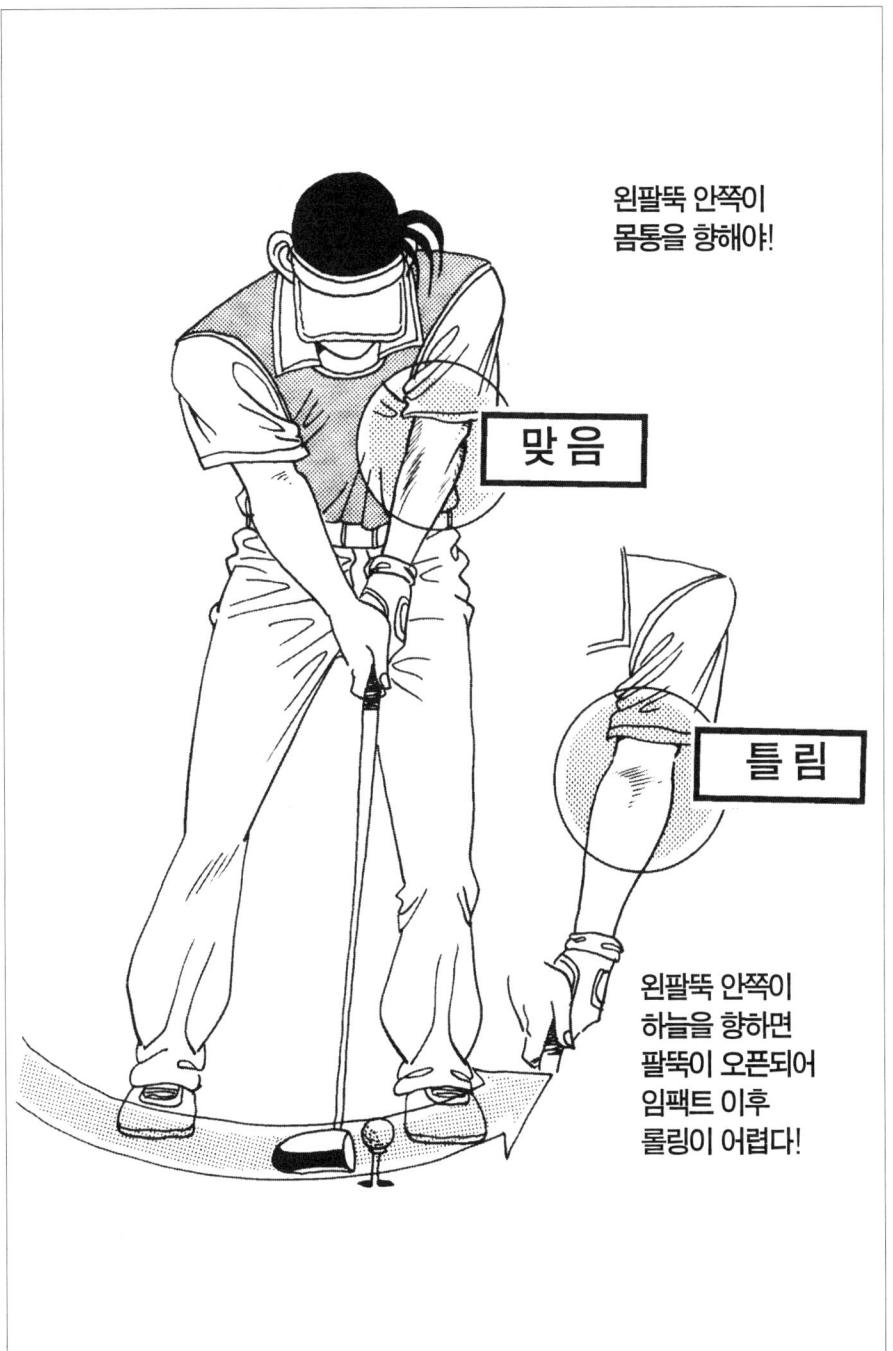

스핀 거는 펀치샷
장영일 포인트 레슨

라운딩을 하면서 티샷한 볼이 페어웨이에 안착, 세컨드 샷 공략이 용이한 경우도 있지만 거리 및 방향을 컨트롤하기 어려운 러프에 들어가는 상황도 적지 않다. 숲속으로 들어가 때로는 볼을 낮게 때려야 할 때 등등 다양하다.

골프는 자연 그대로를 상대하는 경기다. 따라서 처해 있는 상황에 맞는 다양한 샷을 구사할 수 있어야 스코어를 줄일 수 있다.

볼 앞에 버티고 있는 나무를 피해 그린을 공략해야 할 경우에는 낮은 탄도의 샷을 구사, 장애물도 피하고 그린에서 많이 구르지 않도록 하는 펀치샷이 용이하다. 이러한 상황에서 러프를 실수없이 탈출하기 위해서는 9번 아이언이나 펀치웨지를 사용하는 것이 유리하다.

어드레스 때 볼의 위치는 양발의 중심보다 오른쪽에 놓고 체중을 왼발에 실리도록 하며 스윙 도중 체중 이동은 하지 말아야 한다. 또한 클럽을 파지한 양손의 위치는 핸드퍼스트 자세로 왼발 대퇴부 안쪽에 오도록 한다.

이러한 자세는 예각으로 볼을 위에서 때려 내는 다운블로 샷을 가능케 하며 이때의 샷은 볼의 탄도가 낮으면서도 백스핀이 걸리게 되어 온그린 뒤 많이 굴러가지 않게 된다.

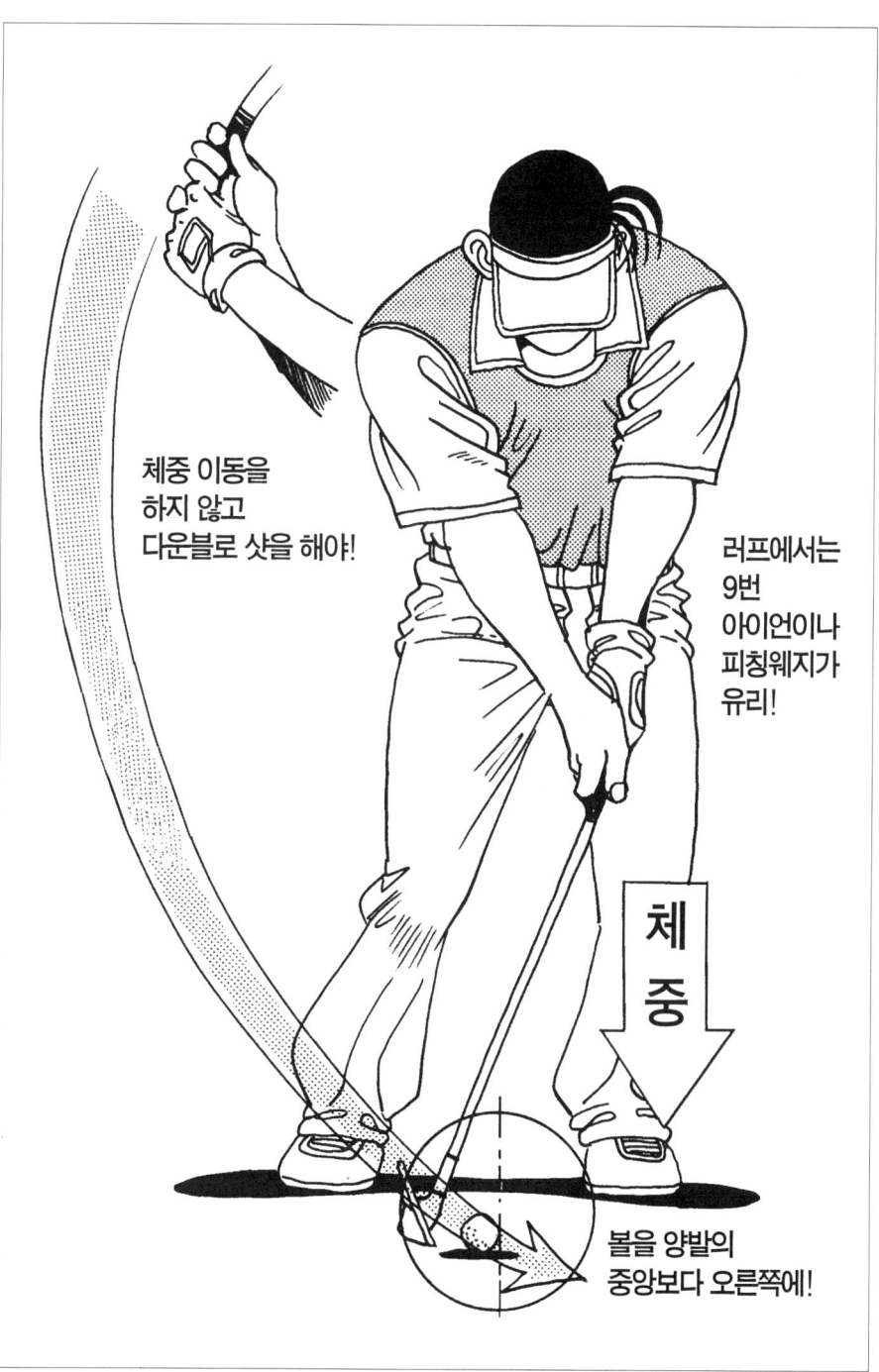

캔을 이용한 효율적인 퍼팅 연습
장영일 포인트 레슨

아마추어 골퍼가 18홀을 플레이하는 데 있어서 총 스트로크 수의 43%가 퍼팅 스코어라는 통계가 있다. 다시 말해 3퍼트를 자주 범해 스코어를 망친다는 말이다.

어떻게 하면 3퍼트를 없앨 수 있을까.

퍼팅에 실패하는 대부분은 임팩트 순간 퍼터 페이스가 열리거나 닫혀서 히팅되기 때문이다. 공이 없는 상태에서 연습 스윙을 할 때는 물 흐르듯 부드러운 스윙을 하다가도 정작 볼을 놓고 칠 때는 달라지는 것이 주말 골퍼의 고민이다.

퍼팅에서의 미스샷을 줄이기 위해서 콜라 캔을 이용하는 방법을 권하고 싶다. 캔을 테이프로 감은 뒤 벽에서 1.5~2m 되는 지점에 놓고 캔을 볼이라 생각하고 어드레스를 취한 뒤 퍼팅을 해 캔이 부드럽게 굴러가도록 연습해 본다. 이때 손목을 사용하거나 무릎과 허리가 흔들리면 캔은 거리와 방향이 일정하지 않게 된다.

캔이 굴러가는 방향에 따라 퍼터 페이스가 열려지거나 닫혀지는 것을 쉽게 알 수 있다. 반복 연습을 통해 캔이 일직선으로 굴러가면 그린에서의 퍼팅 역시 방향을 잡을 수 있게 될 것이다. 퍼팅 스트로크는 시계추의 진자운동처럼 일정한 궤도를 가져야 하며, 클럽이 스윙 궤도를 통과하면 자연히 볼은 똑바로 가게 마련이다.

단단한 바닥에서의 피치샷

장영일 포인트 레슨

골프 규칙 13조에 '볼은 있는 그대로의 상태로 플레이한다'는 조항이 있다. 단단한 지면에서의 피치샷은 자칫 골퍼들이 볼을 건드리고 싶은 충동이 생기는 아주 좋지 않은 상황 가운데 하나다.

이런 상황에서 자신의 양심을 속이지 않고 효과적인 샷을 해야 한다. 이런 경우는 긴 러프에서 하는 샷보다 오히려 쉽다. 확실하게 치기만 하면 볼에 충분한 스핀을 걸어 목표 지점에 정지시킬 수 있다.

이때는 디벗에서의 샷과 같이 뒤땅을 때리지 않고 볼을 컨트롤하는 것이 선결 문제다. 잔디 위의 샷은 다소의 미스를 잔디가 흡수해 주지만 굳은 땅 위의 볼은 그렇지 않다. 그러므로 확실하게 샷을 하지 않으면 미스가 그대로 드러난다.

이러한 상황서는 샌드웨지보다 피칭웨지를 사용해 클럽 페이스를 스퀘어하게 놓고 어드레스해야 한다. 이유는 샌드웨지는 두꺼운 솔이 지면 위에서 튀어오를 위험이 있어서 타핑 등 미스샷의 우려가 많은 반면, 피칭웨지는 클럽 페이스가 곧바로 볼 밑으로 파고들어가 바운드 등의 미스가 없다.

공략 자세는 낮은 피치샷을 할 때와 똑같이 어드레스를 취한 뒤 볼의 위치는 오른쪽으로 정도껏 조절한다. 이때 주의할 점은 백스윙시 의도적인 코킹을 하지 말라는 것이며, 체중 배분을 왼발 60%, 오른발 40% 정도로 하면 자연스런 코킹이 이루어져 예각으로 임팩트할 수 있다. 중요한 포인트는 볼 앞의 30cm 지점까지 롱퍼팅을 하는 느낌으로 시선을 집중하는 것이다.

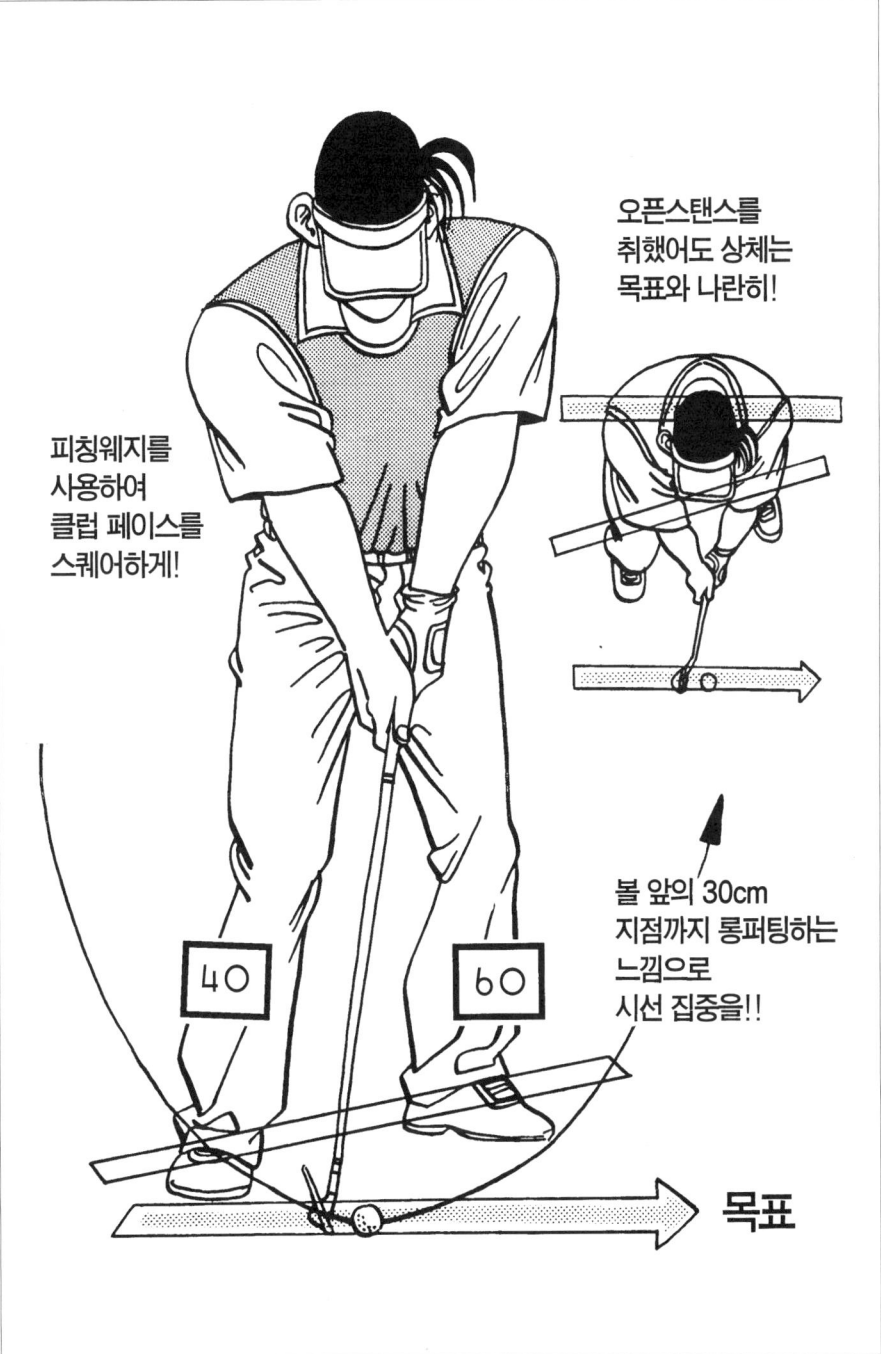

똑바로 굴리려면 낮게 쳐라
장영일 포인트 레슨

 겨울철이 되면 그린이 봄 가을과 같은 정상적인 상태가 아니므로 그린에 지에서의 칩샷은 백스핀이 걸리는 탄도가 높은 점의 공략보다 낮게 굴러가는 선의 공략이 유리하다. 이러한 칩샷을 실수 없이 구사할 수 있다면 겨울에도 만족스런 스코어를 낼 수 있을 것이다.

 볼에 백스핀이 걸리지 않으면 칩샷이 어느 정도 굴러가는가를 어림하기는 어렵지 않다. 그러므로 될 수 있는 한 클럽 페이스 로프트가 작은 4, 5, 6번 아이언을 사용하는 것이 유리하다.

 로프트가 없는 이러한 클럽으로 정확하게 치기 위해선 공의 뒷면에 압정이 꽂혀 있다고 상상하면 된다. 손목을 사용하지 않고 그 압정을 똑바로 박는다는 기분으로 롱아이언을 휘두른다. 그 결과 볼에 백스핀이 걸리지 않으므로 볼을 일직선으로 자신의 의도하는 라인 위로 굴러가게 할 수 있다.

 다음으로 중요한 포인트는 어드레스시 체중 분배다. 이때는 왼발 쪽에 무게 중심을 두고 오른쪽 무릎의 굴절 각도를 유지해 클럽을 다소 짧게 파지하며 양손의 위치는 왼발 대퇴부 안쪽에 핸드퍼스트 자세로 셋업한다.

 클럽을 파지한 두 손을 좀더 상세히 설명한다면 역오버래핑그립을 권해본다. 그 이유는 임팩트시에 왼손등이 접쳐지거나 왼손목 되돌리기 동작을 일으켜 톱볼과 뒤땅치기 현상을 방지하기 위한 효율적인 파지법이기 때문이다.

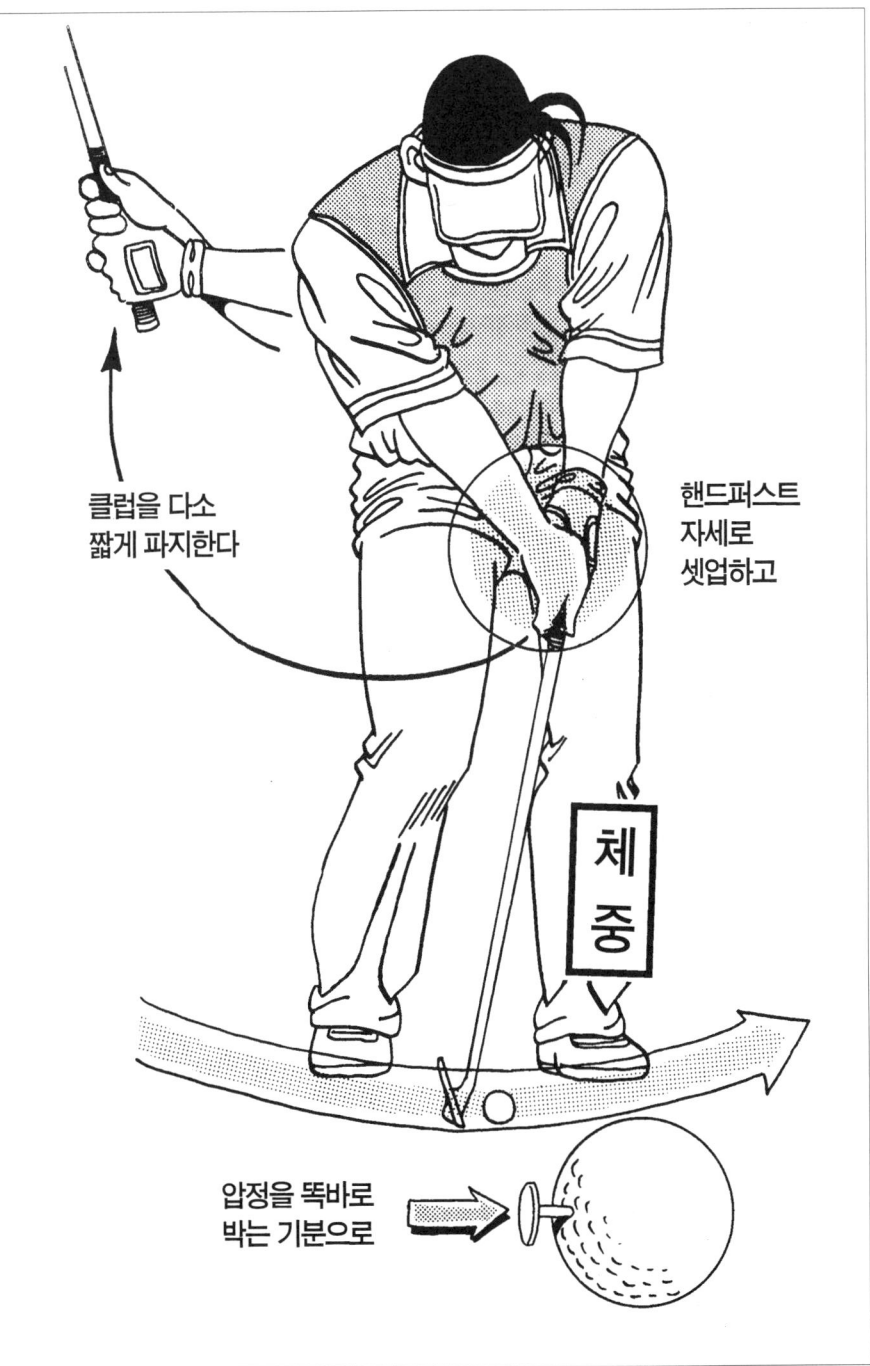

벙커샷의 원리를 이해하자
장영일 포인트 레슨

주말 골퍼들은 대개 벙커를 두려워한다. 평소 연습할 수 있는 기회와 장소가 마땅치 않고 그저 라운딩시의 경험이 고작이기 때문이다.

벙커 샷의 두려움에서 벗어나기 위해서는 샌드웨지의 사용법을 충분히 이해해야 한다. 샌드웨지는 다른 클럽에 비교해 그 생김새가 다르다. 솔의 폭이 가장 넓고 또 같은 샌드웨지라도 브랜드에 따라 솔의 폭이 차이가 있는데 폭이 넓을수록 사용하기가 쉽다. 벙커샷은 바로 이 솔의 뒤편(바운스)을 이용하기 때문이다.

바운스를 먼저 모래 지면에 떨어뜨리는 것이 벙커샷의 기본이다. 마치 오리가 물에 내려앉을 때 엉덩이부터 착지하면서 물보라를 일으키듯. 다른 클럽이 리딩에지부터 볼을 타격하는 것과는 차이가 있다. 미스샷의 대부분은 바운스가 아닌 리딩에지부터 박아칠 때 발생한다. 솔 뒤편부터 모래에 떨어뜨림으로써 페이스가 모래 속에 박혀 버리는 것을 예방하고 클럽이 모래에 미끄러져 들어가는 감각을 느낄 수 있을 것이다.

이 미끄러져 들어가는 느낌이 벙커샷 특유의 임팩트 감각이다. 연습장 매트에서도 벙커샷 감각을 키울 수 있다. 스윙을 하되 솔 뒷부분부터 지면에 떨어뜨리며 이때 힘을 가하지 말고 떨어뜨리는 반동으로 헤드가 튀어오르는 감을 느낄 수 있어야 한다. 벙커샷의 비밀은 리딩에지가 아닌 솔 뒷부분을 먼저 떨어뜨리는 것에 있다.

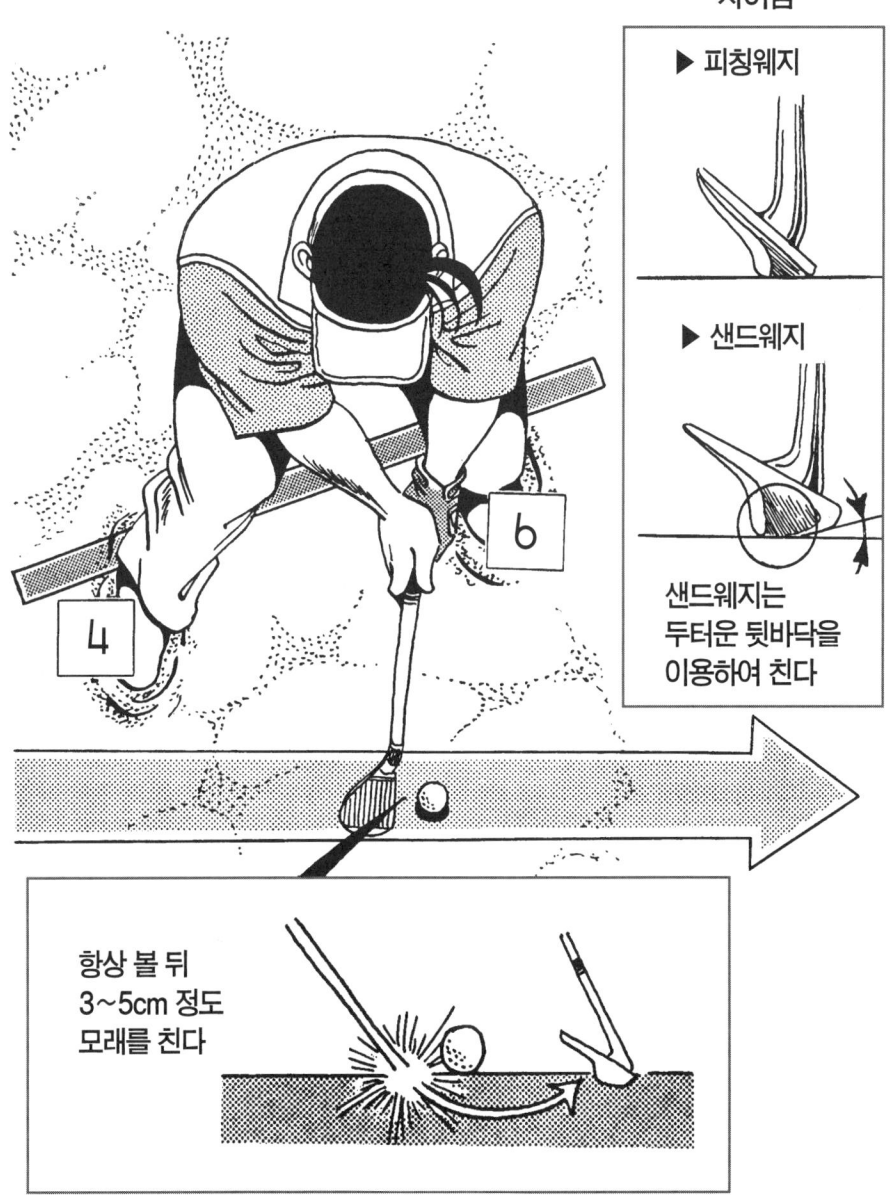

스웨이는 파워를 비축할 수 없다
장영일 포인트 레슨

    핸디캡이 높은 주말 골퍼에게 공통된 결함은 백스윙에서 오른쪽 다리가 뻗어져 체중이 오른발의 바깥쪽에 치우쳐 버리는 경우인데 이런 원인은 하반신의 어드레스를 잘못 이해하고 있기 때문이다.

    스윙시 토대가 되는 하체를 안정시키기 위해 양무릎을 조금 안쪽으로 굽혀서 어드레스를 하는 사람이 있다. 무릎을 조여 어드레스를 하면 스웨이가 없어진다고 생각하는 경우가 많으나 실제는 그렇지 않다. 무릎 안쪽을 너무 조이면 두 가지의 극단적인 미스가 난다.

    오른쪽 무릎을 절대 바깥쪽으로 흐르지 않게 하고자 안쪽으로 조여준 채 테이크 백을 하면 체중은 오른발의 안쪽에 걸리는 상태가 된다. 이것은 하체를 너무 고정시키게 되어 얼굴이 위에서 볼을 들여다보는 듯한 톱이 되고 다운에서 그 반동에 따라 오른쪽으로 체중이 역류하므로 체중이 왼쪽에 실리지 않게 되는 것이다.

    또 한 가지는 오른쪽 무릎을 안쪽으로 밀어넣는 어드레스를 하고 있는 만큼 스웨이를 하지 않는다고 생각하게 되어 백스윙 시작과 함께 오히려 오른쪽 무릎이 바깥쪽으로 흐르는 경우가 생긴다. 오른쪽 무릎이 오른발보다 더 오른쪽으로 움직였기 때문에 오른쪽 허리가 펴지는 동시에 오른발이 펴지게 되고 오버스윙의 원인이 된다.

    이렇게 되면 오른쪽 사이드 전체가 펴져 몸을 코일처럼 비트는 톱을 만들 수 없다. 어드레스에서 스웨이를 너무 경계해 양무릎을 안쪽으로 조여 어드레스하지 않도록 주의한다.

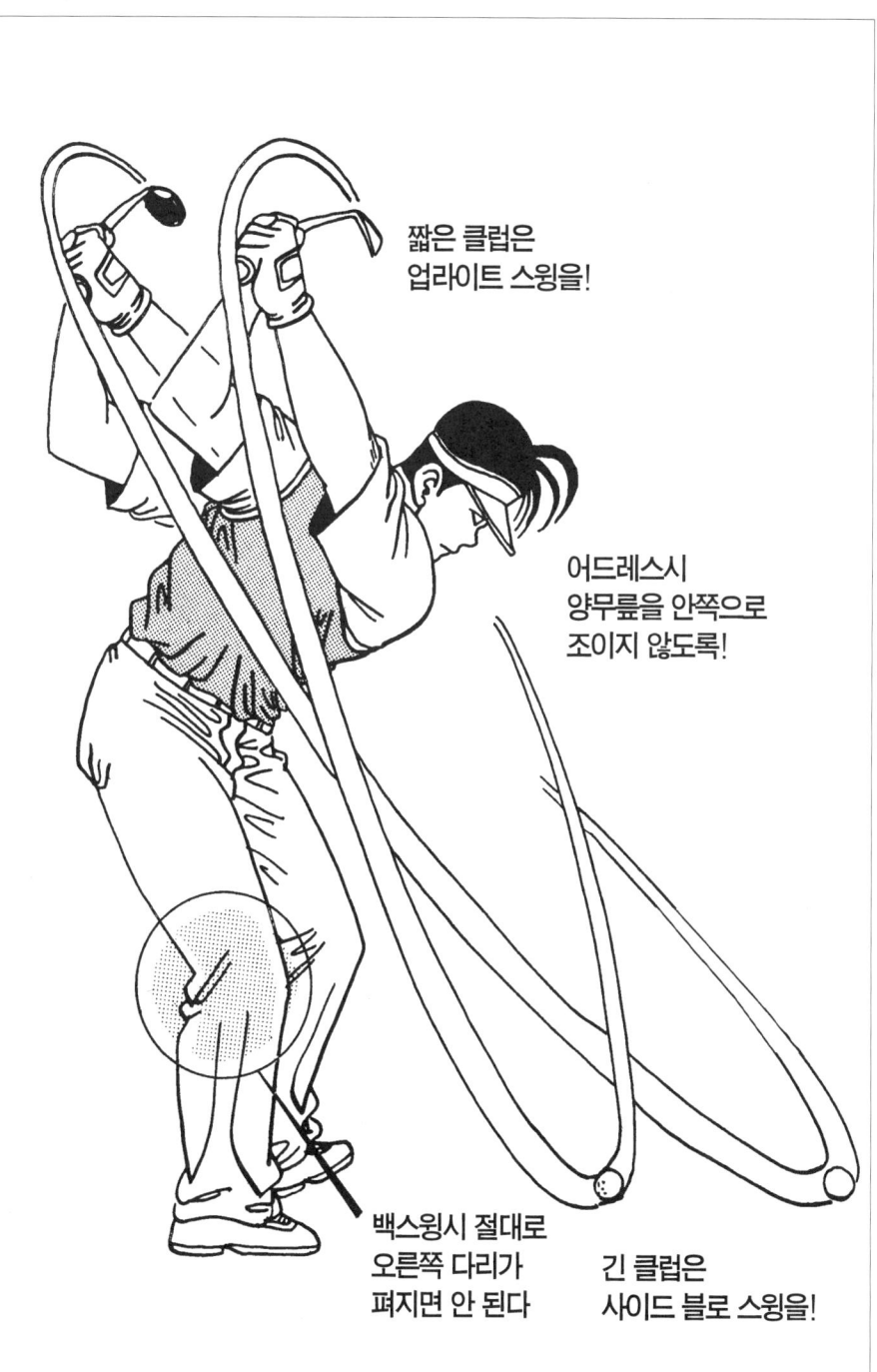

헤드업은 쓸데없는 걱정이다
장영일 포인트 레슨

초보자의 미스샷 가운데 70%는 헤드업이 원인이 된다. 스윙의 결과를 빨리 보고 싶은 확인 본능 때문에 볼을 치기 전에 얼굴이 올라가는 것이 헤드업이다.

스윙의 축회전이 완벽하게 되면 얼굴을 다소 움직여도 미스하지 않지만 아직 스윙이 충분히 완성되지 않은 상태에서 볼을 치기 전에 얼굴이 들리면 큰 미스샷을 초래한다. 즉 볼에서 눈을 떼므로 중심점을 벗어난 스윙 궤도가 되기 때문이다.

드라이버는 헤드업의 느낌이 들어도 잘 맞는 경우가 있는데 짧은 아이언은 조금이라도 타점을 벗어날 경우 여지없이 미스가 난다. 그러므로 짧은 아이언일수록 헤드업은 금물이다. 기둥에 자신의 이마를 붙이고 연습 스윙을 하는 것도 효과적인 근육 기억법이다.

코스에서 아이언샷을 한 직후에도 디벗 자국을 계속 내려다보는 기분을 갖는 것이 중요하다. 드라이버는 스윙이 크므로 다운스윙에서 얼굴이 왼쪽으로 움직이기 쉽다. 이를 억제하기 위해서는 다운스윙에서 자신의 오른발을 내려보듯 휘두르는 것이 좋다. 이것이 헤드업을 방지하기 위한 포인트이다.

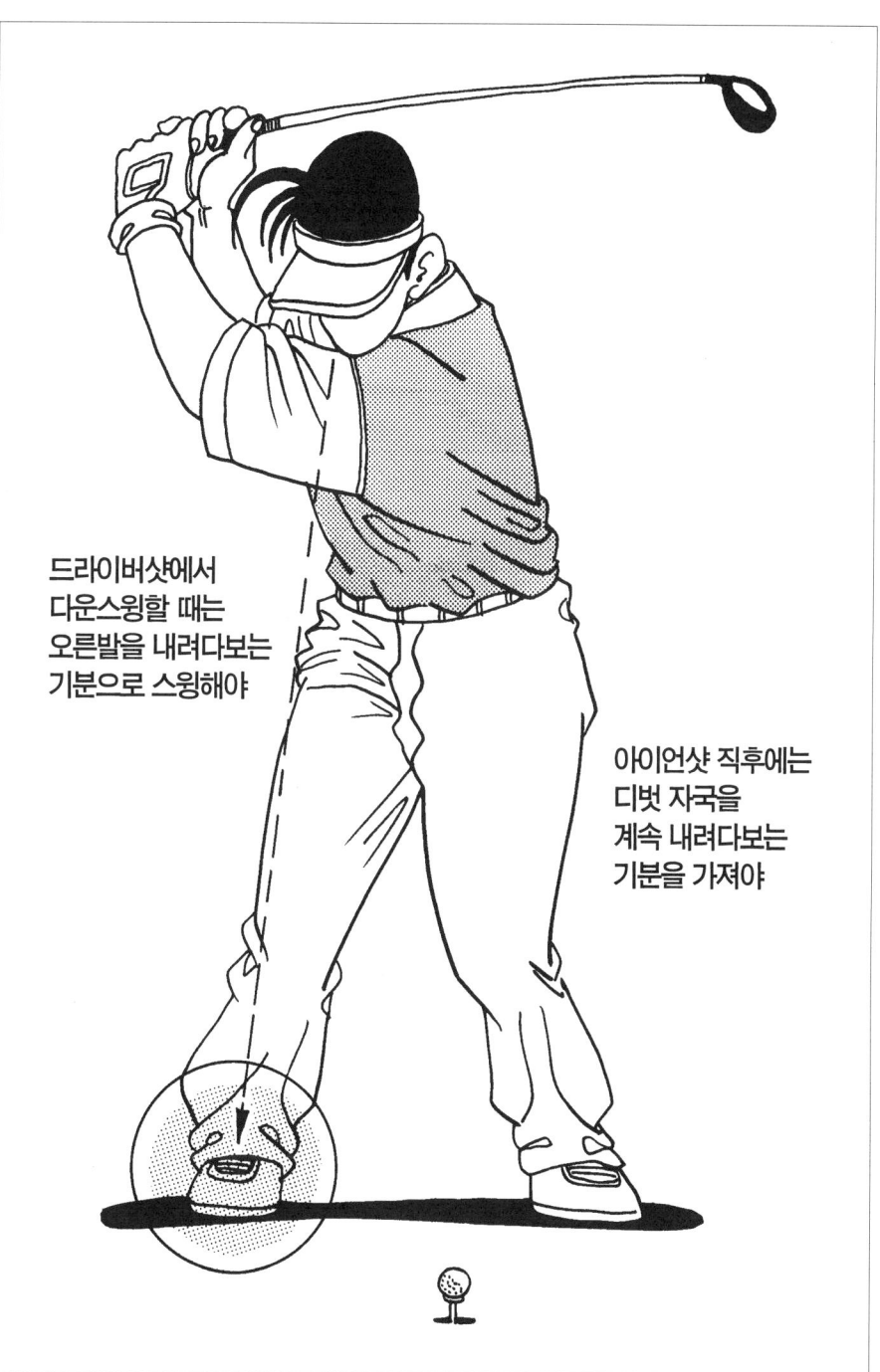

깊은 풀에서 퍼팅을 시도할 때
장영일 포인트 레슨

　세컨드 샷이 온그린되지 않고 에이프런(그린 옆 깊은 풀)에 앉아 있다. 이럴 경우는 거리 조절과 히팅 방법이 마땅치 않다.
　이 상황에서는 먼저 잔디의 결을 유심히 판별해야 한다. 그린의 바른결은 잘 굴러가고 반대결은 상대적으로 잘 구르지 않는다. 결을 구별하는 일반적인 방법은 그린을 바라봐서 희게 느껴지면 바른결, 녹색이 검게 보이는 것은 반대결이다.
　퍼팅그린을 벗어나 다소 긴 풀 사이에 공이 놓여 있다면 이런 공략법이 요긴하다. 퍼팅을 시도할 때 퍼터를 90도 회전시켜 토로 볼을 히팅하는 것이다. 이렇게 할 경우 퍼터헤드는 좀 긴 풀에도 걸리지 않기 때문에 좀더 견실하고 정교한 볼을 구사할 수 있다.
　볼 중앙을 때리는데 초점을 맞추고 평상시 퍼팅하듯 한다. 그립을 견고히 하고 양쪽 어깨와 팔꿈치 각도를 유지하며 스트로크하는 방법이다. 슬라이스라인이면 홀컵 왼쪽, 훅라인이면 오른쪽을 겨냥하며 특히 거리를 맞추는 데 신경을 써야 한다. 그립은 양손바닥의 생명선과 생명선 사이에 파지하면 거리감과 구르는 방향을 감지하는 데 도움이 된다.

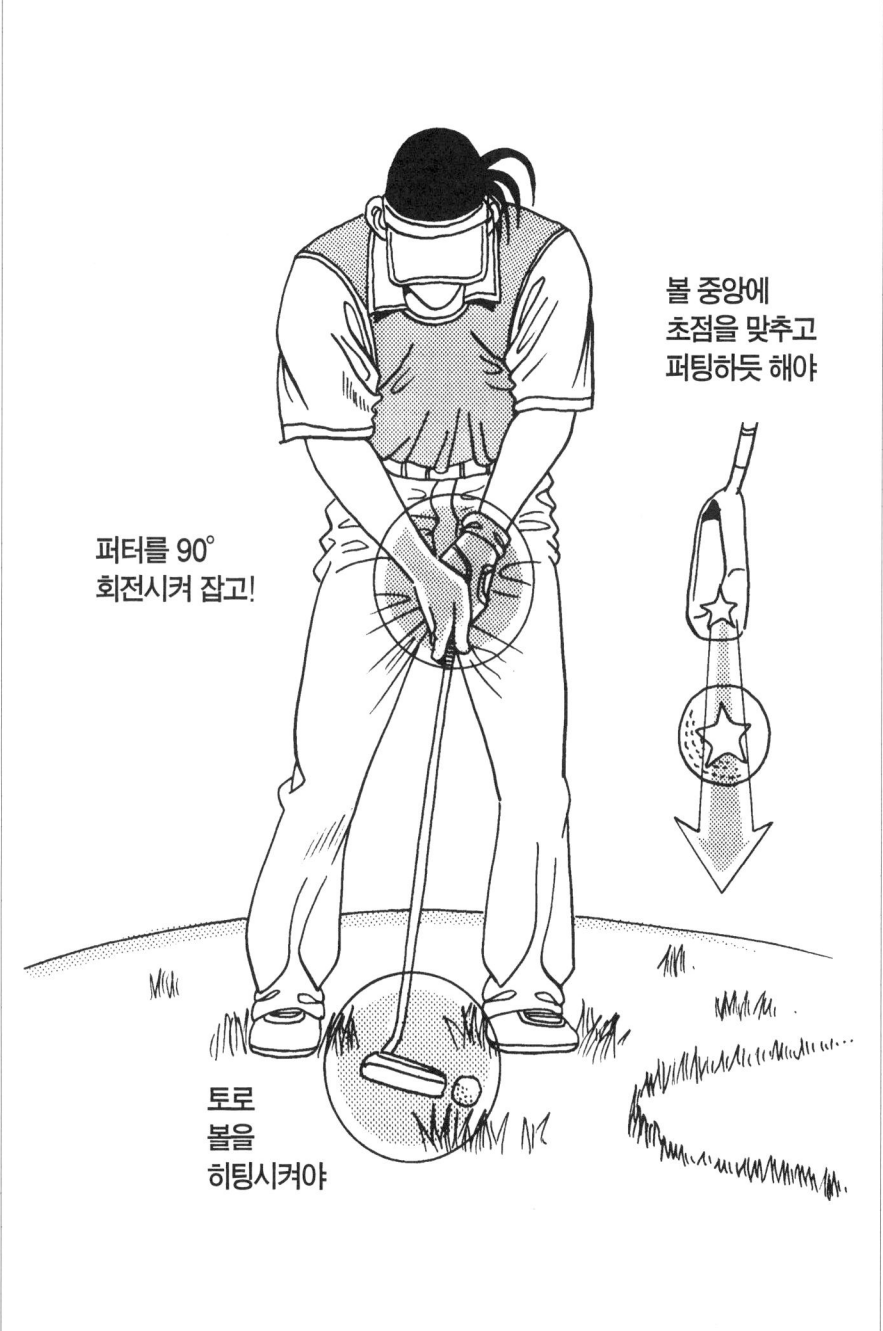

고질적인 슬라이스를 없애자
장영일 포인트 레슨

슬라이스는 주말 골퍼들의 영원한 숙제다. 대개는 코스에서 오른쪽으로 휘어져 가는 슬라이스를 방지하기 위해 클럽 페이스를 덮어 왼쪽으로 기울이는 어드레스를 취하는 경우가 많다. 페이스를 덮는 것은 로프트가 작아지기 때문에 공이 뜨지 않고 드롭성 또는 낮은 타구의 슬라이스가 될 뿐이며 OB가 나지는 않더라도 거리 부족으로 게임을 어렵게 풀어 갈 수밖에 없다. 따라서 페이스를 덮는 것은 임시 방편책일 뿐 근본적인 치유책은 못 된다.

슬라이스가 자주 나타나는 사람은 볼을 쳐 내는 단계에서 왼손등으로 방향을 잡아 주고 오른손으로 뿌리는 것이 아니라 왼손 리드가 지나쳐 타면이 열려서 히팅을 하기 때문이다. 따라서 목표에 대해 클럽 페이스가 스퀘어한 상태로 맞질 않는다.

왼손의 수도 부분이 아니라 손등이 언제나 목표를 향하고 그 상태로 직진해야 하는데 이 형태를 익히려면 대체 관념이 필요하다. 즉 테니스의 포어핸드 스트로크를 연상하면 된다. 손과 팔이 왼손등 되돌리기 동작으로 볼을 포착해야 한다는 말이다. 임팩트 직후에 양쪽 손목을 턴오버시키도록 노력해 보자. 단 롤링은 임팩트 이후 폴로스루 때 이루어져야 공을 똑바로 보낼 수 있다.

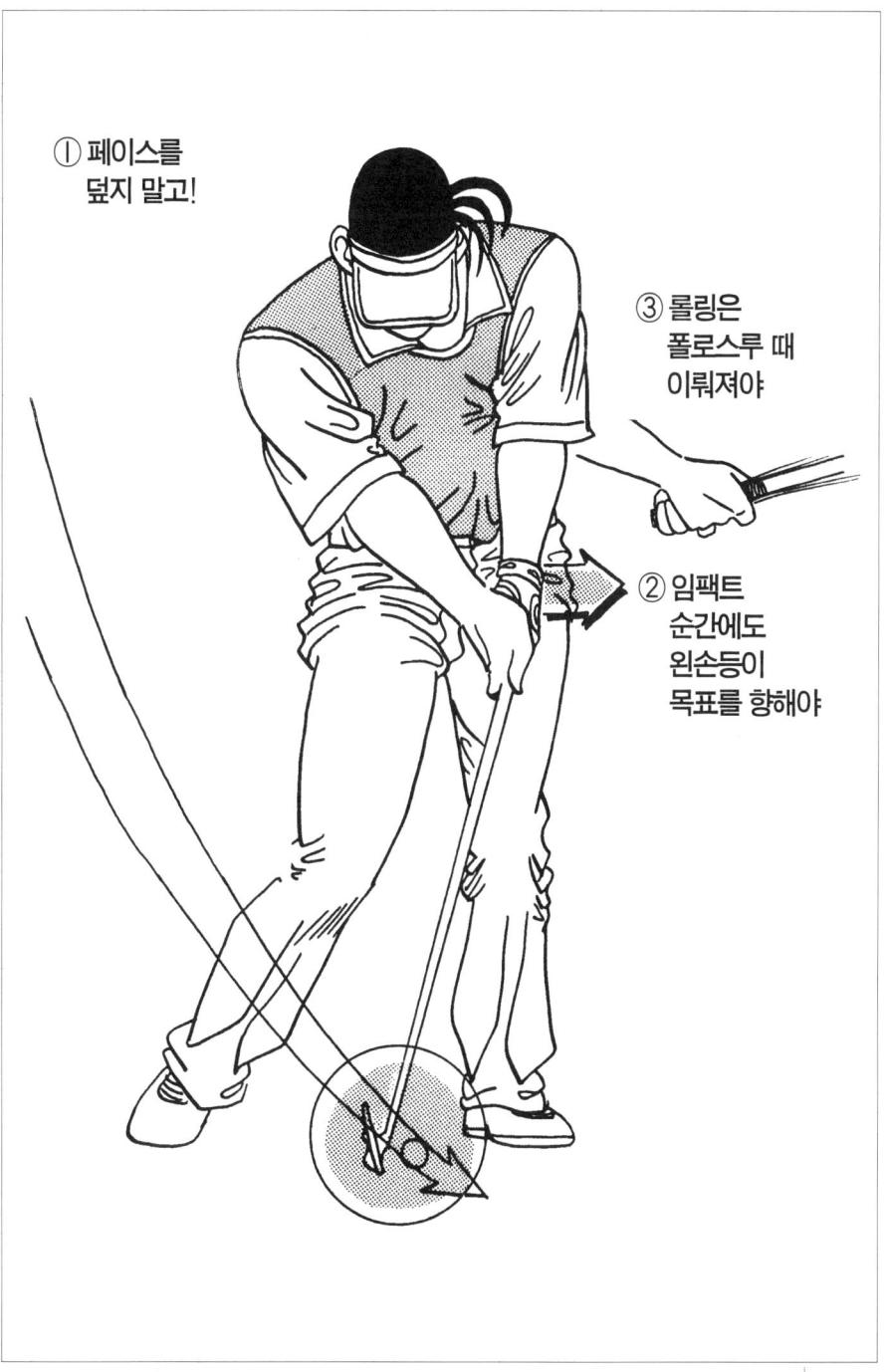

OB, 이제 두렵지 않다
장영일 포인트 레슨

　OB를 내지 않으려면 어떻게 해야 할까? 초보자든 싱글이든 누구나 OB에 대한 공포는 있게 마련이다. 공을 휘어지지 않게 치는 스윙 기술상의 연구도 물론 필요하지만 코스 매니지먼트상의 OB방지책도 중요하다.
　코스에서 전방 좌우에 하얀 말뚝이 눈에 들어오면 심리적으로 미묘한 영향을 받게 된다. 물론 누구든지 OB지역으로 공을 보내고 싶지 않지만 무심하게도 공은 그곳으로 향한다. 골프가 맨탈스포츠라는 증거다.
　OB지역이 있으면 어떻게 하든지 그곳을 피하고 싶은 본능이 생긴다. 그러나 도망가려는 마음이 강하면 강할수록 OB가 되는 확률도 높아진다.
　코스 공략법을 통한 OB방지책을 보자.
　우선 오른쪽 사이드가 OB지역일 경우 핸디캡이 높은 골퍼들은 많은 심리적 압박감을 받는다. 대개가 슬라이스성 구질을 가지고 있기 때문이다. 이럴 때 많은 골퍼들은 볼이 오른쪽으로 날아가는 것이 겁나 티잉 그라운드의 왼쪽에서 티샷하려는 경향이 많다. 조금이라도 왼쪽으로 보내기 위해서다.
　그러나 이것은 착각이다. 티잉 그라운드 왼쪽에서 티샷을 하면 어드레스시 몸이 오른쪽을 향하게 되어 슬라이스의 가능성이 더 높아진다. 왼쪽에 OB지역이 있으면 역시 오른쪽에서 티샷을 하려는 경향이 강한데 이 또한 마찬가지다. 따라서 왼쪽이 OB지역일 때는 티잉 그라운드의 왼쪽에서, 오른쪽일 경우에는 오른쪽에서 티샷을 하면 어느 정도 OB를 줄일 수 있다. 대부분의 골퍼들은 공을 치는 것에만 정신을 집중하고 코스를 어떻게 공략할 것인가에 대해서는 가볍게 생각하는 경향이 많다.

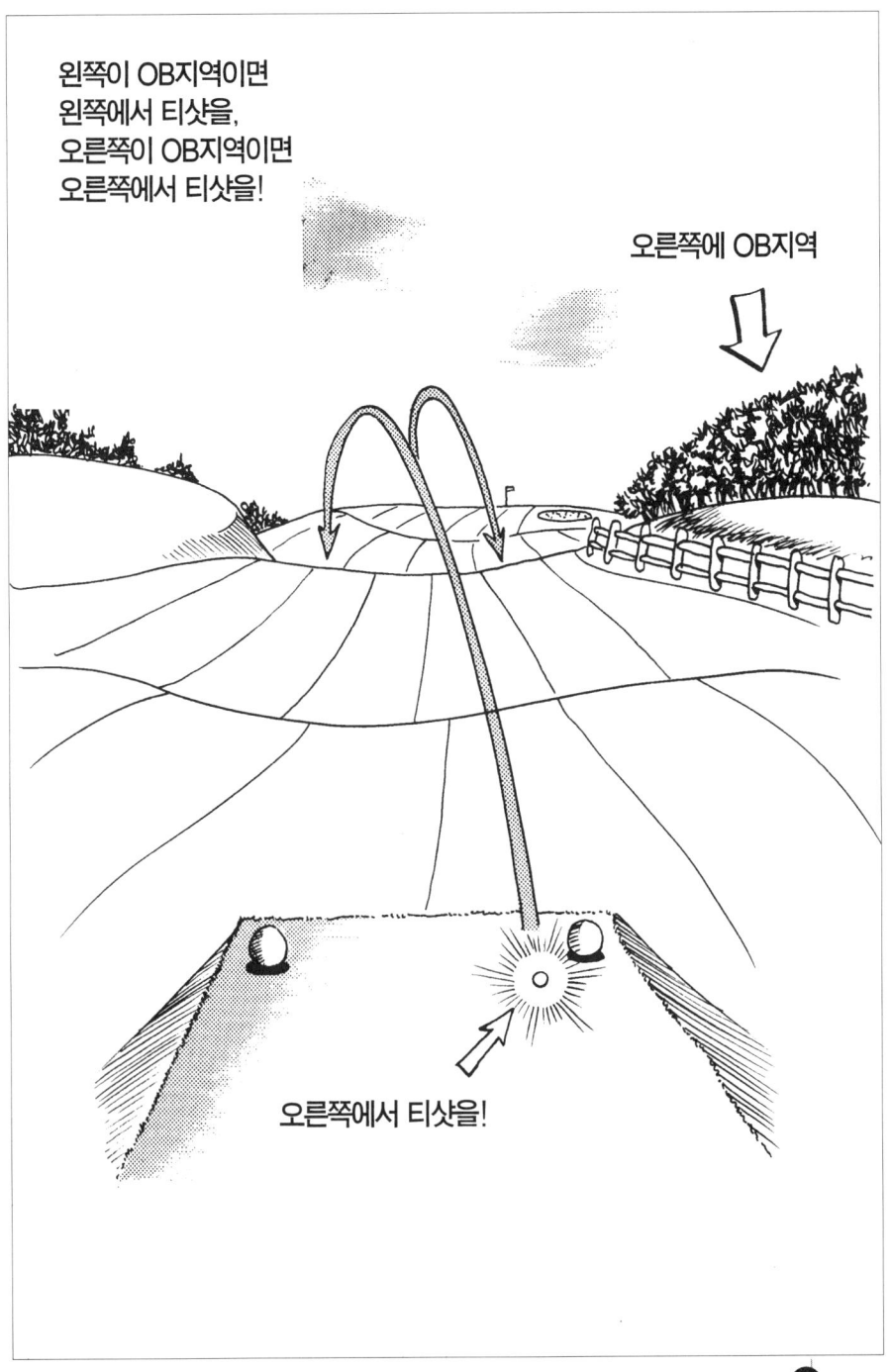

티샷이 숲속으로 들어갔을 때

장영일 포인트 레슨

    흔하지는 않아도 티샷을 빽빽한 나무숲으로 날려 낭패를 보는 경우가 있다. 이럴 경우 초보자들은 허둥대기 십상인데 당황하지 말고 어떻게 하면 안전하게 탈출할 수 있는가를 잘 판단해야 한다.

    이때는 두 가지 방법 가운데서 하나를 택해야 한다. 우선은 나무 사이의 좁은 탈출구를 이용해 이른바 '슈퍼 샷'으로 그린을 직접 공략할 것인가, 아니면 그린까지 다소 거리가 있더라도 제3타를 치기 용이한 페어웨이로 나갈 것인가 하는 문제다.

    나무와 나무 사이로 좁은 틈새가 있다고 해서 그곳을 탈출구로 선택하는 것은 매우 위험한 발상이다. A급 프로라 해도 성공을 장담할 수 없는 것이다. 그런데 주말 골퍼들은 대개 티샷의 실패를 만회하기 위해 무리한 선택을 하는 경우가 많고 그래서 더욱 상황을 어렵게 만든다.

    이럴 때는 '밀어서 안 될 때는 당겨 보라'는 작전으로 한 걸음 후퇴, '제2의 방법'(그림 참조)을 선택하는 지혜가 필요하다. 애초에 티샷을 숲속으로 날린 것이 미스샷이며 그것을 무리하게 상쇄하려는 것은 스코어 관리를 더욱 어렵게 하는 원인이 되기 때문이다.

도그레그홀 공략 요령
장영일 포인트 레슨

　국내 골프장에는 도그레그홀이 비교적 많다. 이는 외국과는 달리 산악지형에 골프장이 많기 때문이다. 따라서 이러한 코스를 제대로 공략할 수 있어야 스코어를 줄일 수 있다.
　오른쪽으로 굽어져 있는 홀의 경우 가장 짧은 루트로 공략하려면 당연히 오른쪽이 표적이 된다.
　하지만 오른쪽 코너에는 페어웨이 벙커가 도사리고 있게 마련이다. 이곳에 공을 떨어뜨리면 다음 샷하기가 만만치 않다. 프로 못지않게 장타자라면 직접 숲이나 계곡을 넘겨 버리겠지만 그렇지 못하는 대개의 주말 골퍼들에게 직접 공략은 많은 위험이 따른다.
　이럴 때에는 페어웨이 가운데보다도 왼쪽을 겨냥해 안전한 공격을 택하는 것이 스코어 관리의 기본이다. 왼쪽이면 함정도 없고 다음 샷으로 그린을 공략하기도 수월해진다. 이처럼 도그레그홀의 코너에는 벙커나 워터해저드 혹은 OB지역 같은 함정이 도사리고 있게 마련이다. 세컨 샷의 거리가 다소 멀더라도 트러블을 피해 전진하는 것이 좋다.
　그런데 도그레그홀에서 주의해야 할 것이 또 하나 있다. 특히 겨울철에 이러한 코스에는 항상 맞바람이 불 때가 많으므로 바람의 방향과 세기를 면밀하게 체크해야 하며 표적까지의 거리를 잘 확인하고 혼돈하는 일이 없도록 주의해야 한다.

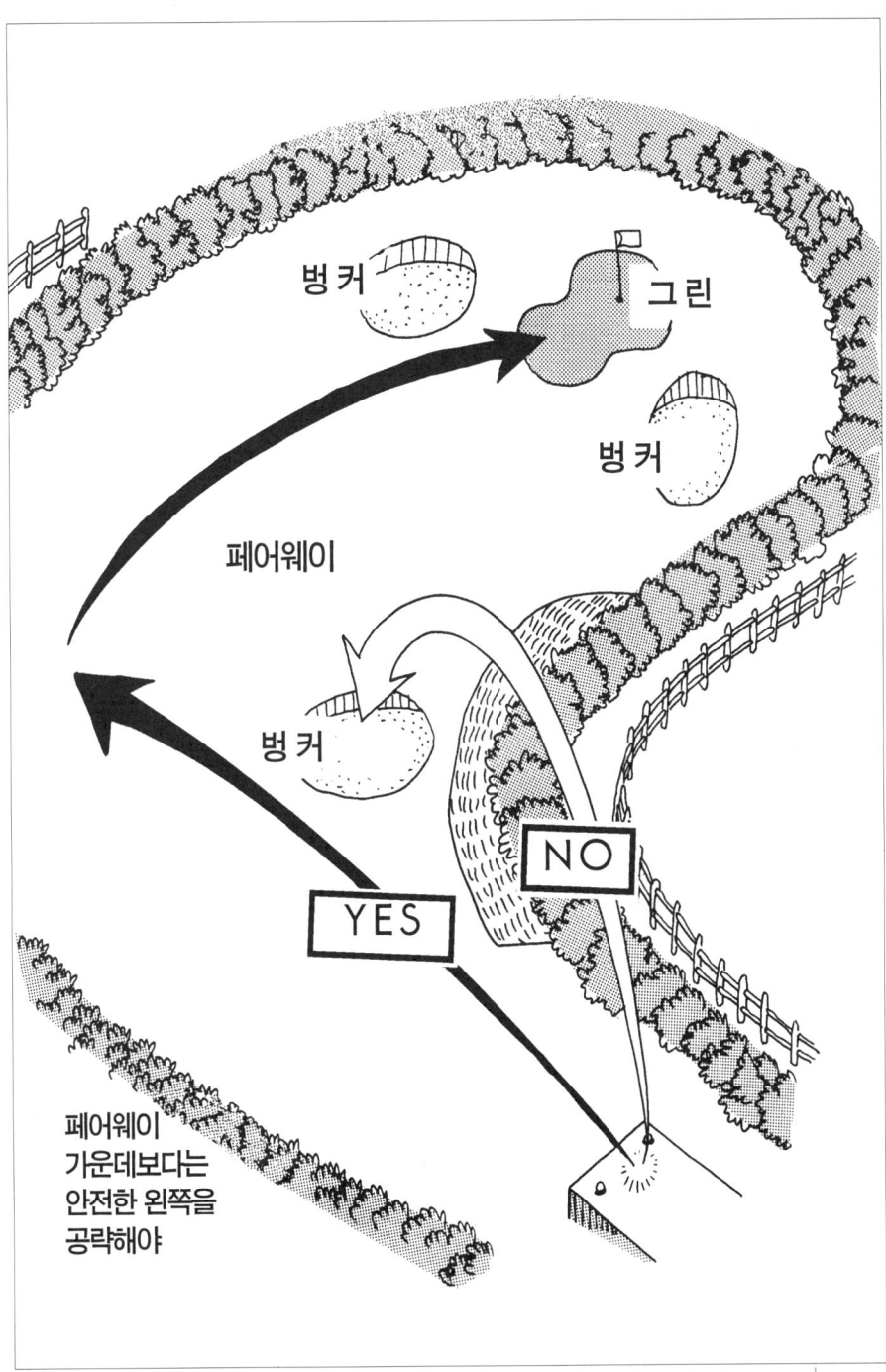

여성 골퍼의 어드레스 점검
장영일 포인트 레슨

볼과 몸의 간격을 어느 정도 유지해야 견실한 스윙을 할 수 있을까 하는 점을 알 수 없어 자신만의 스윙을 정착시키지 못하는 여성 골퍼들이 많다.

이들은 공을 멀리 보낼 수 있다는 플랫한 스윙을 하기 위해 볼에서 떨어져 어드레스를 취하는 경우가 흔하다. 그러나 이것은 잘못된 생각이다. 플랫한 스윙을 위해서는 이러한 방법이 쉬울 것 같지만 반대로 스윙궤도를 망가뜨리기 쉽고 또한 능숙하게 볼을 쳤다고 생각하더라도 볼은 오히려 잘 나가지 않는 경우가 많다.

따라서 볼과 몸의 위치 관계는 확실히 결정해 두어야 한다. 볼과의 바른 위치 관계를 알기 위해서는 이런 연습 방법을 권하고 싶다. 우선 평상시 자신의 스윙 폼을 만들고 그 상태에서 클럽을 머리 위 방향으로 곧바로 들어올린다. 여기서 마음을 단단히 먹고 강하게 지면을 향해 클럽을 내리치듯 지면에 댄다. 마치 검도에서 상대의 안면을 공격할 때 죽검을 내려치는 동작을 연상하면 된다.

이때 착지된 지점이 바로 볼의 위치다. 자신의 어드레스에서 가장 타점이 정확한 지점인 것이다. 이 볼의 위치에서 플랫한 스윙을 하면 볼을 멀리 잘 보낼 수 있다.

또 한 가지. 여성 골퍼들은 가슴이 나와 있는데 이 부분을 양팔로 감싸듯 겨드랑이를 가볍게 밀착시키며 클럽을 파지하면 팔에 의한 스윙보다 몸통 회전(보디 턴)타법으로 보다 파워풀한 스윙을 완성할 수 있다.

경사가 볼의 탄도에 미치는 영향

장영일 포인트 레슨

주말 골퍼의 대부분은 연습 부족이나 경험 부족으로 경사지에서의 샷이 썩 좋지 못하다. 이는 연습장에 경사진 라이가 없기 때문에 이런 상황이 익숙지 않기 때문이다.

경사지에서 좋은 샷을 하지 못하는 아마추어에겐 두 가지 공통점이 있다. 하나는 보통 라이에서도 균형이 잡히지 않은 스윙을 하고 있는 것을 깨닫지 못하고 있는 점이다. 평범한 라이에서도 피니시가 좋지 않은 골퍼의 경우 균형의 유지가 어려운 경사지에서 실수가 나오는 것은 당연하다. 평소 쳐 올리듯 스윙을 하는 사람의 경우 왼발이 위쪽에 있을 때는 잘친다 하더라도 밑에 있게 되면 치기가 굉장히 힘들어진다.

다른 한 가지 이유는 경사지에서 볼이 어떤 방향으로 날아갈지 알지 못하고 있다는 것이다. 볼이 경사진 곳에 위치해 있을 때 볼이 어느 방향으로 날아갈 것인가를 예측하는 데는 항공역학에 대한 식견이 도움이 된다. 비행기가 왼쪽으로 회전할 때 그 왼쪽 날개는 오른쪽 날개보다 더 낮게 된다. 반대로 오른쪽으로 회전할 때는 오른쪽 날개가 낮다. 경사진 곳에서 볼이 날아가는 방향을 알려면 머리속에 비행기 날개가 언덕에 대해 어떻게 위치하는지를 그려 본다.

볼은 비행기가 회전하는 방향으로 날아간다. 발 앞쪽이 내리막일 때는 오른쪽(슬라이스), 오르막일 때는 왼쪽(훅)으로. 이 구조를 이해하는 것이 경사지 공략의 시작이다.

의도적인 훅샷의 공략
장영일 포인트 레슨

앞에 있는 장애물을 피해 그린을 노릴 때는 공을 좌우로 휘게 하는 기술이 필요하다. 볼을 의식적으로 왼쪽으로 휘도록 하기 위해서는 셋업이 가장 중요하다. 셋업에서 준비해 두면 그다지 스윙을 변화시키지 않아도 훅을 만들어 그린을 노릴 수 있다. 이때 볼을 보내고 싶은 방향으로 자세를 잡고(나무를 피하기 위해 오른쪽으로 향한다) 클럽 페이스는 목표를 향하도록 그립을 잡는다. 스윙 궤도와 페이스 방향을 조정하고 그대로 스윙하면 페이스가 보통 때보다 닫히고 닫힌 양만큼 훅이 되어 날아간다.

슬라이스가 잦은 사람은 어드레스시 보통 때보다 왼손의 그립을, 특히 새끼손가락을 부드럽게 쥘 것을 권하고 싶다. 왼손에 그립을 가볍게 쥔 스윙은 다운에서 피니시까지 알맞은 손동작을 만들어 준다.

훅은 낙하 뒤 많이 굴러가는 특징이 있다. 따라서 평상시보다 작은 클럽을 사용하는 것을 잊어서는 안 된다. 이런 상황에서 스윙을 할 때 주의할 점은 어드레스때 신체의 굴절 각도를 피니시까지 유지해야 하며 양무릎의 균형을 무너뜨리지 않도록 주의해야 한다.

또한 임팩트시 훅을 의식해서 오른쪽 어깨 힘을 강하게 쓰면 아웃사이드인의 스윙 궤도가 발생되어 볼이 두텁게 맞거나 뒤땅치기 십상이다. 따라서 평상시 스윙으로 공략하며 몸의 각부분은 오른쪽을 향하고 목표를 본다. 단 클럽 페이스만을 목표로 향하게 어드레스한다.

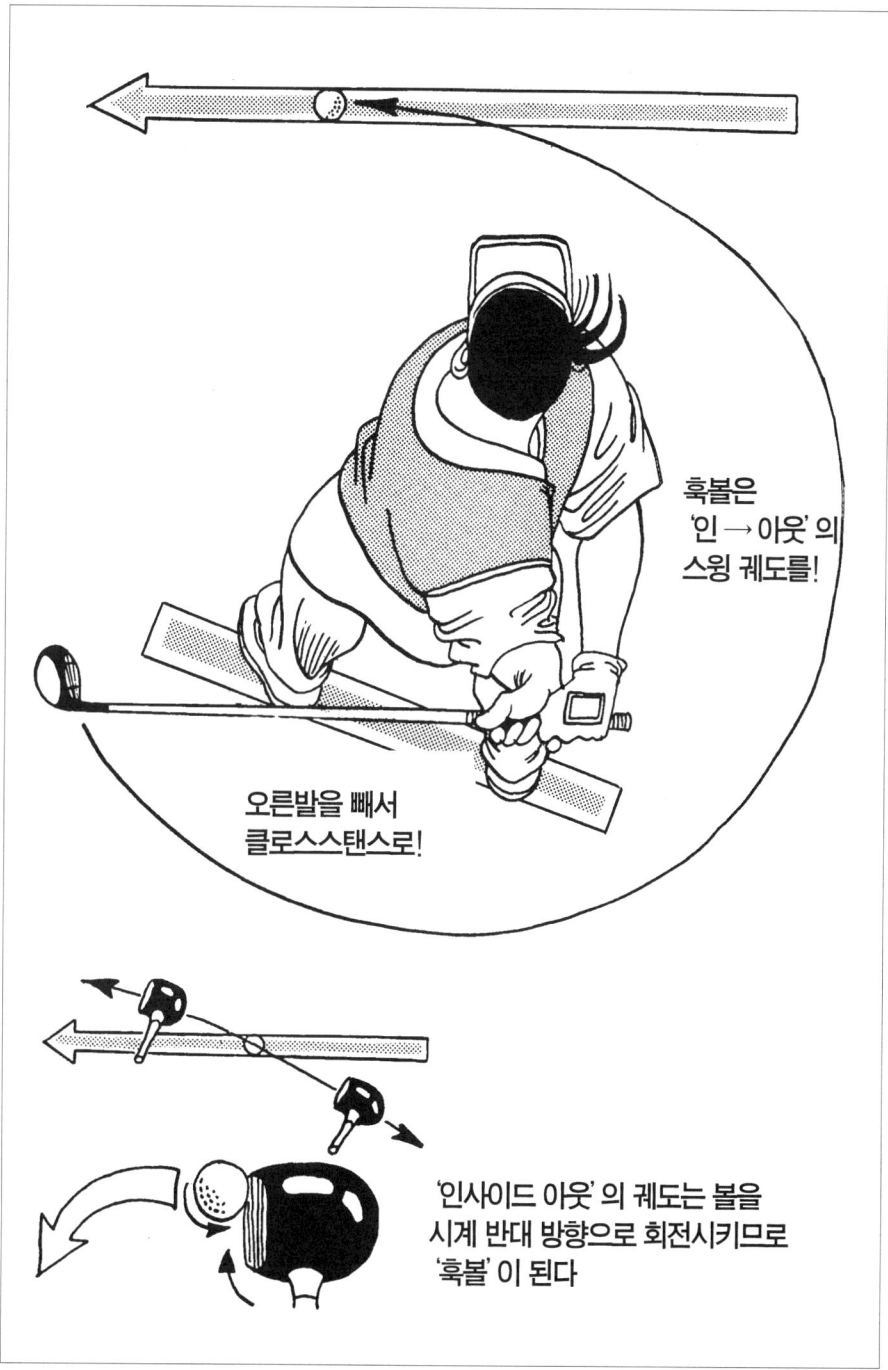

의도적인 슬라이스샷
장영일 포인트 레슨

　의식적으로 슬라이스를 만들 때도 스윙이 아닌 셋업에 주의를 기울여야 한다. 예를 들면 나무의 왼쪽에서 슬라이스로 그린을 노리고 싶을 때는 우선 나무를 피하고 싶은 만큼 왼쪽을 향한다. 어깨와 허리도 서 있는 위치와 평행하게 놓는다. 그리고 클럽 페이스만 목표를 향해 그립한다.

　이렇듯 어드레스는 오픈된 상태서 클럽 페이스만 목표를 향하게 하면 오픈된 상태에서 타격이 되어 공은 보다 더 왼쪽으로 나가는 슬라이스 타법이 된다. 평소 슬라이스가 잦은 사람이라면 셋업을 바꾸는 것만으로도 의도한 샷을 할 수 있다.

　혹시 훅이 잘 나오는 골퍼라면 여기에 더해서 왼손 그립을 보통 때보다도 꼭 잡아야 한다. 그 이유는 왼손 그립을 확실히 쥐면 그립에 힘이 들어가 있는 만큼 다운스윙부터 임팩트까지 동작이 느려지게 되고 임팩트에서 클럽 헤드보다도 그립이 앞에 나가서 페이스가 열리기 때문이다.

　의도적인 슬라이스의 경우 정확히 치더라도 페이스가 열려 있는 만큼 비거리는 짧아진다. 보통 7번으로 가능한 거리라면 6번 정도를 고르는 것이 좋다. 이런 상황에서의 주의할 점은 슬라이스 구질을 구사하기 위해 슬라이스 그립을 파지하거나 의도적인 아웃사이드 인의 궤도로 스윙을 하면 공은 심한 슬라이스가 걸려 목표 방향과 멀어지게 되므로 그린 공략이 어렵다. 슬라이스를 구사하고 싶을 때는 훅을 칠 때와 반대의 구조를 생각하면 된다.

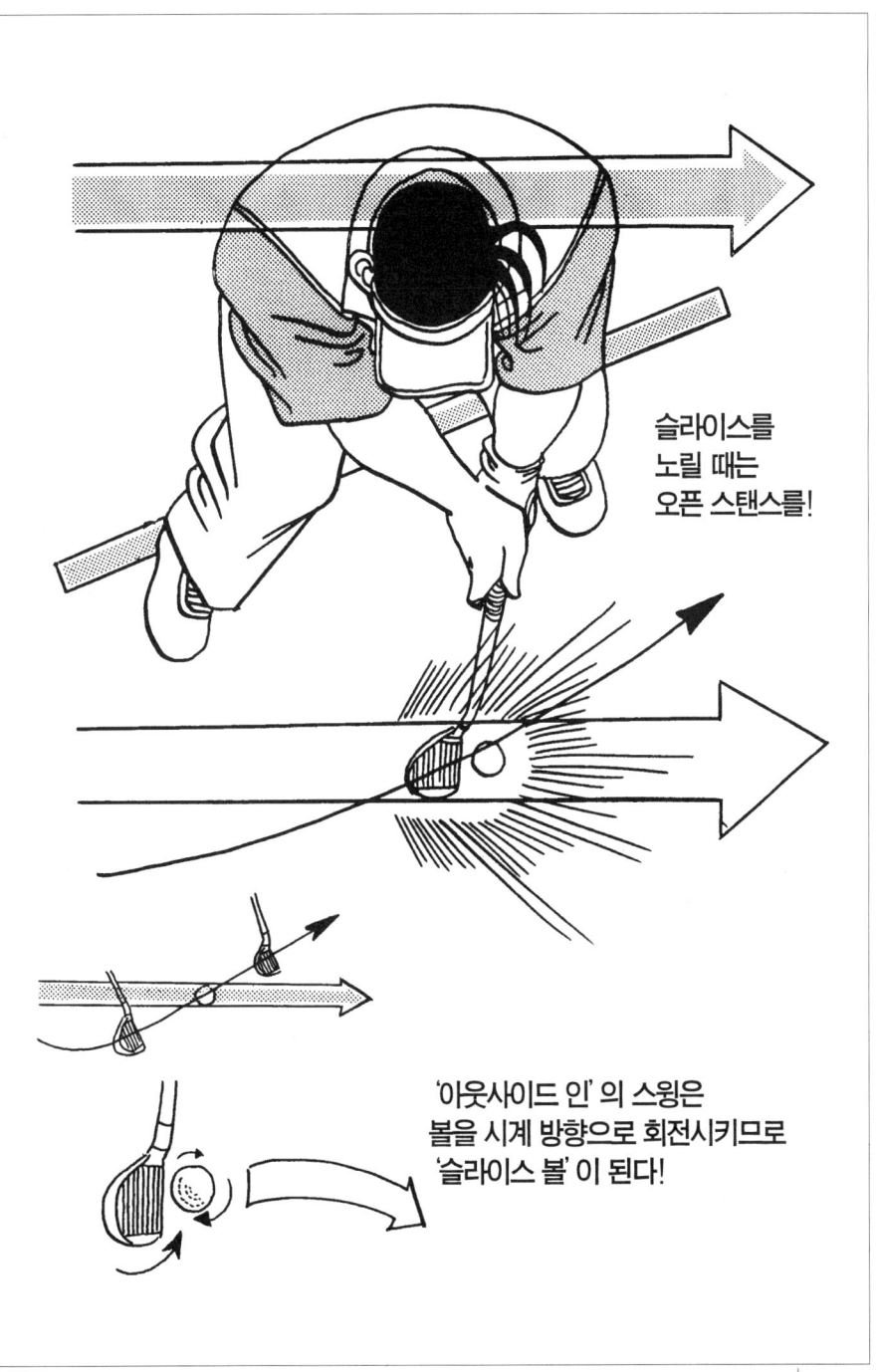

연습은 어떻게 무엇을 왜 해야 하는가
장영일 포인트 레슨

페어웨이를 벗어나는 일이 거의 없는 세계 정상급 프로들의 스윙은 거저 얻어진 것이 아니다. 나름대로 자신의 스윙을 개발하기 위해 상상 이상의 많은 훈련을 통해 이룬 것이다.

골프는 투자한 만큼 건지는 스포츠다. 그러나 문제는 대부분의 주말 골퍼들은 노력을 충분히 하지 않는다는 데 있다. 골프 스윙은 원래부터 타고나는 것이 아니며 배움을 통해 익히는 것이다.

그렇다면 연습은 어떻게 하는 것이 바람직할까.

첫째, 연습은 짧고 꾸준히 하는 것이 좋다.

둘째, 연습은 실제 라운딩과 가급적 유사하게 해야 한다. 스윙 연습은 항상 목표 지점을 선정한 뒤 공을 원하는 곳에 떨어뜨릴 수 있도록 하는 것이 좋다.

셋째, 가장 좋은 결과를 얻으려면 기본기를 익히는 데 초점을 맞추어야 한다.

넷째, 짧은 거리 연습을 많이 한다. 즉 쇼트 게임은 퍼팅과 그린 가까운 곳에서 퍼팅 그린으로 볼을 올려 주는 피치샷이나 칩샷을 말한다. 이런 쇼트 게임은 드라이버나 아이언샷보다 힘이 덜 들어갈 뿐 아니라 즉각 스코어가 낮아지는 등 투자에 비해 효과가 뛰어난 장점이 있다. 많은 시간과 정성을 들이고도 기본기가 제대로 갖추어지지 않는 사람은 주변의 티칭 프로를 찾아 잘 안 되는 부분이 무엇인지, 해결 방법은 어떤 것인지 찾아 보는 것이 좋다.

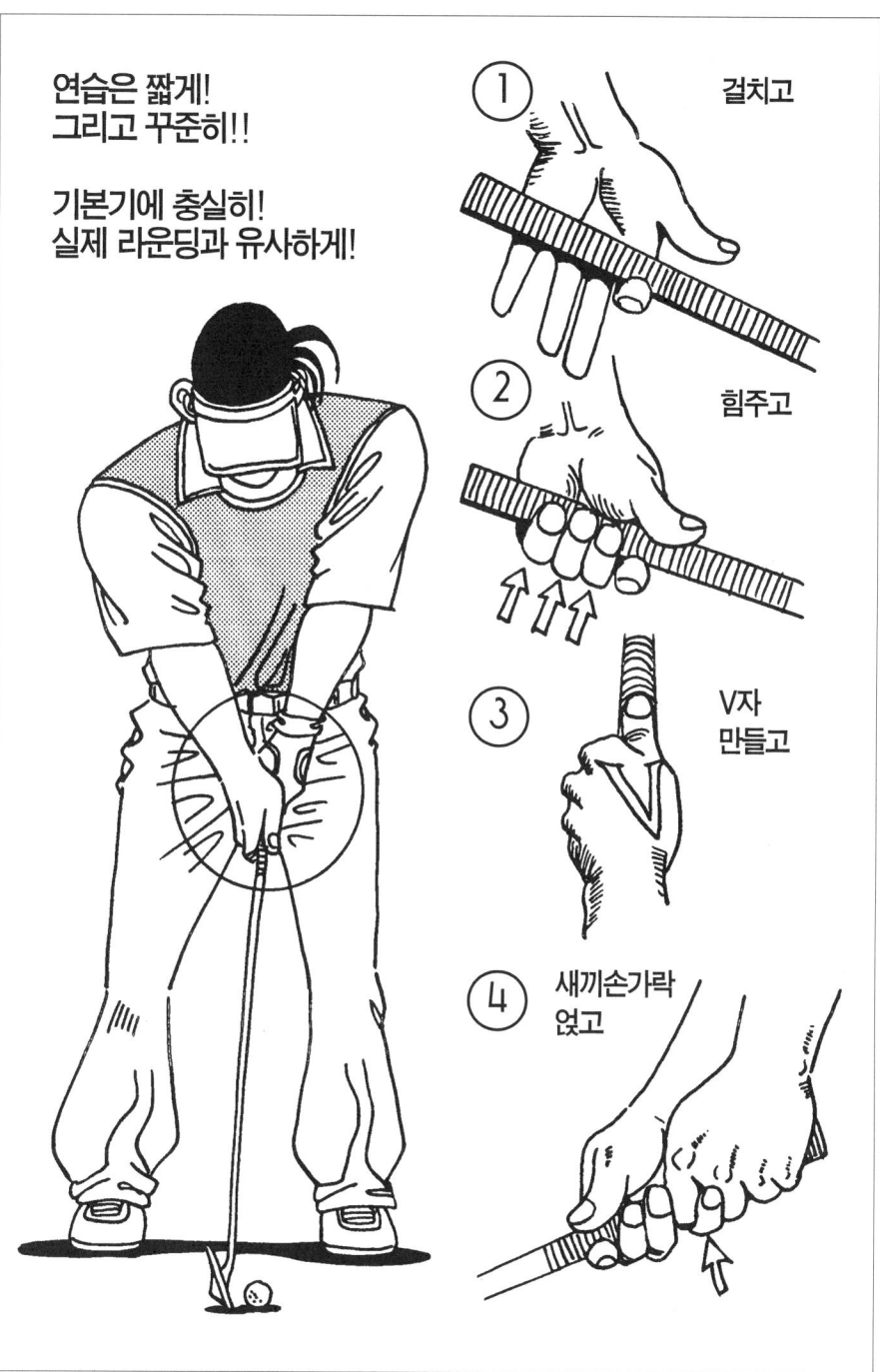

롱퍼팅을 할 때 주의할 점
장영일 포인트 레슨

  그린 위의 제1타인 롱퍼팅은 홀컵에서 1클럽 범위 내로 들어가도록 해야 한다. 롱퍼팅을 할 때 주의할 점은 단 한 가지, 반드시 구부정하지 않은 자세를 염두에 두어야 한다는 것이다.

  몸을 구부린 상태서 퍼팅 라인을 보면 실제보다 거리가 짧아 보이므로 짧게 치기 쉽다. 7~8m 이상의 거리는 퍼팅이라기보다는 차라리 어프로치라고 생각해야 한다. 즉 롱퍼팅을 넣는 것이 아니라 붙이는 것이다.

  등을 펴고 어드레스하는 것이 먼거리에서 홀에 붙일 수 있는 비결이다. 롱퍼팅은 생각이 많으면 안 된다. 이것저것 생각하면 압박감이 생겨 손이 제대로 움직이지 않기 때문에 정확한 거리감을 찾기 어렵다. 따라서 롱퍼팅은 팔이나 손의 힘을 빼고 거리감만 중시하여 릴렉스하게 치는 것이 중요하다.

  또한 '퍼팅은 어깨를 회전시켜라' 고 말하는데 어깨의 힘을 지나치게 의식하면 몸이 틀어지므로 볼을 중심으로 포착할 수 없다.

  어깨를 돌리는 것보다 팔꿈치를 휘두르는 이미지로 스트로크해야 한다. 7~8m 이상의 긴 퍼팅은 우선 언듈레이션을 보고 평평한 오르막의 경우 홀컵에서 30㎝ 지나치게, 내리막은 마찬가지로 30㎝ 정도 못 미친 지점에 목표를 설정한다. 그리고 여기에서 볼까지 직선을 그려 보고 그 라인에 스퀘어로 어드레스를 취한다. 양발은 약간 좁게 평상시보다 높게 세팅해 라인 위를 3등분한 지점에 2~3개의 스포트를 상정해 그 지점에 따라 굴러가도록 친다.

쇼트 퍼팅
장영일 포인트 레슨

쇼트퍼팅은 거리감을 중시하는 롱퍼팅과는 달리 방향성이 중요하다. 보다 방향성을 확실하게 하기 위해 쇼트퍼팅은 평소보다 짧게 그립을 잡는다. 손이 퍼터헤드에 가까워지는 만큼 필링이 쉽게 전달되어 헤드가 틀어지지 않는다.

또한 스트로크할 때 몸이 틀어지지 않으므로 약간 구부정하게 어드레스 하는 것이 좋다. 몸의 힘을 빼고 치는 것이 롱퍼팅이라면 쇼트퍼팅은 몸을 고정시켜 치는 것이 중요하다.

아마들에게서 자주 일어나는 미스는 머리가 움직이거나 오른쪽 어깨가 앞으로 나오는 등 몸을 고정시키지 못하기 때문에 일어난다. 목표를 결정했으면 움직이지 않게 퍼터를 당겨 내는 것뿐 몸의 축을 등뼈를 느끼면서 스트로크한다. 이때 목표는 가능한 한 자신에게 가까운 지점으로 결정하는 것이 중요하다. 얼굴을 들고 확인하지 않아도 끝낼 수 있도록 아래를 향했을 때 시계에 들어올 수 있는 정도의 위치가 이상적이다.

쇼트퍼트의 미스는 대부분 정신적인 문제다. 흔히 눈앞에 있기 때문에 어떻게든 넣어야겠다는 욕심이 생겨 손이 생각대로 움직여 주지 않아 스트로크를 나쁘게 하는 수가 많다. 헤드업은 그 가운데 하나다. 공이 굴러가는 쪽에 신경이 자극되어 머리가 움직이기 때문에 페이스 방향이 바뀌면서 홀을 비켜가게 마련이다.

또 가깝다고 공을 어설프게 때려도 안 된다. 아무리 짧아도 공을 정상적으로 때리지 않으면 컵 인이 되지 않는다. 쇼트퍼팅은 '왼쪽 귀로 공을 보라'는 말을 강조한다.

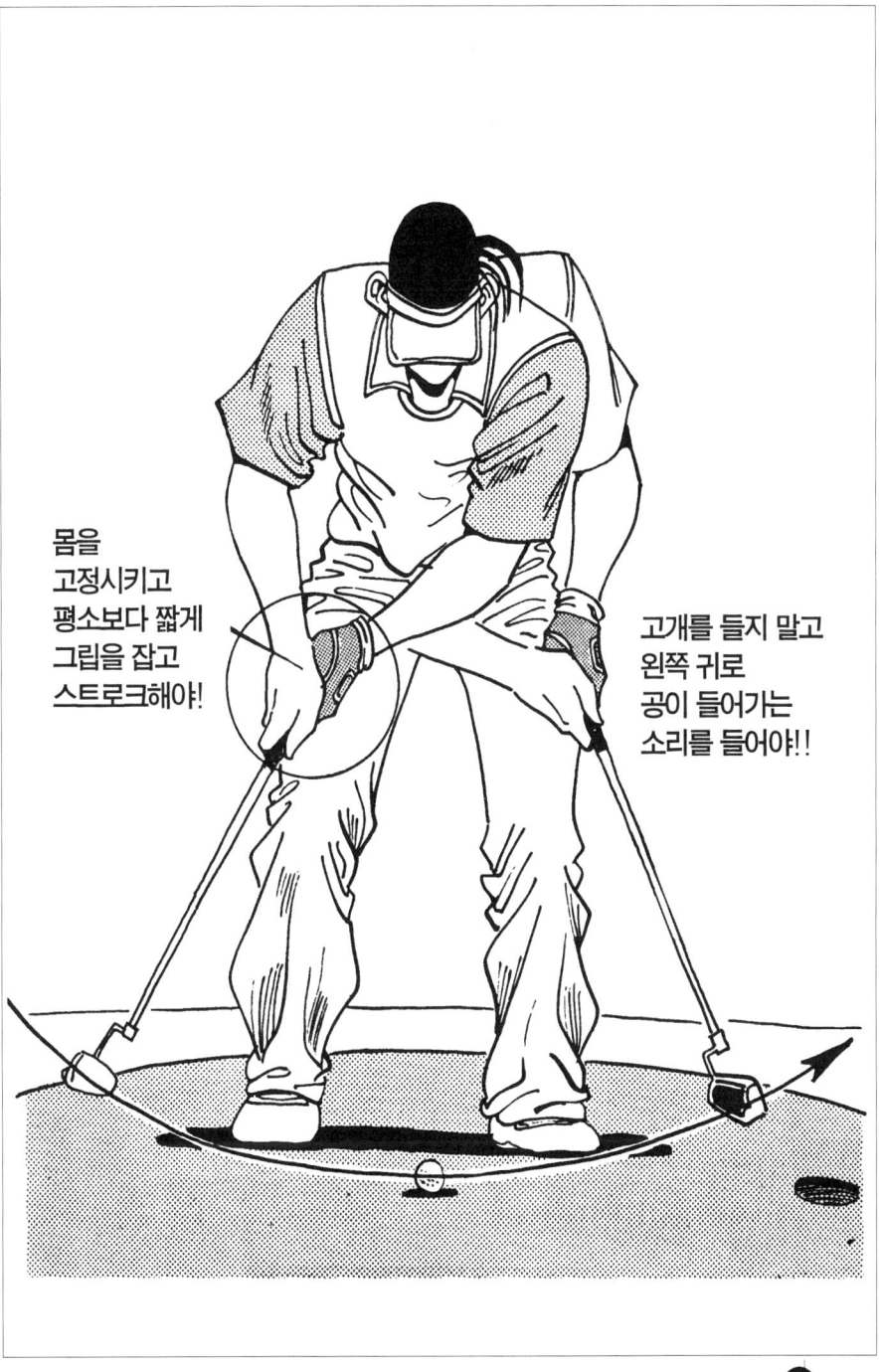

생크는 기량이 향상된 미스샷이다
장영일 포인트 레슨

어느 정도 기량이 향상된 골퍼에게 어느 순간 느닷없이 엄습해 오는 것이 생크다. 그런데 일반 아마추어들은 오른쪽 일직선 타구인 이 생크의 원인에 대해 잘못 인식하고 있는 경우가 많다.

생크는 '소켓'이라고도 불리듯이 클럽 페이스 힐 부분의 연결 부분 즉 소켓에 볼이 맞아 오른쪽으로 날아가 버리는 것이다. 그런데 오른쪽으로 날아가는 볼에는 반대로 페이스 끝인 토 부분에 맞는 것도 있다. 생크는 소켓 부분에 돌출부가 없는 우드클럽에서는 생기지 않는다. 이것은 어디까지나 아이언에 한정된 미스샷이다.

그런데 생크는 미스샷 가운에서 수준 높은 미스샷이라고 불린다. 그 까닭은 상급자가 될수록 히팅 포인트가 힐 가까운 쪽에 형성되기 때문이다. 즉 그곳이 클럽 페이스의 스위트스폿이 있어 그야말로 수밀리미터의 오차만 나더라도 생크가 발생하는 것이다. 따라서 생크의 경우에는 클럽 페이스가 열린다든지 궤도가 아웃사이드 인, 또는 인사이드 아웃이 된다든가 하는 이유로 인해 생기지는 않는다.

오히려 페이스의 방향을 임팩트존에서 스트레이트한 궤도로 유지하더라도 약간만 페이스가 바깥쪽으로 벗어나면 생기는 미스다. 중요한 교정 포인트는 임팩트시 배를 감추고 가슴을 회전하면서 폴로스루를 연결하면 된다.

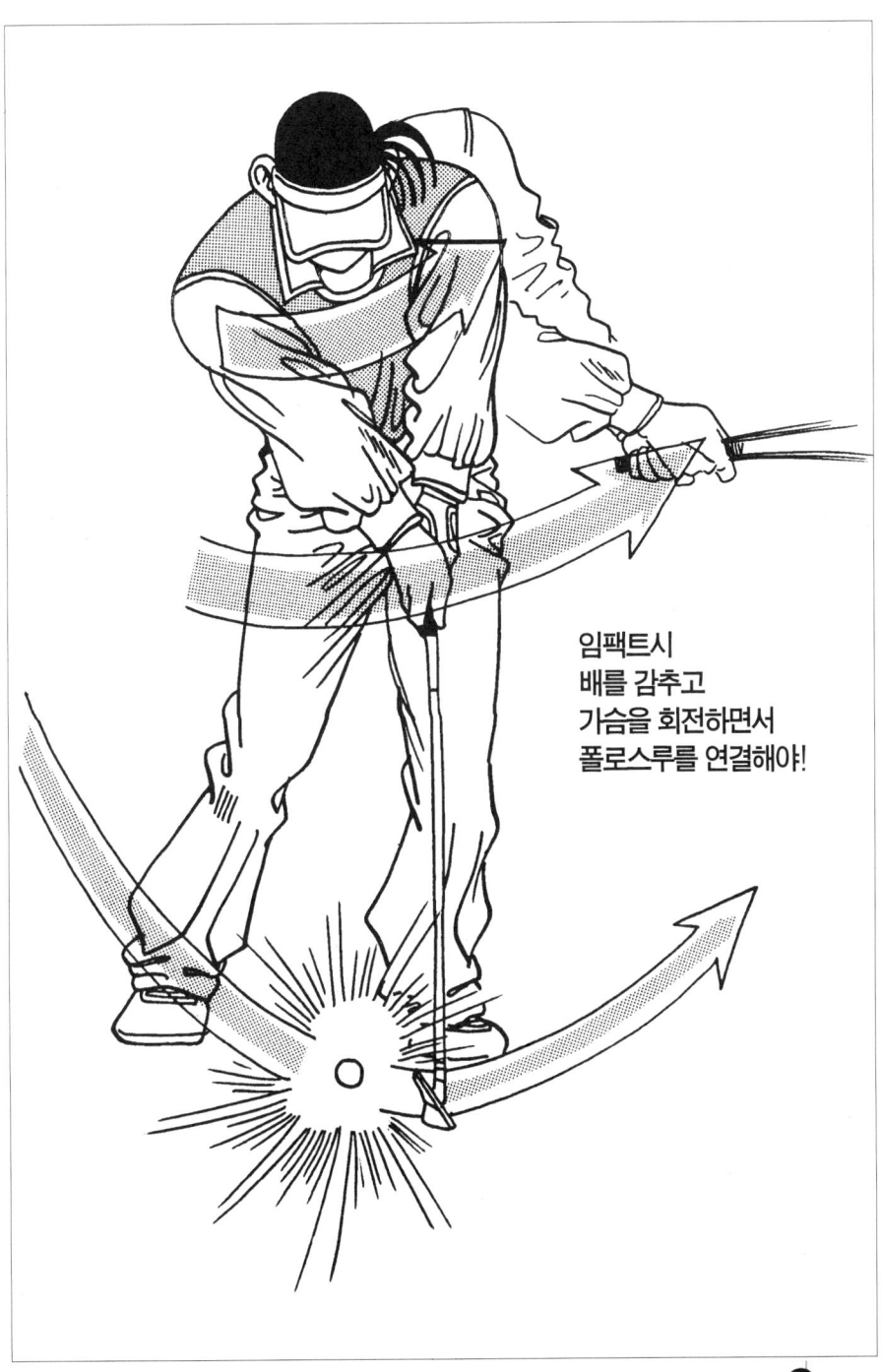

티의 높이를 잘 몰라 생기는 미스샷
장영일 포인트 레슨

티잉 그라운드에서는 볼을 티 위에 올려놓고 칠 수가 있다. 즉 티샷만은 자신이 가장 좋은 조건을 만들어 칠 수 있는 것이다. 그런데 가장 치기 쉬운 상황을 만들 수 있는 것을 오히려 어렵게 만들어 치는 주말 골퍼들을 자주 볼 수 있다.

그것은 티의 높이 조정을 제대로 못하기 때문에 생긴다. 예컨대 쇼트홀에서 롱아이언이나 페어웨이 우드를 사용할 상황이라면 티는 어느 정도 높은 듯한 편이 치기 쉽다. 그러나 너무 높으면 오히려 클럽 헤드가 볼 아래를 빠져나가 '튀김볼'이 되거나 스윙이 떠올리는 듯한 모양이 되어 원래의 탄도보다 높아져 비거리가 떨어지는 등의 미스샷을 유발하게 된다.

반대로 너무 낮은 경우에는 롱샷인 만큼 볼을 처박듯 쳐야 하는 부담이 생기며 또 떠올려치는 버릇이 있는 사람은 톱이 되기 쉽다. 또한 다운블로로 내려 볼에 클럽 헤드를 맞히려고 완전히 휘두르지 않으면 페이스가 열려 맞아 슬라이스가 되는 경우가 많다.

쇼트아이언을 이용해 티샷을 해야 하는 경우도 마찬가지다. 공이 뜨지 않아 고민하는 골퍼들은 대부분 티를 높이 사용하는데 이것은 스윙 자체가 나빠서 공이 올라가지 않는 것일 뿐 튀김볼이 되는 위험성이 높다. 드라이버 역시 티가 높으면 튀김볼이나 훅이 되기 쉽고, 낮으면 톱이나 슬라이스가 난다.

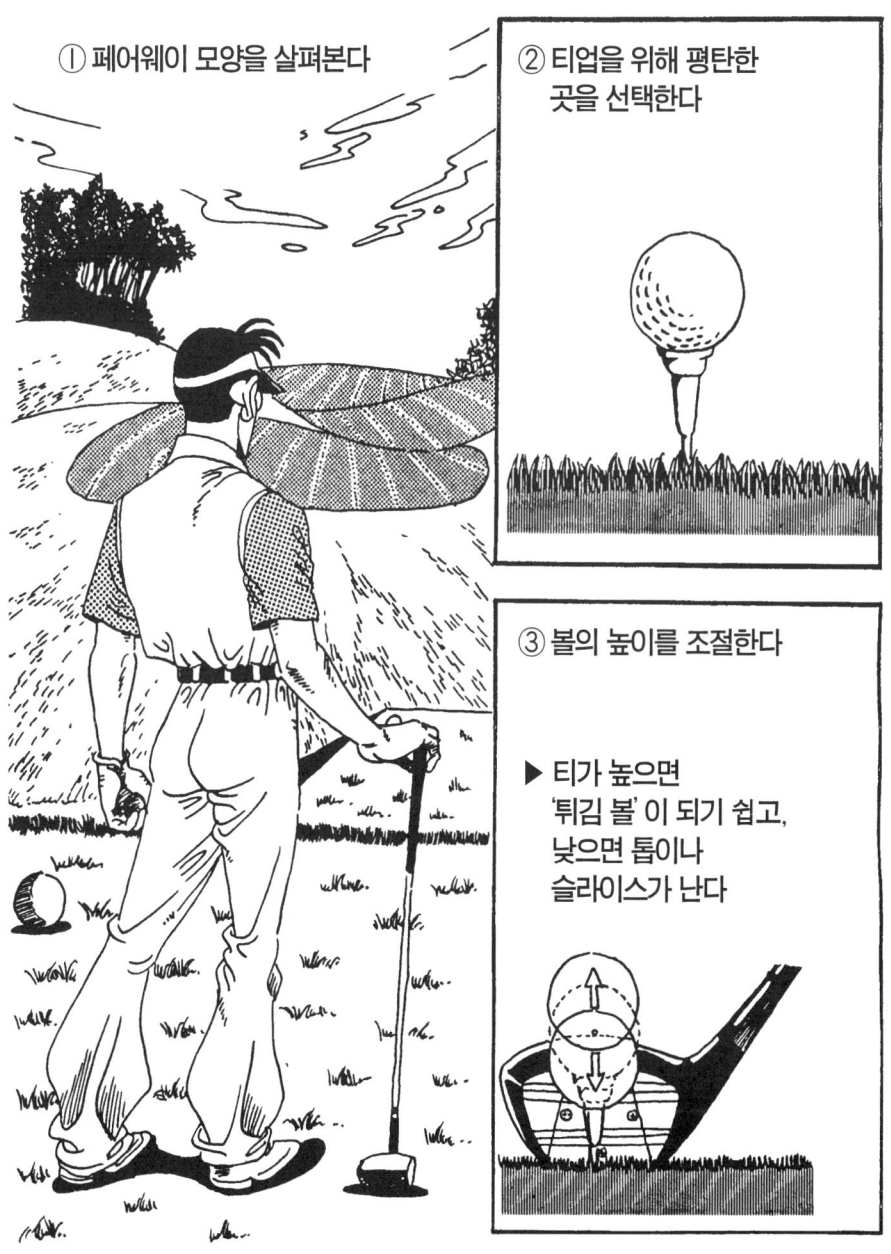

클럽을 내린 각도는 어느 정도가 이상적일까
장영일 포인트 레슨

많은 골퍼들은 어드레스시 자신의 체형에 알맞은 클럽의 내린 각도를 정립하지 못해 일관된 궤도를 정립하지 못하고 있다.

클럽을 내린 각도란 어깨에서 수직으로 내린 팔과 클럽으로 이루어진 각도를 말한다. 숙인 각도와도 관계가 있지만 크게 핸드다운, 핸드업, 그 중간의 세 가지로 나눌 수 있다.

일반적인 경향으로 힘이 강한 사람은 핸드다운으로, 약한 사람은 핸드업으로 어드레스를 취한다. 아이언의 경우 토가 약간 떠 있을 정도로 클럽을 놓으면 좋다. 핸드다운 각도의 포인트는 임팩트에서 왼팔이 펴지는 것과 밀접한 관계가 있다. 비구선의 후방에서 어드레스와 임팩트의 위치를 볼 때 높이가 일치하고 있는 것이 이상적이다.

어드레스 때의 손 위치보다 임팩트 때가 낮아져서는 안 된다. 초보자일수록 손의 위치가 올라가 있는 경향이 많다. 임팩트에서는 원심력으로 왼팔이 펴지게 되므로 될 수 있는 한 임팩트 때와 비슷한 높이에서 어드레스를 하도록 한다. 너무 핸드다운하면 임팩트에서 높이가 달라지기 때문에 타구 조절이 어렵게 된다. 힘이 약한 여성 골퍼에게서 흔히 볼 수 있는 왼팔과 클럽을 일직선으로 두는 어드레스는 원점으로 돌아올 확률은 높지만 공을 멀리 보낼 수 없다는 단점이 있다. 이유는 손목을 높게 하면 어깨가 들리게 되기 때문에 스윙시의 상하 편차가 심해져 톱볼과 뒤땅치기로 연결되며 헤드 스피드에 가속을 붙일 수 없는 자세가 된다.

그립 끝이 자신의 배꼽을 향하도록 어드레스한 자세가 가장 이상적인 스윙 궤도를 형성한다.

슬라이스와 훅의 효과적 연습법
장영일 포인트 레슨

　연습장에서 타석을 서택할 경우 많은 골퍼들이 대개 목표가 있는 중앙부분의 타석을 원하는데 초보자들은 구질을 교정한다는 의미에서라도 가장자리의 타석을 이용하는 것이 효과적이다.

　초보자들의 미스샷 대부분이 슬라이스인데 이를 교정하기 위해서는 왼쪽 끝의 타석에서 목표를 왼쪽에 두고 연습하는 것이 좋다. 왼쪽 사이드가 네트이기 때문에 왼쪽으로의 흔들림이 많지 않다는 의식을 함으로써 아웃사이드 인의 스윙이 인사이드 아웃으로 수정되어 슬라이스를 고칠 가능성이 많다. 물론 훅의 경우는 위와 반대다.

　슬라이스 구질은 스윙이 아웃사이드 인으로 클럽 헤드가 타구선의 바깥쪽에서 안쪽으로 떨어지면서 휘어져 들어오기 때문인데 이를 교정하기 위해서는 볼의 20㎝ 안쪽과 뒤편에 2개의 예비 볼을 놓아 두고 이 예비볼에 헤드가 닿지 않도록 스윙하는 연습을 하면 점차 슬라이스가 교정된다.

　또한 훅이 많은 사람이라면 그와 반대로 볼의 앞쪽과 바깥쪽에 예비 볼을 준비해 놓아 두고 연습을 하게 되면 인사이드 아웃의 스윙 궤도가 점차 고쳐진다. 이때 주의할 점은 클럽 페이스는 물론 목표지점에 스퀘어하게 셋업하고, 양쪽 허리 높이까지는 클럽 페이스의 변화를 주지 않도록 하는 것이다. 아마도 놀라운 변화를 발견할 것이다.

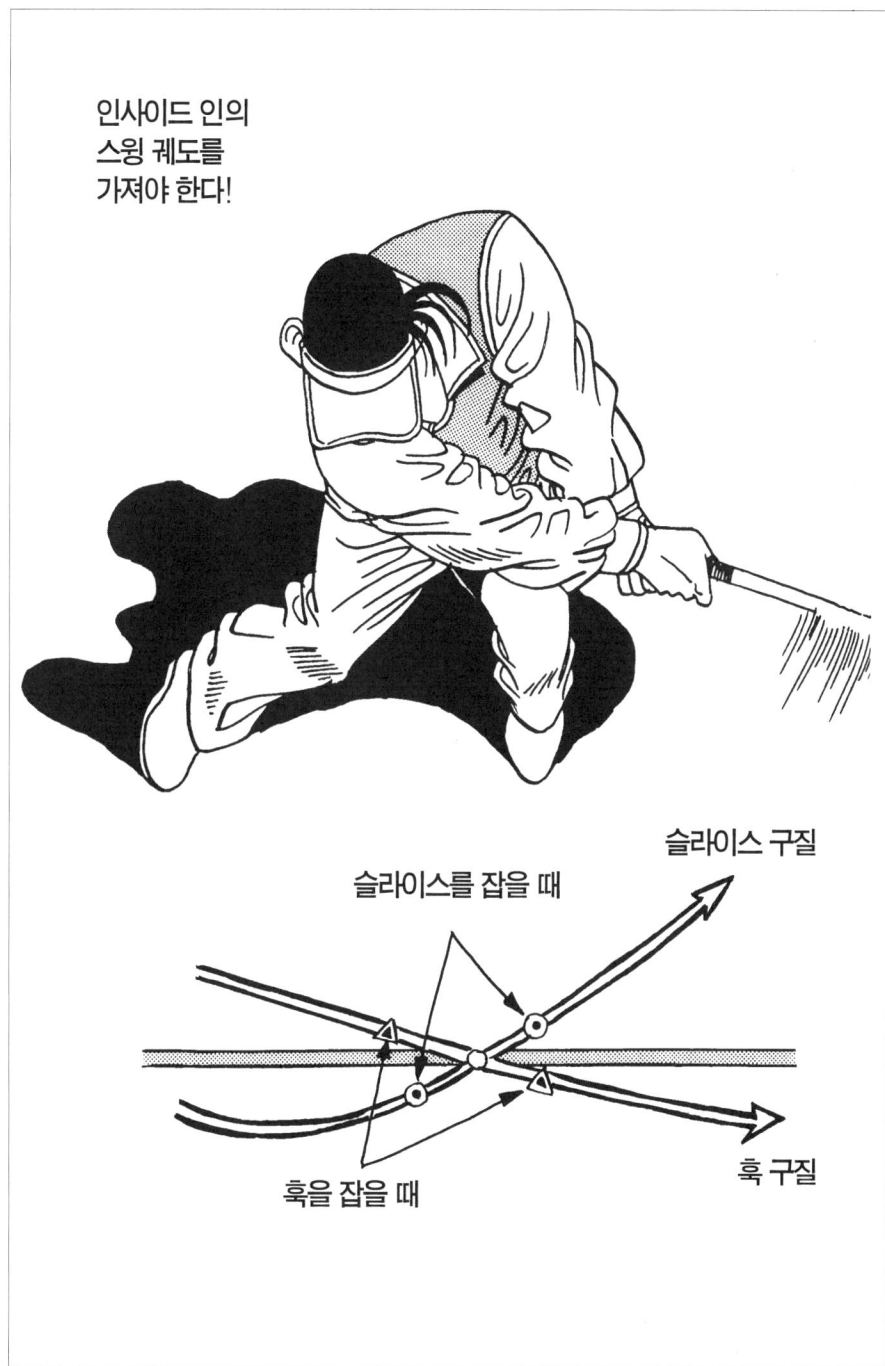

다음 타구를 치기 좋은 쪽으로 공략해야

장영일 포인트 레슨

　골프는 '연결의 게임'이다. 즉 항상 다음의 샷으로 이어져 가기 때문이다. 따라서 그 샷뿐만 아니라 어떻게 다음 샷을 보다 쉽게 할 수 있을 것인가라는 점을 생각하고 플레이해야 스코어 관리가 용이하다. 그래서 다음 샷에서는 미스샷이 되지 않도록 또는 난처한 상황을 만들지 않는 작전이 필요한 것이다.

　예를 들어 핀이 그린 오른쪽 사이드에 있다고 가정하자(그림 참조). 그린의 오른쪽에는 크고 깊은 벙커가 있고 왼쪽은 단순한 러프다. 이럴 때 일반 아마추어들은 별 생각 없이 핀을 향해 공략하는 경우가 많다. 이것이 작전으로서 결정적인 미스가 된다. 타구가 아주 약한 슬라이스가 나더라도 벙커로 빠지게 되며 그 다음 샷으로 온그린이 된다는 보장이 없다. 따라서 이럴 경우에는 그린 중앙의 왼쪽을 노리는 것이 좋다. 설령 약간의 미스샷이 나더라도 벙커는 피할 수 있고 또 그린 왼쪽으로 벗어나더라도 다음의 어프로치가 용이하기 때문이다.

　이러한 코스 공략시 인사이드 워크는 항상 필요하다. OB위치 또는 해저드의 위치, 그리고 볼이 휘어지는 모양 등을 고려한 뒤 가장 효과적인 샷을 해야 하며, 다음 타구에 관한 것까지 철저하게 생각하는 작전이 필요한 것이다.

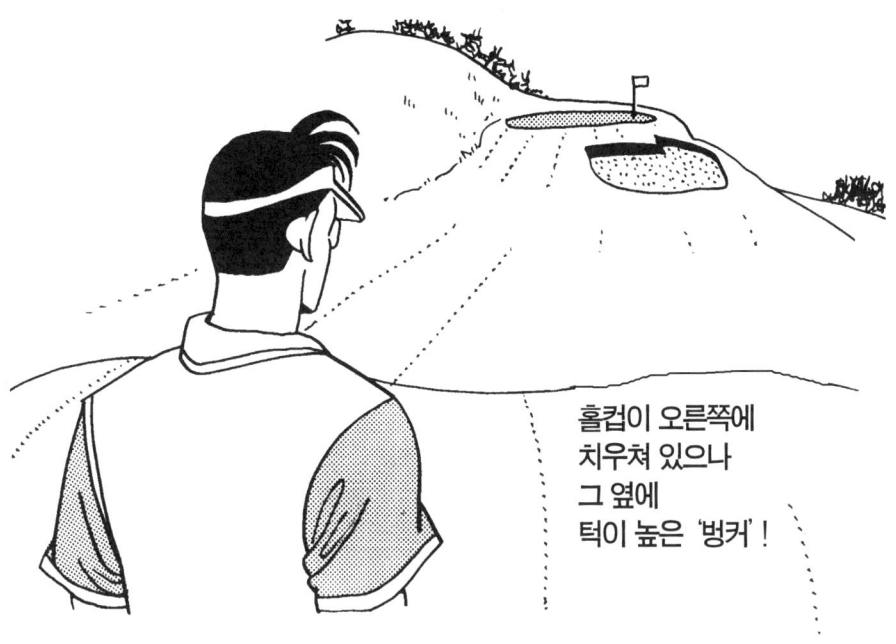

홀컵이 오른쪽에
치우쳐 있으나
그 옆에
턱이 높은 '벙커'!

그린의 왼쪽을 공략해야!!

드로볼 공략 방법
장영일 포인트 레슨

주말 골퍼들이 동경하는 구질은 아름다운 탄도를 그리면서 비거리도 훨씬 증가하는 드로볼이다. 드로볼을 구사하기 위해선 스윙을 바꾸는 것뿐만 아니라 어드레스도 나름대로 준비해야 한다. 우선 클럽을 파지하는 그립. 왼손의 중지, 약지 그리고 새끼손가락으로 확실하게 파지하는 것이 기본인데 오른손도 중지 약지를 클럽에 세팅하는 것이 중요하다. 그렇게 하면 양손에 일체감이 생겨 오른손의 힘을 이용해서 날리는 것이 가능하다.

다음은 스탠스. 스퀘어한 어드레스에서 오른발을 볼 2개 정도 뒤로 끌어 클로스스탠스를 취하면 백스윙에서 클럽을 인사이드로 올리기 쉬워 보다 깊은 회전이 가능하다. 주의할 것은 오른발만 뒤로 당기고 어깨, 허리, 무릎의 라인은 스퀘어한 상태를 유지해야 한다는 점이다.

세 번째는 몸의 중심. 드라이버 샷의 체중 배분은 기본적으로 5:5로 한다. 이때 체중은 중심에 두되 좌우 어느 쪽으로나 움직이는 자세를 만들어 두어야 풋워크를 활용하기가 용이하다. 하체에 힘을 너무 넣지 말고 어깨 폭보다 조금 넓게 스탠스를 취하면 안정적인 스윙 궤도를 그릴 수 있다.

마지막으로 상체의 굴절 각도. 볼을 맞히려고 하는 의식이 강하면 무의식적으로 등뼈가 굽어진다. 그렇게 되면 백스윙시 회전이 부족해지기 쉬워 파에 의한 타법이 된다. 어드레스에서 항상 등뼈를 가볍게 세운다는 의식을 가짐으로써 어깨 회전 타법에 의한 아름다운 탄도의 드로볼을 구사할 수 있다.

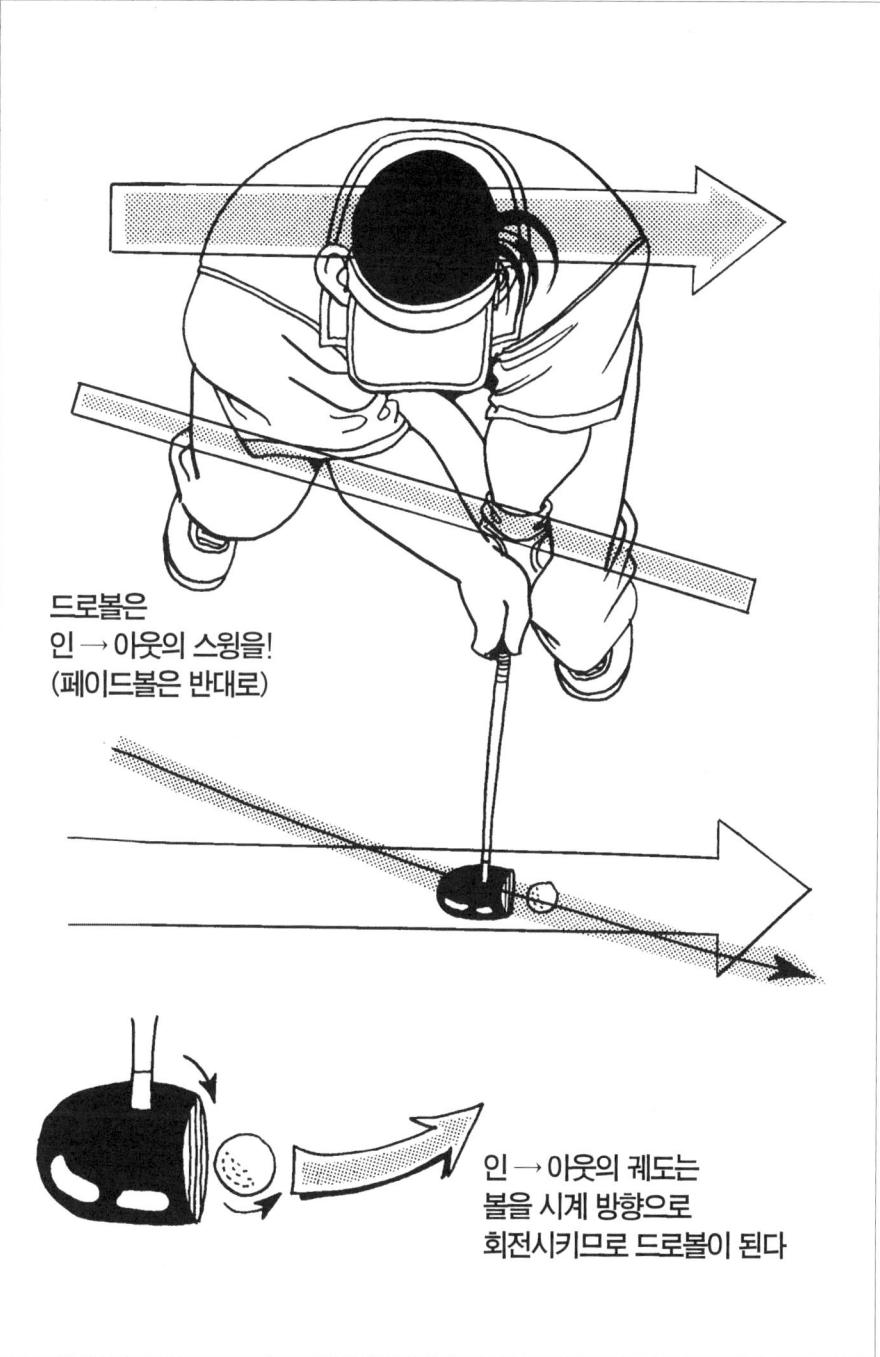

롱아이언을 능숙하게 다루는 요령
장영일 포인트 레슨

주말 골퍼들이 가장 어렵게 느끼는 클럽의 하나가 롱아이언이다. 롱아이언은 샤프트가 길고 클럽 헤드는 작으며 또한 로프트가 없기 때문이다. 더구나 클럽 페이스의 면적은 좁다. 롱아이언은 또한 그린까지 상당한 거리가 있을 때만 사용하는 클럽이므로 긴장하지 않을 수 없다.

따라서 우선 긴장을 풀고 천천히 가져가는 부드러운 스윙을 하는 것이 중요하다. 볼의 위치는 페어웨이 우드와 마찬가지로 왼발 뒤꿈치의 안쪽선상에서 볼 한 개 정도 안쪽으로 놓는다. 단지 스탠스에서 볼까지의 거리는 우드에 비해 샤프트가 짧기 때문에 가까워지며, 스탠스의 폭은 좁히는 것이 좋다.

롱아이언을 능숙하게 다루기 위해서 가장 요구되는 것은 백스윙에서 상체를 충분히 비틀어 주는 것이다. 오른쪽 무릎이 바깥쪽으로 흐르지 않도록 주의하면서 양쪽 겨드랑이를 붙인 채로 테이크 백을 함으로써 상체를 비틀어간다. 손만으로 하는 테이크 백은 절대로 해서는 안 된다. 이러한 백스윙의 정석을 강조하는 것은 롱아이언은 스윙 웨이트가 가볍기 때문에 클럽 헤드가 작고 더구나 가볍게 느껴지는 클럽으로 손만으로 들어올리기 쉽기 때문이다.

롱아이언은 우드의 감각으로 스윙을 하는 것이 좋은 결과를 낳는다. 미들아이언이나 쇼트아이언과 같이 내리치는 듯한 샷을 한다면 롱아이언은 로프트가 없는 만큼 볼이 뜨지 않게 된다. 롱아이언샷이 슬라이스가 나는 요인 중의 한 가지는 클럽을 퍼 올리는 스윙을 하기 때문이다. 어떤 샷이라 할지라도 공통 분모는 볼을 몸 정면에서 임팩트해야 한다는 점이다.

그립은 양손으로 '걸레를 짜듯이'

장영일 포인트 레슨

비거리가 늘지 않고 슬라이스가 난다는 주말 골퍼들 가운데에는 그립에 문제가 있는 경우가 종종 있다. 물론 그립의 형태가 나빠 극단적으로 약한 그립이 되어 있거나 반대로 매우 강한 그립이 되어 있어 직선 타구를 날리지 못하고 휜만큼 거리를 손해를 보게 된다.

그러나 정작 문제가 되는 것은 형체보다도 손잡이를 쥐는 강도에 있다. 흔히 볼 수 있는 것이 너무 세게 그립을 잡고 있는 경우다. 양손 모두 클럽을 꽉 쥐고 있는 것이다. 그립을 세게 잡는다는 것은 팔에서 클럽까지 하나의 딱딱한 막대기가 되어 버린다는 것을 의미한다. 이음매가 없어지기 때문에 클럽은 채찍처럼 휘어지지 않는 것이다.

이렇게 힘을 주어 그립을 잡는 사람은 클럽을 스피디하게 휘두를 수 없으므로 이를 보충하기 위해 머리를 움직이거나 몸통을 왼쪽으로 흔들어 스윙을 하게 된다.

여기서 중요한 포인트는 양손으로 걸레를 짜듯이 그립을 잡아 주어야 한다는 것이다. 그러면 양손의 일체감을 느끼고 양쪽 겨드랑이가 조여드는 것을 감지할 수 있을 것이다.

이런 형태로 클럽을 휘두르면 샤프트가 휘면서 헤드 스피드가 증가하여 강한 히팅으로 거리를 낼 수 있다.

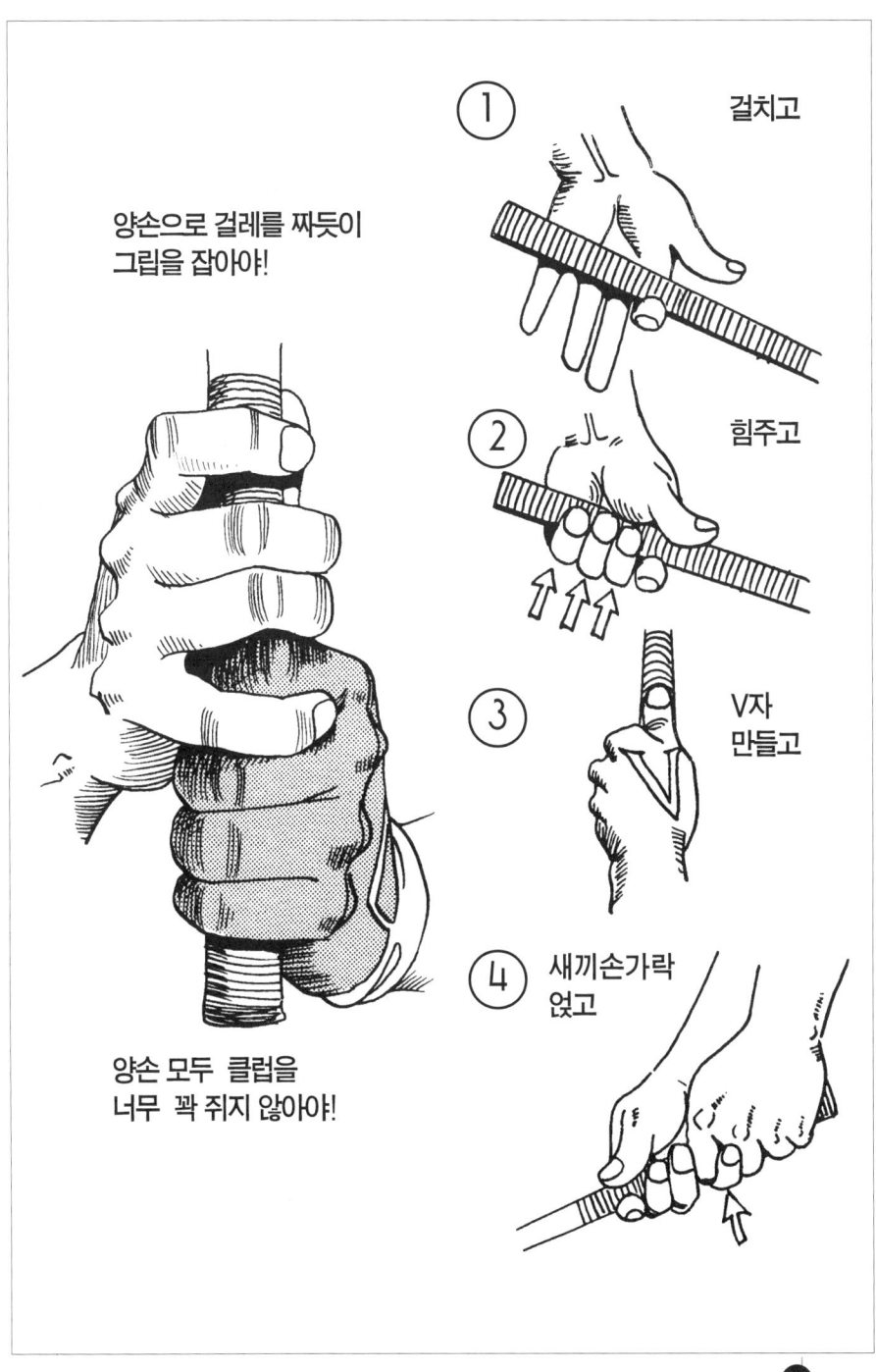

겨울철 100야드 이내의 컨트롤샷
장영일 포인트 레슨

　주말 골퍼들에게 100야드 이내의 어프로치샷은 심리적 부담이 크다. 샷 자체가 기술적 어려움을 수반하는 것은 아니지만 반드시 온 그린시켜야 하겠다는 부담이 크고 만약 실패했을 경우 다음 플레이에도 많은 영향을 미치기 때문이다. 100야드가 넘는 경우 아마추어의 심리는 온 그린하면 좋고 실패하더라도 어쩔 수 없지 않느냐는 부담없는 마음으로 플레이하게 되지만 100야드 이내에 들어오면 상황이 달라지는 것이다.
　이때의 핵심은 거리에 따른 스윙 크기를 얼마만큼 체득하느냐에 달려 있다. 스윙 크기에 따른 거리감은 어떤 기준이 있는 것이 아니다. 그렇기 때문에 반복 연습에 의한 근육 기억법이 중요하다. 컨트롤샷에서 미스가 나는 대부분은 거리에 따른 스윙 크기가 일정치 않기 때문이다.
　스윙 동작에 이미 들어간 상태에서 치는 힘으로 거리를 조절하려고 하면 미스샷이 난다. 스윙이 너무 컸다고 생각하는 순간 클럽을 다운스윙해 임팩트에서 놓아 버리는 경우를 흔히 볼 수 있다. 컨트롤샷의 핵심은 좌우 동형의 스윙에 있다. 즉 백스윙의 크기를 9시 방향까지 올렸으면 피니시 역시 3시 지점까지 해주어야 하는 것이다. 이 크기는 플레이어의 거리에 따라 달라지지만 언제나 좌우 대칭 샷을 해야 하는 것이 핵심이다.
　이때 반드시 지켜야 할 사항은 왼손목의 움직임을 없애는 것으로, 왼손목은 임팩트 이후에도 곧게 펴진 상태를 유지해야 한다. 흔히 말하는 노코킹의 상태를 그대로 유지해야 한다. 볼의 위치는 오른발쪽, 체중은 6:4의 배분으로 왼발 중심으로 타점을 잡아야 한다.

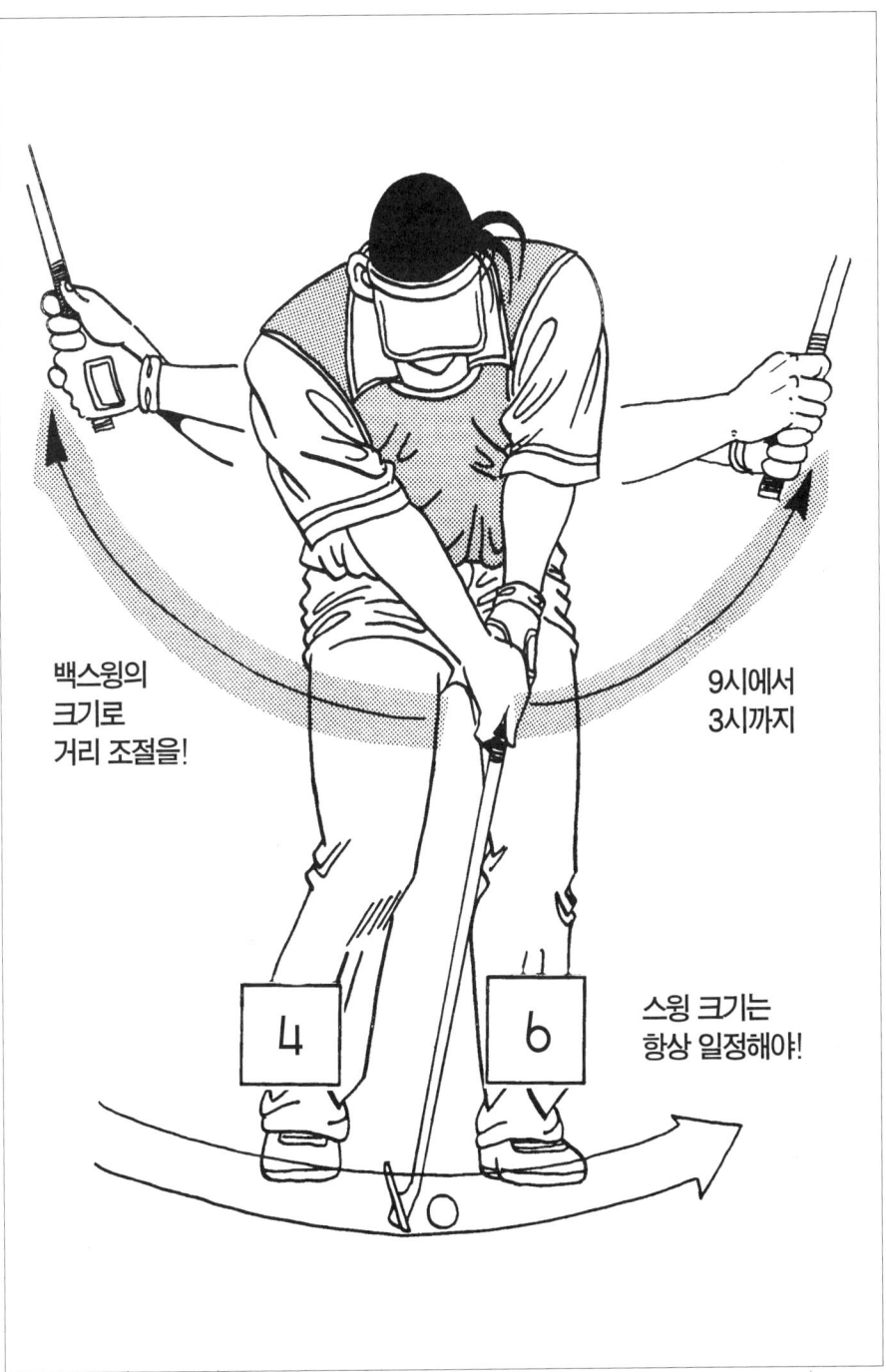

효과 만점의 칩샷
장영일 포인트 레슨

골프의 기초를 익히고 있는 초심자들에게 있어 이른바 쇼트게임은 아주 복잡하게 느껴진다. 최대 샷의 경우 초심자들은 스윙을 마음껏 휘두르면 된다. 그러나 그린 주변에서 구사하는 칩샷이나 피치샷, 샌드샷, 그린의 바깥쪽 가장자리에서 구사하는 퍼트 등의 경우에는 상황이 달라진다. 이럴 땐 배워야 할 샷의 종류가 너무 다양하기 때문에 기량 향상의 속도가 매우 느려진다.

쇼트게임에 문제가 있는 초심자들은 다음과 같이 해 보는 것이 좋다. 바로 모든 샷을 칩샷으로 처리하는 것이다. 칩샷이란 탄도를 낮게 해 지면을 퉁기며 굴려 보내는 샷이다. 때문에 칩샷은 가장 용도가 다양하면서도 손쉬운 샷이기도 하다.

퍼팅과 마찬가지로 칩샷은 양팔과 어깨에 의해 제어가 된다. 그립을 샤프트 바로 위까지 짧게 내려잡고 정상적인 퍼팅 그립처럼 취한다. 클럽은 5번 아이언에서 웨지까지 사용할 수 있으며 로프트가 작을수록 볼의 비행 거리는 짧아지고 지면을 굴러가는 거리는 길어진다. 볼은 스탠스 가운데 지점에서 약간 오른쪽에 위치하도록 한다.

칩샷을 할 때 명심해야 할 중요한 사항은, 어드레스 때 양손을 클럽 헤드의 앞쪽에 위치시켜야 한다는 것이다. 칩샷은 양손과 양쪽 어깨에 의해 형성된 삼각형을 뒤에서 앞으로 이동시켜 주는 하향 타격의 형태다. 공을 공중으로 날려 보내는 것보다는 지면 위로 굴려 보내는 것이 더 제어하기 쉽다. 그러므로 칩샷을 많이 활용해야 핸디캡을 줄일 수 있다.

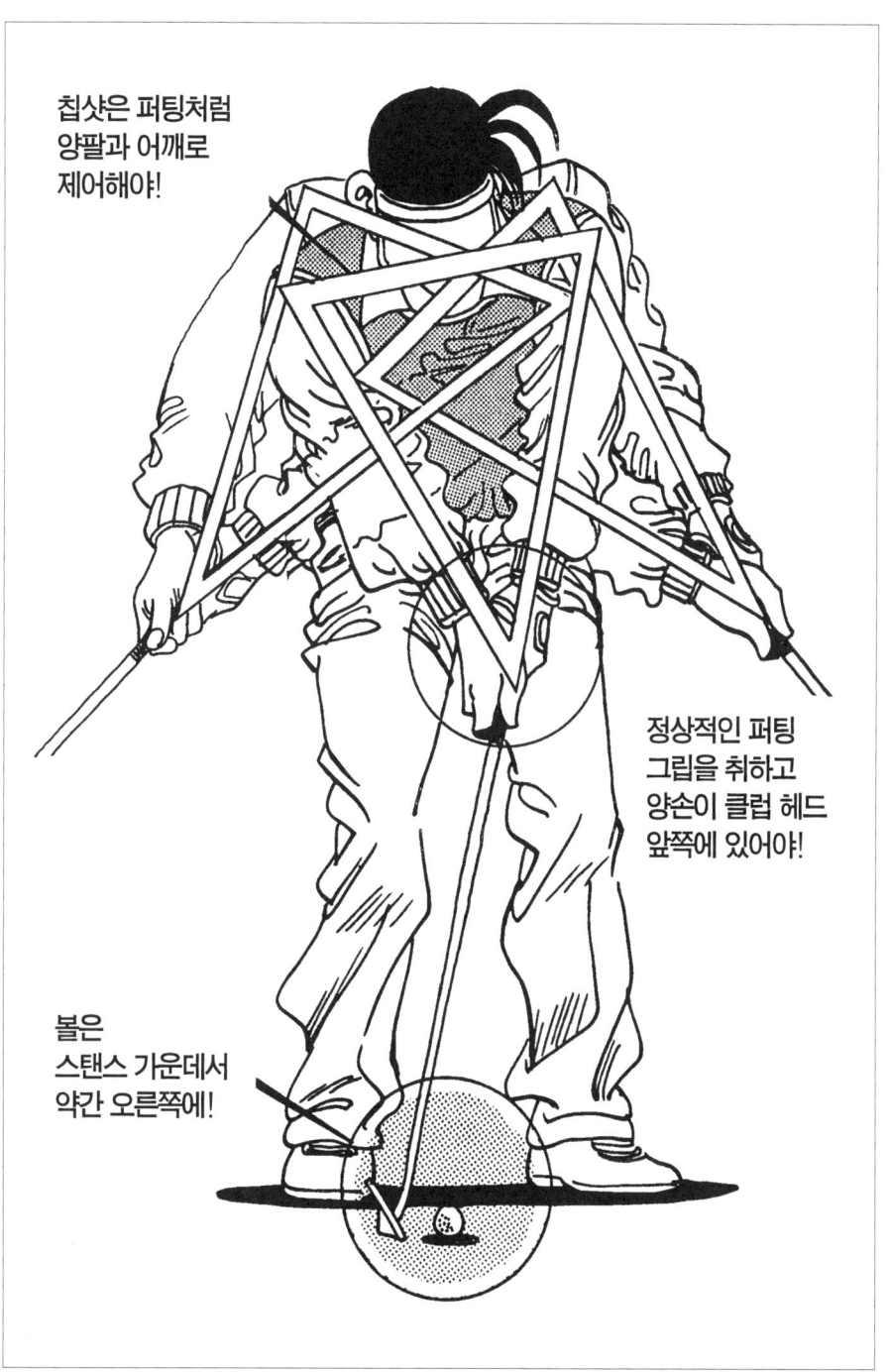

백스윙은 왜 천천히 해야 하는가
장영일 포인트 레슨

　폴로스루를 중시하는 스윙을 하는 주말 골퍼들 가운데서 종종 볼 수 있는 것은 임팩트시 타이밍을 맞춰 가려는 스타일이다. 백스윙은 애써서 크게 했지만 그 단계에서 힘을 너무 써 버린 탓인지 다운스윙에 들어가면 갑자기 클럽의 속도가 떨어지고 임팩트 시기가 되면 그저 볼에 부딪혔다가 끝내 버리고 만다. 이렇게 되면 백스윙을 아무리 크게 해도 소용이 없다.

　백스윙은 어디까지나 다운스윙을 위해서 하는 것이므로 중요한 다운스윙에서 힘이 빠져 버리면 백스윙을 크게 한 의미가 없다. 클럽은 속도가 가해지면서 휘두르면 비교적 쉽고 정확하게 움직일 수 있다. 그러나 클럽의 속도를 늦추면서 휘두르면 정확한 임팩트 타이밍을 맞추기가 어렵다. 헤드의 힘이 없기 때문에 파도치듯 흔들리면서 휘둘러지게 된다.

　백스윙의 목적은 스피디한 다운스윙을 하기 위함에 있다. 따라서 백스윙은 다운스윙으로 되돌릴 수 있는 자세로 해주어야 한다. 때문에 속도가 최대가 되어서는 안 된다. 천천히 크게 백스윙을 한 뒤 최대의 스피드로 다운스윙을 가져가야 하는 것이다.

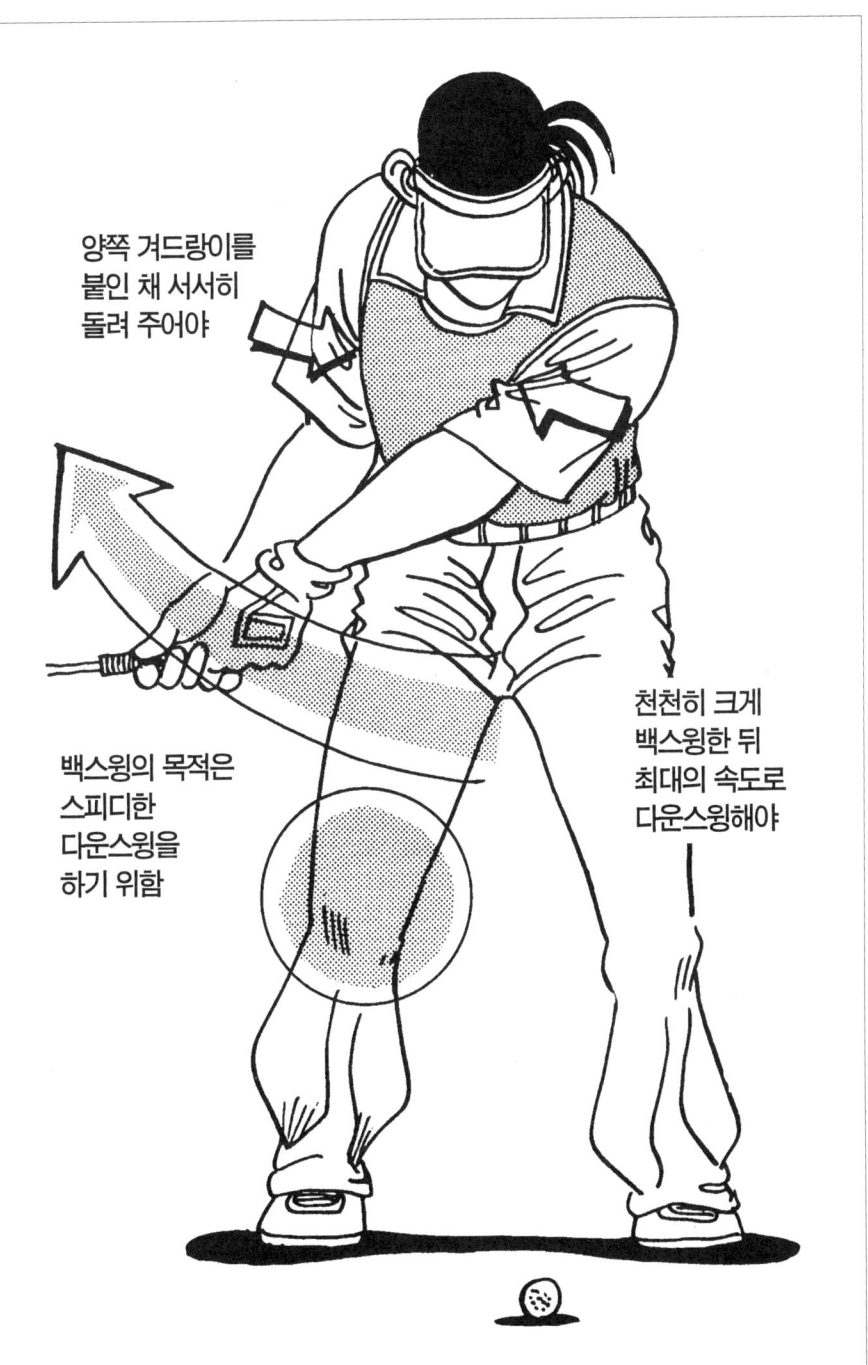

오버스윙 교정법
장영일 포인트 레슨

　멀리 날리기 위해 백스윙을 크게 해야 한다는 생각에 사로잡혀 있으면 오버스윙이 된다. 오버스윙을 고치기 위해서는 비거리에 관한 생각을 지운다는 강한 의지가 필요하다. 누구든 스스로가 오버스윙이라고 생각하는 사람은 드물기 때문이다.
　대개는 자신이 아주 좋은 톱스윙을 하고 있다고 생각하지만 늘 지나친 오버 상태가 되어 있는 경우가 많기 때문에 톱의 위치를 훨씬 낮추지 않으면 고쳐지지 않는다. 어깨보다 높은 위치로 올라가지 않는다는 말을 들어야만 한다.
　오버스윙의 유형을 살펴보면 톱스윙의 정점에서 왼손 새끼손가락 부분이 클럽을 놓쳐서 넘어가는 경우, 왼쪽 어깨 회전을 충분히 하지 못하고 팔로만 쉽게 들어올려서 왼팔이 구부러지는 형태, 그리고 오른쪽 무릎과 오른쪽 허리가 펴져 왼쪽 허리가 꺾이는 경우 등이 있다.
　억지로 오버스윙을 고치려고 하면 역효과가 나는 경우가 있다. 성장 과정의 주니어와 힘이 없는 여성 골퍼의 경우는 클럽을 지탱하지 못하고 오버스윙이 되기 쉬운데 이것을 무리하게 교정하려고 하면 스윙 자체가 작아져 멀리 날지 않게 된다. 여유 있게 근력을 만들어 가면 교정의 시기가 와도 그만큼 큰 노력은 필요하지 않게 된다.
　이에 비해 성인 남자의 오버스윙은 파워의 손실을 가져오기 때문에 반드시 교정해야 한다. 스퀘어그립을 하고 있어 톱에서 오버스윙이 될 뿐만 아니라 클럽 페이스의 방향도 틀어진다. 이런 경우 스트롱그립을 택하면 교정되며 슬라이스와 45도 정도 오른쪽으로 치우치는 미스샷도 고쳐진다.

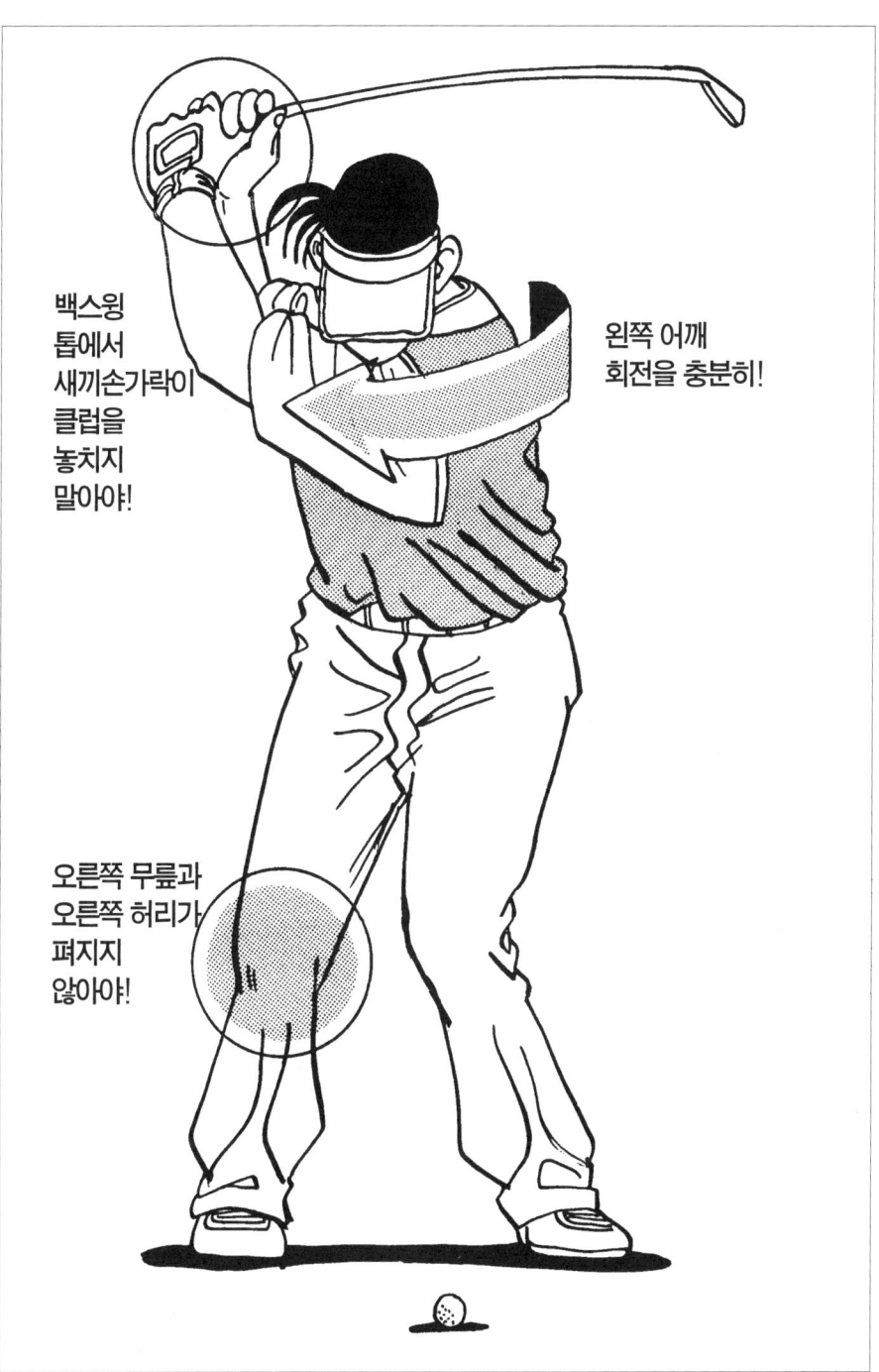

바람을 이기는 티샷 요령
장영일 포인트 레슨

상황에 따라 바람에 편승해 코스를 공략할 때도 있지만 역으로 바람을 이기는 능력도 필요하다. 골프에서 바람의 영향을 상당히 크다. 앞바람이 심할 때는 세컨드샷 때에 2~3클럽의 차이가 있다. 이 차이는 곧 스코어로 연결되기 십상이다. 6번아이언 거리에서 4번아이언을 잡게 되면 롱아이언에 대한 부담감으로 스코어에 영향을 미친다.

바람의 영향을 최소화하기 위해서는 저탄도의 볼을 구사하는 것이 필수다. 이를 위해서는 우선 티의 높이를 조절해야 한다. 물론 볼의 비행 탄도는 일차적으로 클럽의 로프트에 의해 좌우된다. 그 다음이 스윙 궤도와 티의 높이다. 평소의 티 높이(그림 참조)가 그림과 같은 높이였다면 저탄도 볼의 티 높이는 왼쪽이 좋다.

볼의 위치 역시 평소보다 볼1개 정도 오른발 쪽으로 이동시킨다. 티는 평소의 $\frac{2}{3}$ 정도로 꽂은 다음 다운블로 임팩트가 되도록 한다. 다운블로 임팩트는 다운스윙에서 왼쪽으로의 체중 이동이 중요하다. 또 한 가지 포인트는 폴로스루를 공 전방의 30㎝ 정도까지 낮게 가져가야 한다. 뒷바람일 때는 평상시대로 스윙해도 바람을 이용할 수 있다.

그러나 볼을 약간 띄워 바람을 이용하려고 할 때 티의 높이는 굳이 조절할 필요가 없다. 볼위치 역시 평소와 같다. 그렇지만 타법은 저탄도 때와 반대로 어퍼블로 임팩트다. 어퍼블로는 임팩트시 오른발에 체중이 남아있고 상체가 뒤따라가는 자세다. 이렇게 하면 클럽의 로프트가 증가해 볼이 더 뜰 수 있게 된다.

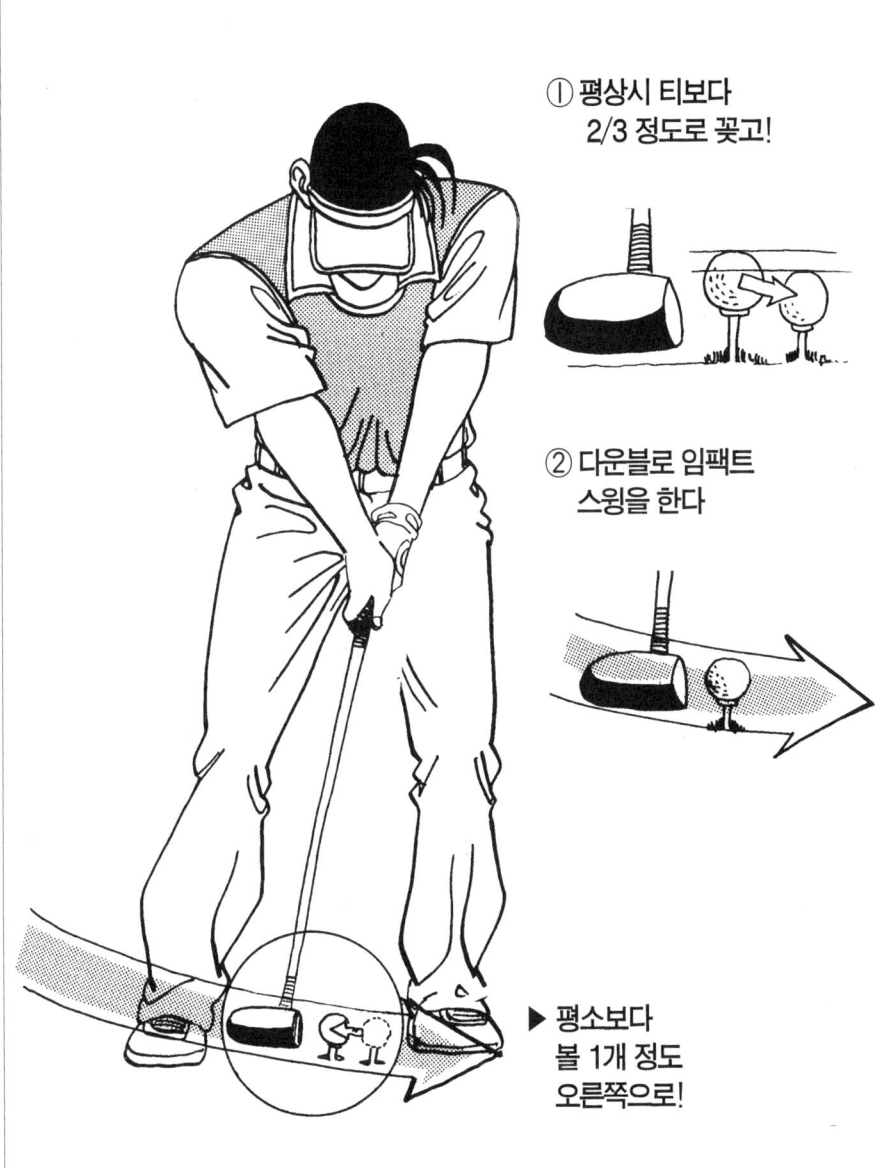

생크, 이렇게 교정한다
장영일 포인트 레슨

피치샷에서의 생크는 스코어 관리에 거의 치명적이다. 파를 잡을 수 있으리라 생각하면서 샷을 하는데 그만 그린쪽으로 띄우지 못하고 생크가 나 오른쪽 벙커에 볼을 떨어뜨린다면……. 주말 골퍼들로서는 생각하기도 싫은 상황이다.

대부분의 아마 골퍼들은 피치샷 생크를 교정하기 위해 손목에 힘을 주고 볼에 아주 가까이 서서 어드레스하는 방법을 택하는 경우가 많다. 이것은 잘못된 방법이다. 그렇게 할 경우 경직된 자세로 뻣뻣하게 휘두르는 스트로크를 구사해 생크를 더욱 악화시키게 된다.

힘찬 피치샷을 구사하는 데 있어서 중요한 것은 '어드레스를 자연스럽게 해야 한다'는 점이다. 긴장을 풀어 스윙시 손목의 경첩 작용이 자연스럽게 이루어지도록 해야 한다. 생크가 날지도 모른다는 두려움이 자신을 경직되게 한다거나 자신의 스윙을 제한하지 않도록 해야 한다.

이를 위해서는 첫째, 어드레스 부분을 점검해야 한다. 볼 앞에서 '어드레스를 취하기 전 양팔을 편안하게 늘어뜨려야 한다는 것'을 명심해야 한다. 양팔이 너무 타이트하게 느껴지면 볼에서 너무 멀리 떨어져 서 있기 때문일 것이다. 일단 어드레스에서 긴장을 줄여야 한다. 양팔을 느슨하게 하는 것과 함께 손목 역시 백스윙에서 충분한 경첩 작용을 위해 유연해야 한다.

둘째로, 그립을 느슨하게 하여 클럽을 바로 아래로 향하게 했다면 손목을 적당히 경첩 작용을 했다고 할 수 있다. 이렇게 하면 생크를 어느 정도 방지할 수 있고 또 생크가 발생하면 언제라도 교정할 수 있다.

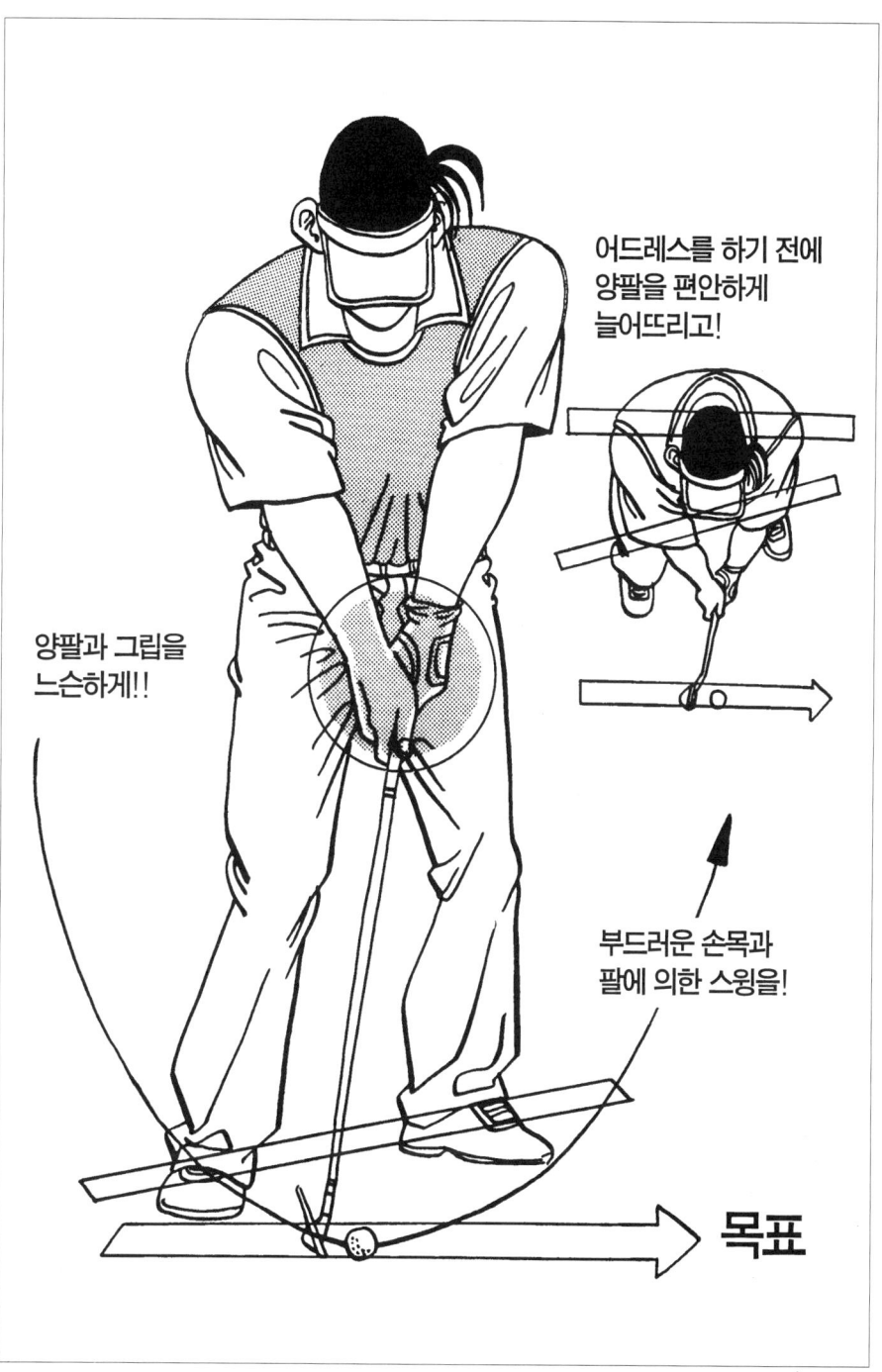

왼발이 아래로 내려가는 경사 공략법

장영일 포인트 레슨

내리막이거나 오르막이 경사지에서의 스윙은 원리만 터득하면 스윙하기 쉬운 편이다. 왼발이 아래로 내려가 있는 경사면은 상급자들에게도 어려운 라이다. 볼의 뒤쪽 부분이 점차 높아지고 있기 때문이다. 따라서 볼을 떠올리는 듯한 스윙으로 클럽 헤드를 움직이면 볼을 히트하기 전에 뒤쪽의 경사면에 클럽의 솔이 닿아 톱볼이 되기 쉽다. 흔히 주말 골퍼들은 톱볼이 볼의 윗부분을 치고 있기 때문으로 생각해 더욱더 아래를 가격함으로써 악순환을 초래하는 것을 볼 수 있다.

이러한 경사에서의 토핑은 클럽 헤드가 볼의 바로 뒤쪽 경사면에 닿고 있다는 것을 알아야 한다. 이때는 목표보다 약간 왼쪽을 겨냥해야 한다.

그러나 쇼트아이언의 경우 너무 왼쪽으로 목표를 삼지 않는 것이 좋다. 스윙은 클럽을 짧게 쥐고 콤팩트하게 가져가는 것이 중요한데 그렇게 하면 로프트가 작아져 풀스윙과 같은 비거리가 나오는 경우도 있다. 따라서 어느 정도 로프트가 서게 되는가를 자세히 관찰해서 스윙을 하는 것이 중요하다.

단 비거리에 지나치게 욕심을 내지 않아야 한다. 경사면에서의 샷이라는 것을 인식해 클럽을 짧게 쥐고 콤팩트하게 스윙하는 것이 포인트다.

잔디벙커를 만날 경우

장영일 포인트 레슨

아기자기하고 다양한 레이아웃의 코스에서 경기를 할 경우 잔디 벙커를 상당히 자주 만나게 된다. 잔디 벙커는 볼이 모래 벙커와는 달리 바닥까지 굴러 내려가지 않기 때문에 어색한 스탠스에서 섬세한 피치샷을 구사해야 하는 복잡한 상황을 낳는다.

먼저 볼이 발 아래쪽에 있을 때는 균형이 상당히 중요하다. 왜냐하면 만일 주의를 하지 않을 경우 앞으로 쏠려 내려가기 쉽기 때문이다. 견고한 발판을 구축하기 위해서는 발을 어깨 너비 정도로 스탠스를 넓힌 다음 몸을 볼쪽으로 낮추기 위해 무릎을 평소보다 더 많이 굽혀 준다. 이러한 경사에서는 볼이 오른쪽으로 날아가기 때문에 몸을 표적에서 약간 왼쪽으로 정렬하고 클럽 페이스를 약간만 닫아 준다. 스윙을 할 때에는 손목의 움직임을 최소한으로 줄여야 하며, 가장 중요한 것은 스윙중 몸을 곧게 펴려는 유혹을 물리치는 것이다.

다음으로 볼이 발 위쪽에 있을 때는 반대로 볼이 왼쪽으로 날아가는 경향이 있으므로 우선 클럽 페이스를 조정하고 몸을 표적을 향해 정렬한다. 경사가 심할수록 몸을 오른쪽으로 더 많이 틀어 주어야 한다. 견실한 타격을 위해서는 클럽을 낮게 잡고 볼을 스탠스의 뒤쪽으로 놓는다(오른쪽 발끝쪽). 팔이 스윙 동작을 제어하는 가운데 몸이 균형을 이루고 머리는 움직이지 않는다.

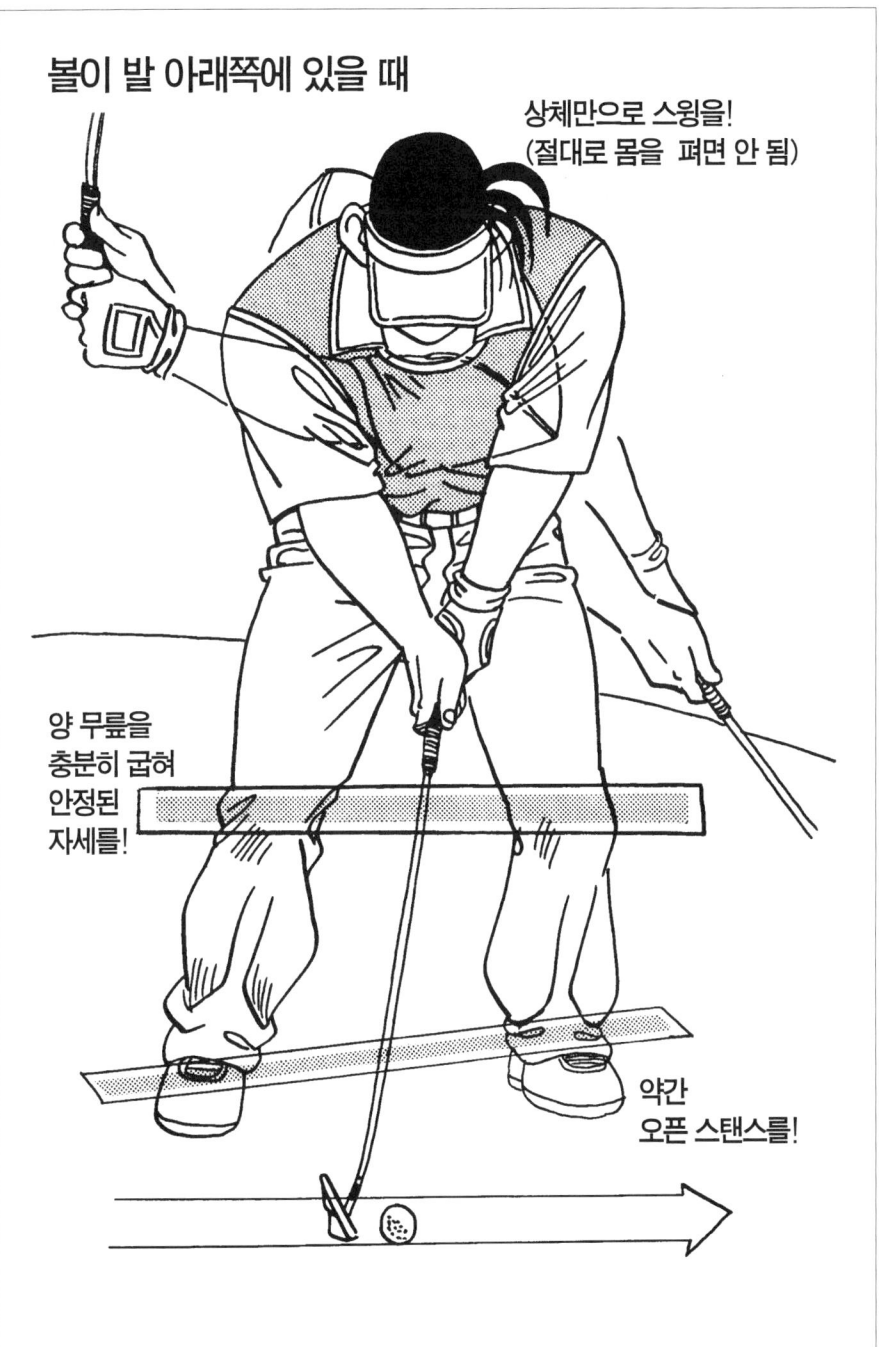

티샷의 지혜
장영일 포인트 레슨

    티잉 그라운드는 평탄해 보이지만 실제로는 미묘한 경사를 이루고 있기 때문에 양발이 수평을 유지할 수 있는 장소를 선택하는 것이 중요하다. 티업장소가 결정되면 티를 꽂아야 하는데 이때 주위의 잔디에 주의할 필요가 있다. 이것은 티의 높이와 관계가 있다.

    잔디 윗부분에 클럽 헤드의 솔부분을 놓고 헤드를 기준으로 공 높이를 결정하는 골퍼가 있는데 이렇게 하면 티가 너무 높게 꽂히게 되어 헤드가 공의 밑부분을 파고 들어가는 결과를 초래한다. 잔디 높이에 대한 착각으로 인한 결과다. 티의 높이는 헤드 윗부분이 공 가운데 오는 것이 기본이다.

    국내 코스는 업다운이 심한 것이 특징이다. 비교적 완만한 경사에서는 드라이버로 티샷을 하지만 오르막 급경사에서는 드라이버를 포기하는 결단이 좋은 스코어를 만들 수 있다. 드라이버는 낮은 탄도의 타구가 나오기 쉽기 때문에 효과를 발휘할 수 없기 때문이다. 따라서 스푼으로 바꾸어 높은 탄도로 공격하는 쪽이 드라이버보다 많은 비거리를 얻을 수 있을 것이다.

    티잉 그라운드 앞부분 양쪽 위에 티마크가 있는데 이 두 개의 마크를 연결한 선이 그대로 타구 방향을 가리킨다고 말할 수는 없다. 심한 경우에는 티잉 그라운드가 45도 가량 비틀어진 경우도 있다. 따라서 이 선과 직각이 되도록 스퀘어로 셋업하게 되면 엉뚱한 방향을 향하게 되는 일이 있다.

    이런 일을 방지하기 위해 목표 선 위 공에서 2~3m 전방에 적당한 표시를 정하고 공뒤로 20~30㎝ 정도에 또다른 표시를 정해 놓으면 정확한 셋업이 된다. 티마크에 따른 착각은 트러블샷으로 연결된다.

티잉 그라운드와 그린이 45도 꺾인 경우

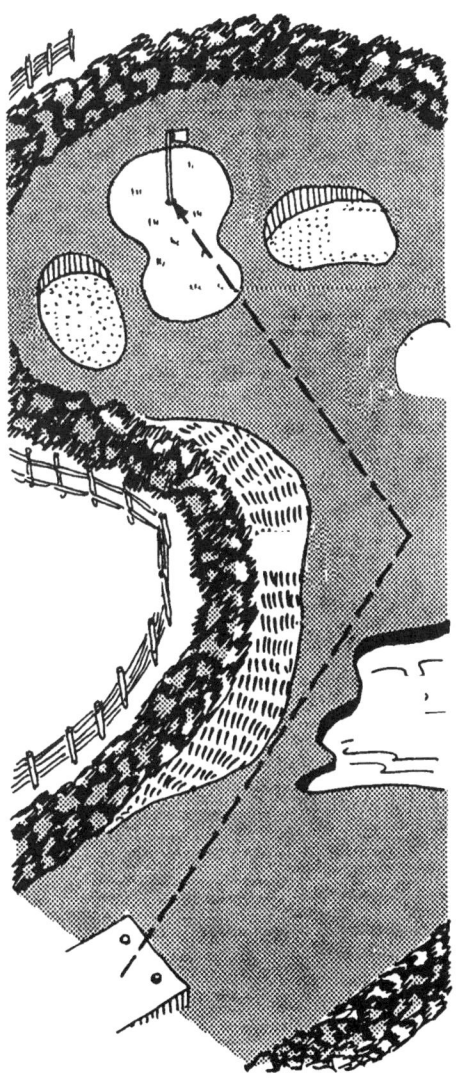

① 티업은 티마크에서 드라이버 2개 길이 내에서 한다

드라이버 2개 이내

② 티샷 방향은 티마크와 관계 없이 직접 그린을 노려도 된다

50~60대 골퍼의 불평

장영일 포인트 레슨

50~60대 골퍼들에게서 들을 수 있는 가장 흔한 불평 가운데 하나는 유연성과 기력이 떨어진다는 것인데 이는 힘이 부족하다는 말이다. 하지만 가끔 진짜 문제가 되는 것은 건실한 타격을 하지 않기 때문일 때가 있다. 중앙을 맞히지 못하고 지나치게 얇게 타격을 하게 되면 그만큼 힘을 싣지 못하게 된다.

그렇다면 어떻게 해야 할까?

몸을 크게 회전하고 힘있 는 드라이버를 구사한다면 볼을 왼쪽 발뒤꿈치 정도의 위치에 두면 된다. 하지만 더 이상 이러한 강한 동작을 하기 힘들 때는 보다 적절한 볼의 위치를 선정해야 한다.

짧은 아이언의 경우 볼을 발 사이의 중앙에 놓고 미들아이언은 앞쪽으로 놓는다. 그리고 롱아이언이나 페어웨이우드의 경우에는 왼쪽발에서 2인치 정도 안쪽으로 놓는 것이 좋다.

정상급 프로들은 그립을 결코 강하게 쥐는 법이 없다. 이유는 긴장을 할 경우 자유로운 스윙을 할 수 없기 때문이다. 근육이 이완되어야 최대의 효과를 노릴 수 있는 것이다.

몸의 변화에 부합되는 짧은 스윙을 하려면 발의 자세 또한 변화된 움직임에 걸맞도록 바꿔 주어야 한다. 스윙이 짧을수록 발의 움직임은 임팩트 순간에 몸의 중심이 왼쪽에 있도록 해야 한다.

예전 그대로의 발동작으로는 몸의 중심이 임팩트시에도 여전히 뒤쪽에 실리게 됨으로써 볼의 중앙을 타격하지 못하게 된다. 또한 발이 스윙 템포에 따라 움직여 준다면 임팩트 순간을 놓치는 일은 결코 없을 것이다.

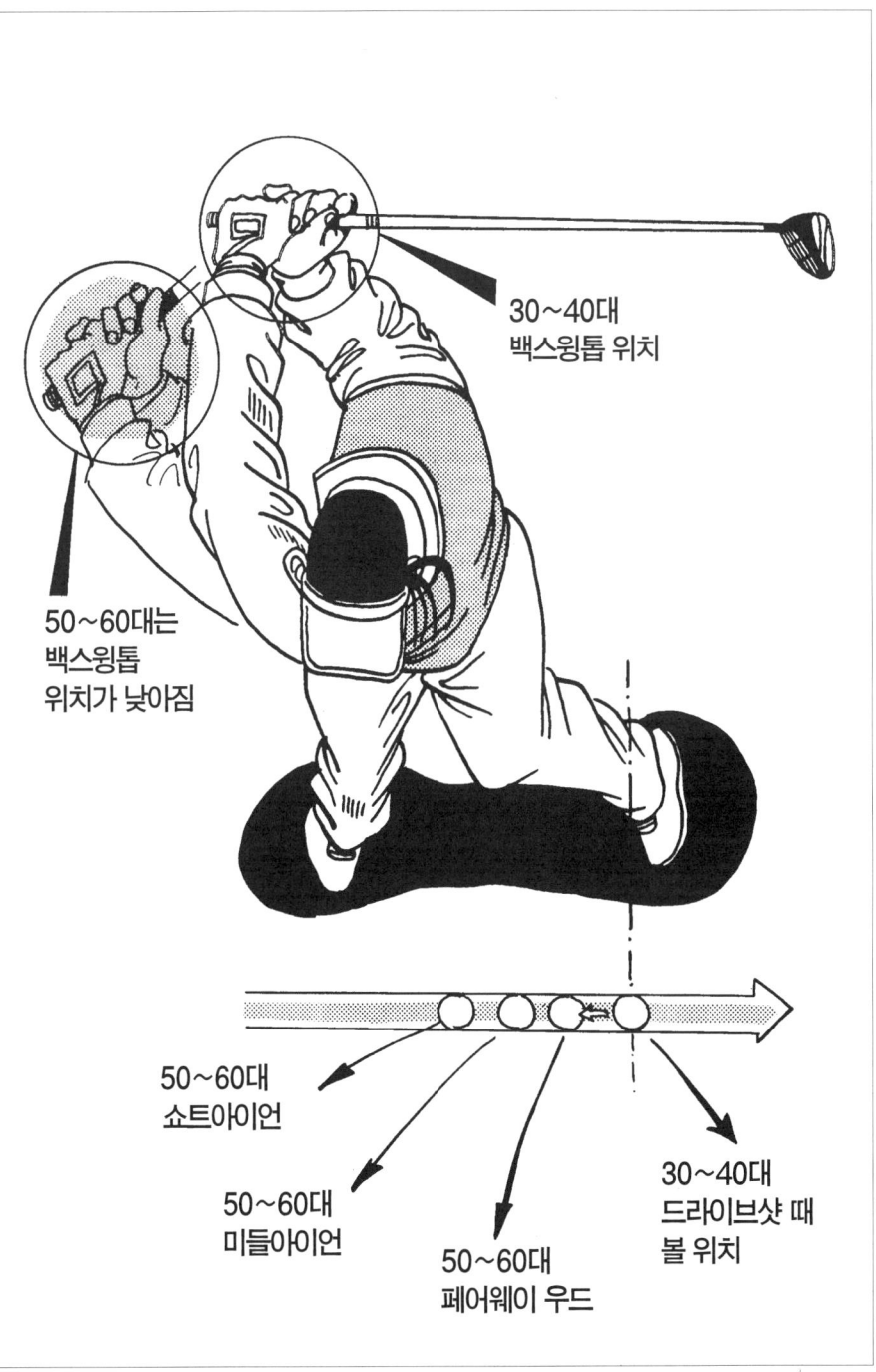

롱퍼팅은 과감하게
장영일 포인트 레슨

롱퍼팅은 골프에 있어서 가장 어려운 샷 가운데 하나다. 그것을 어떻게 하는지 별로 생각해 보지 않았거나 과연 잘될까 하고 불안해하는 주말 골퍼들은 너무 세게 쳐서 홀 너머로 굴러가거나 반대로 미처 다다르지 못하게 하는 경우가 대부분이다. 롱퍼트는 어려운 샷이기는 하나 3퍼트는 스코어 관리에 치명적이므로 가급적 줄여야 한다.

그린에서의 잔디의 상태를 알아보고 공에서부터 홀컵까지의 거리를 가늠해 보기 위해 퍼팅라인을 따라 걸어 보는 것이 좋다. 롱퍼팅을 시도할 때는 쇼트 퍼팅을 할 때보다 수직의 스탠스를 취하는 것이 그린의 언듈레이션을 관찰하는 데 유리하다. 이렇게 하면 눈높이가 높아져 공이 타구되는 순간 거리를 판단하기가 더 쉬워진다.

사실 롱퍼트는 정확도보다 힘이 중요하다. 롱퍼트를 시도할 때는 반드시 홀 주위에 직경 30㎝ 정도의 가상의 원을 그린다. 이렇게 하는 의도는 단지 이 원의 앞쪽에 공이 도달시키려는 데 있다. 그래야 30㎝ 못 미치거나 지나쳐서 다음을 1퍼트에 마무리할 수 있는 것이다.

또 한 가지. 롱퍼팅의 거리감을 보다 정확하게 하는 방법으로 오른손바닥 생명선에 그립을 파지해 손바닥의 힘을 이용하면 왼손등이 접혀 짧거나 공이 바운드되는 현상을 방지할 수 있다.

좁은 홀은 페이드 공략이 최선
장영일 포인트 레슨

거리는 나지만 방향이 좋지 않은 골퍼들의 경우 페이드를 제어하는 것이 여러 가지로 도움이 된다. 이것은 높이 날아 부드럽게 착지하는 $\frac{3}{4}$의 샷이지만 여전히 공격적인 타격 방법이다.

이 샷을 구사하기 위한 셋업은 볼을 앞쪽에 두고 몸을 표적을 향해 오픈된 상태로 정렬한다. 손은 볼보다 약간 뒤에 놓이도록 한다. 드라이버를 손에 쥐고 약간 각도가 깊은 다운스윙을 위해 티는 평상시보다 낮게 꽂는다. 스윙을 시작할 때 손과 손목은 움직이지 말고 팔이 움직임을 주도하도록 한다. 몸을 왼쪽에 정렬하고 손은 뒤에 놓는 상태에서는 클럽을 자연스럽게 표적선의 바깥으로 테이크어웨이할 수 있다. 유념할 점은 백스윙을 $\frac{3}{4}$만 가져간다는 것이다.

다운스윙을 할 때는 왼손의 손등을 아래로 내려끌기 시작하면서 표적을 향해 스윙한다. 임팩트 순간에 클럽 페이스를 약간 오픈되게 잡고 있는 오른손이 왼쪽으로 넘어가지 않도록 하는 것이 관건이다. 만일 그렇게 할 경우 원하는 만큼 강하게 스윙을 하면서도 여전히 왼쪽에서 시작해서 오른쪽으로 휘어져 표적 가까이에 부드럽게 떨어지는 페이드 샷을 구사할 수 있다.

이 페이드 샷은 스코어 관리에 중요한 역할을 한다. 파워 히터는 볼을 멀리 치기는 하지만 똑바로 보내는 경우가 드물어 세컨드 샷에 영향을 미친다. 따라서 페어웨이가 좁은 홀을 만나면 페이드로 조절하는 것이 정확도를 높이는 지름길이다.

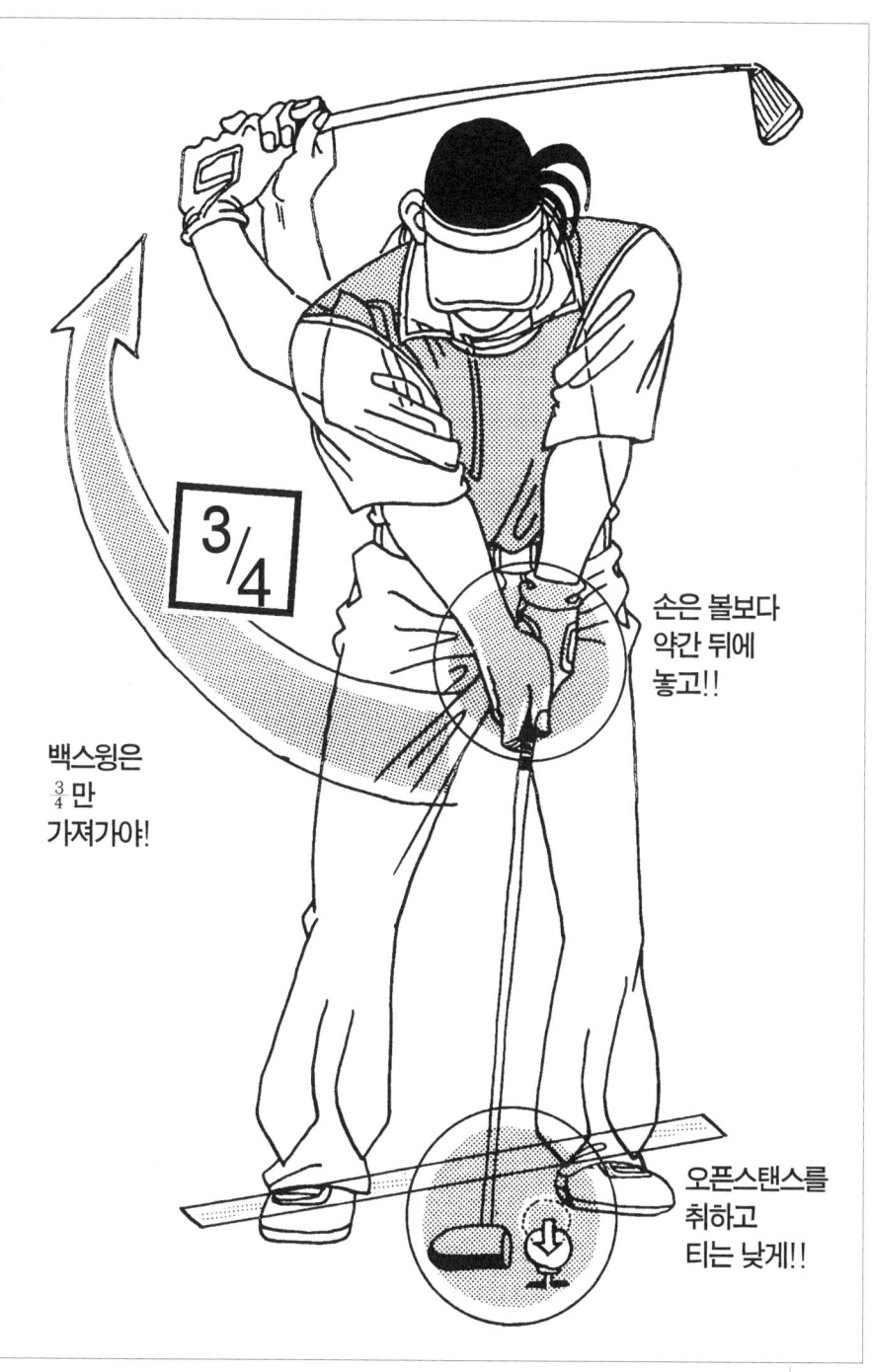

비거리를 늘리는 비결
장영일 포인트 레슨

비거리가 늘지 않아 고민하는 골퍼들을 위해 효과적인 연습 방법을 소개하고자 한다. 스윙에서 파워를 약하게 하는 가장 미묘하게 작용하는 것이 그립을 잡는 양손 엄지손가락이다. 엄지는 그립에 힘을 가하는 부분으로 스윙에 많은 영향을 미친다.

대개의 초보자들은 그립을 쥘 때 너무 엄지에게 힘을 많이 주는 경향이 있다. 그렇게 함으로써 컨트롤이 좋아진다고 믿고 있기도 하다. 그러나 이렇게 지나칠 정도로 압력을 가하면 양손과 팔꿈치에 힘이 들어가 유연한 테이크어웨이를 방해하며 또한 어깨 회전도 유연하지 못하도록 한다. 백스윙 시에나 임팩트에서의 적절한 코킹을 방해하기도 한다.

따라서 엄지를 그립의 사이드 부분으로 위치를 옮기고 검지를 샤프트 쪽으로 내려잡아 엄지와 검지가 물음표 모양을 이루도록 한다. 더불어 검지와 중지가 간격을 두도록 하면 톱스윙에서 보다 좋은 컨트롤을 가능케 한다. 그럼으로써 클럽 헤드 속도가 높아져 비거리가 향상되는 것이다.

스윙에서 파워가 분산되는 또 하나의 중요한 요인은 백스윙 동안 왼쪽 무릎이 지나치게 작동하는 데 있다. 왼쪽 무릎을 지나치게 사용하면 밸런스와 리듬, 타이밍이 흔들린다.

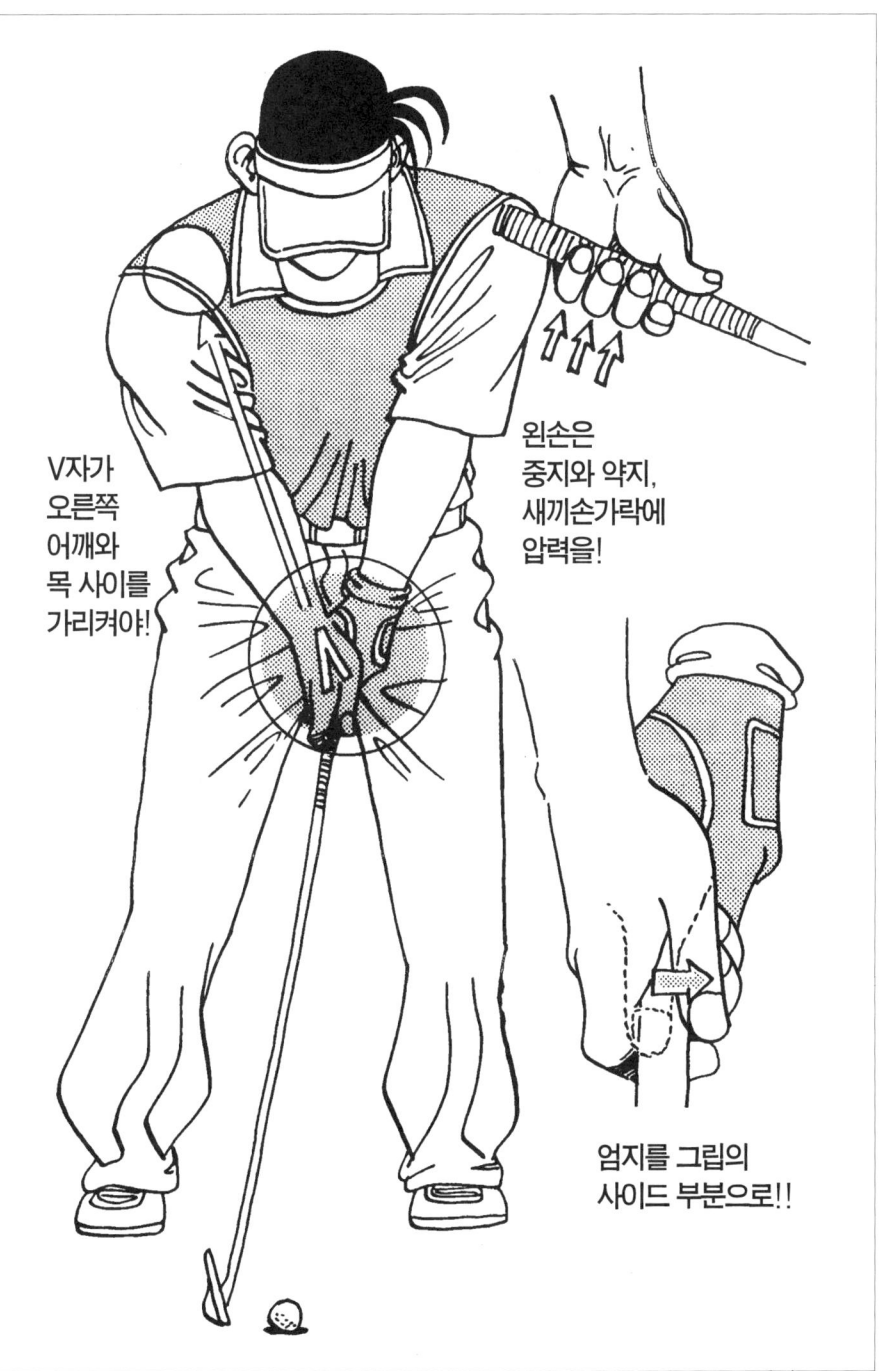

그린에서 긴장 완화시키는 방법
장영일 포인트 레슨

그린에서의 과도한 긴장은 퍼팅의 실수뿐만 아니라 다른 샷까지 영향을 미치는 경우가 많다. 긴장의 주요 원인은 불확실성 때문이다. 여기서 파생되는 불안을 없애버리려면 어드레스를 한 뒤 자신의 퍼트를 어떻게 굴려야 할지를 알고 있어야 한다. 그런 지식이 없으면 타격이 충동적으로 이루어지며 결과가 일관성없게 나타난다. 그러므로 퍼트를 하기 전에 항상 볼의 뒤쪽에서 퍼팅라인을 점검해야 한다. 정확하게 파악되지 않는다면 홀의 뒤쪽이나 옆에서 관찰하도록 한다(단 시간을 끌지 말고). 볼을 보내야 할 지점과 상상의 퍼트선을 파악한 뒤에는 자신의 판단을 굳게 믿어야 한다.

다음으로 주의할 점은 대부분의 골퍼들이 타격을 하는 동안 무릎을 뻣뻣하게 세우고 볼을 때리는 경향이다. 근육은 서로 연계되어 있기 때문에 어느 한 부분의 근육이 굳어 있으면 긴장이 몸 전체에 퍼지게 되어 균형 감각을 잃게 된다.

그러므로 퍼팅을 하는 동안 양쪽 무릎을 약간 구부려서 몸을 안정적으로 유지해야 한다. 퍼팅의 성공 비결은 긴장이 전혀 없는 매끄럽고 자유로운 동작에서 나온다. 긴장을 제거할 수 있는 좋은 방법은 일단 몸의 자세를 정렬하고 퍼터페이스를 표적 방향으로 위치시킨 뒤 퍼터를 지면 위로 1cm정도 상하 동작을 몇 번 반복한 뒤 퍼팅을 시도한다. 이 방법은 언제든지 동작이 가능한 상태를 만들어 준다.

손 자연스럽게 써서 친다

장영일 포인트 레슨

프로가 양쪽 무릎을 땅에 대고 볼을 치는 장면을 보았을 것이다. 아주 간단하게 볼을 때린다. 그러나 아마가 그것을 보고 모방해 보면 뒤땅을 치거나 토핑을 하거나 한다. 그 이유는 손동작이 자연스럽지 못하기 때문이다.

프로들의 손과 팔동작은 단순하다. 앞으로 숙인 자세에서 그대로 돌려 올렸다가 내리고 다시 올린다. 여기에 몸의 회전이 보태지기 때문에 그것을 옆에서 보면 마치 수레바퀴를 기울인 것과 같은 스윙 면이 된다. 아마가 보기에는 프로가 손과 팔을 기술적으로 쓰는 것처럼 보일지 모르지만 결코 조작하는 것이 아니다. 몸의 회전에 맡기는 것이다.

그와 같은 손과 팔동작을 이해하려면 첫째, 복부를 당기는 감각으로 약간 앞으로 숙이고 클럽을 잡은 손을 얼굴 앞으로 올린다. 이때 팔은 수평, 클럽은 수직이 되게 한다(그림 참조). 둘째, 상체를 90도 오른쪽으로 돌린다. 그것이 톱스윙이다. 셋째, 상체를 180도 왼쪽으로 돌린다. 이것이 피니시다.

손과 팔은 아무런 운동도 하지 않는다. 그리고 앞으로 숙인 각도를 점차 크게 하면서 손을 내려서 상체를 회전시키면 손과 팔은 올라갔다가 내려가고 다시 올라가는 단순한 동작을 이룬다는 것을 잘 알게 된다. 양쪽 팔은 자연스럽게 펴면 된다.

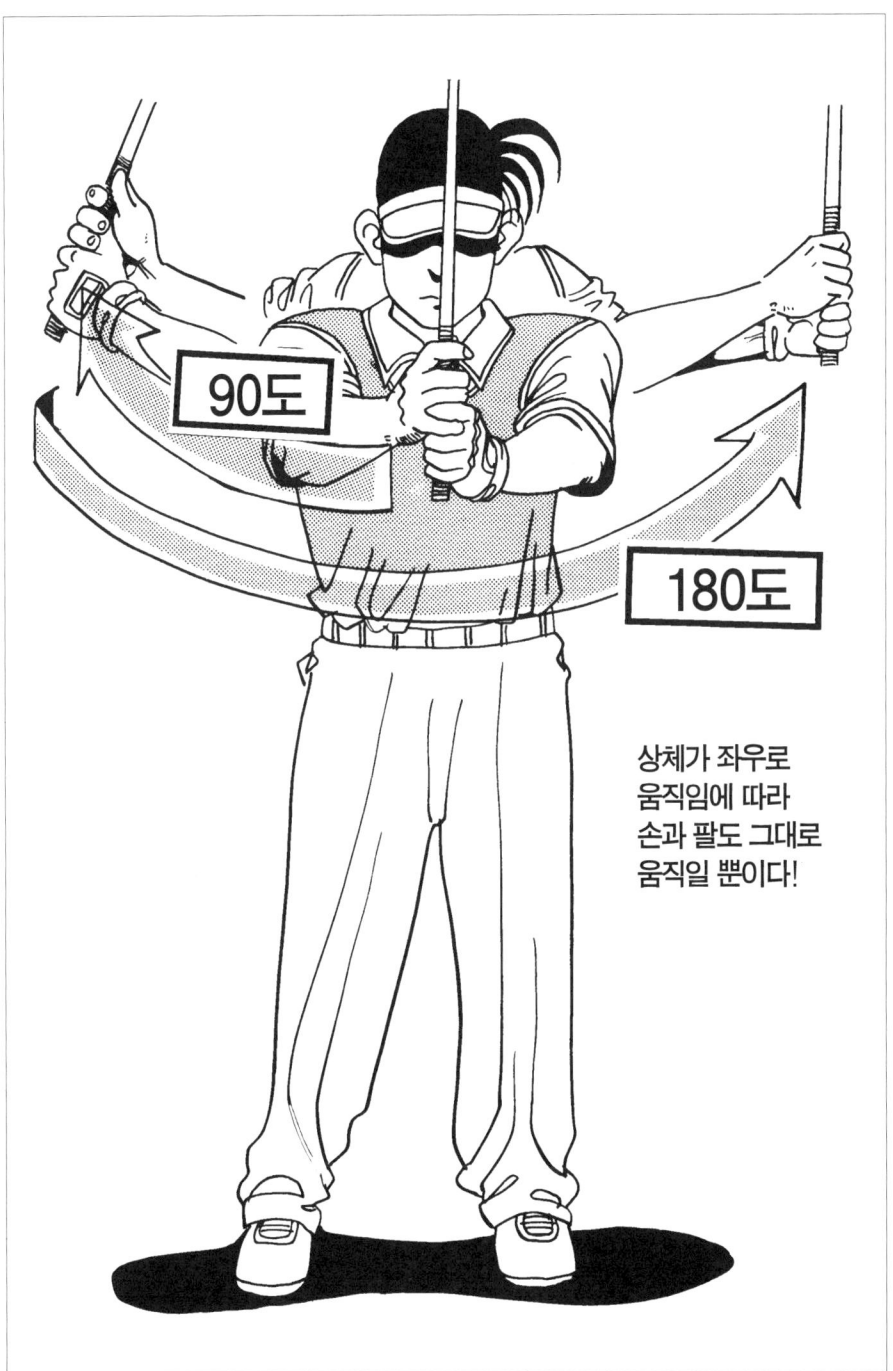

슬라이스를 페이드로 바꿀 수 있다
장영일 포인트 레슨

애버리지 골퍼의 슬라이스나 정상급 프로 골퍼가 치는 페이드나 공에 우회전이 걸리는 샷이기는 마찬가지다. 그러나 그것이 컨트롤된 샷인가 그렇지 않은가에 따라 스코어에는 큰 차이가 난다.

비거리가 나지 않고 컨트롤이 되지 않는 슬라이스는 다음의 세 가지 원인에서 발생한다. 첫째 톱스윙의 위치가 지나치게 높을 때, 둘째 임팩트에서 페이스가 열릴 때, 셋째 다운스윙에서 폴로스루에 걸쳐서 허리가 빨리 열릴 때 등이다. 이밖에도 폴로스루에서 왼팔꿈치를 당기는 등의 원인도 생각할 수 있지만 앞의 세 가지가 슬라이스의 중요 원인이 된다.

이런 불안정한 슬라이스는 핀을 향해 컨트롤되고 강한 타구로 날아가는 파워 페이드로 바꾸기 위해서는 먼저 슬라이스의 원인이라고 할 수 있는 동작을 하나씩 교정하는 것이다. 잘못된 몸 사용을 고치면 자연히 공의 휘어짐은 줄어들고 거리는 늘어나게 된다.

페이드와 슬라이스 모두 우회전의 스핀이 걸린 타구지만 같은 파워의 스윙을 하여도 비거리에는 큰 차이가 생긴다. 이 페이드를 치는 경우 오른쪽으로 휘어지는 것을 상정해 목표 왼쪽에 가상의 목표를 설정한다. 공은 왼발 뒤꿈치 안쪽 선 위에 놓고 클럽 페이스는 약간 오픈시키며 어깨와 허리는 가상의 목표 방향에 평행으로 셋업한다. 임팩트는 점으로 쳐내기보다 선으로 쳐내는 것이 큰 힘으로 전달된다. 이를 위해서 공의 위치는 왼쪽으로 치우치지 않는 것이 좋다.

공은 몸 중앙에서 쳐낸다는 감각이 중요하다. 또 티가 너무 낮으면 위에서 공을 두드리는 스윙이 되기 쉽고 슬라이스 회전이 걸리기 쉽다. 매우 낮게 하지 말고 임팩트존의 수평적인 스윙을 마음에 두고 공략한다.

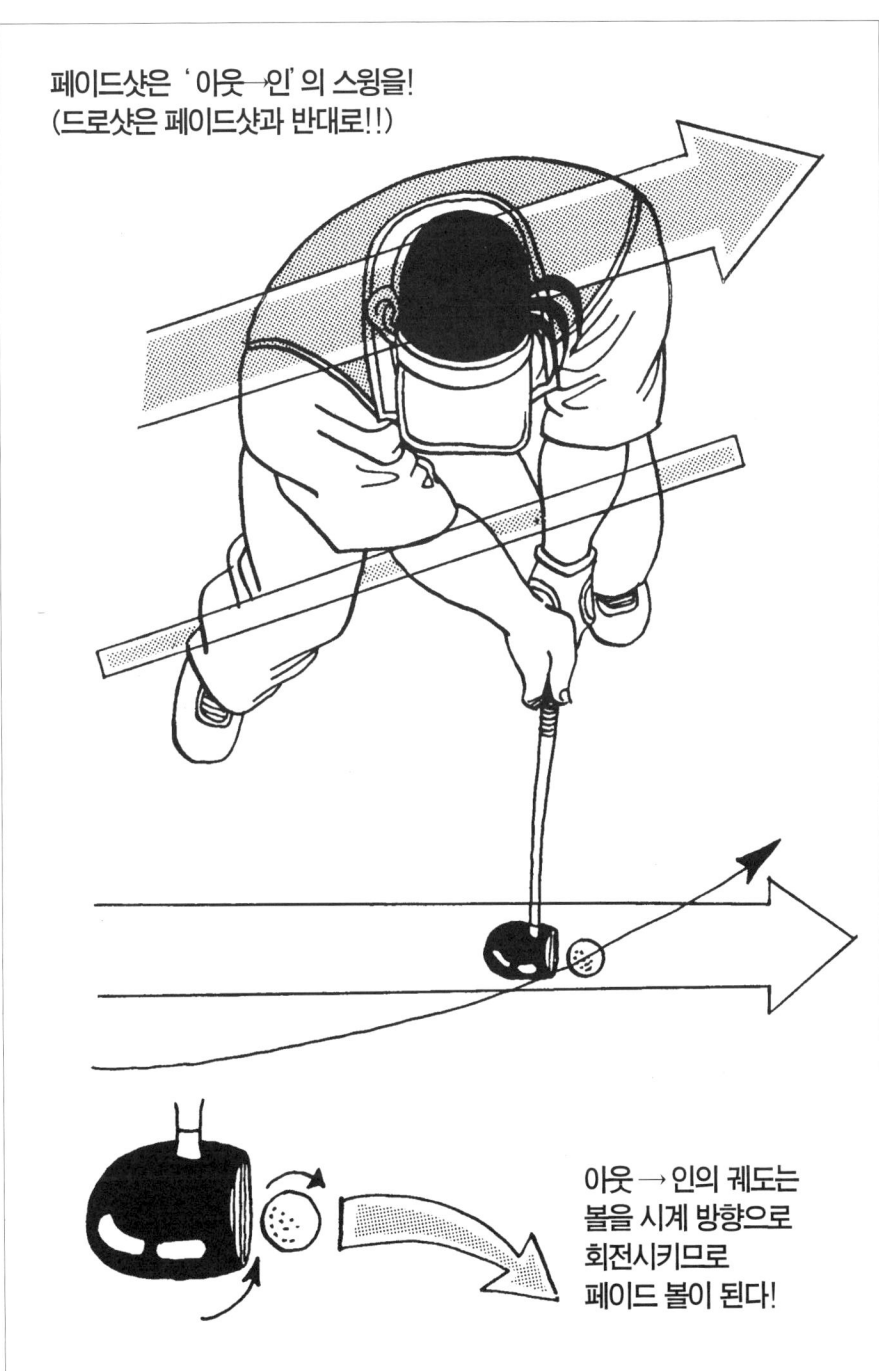

체형별 스윙
장영일 포인트 레슨

　체형 또는 체력과 골프와의 관계는 골퍼의 손과 팔의 길이, 어드레스했을 때의 팔 각도에 따라 다르다.
　먼저 키가 작고 뚱뚱한 사람은 업라이트로 커다란 스윙을 기대할 수 없다. 허리도 충분히 돌릴 수 없을 것이며 어깨 회전도 상당히 힘들 것이다. 파워는 어느 정도 있기 때문에 스탠스는 약간 넓게 해 플랫으로 콤팩트한 스윙을 해야 한다. 몸의 움직임을 최소로 하고 팔로도 스윙 타이밍을 몸에 익혀야 한다.
　키가 크고 비만인 사람은 몸의 회전에 무리가 있기 때문에 본능적으로 빠른 스윙을 피해야 한다. 이런 타입도 파워가 있기 때문에 오른손을 억제하고 왼손으로 휘두르고자 하는 원칙을 지키면서 천천히 리듬을 지키면 가볍게 쳐도 장타가 나온다.
　다음으로 마르고 키 작은 사람. 이 타입은 파워가 없게 마련이다. 따라서 스탠스를 넓게 하고 허리 회전을 충분히 한다. 그립도 스트롱그립으로 취하고 약간 인사이드 아웃의 스윙을 해 스로볼을 자신의 것으로 해야 한다. 키가 작기 때문에 스윙을 크게 하는 것이 좋다. 타이밍을 잘 맞추면 키 큰 사람과 같은 비거리가 나온다.
　마지막으로 마르고 키 큰 사람의 경우는 팔도 길고 다리도 길기 때문에 어드레스시 웅크리는 만큼 팔과 몸과의 간격에 주의해야 한다.

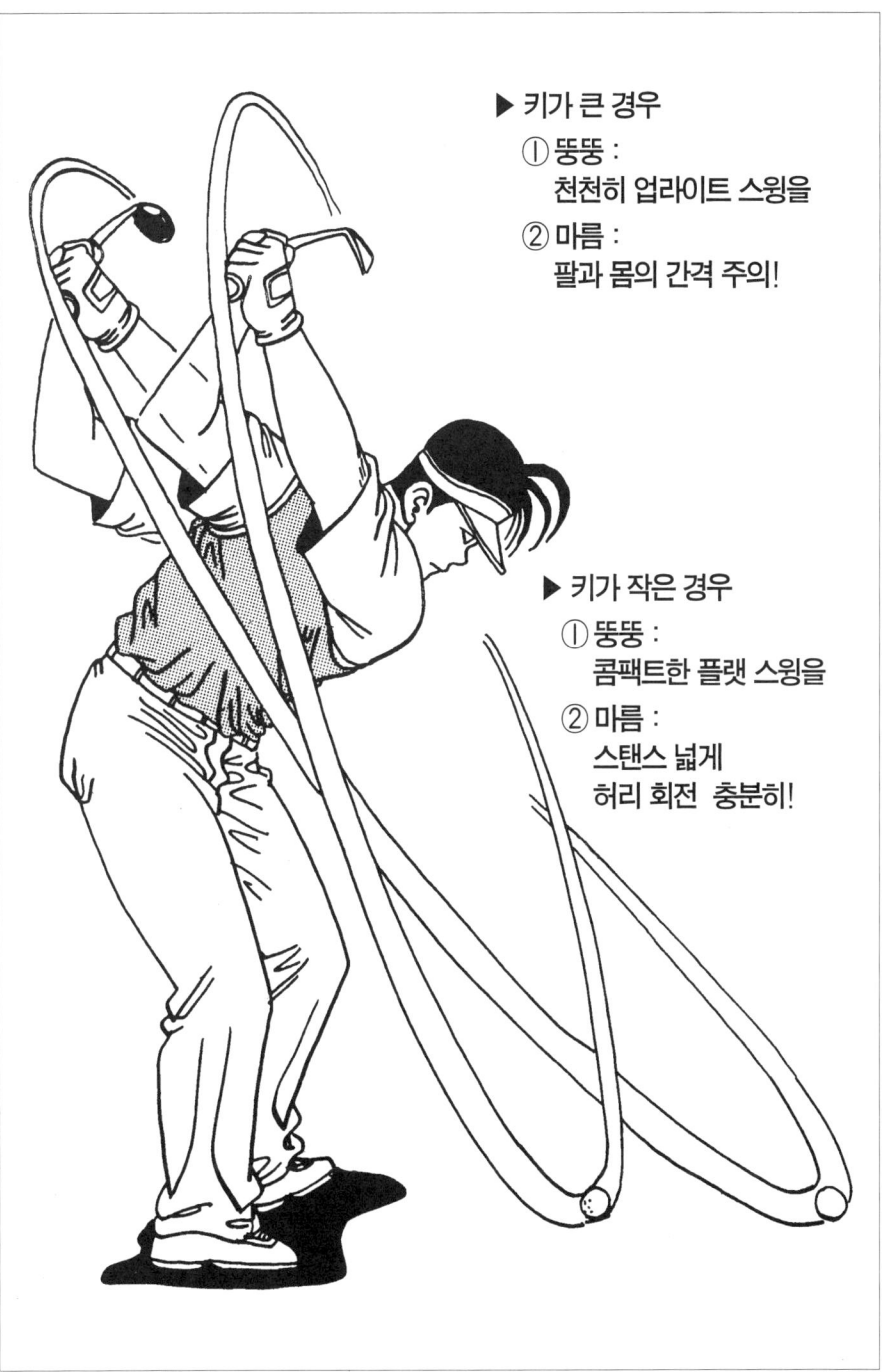

▶ 키가 큰 경우
① 뚱뚱 :
   천천히 업라이트 스윙을
② 마름 :
   팔과 몸의 간격 주의!

▶ 키가 작은 경우
① 뚱뚱 :
   콤팩트한 플랫 스윙을
② 마름 :
   스탠스 넓게
   허리 회전 충분히!

손과 몸 연결 동작
장영일 포인트 레슨

어떤 모양의 백스윙이 이루어지는지를 점검하기 위해서 그립 끝부분을 복부에 대고 테이크백을 시도해 보자. 어드레스한 다음 클럽을 당겨서 복부에 대고 백스윙의 어디쯤에서 클럽이 어긋나는지를 점검해 본다.

결론부터 말해서 클럽이 지면에 대해 수평이 되는 순간부터 그립끝이 어긋나는 것이 좋다. 그것보다 빨리 어긋난다면 상체의 회전과 연관을 갖지 못하고 손동작으로만 클럽을 작동시킨 것이 되므로 스윙 궤도가 불안정해진다. 그립끝이 몸을 향한 상태에서 임팩트해야 옳지만 테이크백 때 손이 몸에서 어긋나면 손동작으로만 치는 타법이 된다.

몸을 틀면서 손을 돌려 올리기 때문에 그립 끝이 몸에서 어긋나는 것인데 그것이 스윙 어디쯤인지를 체크하는 것이 중요하다. 몸 앞에 있었던 손이 어긋난다는 것은 클럽이 시선에서 벗어난다는 말이다. 따라서 백스윙의 후반은 눈에 들어오지 않는다. 눈에 들어오지 않으면 불안하므로 스윙의 템포가 빨라진다.

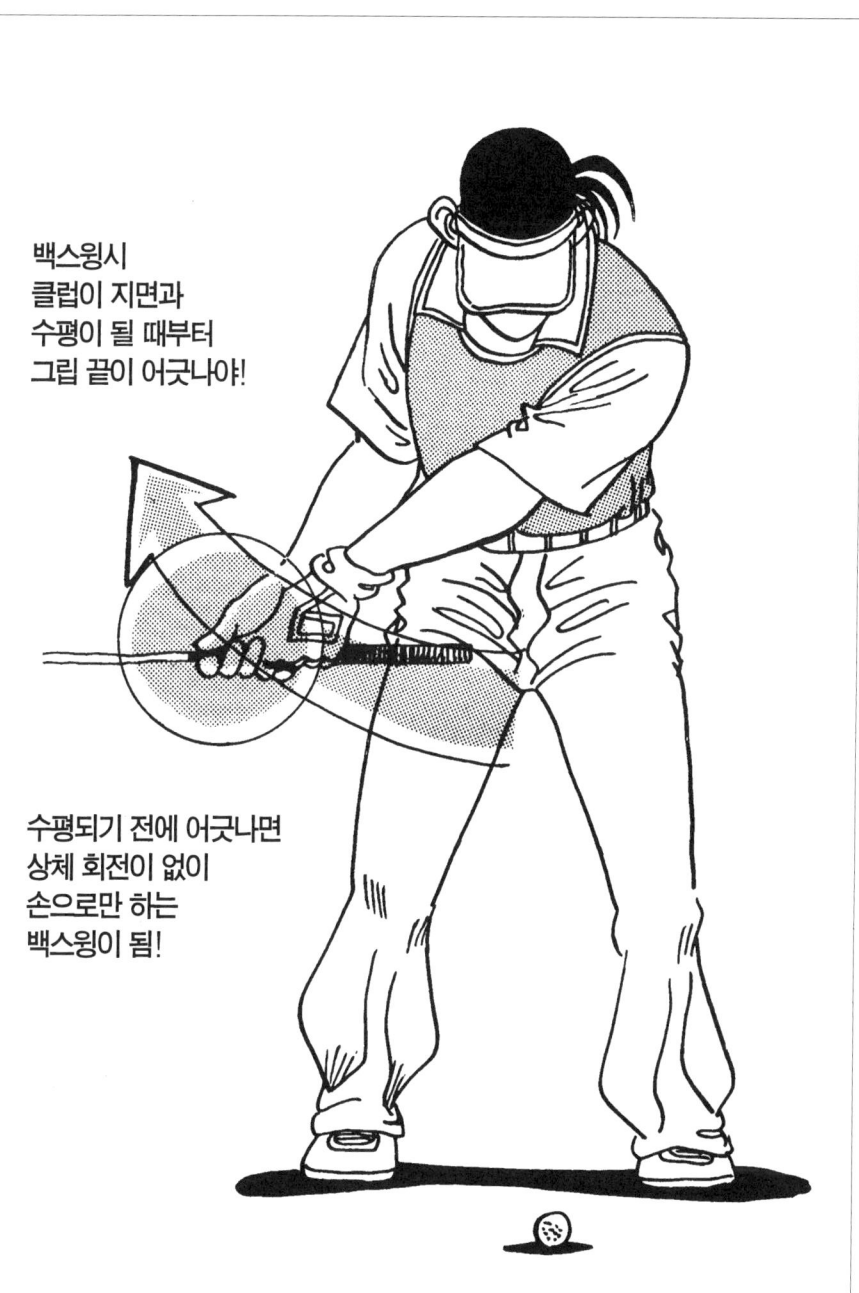

잡초밭에 잠긴 볼 탈출 공략법
장영일 포인트 레슨

　무성한 잡초밭에 볼이 잠겨 있을 때는 물론 샌드웨지를 사용하는 것이 좋다. 어프로치할 때 쓰는 것과 벙커에서 사용하는 두 가지 샌드웨지를 갖고 있다면 잡초밭에서는 벙커용이 좋은데 그것은 골프채 헤드의 작동이 잘되고 볼을 높이 날리는 데 용이하기 때문이다. 벙커용 샌드웨지는 밑면이 두껍고 무거워서 잡초밭에서도 작동이 잘된다. 그러나 페어웨이에서 칠 때는 반대로 밑면의 폭이 얇은 샌드웨지를 쓰는 것이 좋다.

　이때 주의할 점은 헤드가 얽히지 않도록 왼손그립을 단단히 챙기는 것이 중요하다. 단단히 챙긴 그립을 끝까지 늦추지 말아야 한다. 샤프트 끝쪽에 풀이 얽히고 그 때문에 타면이 닫혀서 볼을 제대로 날리지 못하게 되면 볼이 왼쪽으로 꺾여 나가게 되므로 왼손을 단단히 잡고 왼쪽 팔과 샤프트는 끝까지 똑바로 유지되게 조심해야 한다. 풀잎의 저항에 지지 않으려고 힘을 주고 치다 보면 오른손에 힘이 쏠리고 왼손은 힘을 못 쓰게 된다. 그럴 경우 왼손목이 굽어지며 타면이 닫혀 오히려 풀잎의 저항이 커지고 그 때문에 헤드의 작동을 그르친다.

　그러므로 단단히 잡는 것은 왼손이고 오른손은 힘을 주지 말아야 한다. 풀잎의 저항을 이기려는 나머지 볼을 치는 순간에 힘을 더 쓰게 되면 오히려 역효과가 생기고 헤드의 움직임을 방해하게 된다. 헤드의 무게를 살려야 하고 손목을 이용하기보다는 어깨와 팔을 함께 써서 큰 근육을 사용한 몸통 타법으로 휘두르는 것이 좋다.

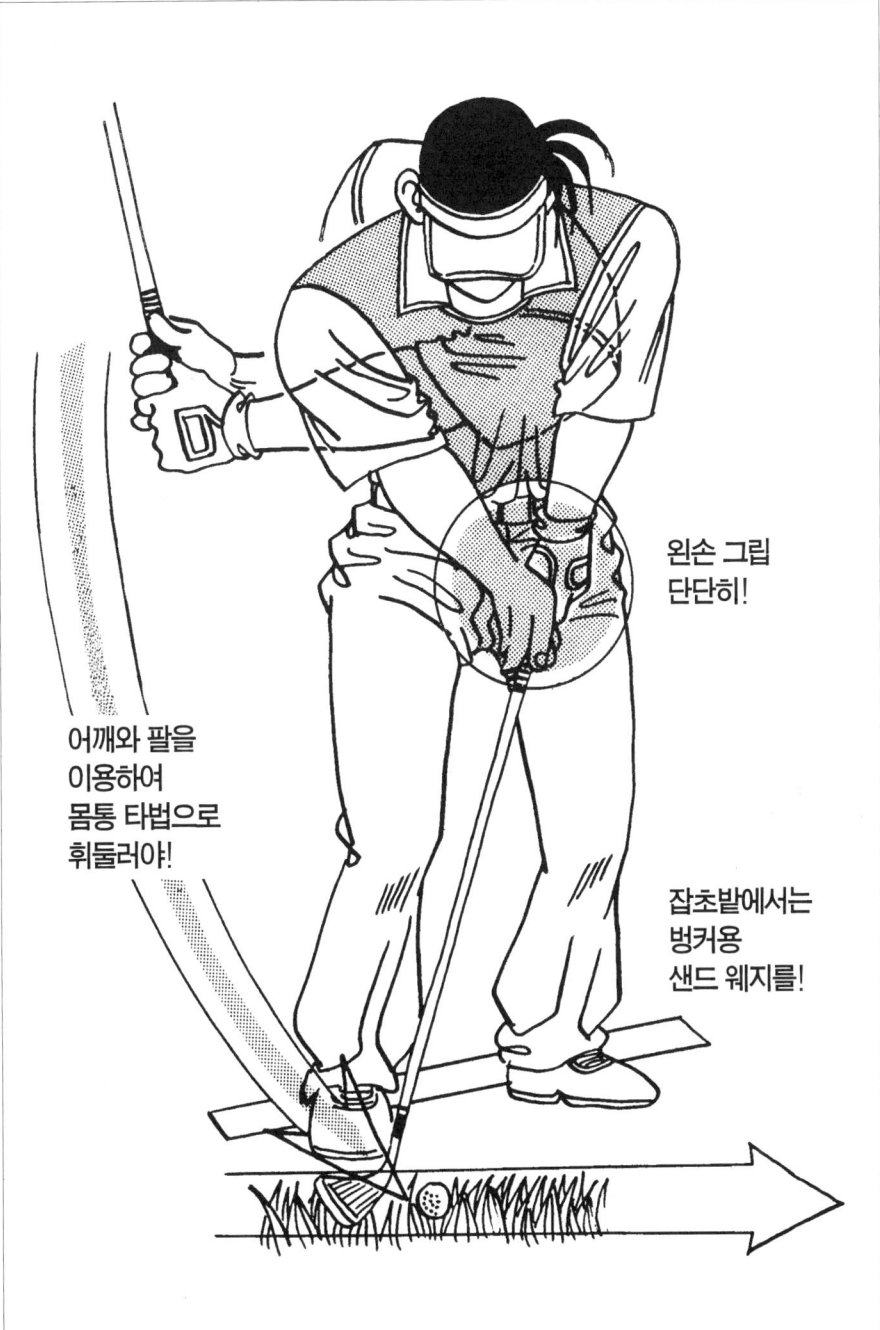

벙커샷의 기본 원칙
장영일 포인트 레슨

　벙커샷과 보통 아이언샷의 차이점에 대해 생각해 보자. 아이언샷에서 볼을 때리는 것도 페이스면의 리딩에지(페이스 면의 최하부)로 볼을 포착한다. 그러나 벙커샷의 경우는 같은 스윙이라도 샌드웨지 솔의 뒷부분이 먼저 모래에 닿고 클럽 헤드가 미끄러져 들어간다. 이때 볼 앞의 모래를 밀어치게 되어 그 모래에 의해 볼을 날리는 것이다.

　벙커에서는 특히 오픈스탠스로 어드레스해 페이스를 열어 두면 좋다고 생각하는 골퍼들이 많다. 그러나 이것만으로는 볼이 어디로 날아갈 것인지를 알 수 없고 비거리도 파악하기 어렵다. 페이스 면은 끝까지 목표를 향하게 하는 것이 가장 중요하며 그것을 위해서는 셋업의 순서를 확실히 기억해 두는 것이 포인트다.

① 보통의 아이언샷과 마찬가지로 목표에 대해 스퀘어로 어드레스하고 페이스도 스퀘어로 놓는다.
② 클럽의 그립 부분을 돌려 페이스면이 목표의 오른쪽을 향하도록 잡는다. 그립의 위치는 몸의 정면.
③ 페이스 면이 목표를 향하도록 왼발을 뒤로 당기고 스탠스를 오픈해 몸 전체를 연다.
④ 페이스가 볼의 뒤쪽에 오도록 스탠스의 위치를 이동하고 왼발 끝에 체중이 실리도록 하면서 어깨와 라이는 스퀘어로 한다.

　이와 같은 동작을 몸에 익혀 임팩트를 시도해 본다. 주의할 점은, 코킹을 빠르게 해서 백스윙을 하면 뒤땅이나 토핑의 원인이 된다는 점이다. 스윙 중에 턱을 항상 지면을 향하도록 하는 것을 명심해야 한다.

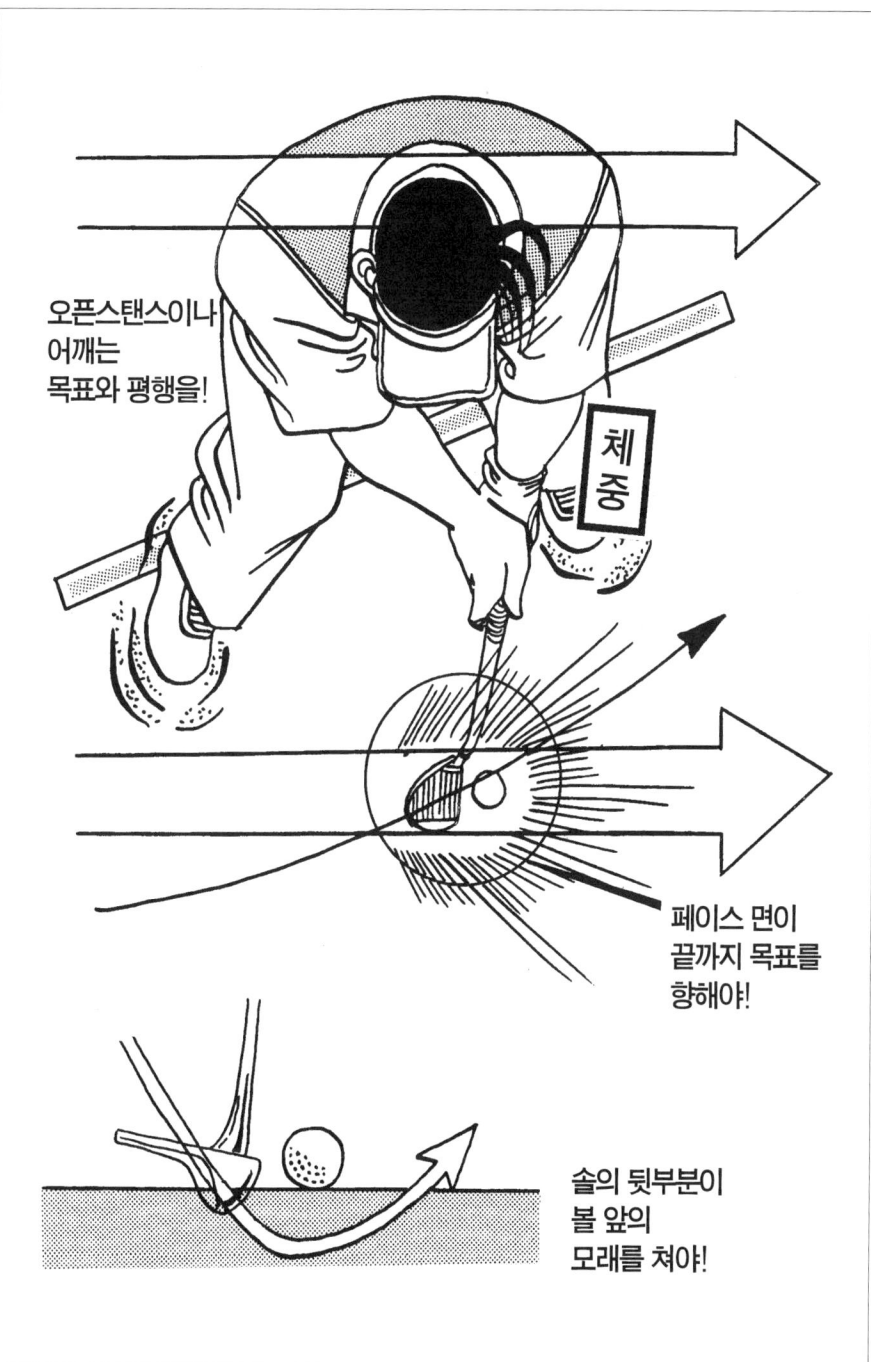

파3홀의 공략 요령
장영일 포인트 레슨

파5홀이 버디를 챙길 수 있는 홀이라면 파4홀은 파로 마쳐야 하는 홀이 된다. 그에 비해 파3홀은 보기 혹은 더블보기가 되지 않도록 주의해야 하는 홀이다. 파5, 파4홀은 제1타를 잘못 날렸더라도 제2타 혹은 3타로 그 손실을 만회할 수 있다. 그러나 파3홀의 첫 번째 샷 미스는 스코어 관리에 큰 손실이 된다.

파3홀 공략의 우선은 핀의 위치에 따른 낙하 지점의 판단에 있다. 핀이 그린 뒤편에 있을 때는 핀의 앞쪽에, 핀이 앞쪽에 있을 때는 핀의 뒤가 낙하의 목표점이 되고 그것에 따라 클럽의 선택에도 주의해야 한다.

그린 뒤편에 있는 핀을 목표 삼아 그대로 공략하게 되면 볼이 떨어진 다음 너무 굴러가서 그린을 벗어나게 될 가능성이 높다. 따라서 6번 아이언이 적합할 것 같더라도 7번을 택하는 것이 좋다. 반대로 앞핀일 때는 다다르지 못하게 낙하시키면 위험하므로 약간 지나치다 싶게 낙하시키는 게 좋다. 그린 미치지 못하는 곳에 연못이나 벙커가 있다면 더군다나 그렇고 7번이 적합하다 하더라도 6번 아이언을 이용해야 한다.

핀이 오른쪽 가장자리에 있을 때는 오른쪽으로 휘어지는 성질의 볼로 공략해야 한다. 그러기 위해서는 한 클럽 크게 선택한 뒤 가볍게 치는 것이 효율적이다.

파3홀에서는 핀이 서 있는 위치에 따라 볼의 탄도와 사용하는 클럽을 신중하게 선택해야 하는 것이다.

볼이 러프에 묻혀 있을 때
장영일 포인트 레슨

비거리가 짧은 일직선 타격형 골퍼들은 그린 주변에서 타수를 절약해야 한다. 이러한 경우 쇼트 게임을 잘하려면 전통적인 방법에 의존해서는 안 된다. 다시 말해 창조적인 플레이를 구사해야 하는 것이다. 때문에 클럽 페이스의 최적 타점이 아닌 다른 곳으로 볼을 때리는 플레이까지 시도해 보아야 한다.

그린 주변에서는 상황에 따라 샌드웨지를 사용해 최적 타점을 벗어난 곳을 볼을 때리는 샷이 오히려 도움이 될 때가 있다. 볼이 그린 주변의 잔디가 무성한 러프 지역에 묻혀 있을 때는 잔디가 웨지의 헤드를 휘감으로 페이스를 비틀어 놓기 때문에 정확히 볼을 때리는 것이 어려워진다. 하지만 어드레스 때 양손의 위치를 낮추어 주면 웨지의 토가 지면 위로 들리면서 쉽게 풀을 자르고 지나갈 수 있다.

이를 위해 먼저 정상적인 피치샷의 경우와 마찬가지로 스탠스와 클럽 페이스를 약간 열어 준다. 양손은 클럽의 토가 약간 들릴 때까지 밑으로 낮추어 준다. 그러면 헤드 전체를 풀 속으로 밀어 준다는 느낌이 사라지고 마치 힐만 볼 쪽으로 움직여 주게 될 것 같은 묘한 느낌이 들게 된다. 그리고 실제로도 볼을 힐의 맞은편으로 위치시켜 클럽 헤드의 힘이 실제적 최적 타점이 되도록 해준다.

이렇게 하다가 볼이 호젤에 맞으면 어떻게 하나 하고 걱정하는 사람들이 있겠지만 양손을 늦추어 주었기 때문에 클럽의 호젤에 볼이 맞는 일이 없다. 몸의 중심은 왼쪽에 실어 주고 스윙은 양팔과 어깨를 이용해 휘두른다. 풀을 통과할 때는 반드시 스윙을 가속시켜야 한다.

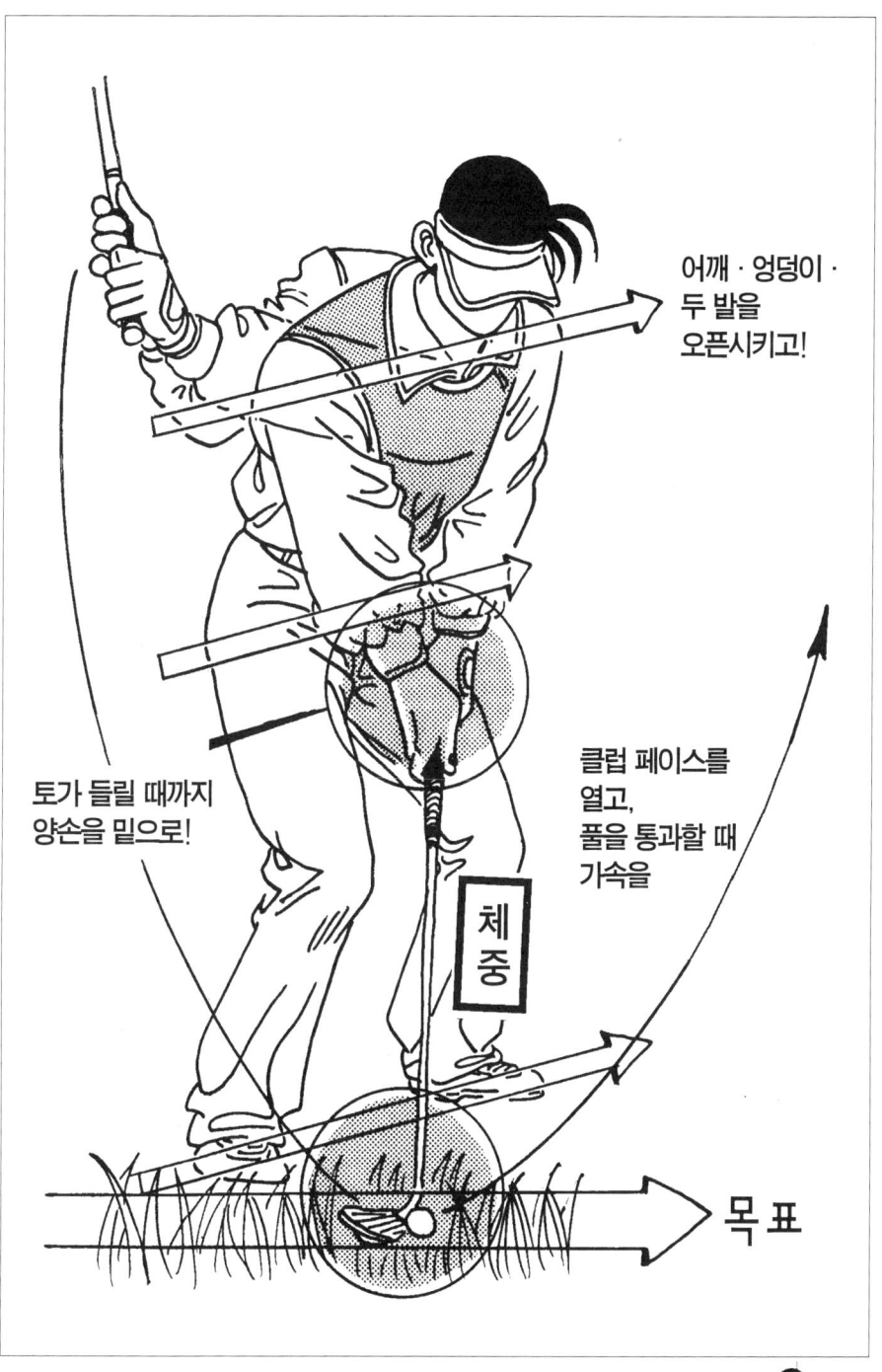

제2타에 유리한 낙하 지점을 정한다
장영일 포인트 레슨

파5홀이나 파4홀의 티잉 그라운드에 올라섰으면 그 홀을 어떻게 공략해야 효율적인지를 계산해 그에 따라 반드시 거리를 표시한 말뚝이나 그와 비슷한 것을 참고로 해 클럽을 선택한다. 아마들은 제1타는 무조건 멀리 쳐야 한다는 생각으로 힘을 다해 볼을 치는데 이것은 반드시 좋은 방법이 될 수 없다. 파5홀이나 파4홀에서 치는 1타는 어디까지나 제2타, 제3타의 볼을 잘 칠 수 있게 하는 보조적 타구다.

그러므로 제대로 계산해 제1타의 낙하 지점을 정하게 되면 그린까지의 나머지 거리가 잡히고 제1타에서 사용하기 좋은 클럽도 자연히 판단된다. 제1타의 볼 역시 겨냥한 장소와 방향으로 정확히 날려 보내는 것이 중요하다.

예를 들어 350야드 파4홀에서 그린까지 150야드가 되는 지점에 제2타를 치기에 좋은 장소가 있다. 그러나 그 장소에서 조금이라도 더 나가면 움푹한 웅덩이가 있을 경우다. 이런 상태에서는 누구나 웅덩이 못 미친 곳에 볼을 낙하시키는 작전을 쓴다. 그렇게 보면 제1타라도 200야드만 날리면 된다는 계산이다. 그러므로 꼭 드라이버를 써서 억지로 힘을 들여가며 치지 않아도 된다. 3번 우드나 혹은 롱아이언으로 치더라도 그 정도는 날려 보낼 수 있기 때문이다. 거리에 따라 클럽 선택에 신중을 기해야 하는 이유가 여기에 있다.

오르막 홀의 공략 요령
장영일 포인트 레슨

산악 지대나 언덕 지대의 코스에는 그린이 페어웨이보다 높은 이른바 포대 그린이 많은 편이다. 심한 경우에는 제2타나 근거리 공략 때 5m 이상이나 올려 쳐야 하는 때도 있다. 바로 그런 경우 대부분의 아마추어들은 그린에 훨씬 못 미친 곳에 볼을 날려 낭패를 보게 된다. 그것은 볼을 치는 자세가 왼쪽발이 오르막을 향해 있고 또 볼 역시 오르막인 지형 탓에 평탄한 곳보다는 빨리 낙하하기 때문이다.

이같은 포대그린이 있는 홀에서의 제2타나 근거리 공략시에는 대부분 왼쪽발이 오르막으로 되어 있고 골프채 타면도 열리게 된다. 이를테면 6번아이언이면 7번 정도의 타면 각도가 되는 것이다. 왼쪽발이 오르막의 상태인 만큼 타면 각도도 열리는 셈이다. 따라서 자신이 생각했던 거리보다 10야드 이상 줄어들게 된다.

그러므로 포대그린에서의 그린 공략은 약간 지나치다 싶게 볼을 날려야 생각한 지점에 제대로 볼을 떨어뜨릴 수 있다. 그린의 핀을 직접 공략한다는 기분으로 쳐야 하는 것이다. 높이 날아간 볼은 바닥에 낙하한 다음에도 별로 런이 없으므로 그린을 오버할 염려가 없다.

녹다운 샷
장영일 포인트 레슨

파워형 골퍼들은 다른 사람들보다 비거리가 30야드 정도는 더 나간다.

티샷을 할 때는 파워를 앞세우는 스타일의 골퍼들이 휘두르는 힘이 제한이 없지만 이러한 빠른 클럽 헤드의 속도가 어떤 클럽에서는 오히려 실수의 원인이 된다. 그러므로 짧은 아이언으로 구사하는 녹다운 샷을 익혀 놓으면 어프로치샷의 제어력을 좀더 늘릴 수 있다.

골퍼들은 녹다운 샷을 펀치 샷과 혼동하는 경우가 있는데 이는 잘못된 생각이다. 펀치 샷이란 볼이 낮게 날아가 지면에 떨어진 뒤 지면을 튀어가게 하는 샷이다. 그러나 녹다운 샷은 잘 제어된 4분의 3 크기의 스윙으로 볼을 낮게 쏘면서도 동시에 역회전이 많이 걸려 볼을 그린에 올린 뒤 곧바로 멈추게 하는 샷을 말한다.

녹다운 샷은 풀 스윙에 비해 클럽 하나 정도 더 짧게 날아간다. 녹다운 샷엔 7번 아이언이 가장 효과적이며 이 짧은 아이언을 사용하면 샷을 5번 아이언 만큼 낮게 날릴 수 있으면서도 로프트가 충분하기 때문에 역회전을 많이 걸 수 있다.

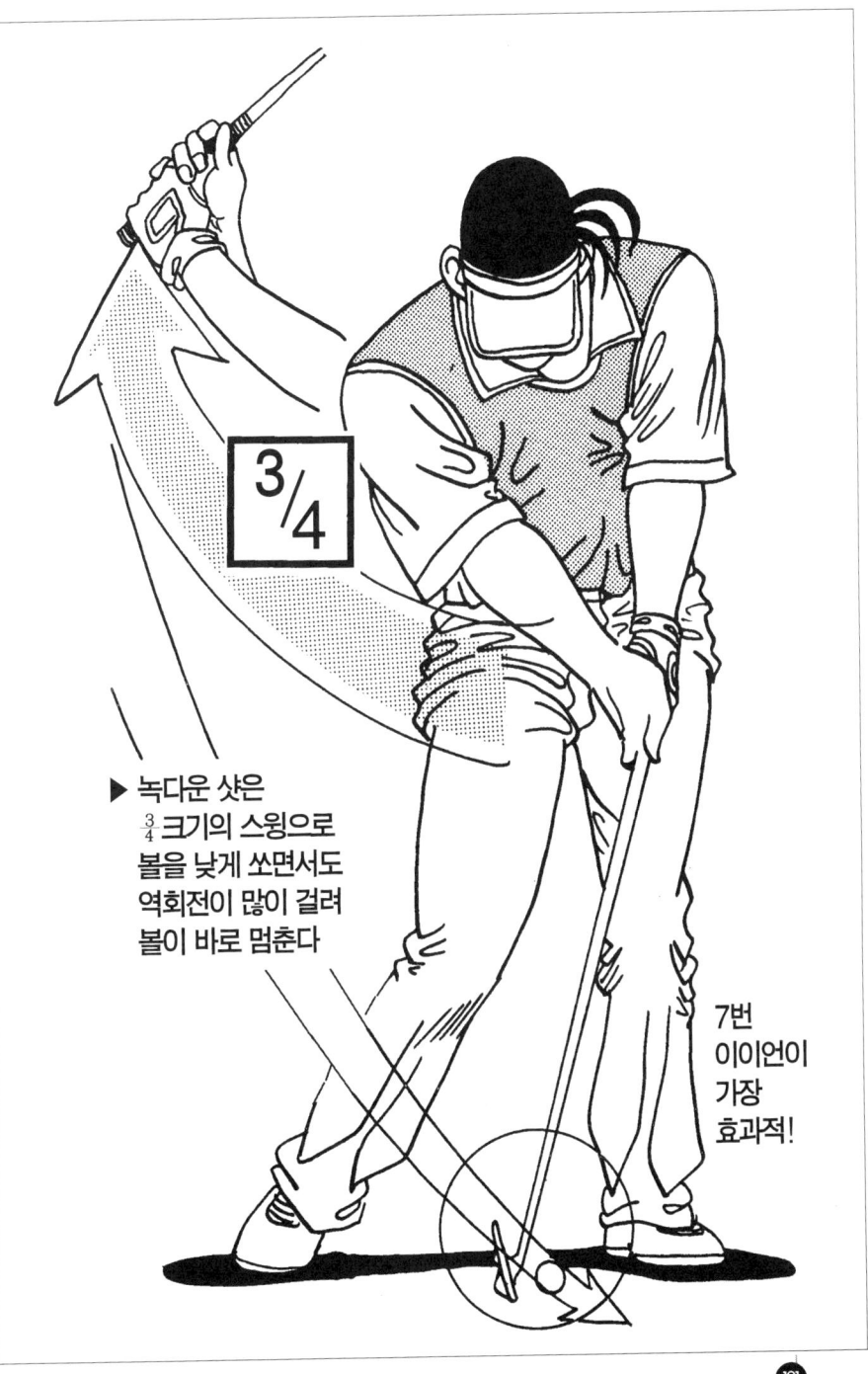

드라이버 미스샷의 원인
장영일 포인트 레슨

슬라이스에는 많은 원인이 있다. 이 병에 걸려 있는 주말 골퍼의 어드레스를 보면 그립이 위크그립이고 왼발이 많이 열려 있으며 공의 위치가 왼쪽에 쏠려 있거나, 왼쪽 어깨가 열려 있는 것 등을 알 수 있다.

이러한 어드레스에서 시작되는 스윙은 왼손 그립이 손등 쪽으로 젖혀지고 오른쪽 팔꿈치가 밖으로 벌어지며 허리 어깨가 빨리 열리는 등 많은 결점들이 생기게 된다. 결국 이 결점들이 스윙을 아웃사이드 인의 궤도를 그리게 하고 클럽 페이스가 열린 상태로 임팩트에 들어가게 하는 결과를 초래한다.

스퀘어 그립을 해도 슬라이스가 나오는 것은 스윙에 결함이 있기 때문이다. 오른쪽 겨드랑이의 불필요한 벌어짐과 어깨의 불충분한 회전도 슬라이스의 원인이 되기 때문에 수정해야 한다.

이들을 수정해도 슬라이스가 고쳐지지 않으면 스트롱그립을 해 보는 것이 좋다. 스퀘어그립은 때로 코킹한 손목의 되돌림이 늦어져 임팩트에서 페이스가 열린 상태로 되는 경우가 있다. 이런 면에서 스트롱그립은 코킹의 되돌림이 조금은 빨리 이루어진다. 왼팔 팔꿈치를 타구 방향과 직각이 될 정도로 하는 것도 슬라이스를 고치는 한 방법이다.

이렇게 하는 것으로 왼발 무릎을 안쪽으로 함으로써 허리가 빨리 열리는 것을 방지할 수 있다.

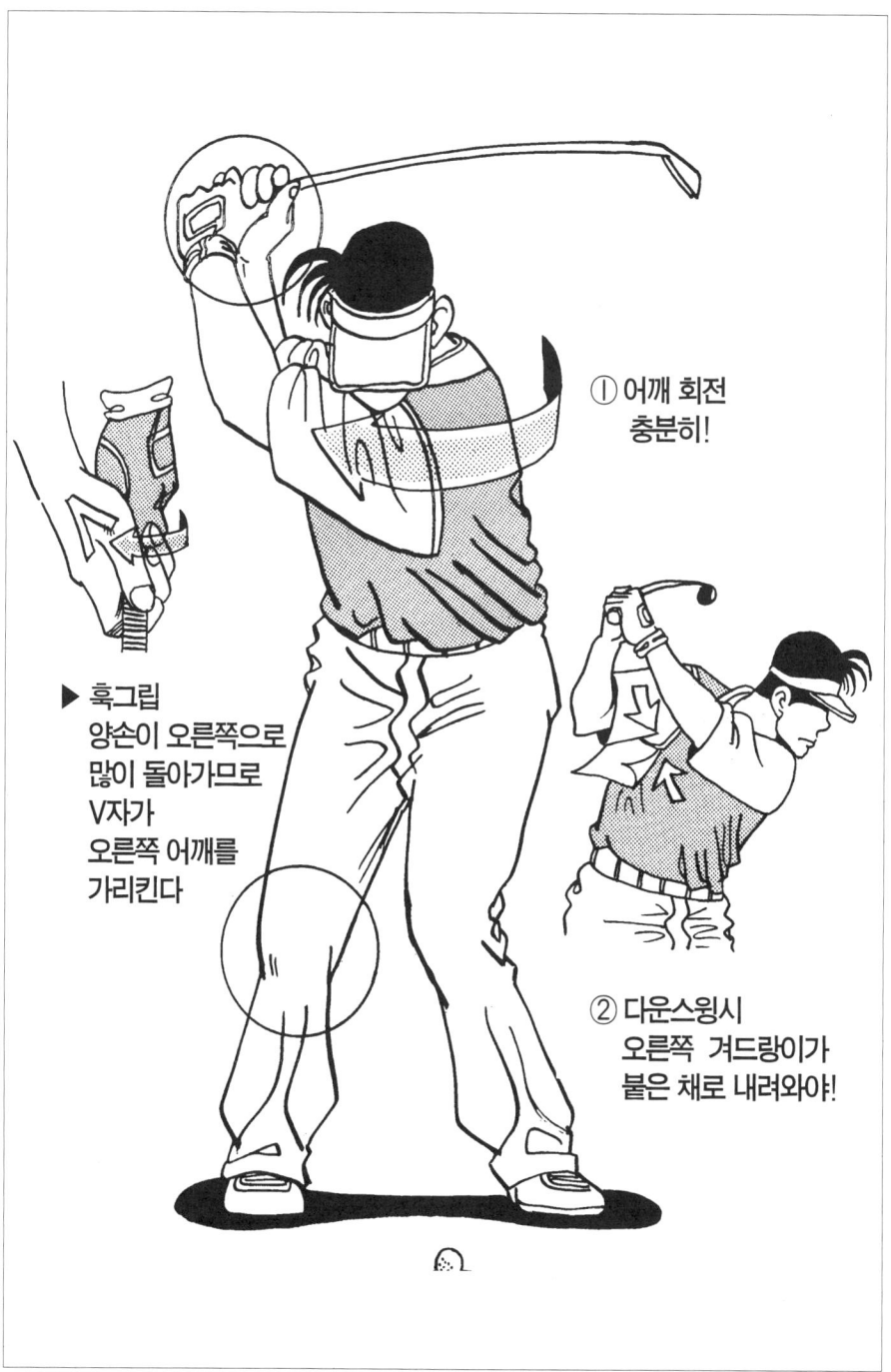

머리를 써서 티샷을 하자

장영일 포인트 레슨

파5나 파4의 홀에서 제1타를 칠 때는 꼭 드라이버를 써야 하고 제2타는 페어웨이 우드로 쳐야 하는 것으로 믿고 있는 골퍼들이 많다. 하기야 파5의 홀이나 파4의 홀에서 치는 제1타의 볼은 되도록 멀리 날려야 공략이 유리하고, 파5홀에서 제2타의 볼은 그린 가까이에 보내야 어프로치하기가 쉽다. 그러나 그것은 어디까지나 볼을 정확히 날려보냈을 때의 일이고, 잘못 날렸을 때의 결과를 계산해서 미리 클럽을 잘 선정해 쓰지 않으면 어이없는 함정에 빠지게 된다.

페어웨이가 좁은 파4홀에서 멀리 날리려는 일념에 OB를 내거나, 연못을 넘겨야 하는 파5홀에서 그린에 조금이라도 더 가까이 보내려고 하다가 연못에 빠뜨리거나 하는 것은 모두가 클럽을 잘못 선택했기 때문이다.

골프는 멀리 날린다고 이기는 것이 아니다. 겨냥한 장소에 얼마만큼 정확하게 날려 보내느냐 하는 것이 중요하다. 그러기 위해서는 비록 파5홀이나 파4홀에서 제1타, 2타를 칠 때 어떤 클럽을 사용하는 것이 안전하고 겨냥한 장소에 정확히 볼을 보낼 수 있는지 먼저 판단해야 한다.

아마추어들은 프로들처럼 볼을 일정하게 날리기 힘들다. 따라서 자신만의 비거리를 늘 측정해 두는 것이 필요하다. 즉 자신의 홈코스에서 매 홀마다 핀까지의 거리뿐만 아니라 그린에 안착시킬 수 있는 안전 지대까지의 거리도 측정해 두는 것이 좋다.

바람 부는 날의 티샷

장영일 포인트 레슨

  페어웨이를 가로지르는 바람이 세차게 불 때는 어떻게 티샷을 해야 할까 하고 망설여질 때가 많다. 이런 상황에서는 바람을 거스르는 것보다 바람에 편승하는 전략이 필요하다.

  왼쪽에서 오른쪽으로 부는 바람이면 슬라이스 구질을, 반대의 경우에는 훅성 구질을 구사할 줄 알아야 한다. 바람이 왼쪽에서 오른쪽으로 부는데 슬라이스볼을 치라고 하면 의아해하는 골퍼들이 많을 것이다. 그러나 바람을 거스르는 샷은 긴장감을 조성하고 결과적으로 미스의 확률이 높아진다. 따라서 바람에 편승해 비거리의 손실을 최대한 줄인다는 적극적인 코스 공략이 최선책이다.

  우선 슬라이스 볼을 구사하기 위해서 오픈 스탠스를 취하고 페어웨이 왼쪽을 겨냥한다. 볼은 가능한 한 왼쪽으로 옮겨놓고 공략한다. 스윙 궤도상의 포인트는 아웃사이드 인의 궤도, 즉 오픈스탠스 구조상 백스윙은 업라이트하게 진행되고 다운스윙에서 임팩트·폴로스루까지는 바깥쪽에서 목표 왼쪽으로 클럽을 잡아챈다는 이미지의 샷이다.

  따라서 폴로스루와 피니시는 몸에 붙인 채 낮게 이어진다. 반대로 페어웨이 오른쪽에서 왼쪽으로 부는 바람의 상황에서는 훅 볼을 구사한다. 클로즈 스탠스에 볼은 드라이버 위치에서 볼 2개 정도 오른쪽에 이동하며 겨냥점은 페어웨이 오른쪽이다. 스윙 궤도는 인사이드 아웃의 궤도, 백스윙은 낮고 플랫하게 이루어지도록 한다. 따라서 피니시는 하이피니시 동작을 낮게 한다.

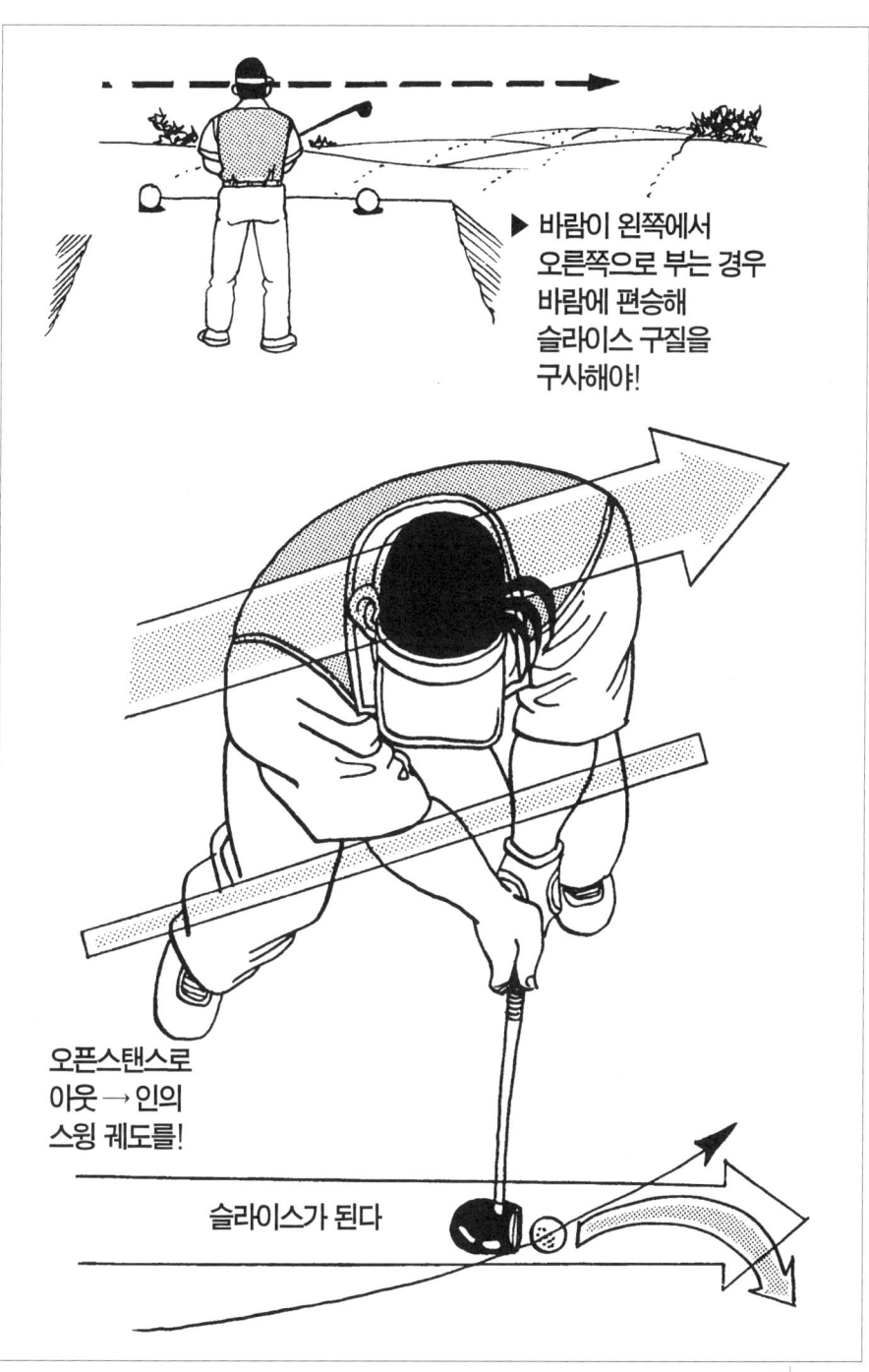

팔꿈치 사용법
장영일 포인트 레슨

  초심자나 초중급자들이 팔의 휘두름을 점검하는 방법으로 다음과 같은 훈련 방법을 권한다. 앞으로 기울인 자세를 취하고 클럽을 옆으로 수평지게 한 뒤 오른손은 손바닥을, 왼손은 손등을 위로 하여 클럽의 샤프트를 쥔다. 그리고 오른발을 거두며 백스윙, 하반신부터 되돌리며 다운에서 피니시 동작까지 해 본다.

  앞으로 기울인 자세에서 자연스럽게 몸을 돌리면 백스윙에서는 오른팔꿈치가 아래를 향해 온다. 팔의 동작법이 그다지 바뀌지 않는 한 톱스윙에서의 손의 위치는 일정해질 것이다. 다운스윙은 하반신에서 시작해 클럽을 끌어내린다. 상체부터 치면 그립끝이 몸에 닿는다. 오른쪽 어깨를 당겨 내리려면 하반신부터 출발시킨다. 임팩트존에서는 어드레스와 동일하게 클럽이 수평이면서 비구선과 평행이 되게 거든다. 체중을 이동하면서 행해지므로 어드레스의 재현은 아니지만 클럽만은 어드레스의 위치로 되돌린다.

  이 연습에서 중요한 포인트는 임팩트 이후다. 클럽을 수평되게 되돌렸다면 그리고 나서 그 뒤는 오른팔과 왼팔을 클로스시킨다. 수평인 상태에서 왼손은 아래, 오른손을 위로 해서 클럽을 세운다. 그렇게 하면 양팔이 교차되어 온다. 이를 몸의 회전과 함께 실어 피니시로 이행한다.

  스윙이란 몸에 하나의 축을 느끼면서 몸을 오른쪽, 왼쪽으로 비틀며 위치를 바꾸는 동작이다. 이 훈련에서는 백스윙에서 오른쪽 팔꿈치를 굽히고 폴로스루에서는 왼팔꿈치를 굽힘에 따라 몸의 방향을 바꾸며 들어간다는 사실을 알 수 있다. 팔을 휘두르는 방법이 일정치 않으면 샷도 일정해지지 않는다.

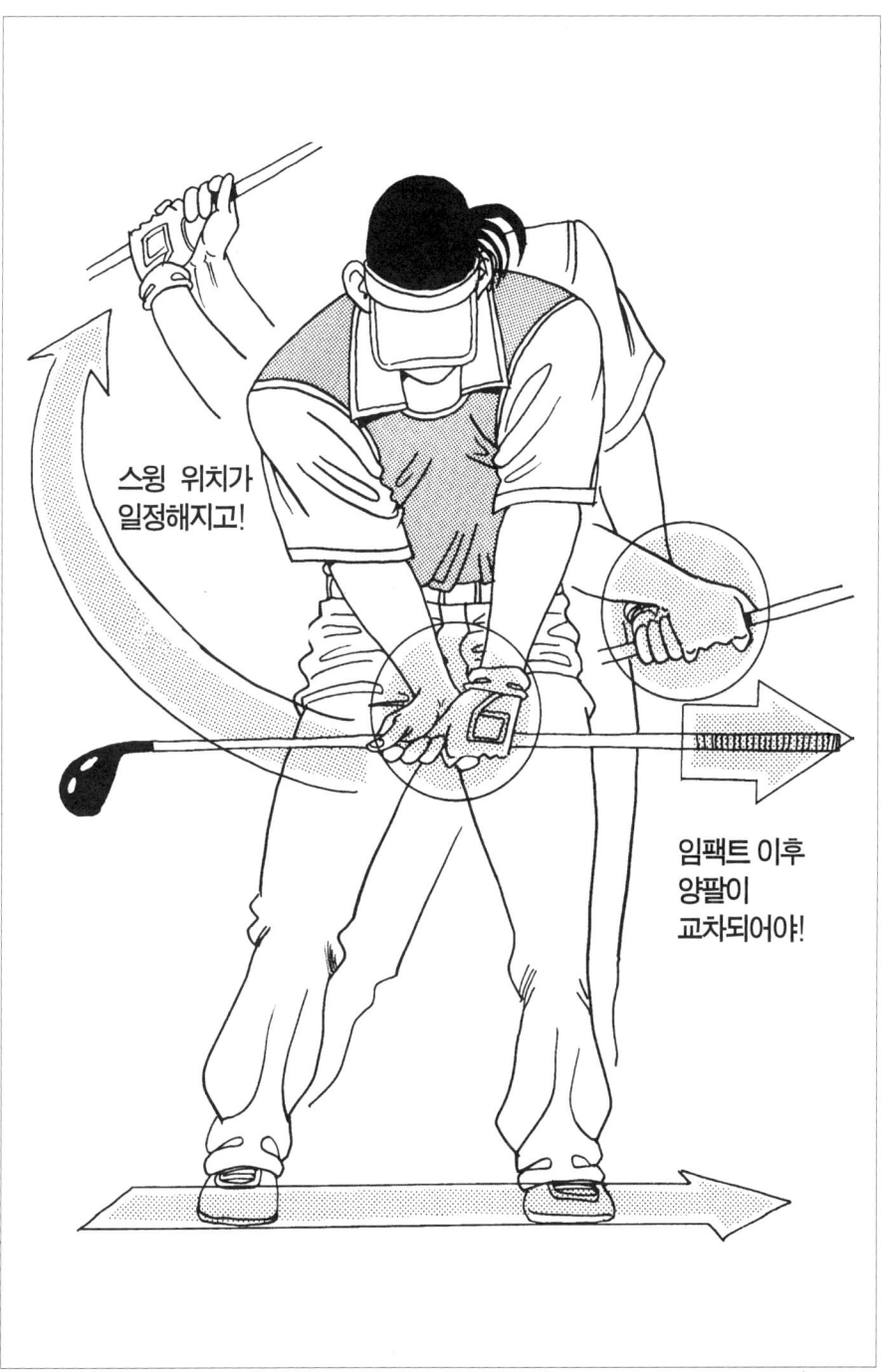

페어웨이 우드 공략법
장영일 포인트 레슨

　드라이버 다음으로 롱샷을 칠 수 있는 것이 페어웨이 우드다. 때때로 롱아이언보다 강하고 유효적절한 무기가 될 수 있는 3~5번 우드는 정상급 프로들도 완벽하게 마스터하기가 쉽지 않은 클럽이다. 클럽 헤드의 솔이 넓고 무겁게 제작되어 있으므로 볼을 쉽게 올려칠 수 있다. 그러나 그 타법이나 사용 방법이 틀려지면 롱샷인 만큼 위험도 커지는 것이다. 이렇게 중요한 페어웨이 우드를 자신의 것으로 만드는 방법을 알아 보자.

　골프에서 가장 어려운 샷은 로프트가 작은 클럽 즉, 롱아이언이나 3번우드 등으로 직접 땅 위에 있는 볼을 높이 띄워야 하는 샷이다. 이런 샷을 할 때는 당연히 '과연 제대로 뜰까' 하는 조바심이 생기게 마련이다.

　우선 주의해야 할 점은, 결코 성급하게 스윙하지 말아야 한다는 것이다. 또한 볼을 떠내듯이 쳐서도 안 된다. 이 두 가지를 지키지 않으면 실수는 계속된다.

　페어웨이 우드의 이미지는 클럽 헤드의 솔이 잔디 위를 미끄러지게 스윙하는 것이다. 볼의 위치는 드라이버보다 볼 1~2개쯤 스탠스 안쪽으로 놓는다. 스윙을 할 때 주의해야 할 점은 클럽 헤드가 그리는 원을 가능한 한 크게 한다는 것이다. 즉 백스윙도 크게 잡고 폴로스루도 그만큼 크게 한다. 이것은 임팩트 지점에서 클럽 헤드가 낮고 길게 운동할 수 있도록 하기 위함이다.

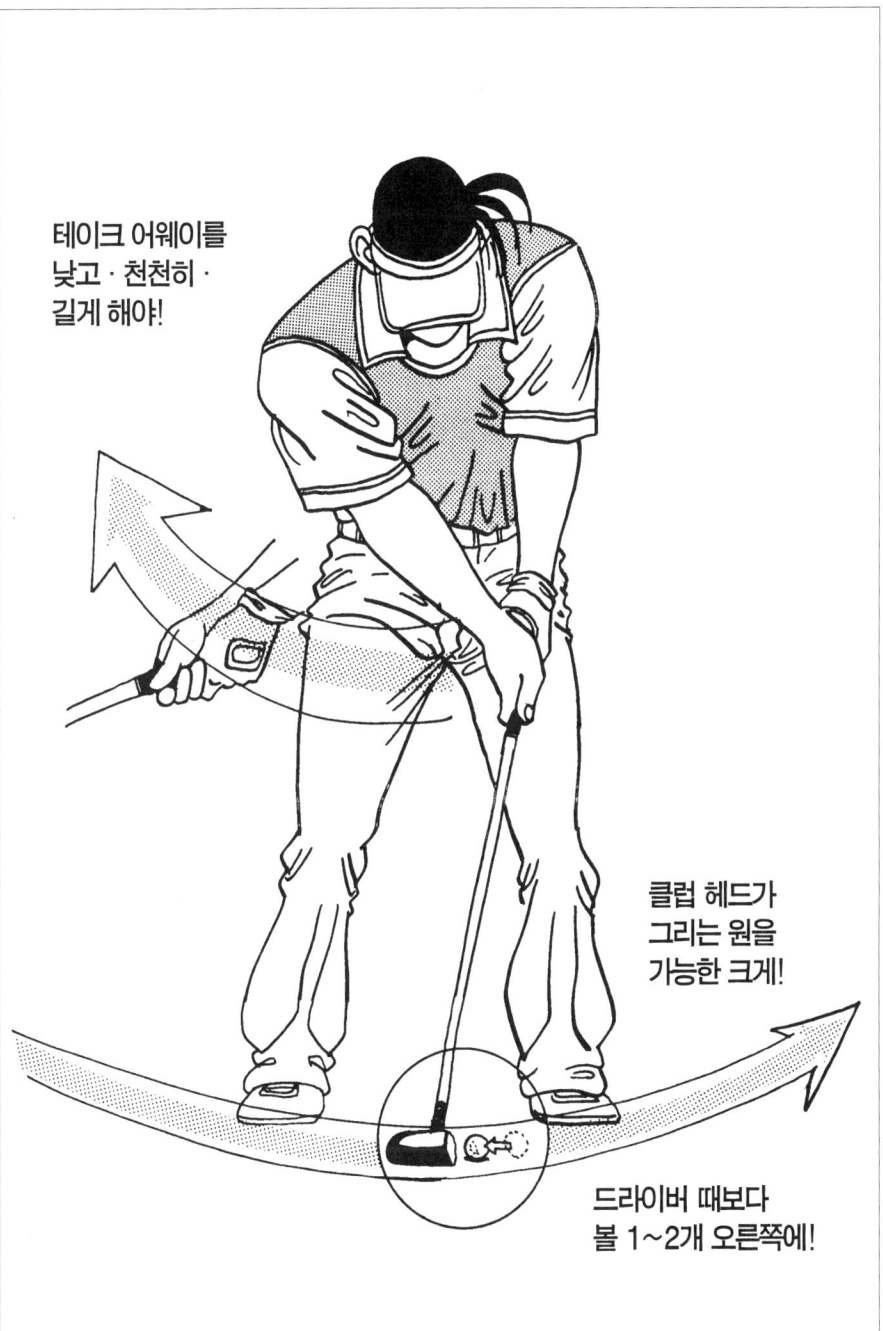

체력에 맞는 스윙의 선택
장영일 포인트 레슨

　스윙은 크게 나누어 업라이트, 미디움, 플랫 등 세 가지로 나눌 수가 있는데 이 가운데 어느 것이 좋다고 잘라 말할 수 없다. 골프 스윙에 세 가지가 있듯이 사람의 체구도 크게 세 가지로 큰 사람, 중간, 작은 사람으로 구분할 수 있기 때문이다. 대체적으로 체구가 큰 서구인들은 업라이트 스윙을 선호하는 경우가 많으며 중간 정도인 한국인의 경우에는 미디움 스윙을 선호한다. 그리고 작은 체구의 골퍼는 대체로 플랫스윙을 한다.

　문제는 크다고 해서 무조건 업라이트를 선호해서는 안 된다는 것이다. 그 이유는 업라이트 스윙은 하체를 고정시키고 상체의 힘으로 치는 스윙이기 때문에 무릎이 약한 사람은 스웨이가 심해 키가 크더라도 신체에 고루 힘을 분배하는 미디움 스윙이 좋다. 또 미디움 스윙의 경우라도 체구 한 부위의 약점이 있는 사람은 그 약점 부위의 힘을 다른 곳으로 쏠리는 스윙을 선택해야 하며 평소 플랫스윙을 선호하는 작은 사람의 경우에도 어느 한 곳에 약점이 있는 경우는 과감히 체력에 맞는 스윙 선택이 효과적이다.

　업라이트 스윙은 상체 파워에 의해, 미디움 스윙은 팔, 어깨, 허리 골고루 힘이 배분되어, 플랫스윙은 허리의 파워가 강하게 실려 운영되어야 하는 스윙이다. 통계적으로 체중에 걸맞은 스윙을 하면 이상적이나 예외인 경우도 있다. 스탠스도 역시 마찬가지로 훅라이에서는 클로스스탠스를 잘 이용하고 슬라이스 라이에서는 오픈스탠스를 이용하는 것이 좋다.

　임기응변에 의해 손으로만 스윙을 하면 미스샷의 가능성이 높은 것이다.

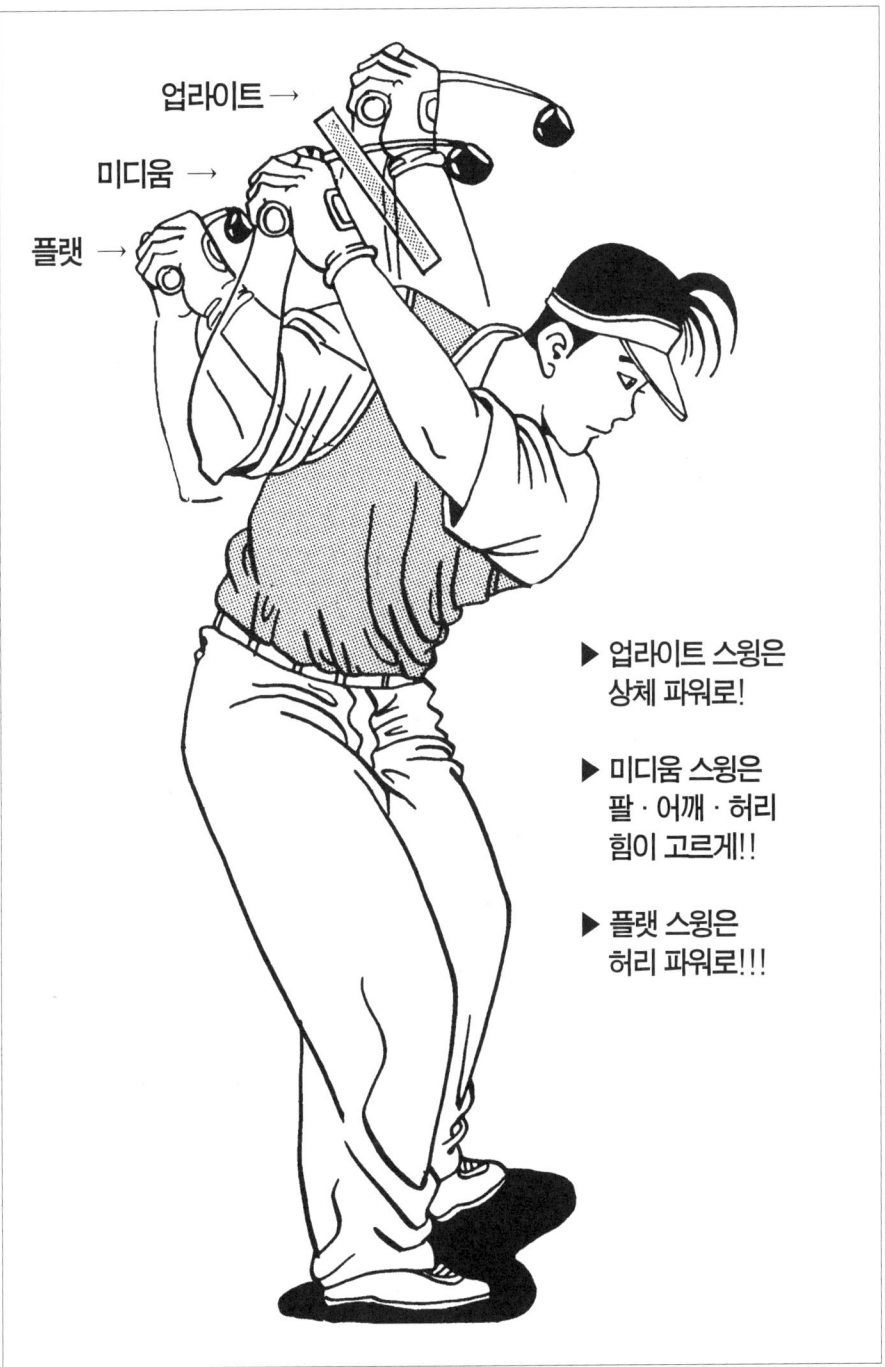

트러블샷의 기본 전략
장영일 포인트 레슨

　숲속이나 벙커와 같은 트러블 지역에서 샷을 할 때는 거리 욕심을 버리고 다음 샷을 하기 쉬운 장소로 공을 보내야 한다. 초보자들은 공을 조금이라도 그린 가까이 보내려고 하는데 이 욕심이 게임을 망치게 하는 요인이 된다. 10야드 욕심을 내다 더 큰 어려움을 만나게 되는 경우가 많다. 조금 손해를 보더라도 안전한 곳으로 이동하면 모든 것이 좋아진다.

　만일 티샷을 미스해 공이 엉뚱한 방향으로 갔다면 본래 그 제1타를 치고자 했던 지점으로 제2타를 치는 것이 좋다. 이것은 불합리한 전략인 것 같지만 가장 좋은 방법이다. 스코어가 크게 무너지는 것은 이러한 기본 전략을 잊고 있기 때문이다.

　제1타의 미스를 단번에 만회하겠다고 욕심을 부리는 것은 자신의 무덤을 파는 것과 같다. 즉 클럽을 너무 크게 회전시킴으로써 자세가 무너지고 그 결과 큰 미스샷이 나오게 될 뿐 아니라 동반자에게도 폐를 끼치게 되는 것이다. 일단 미스를 하게 되면 그 홀의 스코어는 좋아질 수 없다. 이러한 사실을 직시하지 않고 욕심을 부리다 보면 보기로 막을 것을 더 나쁜 스코어가 나오게 됨을 기억해야 한다.

　싱글핸디들은 항상 안전 제일주의로 플레이해야 한다.

아마추어 사이드 공략법
장영일 포인트 레슨

　아마추어 사이드란 홀컵 옆쪽으로 낮게 조성되어 프트를 실수하게 만드는 부분을 말한다. 핸디캡이 높은 사람들의 퍼팅 실수는 대부분이 이 아마추어 사이드 때문인 경우가 많다.
　대부분의 경우 아마추어 사이드에서의 실수는 라이를 잘못 읽어서 일어난다기보다는 오히려 정신적인 실수일 경우가 많다. 퍼팅이 얼마나 굽어져 들어갈지를 알면서도 정확한 거리감을 느끼기가 쉽지 않기 때문이다.
　이러한 실수를 줄이기 위해서는 흔히 '점 퍼팅'이라고 알려져 있는 연습법을 이용하면 좋다. 볼과 홀 사이에 중간 목표 지점을 설정하고 그 지점을 통과해 굴러가도록 시도하는 것이다. 이 방법은 퍼팅의 거리를 효과적으로 줄여 준다.
　휘어진 라인을 따라 실제로 볼이 굴러가게 되는 경로를 눈으로 따라가 본 뒤 홀까지 가는 경로상에 놓인 특기할 만한 지점의 스파이크 자국 혹은 이전의 홀컵 자국 등을 고른다. 아마추어 사이드를 피하기 위해서는 그 지점들의 바깥쪽으로 볼이 굴러가도록 해야 한다. 마치 회전 활강을 하는 스키 선수처럼 최대한 게이트에 바짝 붙어 게이트의 안쪽으로 들어가지는 않으면서 회전해야 하는 것이다. 이 방법은 퍼팅을 실수할 확률이 거의 없다.

효과적인 아이언샷 연습 방법
장영일 포인트 레슨

아이언샷은 매트 위에서 하는 것이라고 미리 단정하는 것은 좋지 않다. 스윙 자세를 익히고 클럽 헤드가 공을 정확히 치는 요령을 익히기 위해서는 공을 티에 올려 놓고 아이언샷을 연습하는 것이 좋다. 티업 상태에서 공을 치는 것은 간단한 일이라고 치부하는 것은 경솔한 생각이다.

공을 티에 올려 놓고 아이언샷을 할 때 몸이 스웨이되거나, 스윙이 너무 크거나, 너무 세게 치거나, 팔이나 어깨에 필요이상의 힘이 들어가면 좋은 스윙을 할 수 없고 저스트미트도 불가능하다. 클럽 헤드로 가볍게 공을 쳐야 비로소 깔끔한 스윙을 할 수 있다.

이 요령을 익힐 때까지는 티업 상태에서 공을 치는 것이 좋다. 매트위에 공을 놓고 치는 것은 그 이후의 일이다. 5번 아이언으로 이 티업 샷을 확실하게 할 수 있게 되면 드라이버 샷에도 적용할 수 있다. 공을 내려치는 형과 쓸어치는 형의 중간 정도가 되는 이 느낌을 익히면 코스에서 큰 미스샷을 범하는 일이 줄어들 것이다.

또 연습을 할 때 50야드 이내의 샷에 전체의 70% 정도 시간을 할애하자. 드라이버를 잘 치지 못해도 이 어프로치샷만 잘 칠 수 있으면 코스에서 좋은 스코어를 낼 수 있다. 양발을 붙이고 50야드 정도 칠 수 있게 되면 이른바 스윙축을 확립할 수 있을 것이다.

파워를 극대화하는 비결
장영일 포인트 레슨

아무리 온 힘을 기울여 티샷을 해도 거리가 나지 않아 고민하는 아마 골퍼들은 대개 자체적으로 다운스윙에 문제가 있다고 느끼곤 한다.

다운스윙의 초기 동작에서 왼쪽 엉덩이의 수평 이동이나 목표에 대한 무릎의 움직임등은 연습하는 과정에서 터득해야 할 문제들이다. 실전에서 양다리나 양쪽 엉덩이의 움직임 없이 다운스윙을 시작한다면 스윙에 쏟아붓는 파워만큼의 거리를 결코 얻을 수 없다.

아마 골퍼들이 원하는 만큼의 파워를 얻으려면 백스윙의 정점에서 동작의 반동에 의한 일시적인 스윙 정지 상태(톱스윙)에 대한 개념을 새롭게 정립해 볼 필요가 있다. 즉 톱스윙 자세가 스윙에 쏟아붓는 힘을 한곳으로 모으는 역할을 해야 한다는 것이다. 파워의 원천은 양쪽 허벅지 안쪽에 축적해 둔 상반신 비틀림의 힘을 좌우로 이동시키는 '그네 꼬임의 법칙' 이 이루어져야 한다.

다운스윙이 시작될 때 왼팔을 아래로 당겨 주는 동시에 클럽 끝 부분은 볼을 지향하면서 목표를 향해 왼쪽 엉덩이(혹은 무릎)를 직접 움직여 줌으로써 톱스윙에서 한곳에 집중된 힘을 유연하게 풀어 주어야 한다.

이처럼 다운스윙의 초기 과정에서 엉덩이 또는 무릎을 움직여 주는 것은 손목의 코킹을 유연하게 풀어 주고 신체 각 부분에 힘의 정상적인 모멘트를 형성시켜 원하는 파워를 최대한 얻기 위해서다. 이때 주의할 점은 체중이동으로 머리도 이동하는 경우가 발생되므로 임팩트시 오른쪽 발뒤꿈치를 지켜보는 느낌으로 스윙해야 한다.

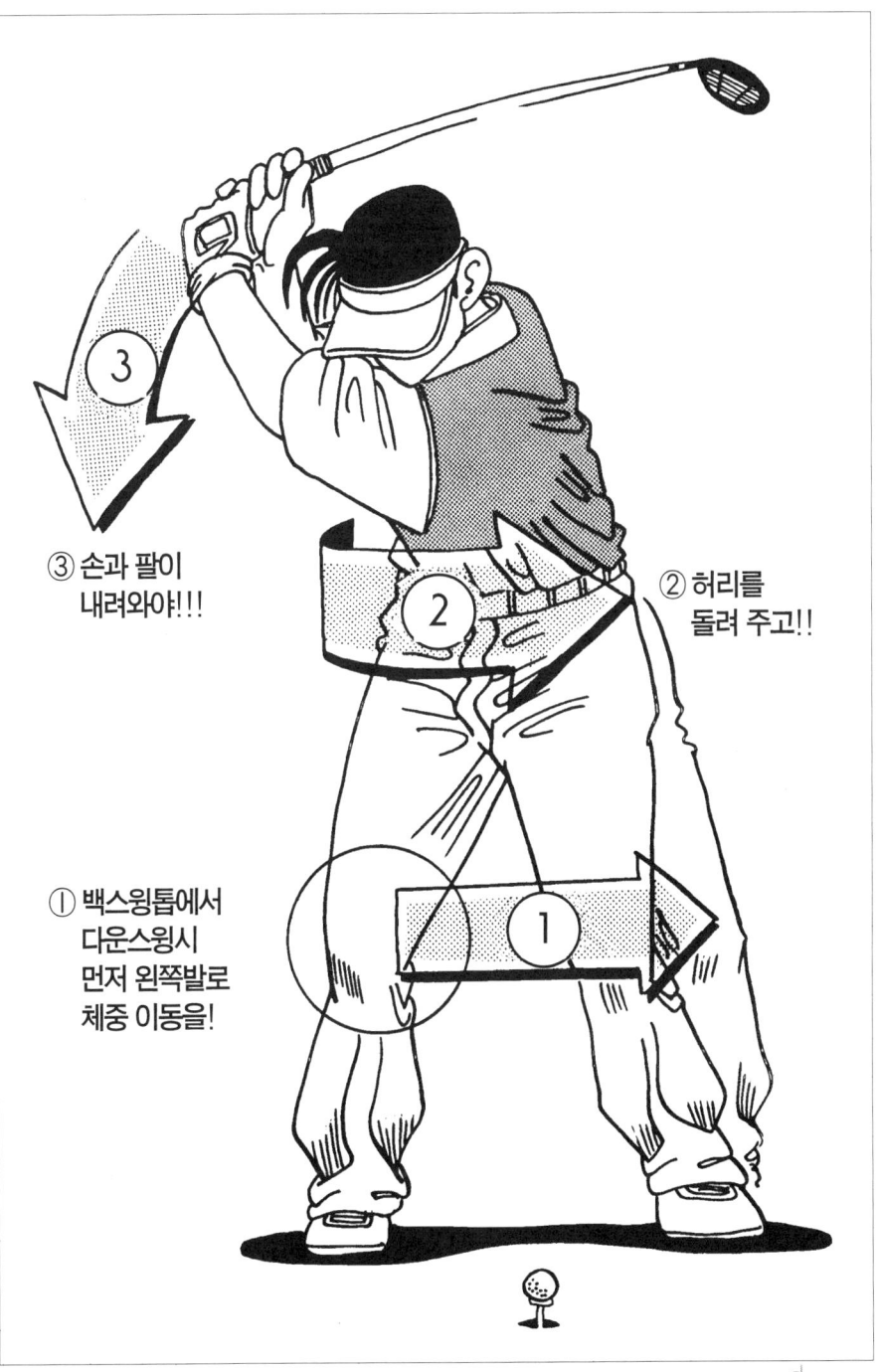

이른 봄의 그린 공략법
장영일 포인트 레슨

　퍼팅의 전제 조건은 방향과 스트로크의 강약이다. 그러나 훅, 슬라이스, 오르막, 내리막 등 어느 한 곳도 평탄하지 않은 그린을 정확하게 읽기란 쉬운 것이 아니다. 특히 그린의 상태가 시간마다 달라지는 초봄의 그린은 그야말로 변화무쌍해 한순간의 방심도 허락되지 않는다. 오르막 퍼팅보다 내리막 퍼팅이 더 어려운 이유는 미세한 그린 면의 변화에 크게 영향을 받기 때문이다.

　예를 들면 이른 봄 아침 그린은 표면이 동결되어 있어 매우 빠르지만 오후가 되면 그린이 녹으면서 물기가 많아지므로 회전 스피드가 떨어진다. 또한 잔디는 몇 시간 사이에 자라기 때문에 내리막 퍼팅도 오전보다 오후에 그만큼 강하게 칠 필요가 있다. 특히 여름철 코스는 잔디의 성장이 더 빨라 점심시간 이후 최초의 홀에서 이 점을 충분히 고려해야 한다.

　또한 이른 봄 골프장에서 그늘진 그린은 동결이 좀처럼 풀리지 않아 종일 볼의 속도가 빠른 데 비해 계속 햇빛을 받는 남향 그린은 오전중에도 회전이 비교적 둔화되는 등 상황에 따라 차이가 있다. 즉 그린의 입지 조건에 주의를 기울일 필요가 있다.

롱아이언 사용법
장영일 포인트 레슨

롱아이언에 대한 불안감이라면 공이 휠지도 모른다는 것보다 공이 뜨지 않으면 어쩌나 하는 것이다. 그리고 이러한 불안감이 오히려 낮은 탄도의 땅볼을 때리게 하는 원인이 된다.

우선 롱아이언을 쥐면 공을 띄우려는 생각을 버리고 여유 있게 스윙하는 것만 생각해야 한다. 롱아이언도 여유있게 스윙해서 마지막까지 폴로스루를 하지 않으면 공은 뜨지고, 거리도 나지 않는다. 6·7번 아이언은 제법 잘 치는 사람이 롱아이언을 잡으면 갑자기 맞지 않는 경우가 있다. 결국 그 원인은 심리적 불안감에서 오는 것이다.

롱아이언은 로프트가 작기 때문에 공이 높이 뜨지 않는 것이 사실이고 또 그렇게 설계되어 있다. 페어웨이 우드보다 롱아이언이 높이 뜨지 않는 이유는 클럽 헤드의 두께가 틀린 데서 온다. 우드는 헤드를 공에 부딪히는 것만으로도 뜬다. 그러나 롱아이언은 헤드가 얇기 때문에 부딪히는 것만으로는 잘 뜨지 않으며 물론 거리도 나지 않는다.

따라서 롱아이언을 제대로 사용하려면 충분한 폴로스루를 해야 한다. 힘이 없다고 단념할 필요는 없다. 몸을 써서 칠 경우 오른쪽으로 튀는 미스샷이 많아진다. 몸을 써도 페이스가 열리지 않게 하기 위해서는 왼손을 엎어쥐면 된다. 슬라이스가 나기 때문에 몸을 쓰지 않고 손만 휘둘러서 스윙을 하면 공은 뜨지도, 비거리도 안 난다. 왼손을 덮어쥔 스트롱그립을 하면 페이스가 열리는 것을 방지하고 슬라이스도 나지 않는다.

왼팔 스윙의 비밀
장영일 포인트 레슨

오른팔의 힘을 이용해 공을 치는 골퍼라면 왼팔 하나로 클럽을 스윙하는 감각을 갖는 것이 중요하다. 여기서 주의해야 할 것은 스윙이라는 것은 몸 전체의 밸런스가 중요하다는 점이다.

양손의 그립, 스탠스, 좌우로 체중 이동, 팔 동작과 몸의 회전 등 스윙은 몸 여러 부위의 이어진 동작으로 구성되어 있다. 물론 좌우의 팔 또한 어느 한쪽만이 아니라 양쪽 팔의 밸런스가 중요하다.

구체적으로 말해서 오른팔은 볼을 멀리 보내는 역할을 하고 왼팔은 방향을 유도한다. 따라서 정상급 프로들이 갖는 왼팔 트레이닝은 왼팔 하나로 스윙하기 위해 연습하는 것이 아니라 오른팔에 비해 힘이 약한 왼팔을 단련시켜 균형잡힌 양팔을 가다듬기 위한 것이다. 균형잡힌 양팔이야말로 골프 스윙에서 매우 중요하다.

어떻게 하면 왼팔을 사용한 스윙이 만들어질까?

아마 골퍼가 먼저 익혀야 할 것은 체중 이동이다. 대부분의 골퍼들은 톱 스윙에서 임팩트-폴로스루에 걸쳐 제대로 하반신이 사용되지 못한다. 즉 오른쪽에서 왼쪽으로 체중 이동이 안 되는 것이다. 다운스윙에서 체중이 오른쪽에 남는다면 임팩트 때 클럽 헤드가 앞으로 되돌아가지 않으므로 친 볼이 오른쪽으로 휜다.

체중 이동이 잘되면 저절로 왼팔이 앞으로 돌진한다. 그럴 때 오른팔을 필요 이상으로 쓰는 결함도 줄고 양팔의 균형도 좋아진다. 그러므로 먼저 바른 체중 이동을 익히는 것이 왼팔 스윙의 첫단계다.

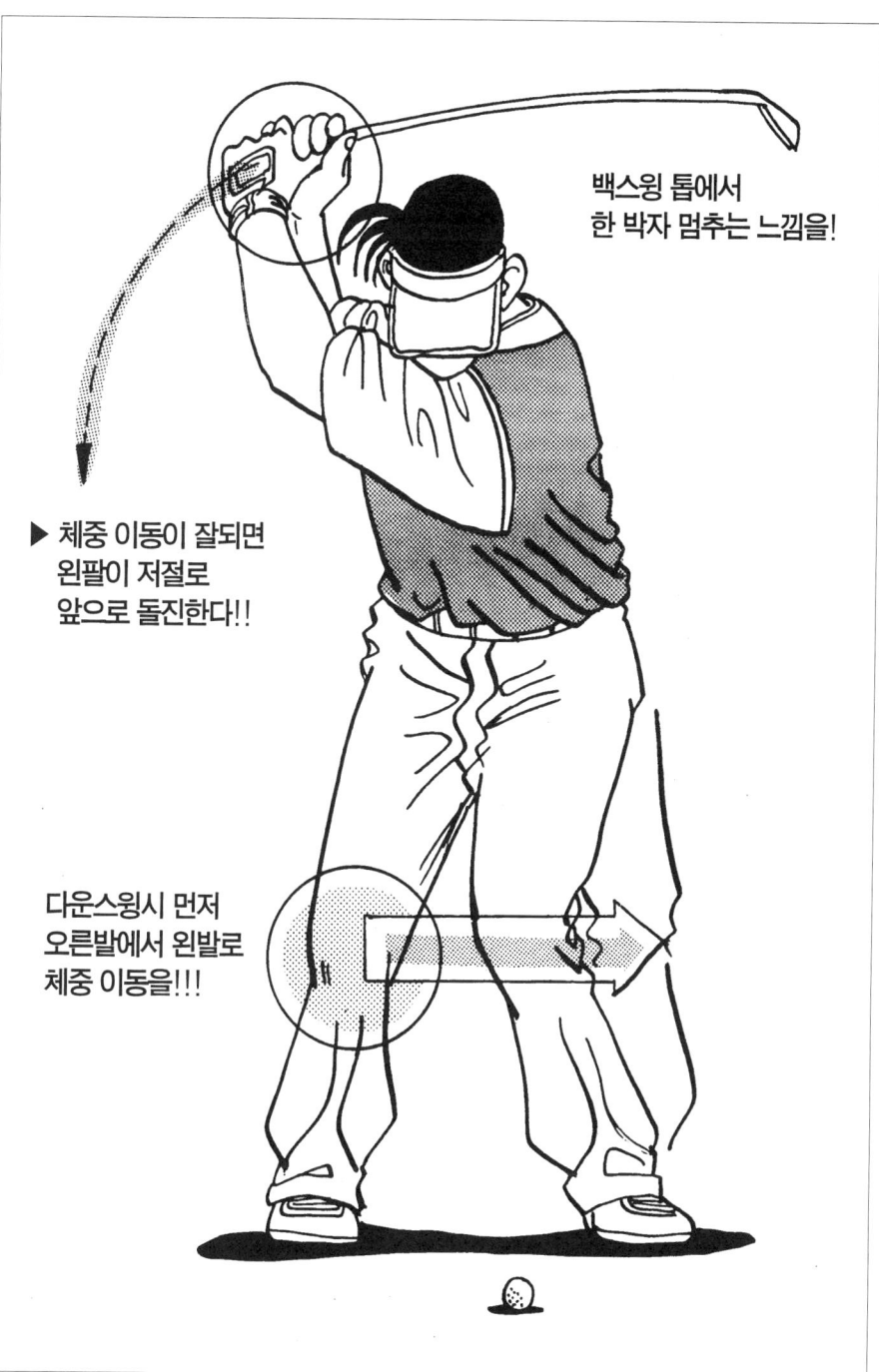

그립과 슬라이스의 연관성
장영일 포인트 레슨

슬라이스를 고치는 방법은 그립을 잡는 손가락을 바로 쥐는 데 많이 좌우된다. 그리고 이 가운데서도 손톱이 어떻게 놓이는가가 꽤 중요한 요소로 작용한다.

먼저 왼손을 쥘 때는 마지막 손가락 두 개로 그립을 단단히 잡도록 하고 나머지 손가락은 단순히 그립을 감는다는 생각을 하면 된다.

한손을 사용해 스윙 연습을 해 보면 이 두 가락이 클럽을 쥐는 데 있어서 얼마나 영향을 미치는지 제대로 알 수 있을 것이다. 오른손의 경우에는 가운데 손가락 두 개로 클럽을 쥐는 힘이 중요하게 작용한다. 새끼손가락으로 왼손 검지손가락을 감거나 손가락 사이에 인터록으로 끼워 넣을 수 있으나 이때 나머지 손가락도 편안한 자세로 쥐어져야 한다.

어떤 경우에도 오른손 엄지나 검지손가락에 힘을 주어서는 안 된다. 이 손가락 두 개로 클럽을 누르거나 클럽이 꼭 끼도록 잡게 되면 오른쪽 어깨 근육이 활발하게 움직이게 되어 어깨가 완전히 돌아가는 것을 막고 다운스윙을 할 때 스윙톱에서부터 클럽이 움직이기 시작한다. 이렇게 되면 아웃사이드 인의 궤도로 스윙이 이루어지기 때문에 슬라이스가 날 수밖에 없다.

슬라이스 구질의 공통점은 양팔의 턴이 폴로스루에서 부드럽게 이루어지지 않고 있기 때문이다. 그런데 골프 스윙에 있어서 턴이 되지 않는다는 것은 임팩트에서 클럽 페이스가 오픈되어 있음을 의미한다. 이런 원인도 그립의 교정으로 고칠 수 있다.

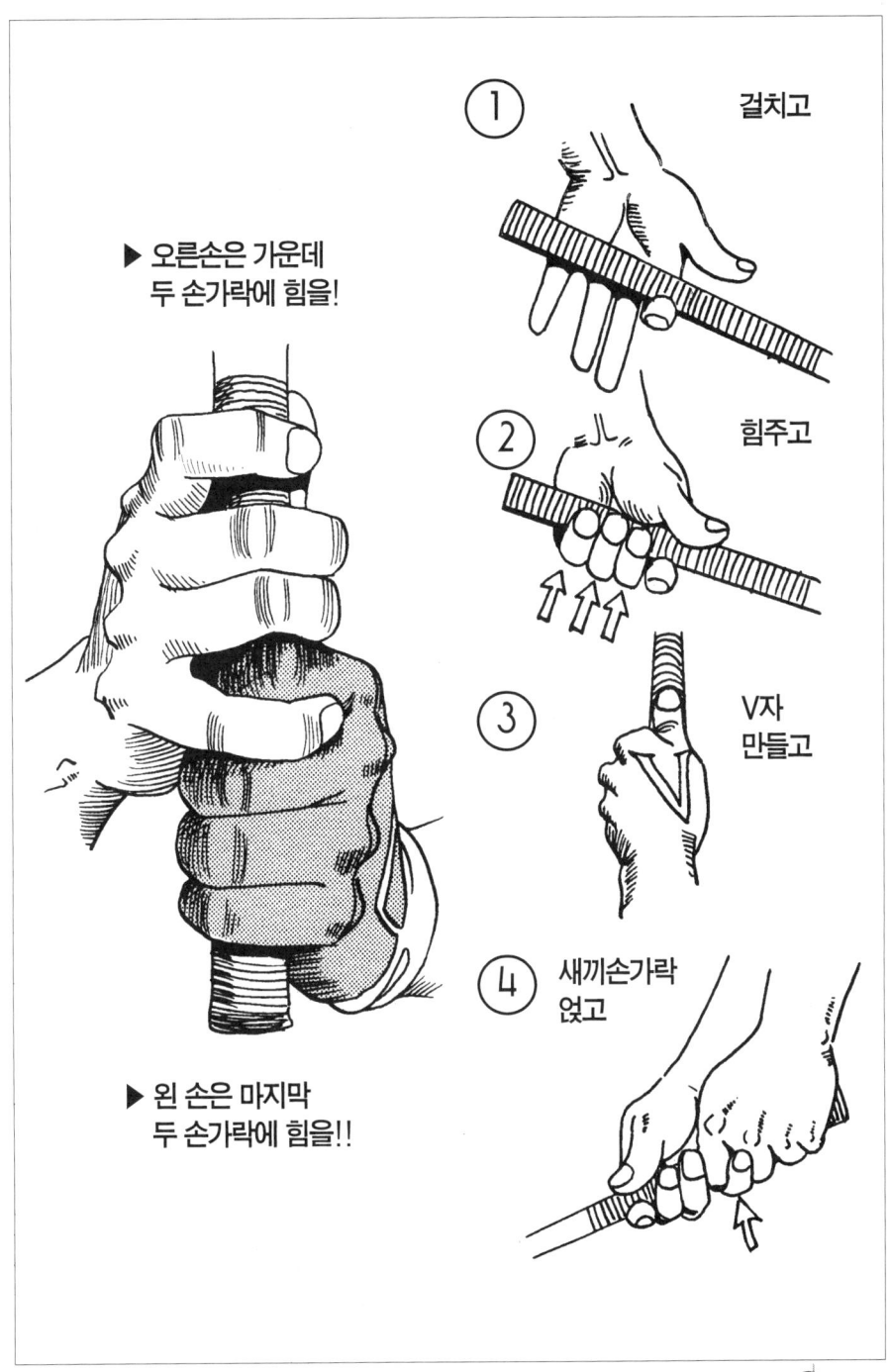

어려운 러프에서의 샷
장영일 포인트 레슨

러프에서의 샷이 어려운 이유는 불확정적 요소가 매우 많기 때문이다. 풀에 저항이 있으므로 볼을 날리기가 어렵다고 생각하는데 반드시 그렇지만은 않다.

여름철 러프가 가장 길 때는 클럽의 넥부분에 잔디가 얽혀 페이스가 덮이는 경우가 있는데 이렇게 되면 낮은 타구로 훅이 나기 쉽다. 또한 잔디 상태가 좋으면 당연히 수분을 포함하고 있으므로 이른바 플라이어 현상이 일어난다. 러프에서는 볼이 뜨지 않는다는 생각으로 큰 클럽을 가지고 휘두르면 캐리로 그린을 오버하는 수가 있다. 플라이어에 신경이 쓰일 경우 당연한 얘기지만 비오는 날에 차가 미끄러지는 듯한 현상이 되므로 거리감이 어려워진다.

러프에서 그다지 잘 친 기억이 없는 사람은 러프에서는 힘을 들여야 한다고 생각하고 있다. 러프의 저항에 지지 않으려고 힘으로 스윙을 하는 것이다. 풀의 저항이 있는 것은 분명하지만 그렇다고 해서 손과 팔에 힘을 들인다면 클럽을 막대기처럼 휘두르는 것과 같으므로 오히려 헤드의 속도만 저하시킨다. 따라서 저항에 지지 않으려면 가볍게 휘두르는 기분을 지니는 쪽이 좋다.

또한 플라이어의 위험이 있을 때는 로프트가 큰 클럽으로 느리게 휘둘러야 한다. 올바로 임팩트된 볼은 구태여 띄우려 하지 않아도 뜬다는 것을 믿어야 한다. 그리고 항상 어떤 상황에서도 평소와 다름없이 스윙을 하는 것이 심리적 해결 방법이다.

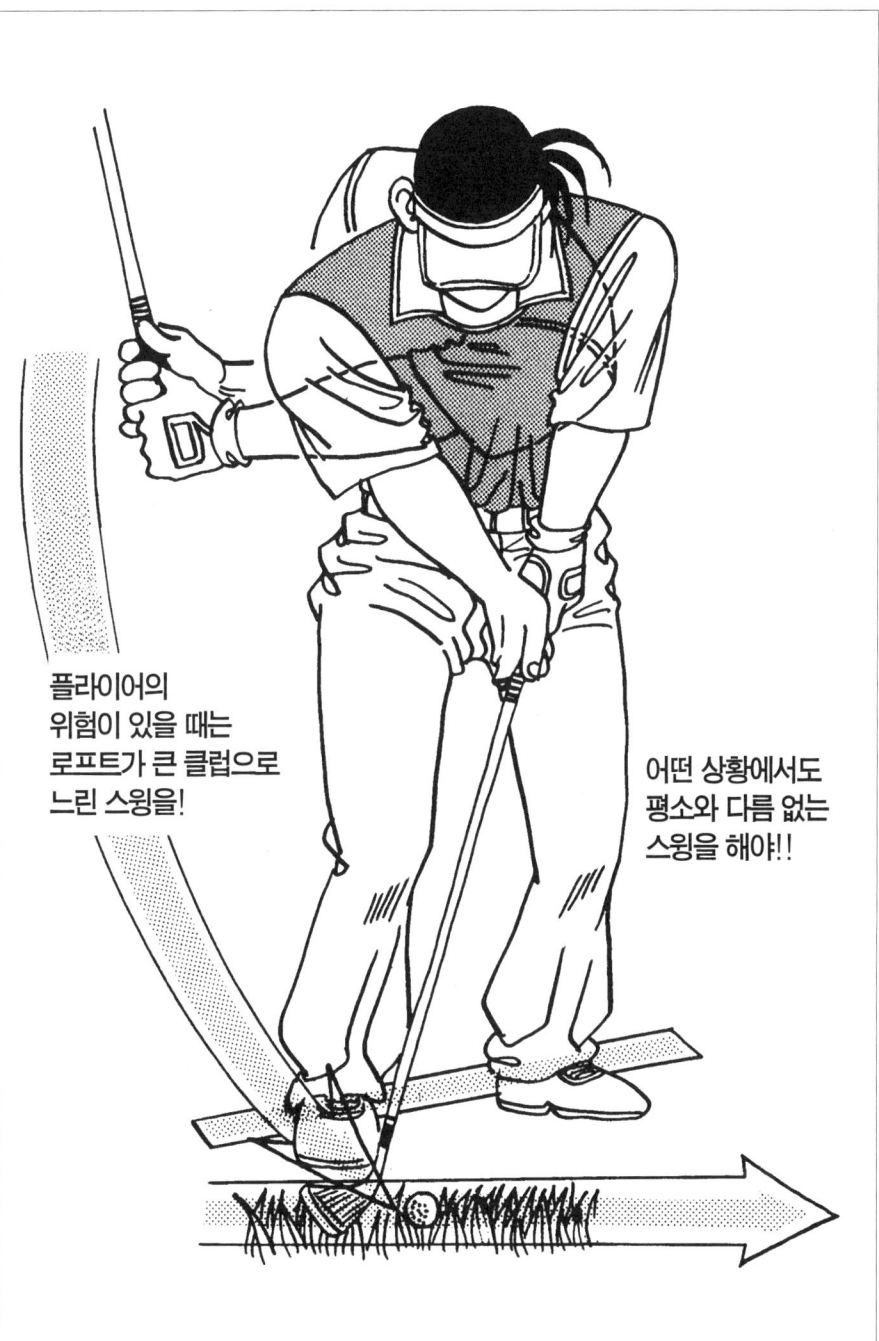

드라이버의 특징과 셋업
장영일 포인트 레슨

　드라이버는 클럽 중에서 가장 샤프트가 길고 또한 페이스의 각도가 가장 적은 클럽이다. 드라이버의 로프트는 7도 정도부터 있지만 우리 나라에선 10~13도가 가장 일반적이다. 드라이버는 샤프트가 길기 때문에 스윙 아크가 커지며 따라서 헤드가 돌아오는 시간이 늦고 그 결과 페이스가 열려 맞기 때문에 슬라이스의 가능성이 많다.

　드라이버의 길이는 43인치 정도가 표준이다. 이보다 짧으면 슬라이스가 적어질지는 모르나 스윙아크가 작아지기 때문에 드라이버 특유의 호쾌한 비거리는 기대하기 어렵다. 클럽의 길이를 바꾸지 않고 또 슬라이스도 안나는 드라이버를 원한다면 그것은 로프트가 큰 드라이버를 선택해야 한다.

　로프트가 9~10도의 드라이버를 사용하려면 상당한 파워가 요구된다. 스윙의 스피드가 여간 빠르지 않고서는 치기 어렵다. 일반적으로 동양인들에게는 10~13도이 로프트가 적당하다. 서구인에 비해 키가 작고 팔 길이가 짧은 동양인은 스윙 아크가 작기 때문에 로프트를 충분히 살리는 것이 어렵기 때문이다.

　대부분의 아마추어들은 어드레스시 볼을 너무 뒤쪽으로 놓고 손은 너무 앞쪽에 둔 상태에서 셋업 자세를 잡는다. 이러한 셋업은 각도 깊은 다운스윙으로 이어지면서 백스핀이 많아져 거리를 줄이게 되는 결과를 낳는다. 임팩트 순간 클럽 헤드를 수평으로 이동하도록 하기 위해 볼을 왼쪽 발뒤꿈치 정도 되는 지점에 놓고 오른쪽 어깨를 왼쪽보다 낮게 기울여 주면 완벽한 셋업이 된다.

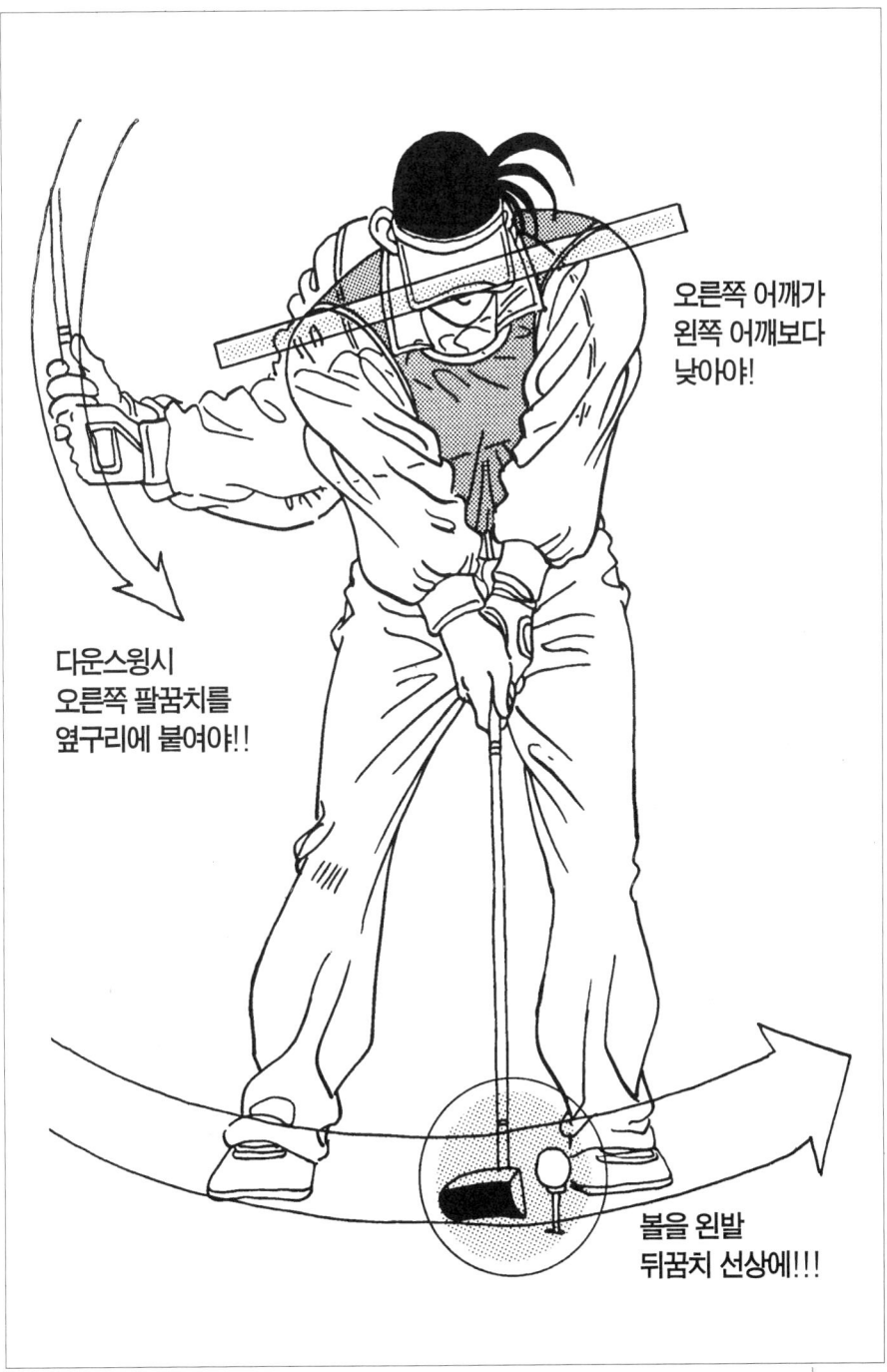

퍼팅에서 가장 중요한 요소
장영일 포인트 레슨

퍼트를 실패하는 이유는 무엇일까.

먼저 그린의 표면이 일정하지 않다는 사실이 그 첫째 원인이다. 신발의 스파이크 자국 등으로 인해 실제로 그린의 표면은 우들투들하다. 아울러 홀 컵 주위는 스파이크가 전혀 닿지 않는 곳이기 때문에 그 주변의 잔디가 도너츠처럼 볼록하게 솟은 형태를 보인다.

그린의 사정과 더불어 골퍼 자신의 실수가 원인이 될 때도 있다. 즉 클럽 헤드의 이동 궤도나 클럽 페이스의 표적 겨냥 각도, 볼에 대한 타격의 잘못 등도 이유에 해당한다. 퍼팅에서 골퍼의 실수는 이 세 가지 가운데 어느 한 가지거나 이들이 복합적으로 연계되어 나타난다.

이 세 가지 실수 요소 가운데 가장 치명적인 영향을 미치는 것이 마지막 항목인 정밀한 타격 부분이다. 클럽 헤드의 궤도가 잘못되었을 경우 이러한 실수가 볼의 구름에 미치는 영향은 20% 정도다. 이는 페이스가 표적에 대해 직각 상태를 이루고 있기만 하면 클럽 헤드가 표적의 왼쪽으로 10도 정도 비스듬히 움직였다 해도 볼은 왼쪽으로 2도 정도만 빗나갈 뿐이라는 얘기다. 따라서 이런 경우 6m 퍼트를 시도하면 볼은 10㎝ 정도 빗나가게 되는 것이다.

그러므로 퍼트의 실수를 없애기 위해서는 볼의 구름에 90% 이상 영향을 미친다고 할 수 있는 클럽 페이스의 각도에 유념해야 하고 또 볼을 페이스의 최적 타점에 맞힐 수 있도록 노력해야 한다.

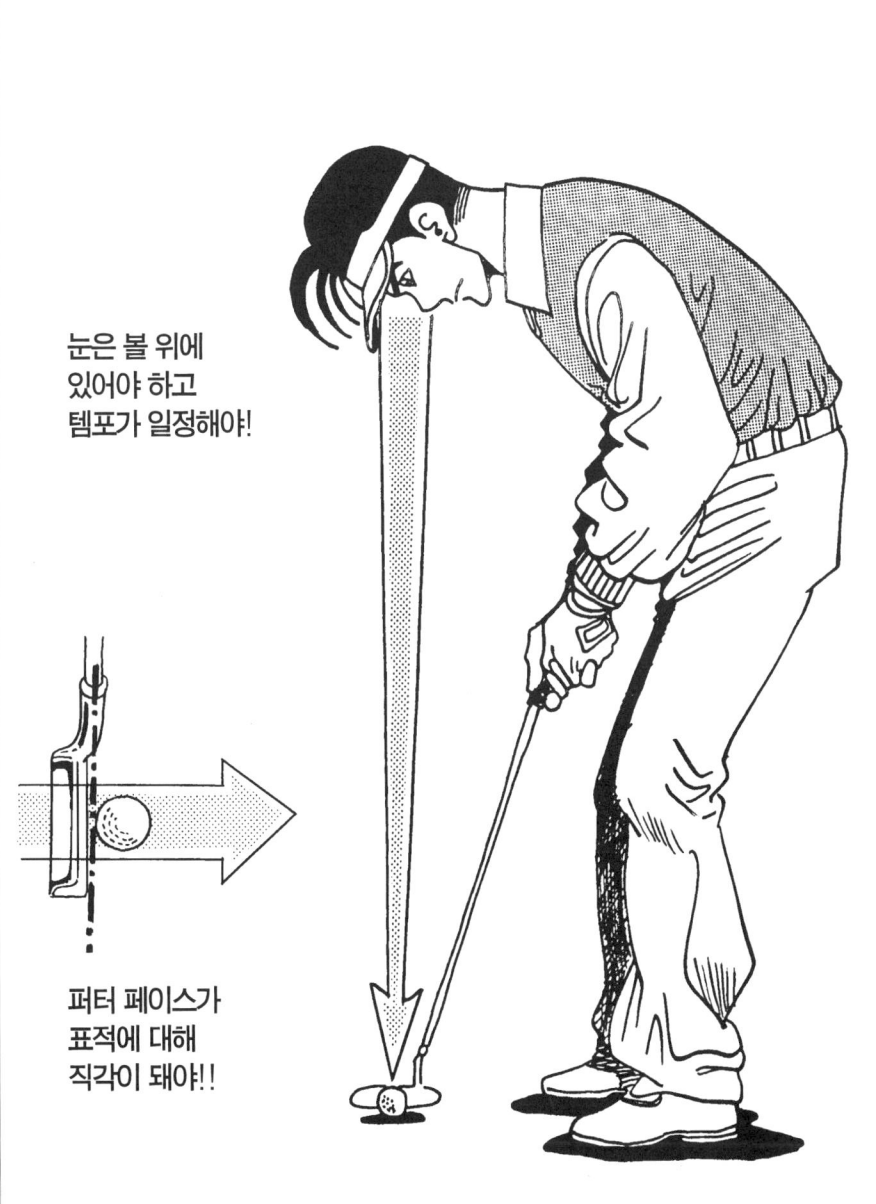

자신의 결점을 교정한다
장영일 포인트 레슨

　잘못된 스윙은 오랜 기간에 걸쳐 발전되어 자기도 모르는 사이에 몸에 밴다. 이런 잘못된 스윙은 숏아이언 사용시 어드레스 때 몸이 볼에 더 가까이 접근하고 머리를 볼 뒤로 더 이동시키기 때문에 나타난 것이라고 추정할 수 있다.
　대부분의 골퍼들은 이 두가지 요인으로 자신도 모르게 턱을 가슴 쪽에 대게 된다. 이런 자세에서는 백스윙 때 왼쪽 어깨가 완전히 턱 아래로 가로질러 회전할 수 없게 한다. 자신의 턱이 왼쪽 어깨의 자연스러운 이동을 가로막기 때문에 손으로 클럽을 너무 가파르게 위로 가져갈 수밖에 없다. 이렇게 되면 결과적으로 좁은 백스윙이 나오게 되고 체중 이동이 적절하게 이루어지지 않으며 너무 가파른 다운스윙 궤도로 인해 갈라 치는 샷이 된다.
　다행히 이런 과실은 자신의 턱을 가슴에서 들어올리면 숏아이언 샷은 놀라울만큼 향상된다. 그리고 왼쪽 어깨를 자유롭게 하면 팔이 클럽을 똑바로 뒤로 스윙할 수 있게 된다. 그 때 훨씬 더 넓은 스윙 궤도를 만들어 내고 완전한 어깨 회전도 이루고 백스윙을 완벽하게 구사할 수 있는 자세를 가질 수 있다.
　보다 넓은 스윙 궤도는 보다 낮은 다운스윙 궤도를 만들 수 있게 해주며 결과적으로 임팩트 직후 클럽 헤드를 땅속으로 찌르게 하지 않고 앞으로 밀어붙일 수 있게 해준다.
　이제는 예전의 나쁜 습관으로 돌아가지 않기 위해서 백스윙을 하기 전에 의식적으로 턱을 약간 들어올리는 동작을 취하도록 해 보자.

발자국 안의 공 탈출 방법

장영일 포인트 레슨

　앞선 플레이어들이 벙커 손질을 하지 않아 종종 공이 발자국 안에 들어가 있는 어이없는 경우를 당할 때가 있다. 이럴 때는 피칭웨지나 샌드웨지를 가지고 플레이할 수 있다. 중요한 건 클럽의 리딩에지가 볼과 샌드 사이를 얇게 통과하는 게 아니라 볼 아래를 깊숙이 내려가게 해야 한다는 것이다. 샌드웨지의 추가된 무게는 이때 필요한 힘을 만드는 데 도움이 되며 피칭웨지는 깊이 파고 들어가게 하는 데 용이하다.

　이 샷은 견실한 타격을 요하므로 모래와의 충돌 뒤에도 그립이 견고하게 유지되는 것이 필요하다. 그러나 그립을 너무 세게 쥐면 클럽의 최대 속도를 만들어 내는 데 꼭 필요한 손과 손목 동작을 억제하기도 한다.

　클럽을 볼 밑으로 내려보낸 뒤 그것을 밖으로 떠올려 내보낼 힘이 있어야 할만큼 충분한 힘을 가지기 위해서는 클럽의 최대 속도가 필요하다. 스탠스는 체중의 약 60%를 왼쪽에 실은 채 표적선에 대해 약간 열린 상태를 취한다. 볼에서 약 3인치 뒤쪽에 있는 모래의 한 지점을 고르고 백스윙과 다운스윙을 하는 동안 내내 그 지점에 시선을 고정시킨다. 또한 공격적인 스윙을 할 수 있도록 양발을 모래 속으로 충분히 밀어넣는다.

　그리고 이 샷은 평소보다 어깨 회전을 보다 더 잘해야 한다. 닫힌 클럽 페이스는 평소의 벙커샷보다 클럽 헤드를 모래속으로 더욱 깊이 밀어넣어야 하기 때문에 클럽 헤드의 속도를 계속 유지하는 것이 중요하다.

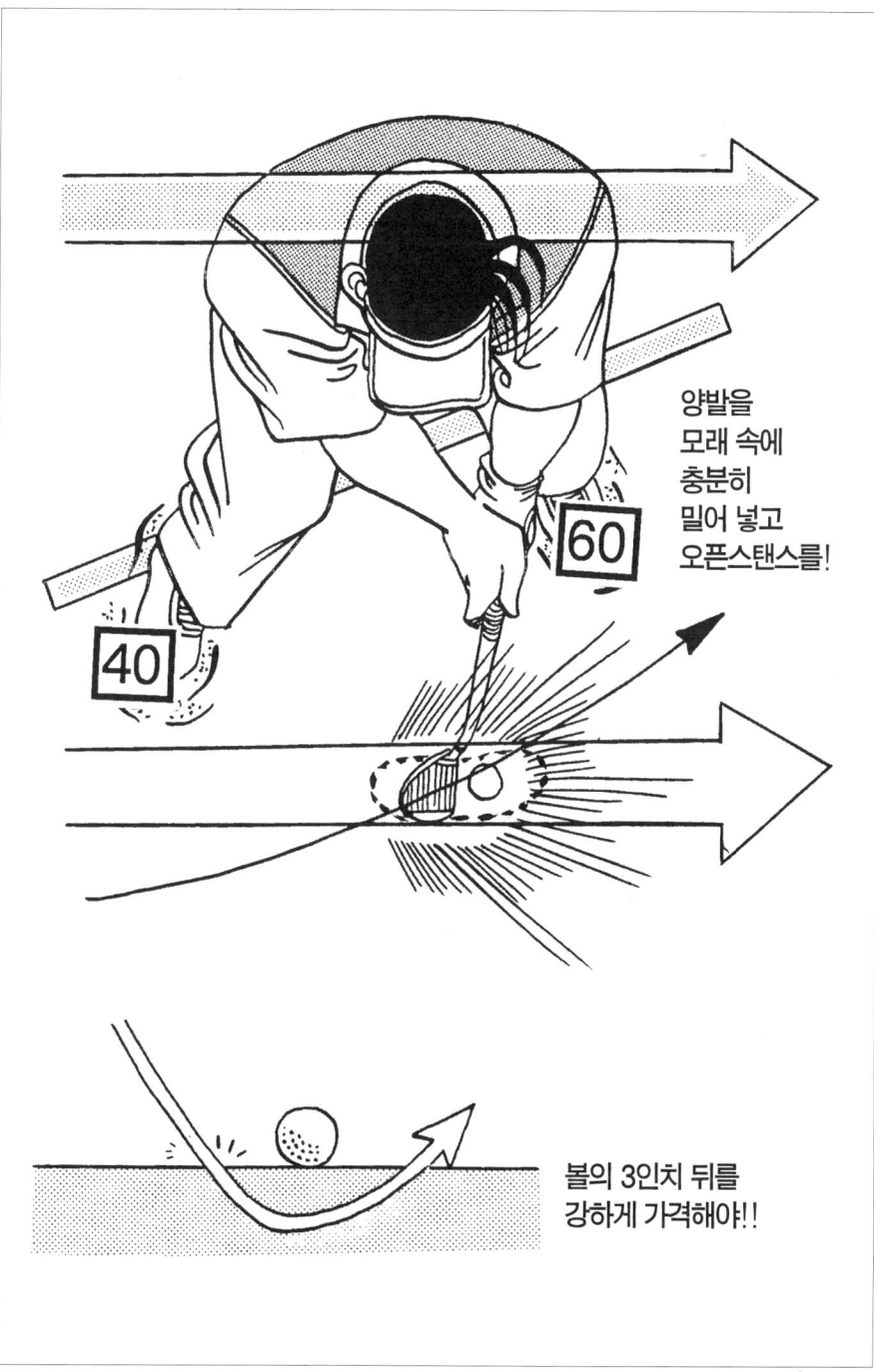

백스핀 치는 요령
장영일 포인트 레슨

　보통 골퍼들은 자신이 친 웨지샷이 그린에 닿은 뒤 백스핀이 되는 것을 보고 놀란다. 하지만 프로들은 그렇지 않다. 볼의 스핀이 마법이 아니라 기술이라는 것을 알고 있기 때문이다. 그렇다면 백스핀은 어떻게 치는 것일까?

　한두 번 튄 다음 백스핀으로 인해 뒤로 구르는 웨지샷을 치기 위해서는 빠른 클럽 헤드 속도와 정확한 타격이 필수 조건이다. 그러므로 건실한 스윙은 무엇보다 이 샷의 중요한 요인이다. 그리고 클럽 헤드 속도 역시 중요하기 때문에 볼이 70야드 안쪽에서 극적으로 백스핀이 걸릴 것이라고 기대해서는 안 된다.

　이렇게 짧은 거리의 스윙은 백스핀을 낳기에 너무 느리다. 백스핀을 위해 다음으로 중요한 것은 볼과 클럽 페이스 사이의 건실한 타격이다. 이상적인 라이는 볼이 페어웨이에 놓여 있고 임팩트 순간에 볼과 클럽 페이스 사이에 풀 같은 것이 들어올 가능성이 없는 곳이어야 한다. 또 다른 요인으로는 건조한 페어웨이 맞바람, 그리고 페어웨이를 향한 그린의 경사 등이 있다. 백스핀을 방해하는 요인으로는 순풍, 서 있는 곳과 반대편으로 경사가 나 있는 그린, 그리고 젖은 페어웨이 등이다.

　주의할 점은 스윙시 강한 그립으로 손목의 움직임을 막아야 하는 것이다. 핸드퍼스트 자세 또한 중요하다.

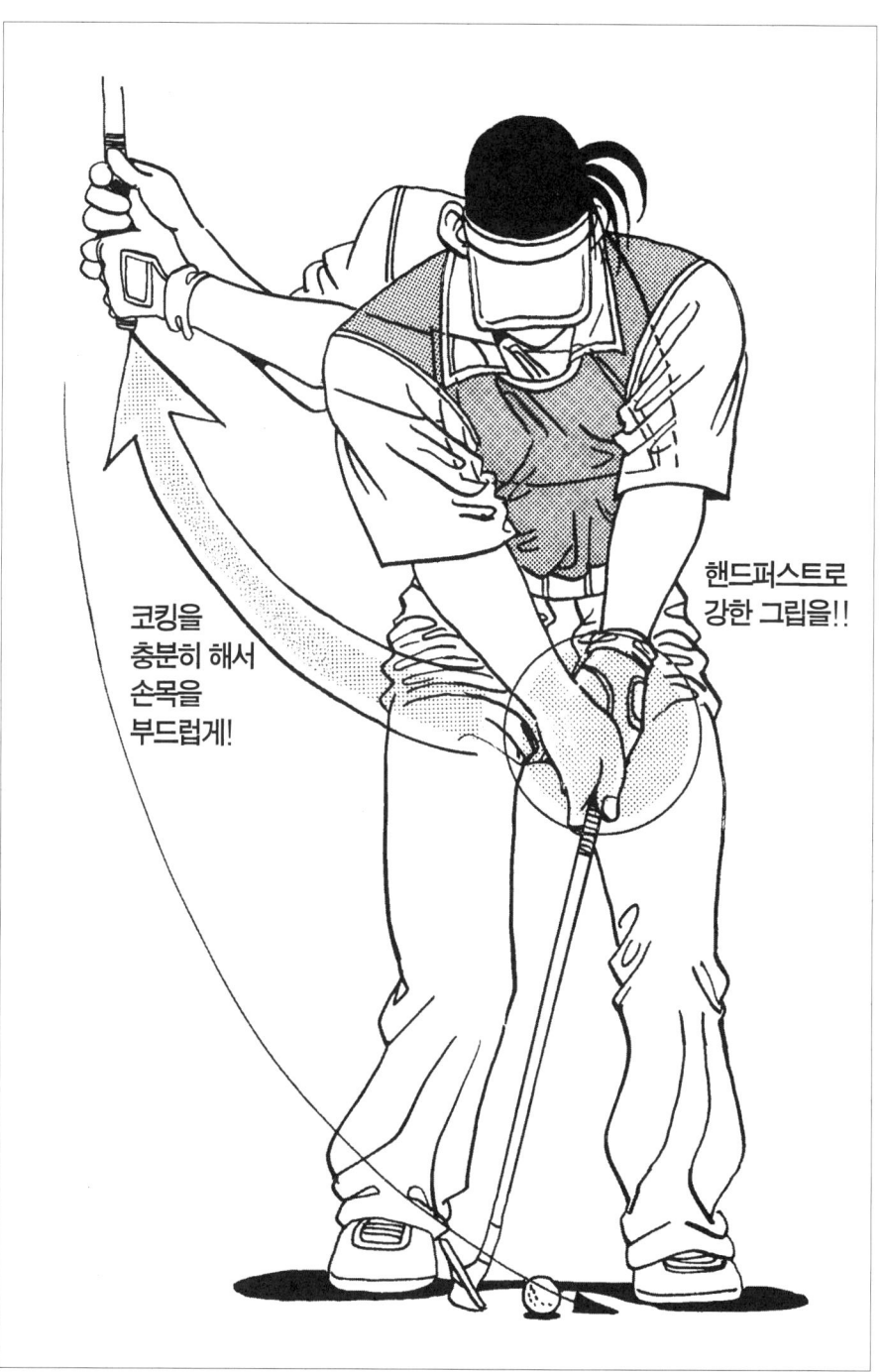

토핑의 원인과 치료법
장영일 포인트 레슨

볼의 상단을 때리는 톱 샷이 나오면 볼은 마치 토끼처럼 지면을 튀어가다가 결국 50~60야드 거리에서 멈추게 된다. 그러면 1타로 목표에 도달할 수 있는 거리에서도 두 번째 샷이 필요해지게 된다. 그러면 이러한 토핑의 원인은 무엇일까?

그것은 타격의 순간 골퍼의 왼팔이 구부러지기 때문이다. 명심해야 할 것은, 타격 순간 왼팔은 어드레스 때와 똑같은 위치에 놓여 있어야 한다는 점이다. 다시 말하면 왼팔은 왼쪽 어깨의 위쪽에서부터 볼까지 일직선을 형성하고 있어야 한다. 상상력을 이용하면 어드레스 때와 타격 순간 왼팔을 좀 더 확실하게 일직선으로 가져갈 수 있다. 즉 어드레스를 취할 때 양팔이 밧줄에 묶여 연결되어 있다고 생각하는 것이다. 이렇게 되면 오른쪽 팔꿈치는 몸쪽을 향하게 된다. 그리고 왼쪽 팔꿈치는 왼쪽 엉덩이의 안쪽으로 위치하게 된다. 아울러 왼팔은 클럽샤프트와 함께 어깨의 위쪽에서부터 볼까지 일직선을 형성하게 된다. 그러면 바로 이러한 어드레스 자세가 타격 순간의 스윙 반경을 그대로 축적한 자세가 되며 타격 순간 양쪽 팔꿈치는 반드시 이와 똑같은 위치에 놓여 있어야 한다. 즉 어드레스 때와 똑같이 양쪽 엉덩이의 안쪽으로 위치하고 있어야 하는 것이다.

클럽 헤드가 볼을 때리고 폴로스루 단계로 들어가기 시작하는 타격 직후엔 엉덩이가 돌아가면서 몸이 표적 방향을 향하게 되지만 오른쪽과 왼쪽 팔꿈치는 그대로 몸 가까이 위치하고 있어야 한다. 연습장에서 양쪽 팔꿈치가 타격 순간 몸 가까이 붙어 있는가와 일직선을 형성하고 있는가를 알아 보려면 우드보다 아이언을 휘두르는 것이 더 쉽다.

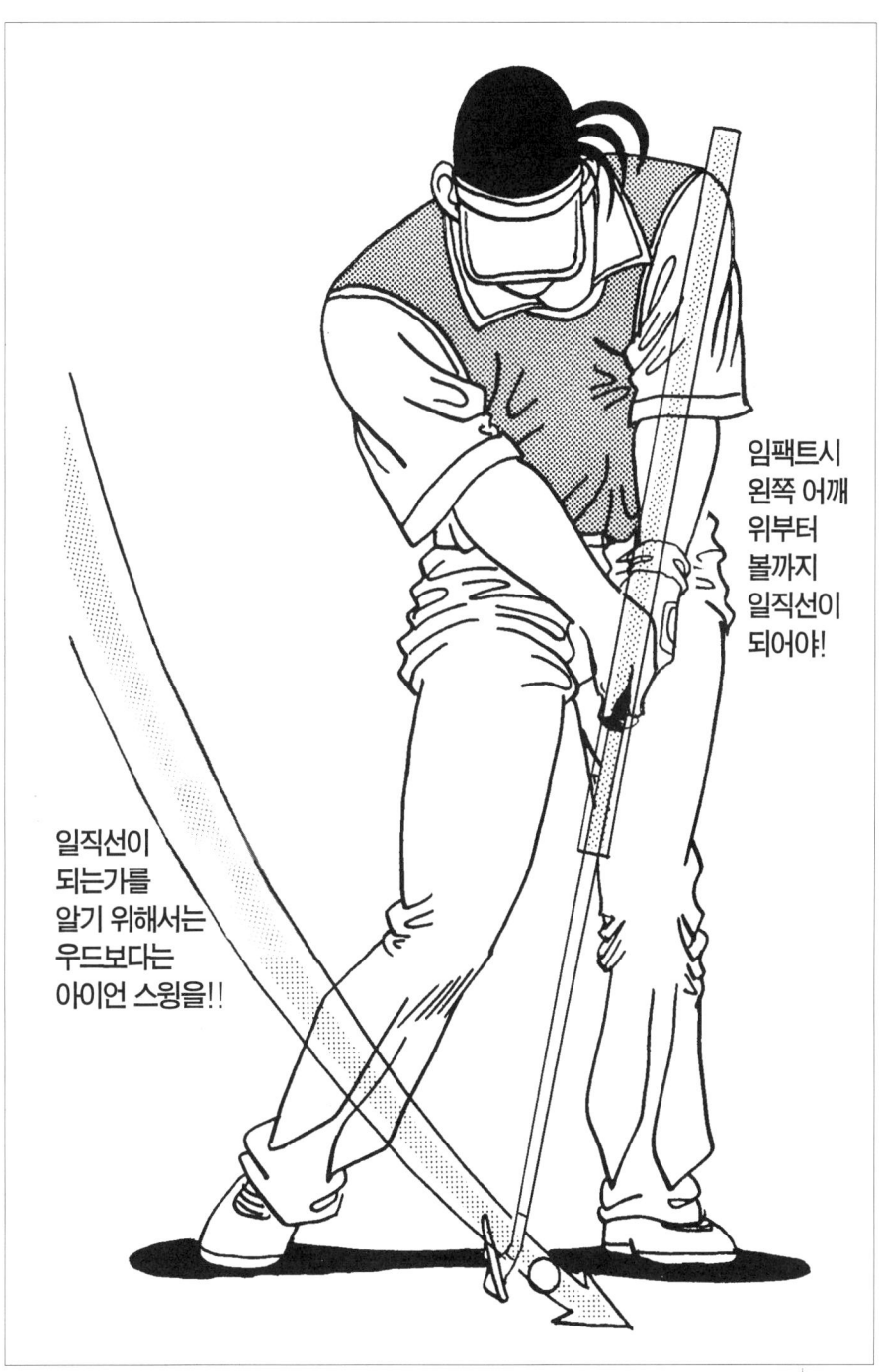

톱스윙의 올바른 위치

장영일 포인트 레슨

　백스윙은 피니시를 목표로 하여 움직이기 때문에 무엇보다도 톱스윙의 옳은 위치를 파악해 두는 것이 선결 문제다.

　골프채를 수직으로 세워 눈높이에 그립이 오도록 쳐 올린다. 그리고 그 상태에서 어깨를 오른쪽으로 90도 돌린 위치가 톱스윙의 위치가 된다. 드라이버로 칠 때는 톱스윙에서 샤프트는 땅과 평행이 되게 하는 것이 가장 좋다.

　골프채 헤드가 하늘을 가리키는 모양이면 몸을 제대로 튼 것이 아니고, 반대로 땅을 가리키면 이른바 오버스윙이 된 것이다. 그리고 왼쪽 팔꿈치는 막대기처럼 쭉 뻗거나 구부러져 있으면 안 된다. 알맞게 휘어져 자연스럽게 뻗어 주는 것이 좋다.

　백스윙 도중에서부터 만들어지는 코킹은 톱스윙에서 완료되는데 손목을 제대로 꺾었다면 왼손 엄지는 톱스윙에서 샤프트를 바로 아래에서 떠받치는 모양이 되고(스퀘어 그립의 경우) 손목이 앞뒤로 꺾어지는 현상도 일어나지 않아 왼손등과 팔 바깥쪽은 직선이 될 것이다.

　만일 톱스윙에서 왼 손목이 손등쪽으로 꺾이게 되면 샤프트는 볼이 나가는 선보다 오른쪽을 향하게 되고 골프채 타면도 아래를 가리키듯 열린다. 결국 친 볼이 슬라이스가 되게 하는 요인이 된다.

　반대로 왼손목이 손바닥 쪽으로 꺾이게 되면 선보다 왼쪽을 향하고 골프채 타면은 바닥을 가리키지 않아 닫힌 모양이 되므로 결국 볼은 왼쪽으로 휘게 된다. 톱스윙에서의 중심은 반드시 오른발 안쪽에 있어야 한다. 중심이 바깥쪽으로 밀려나가면 상체가 오른쪽으로 움직이고 다운스윙 때 힘을 모으는 것이 불가능해진다.

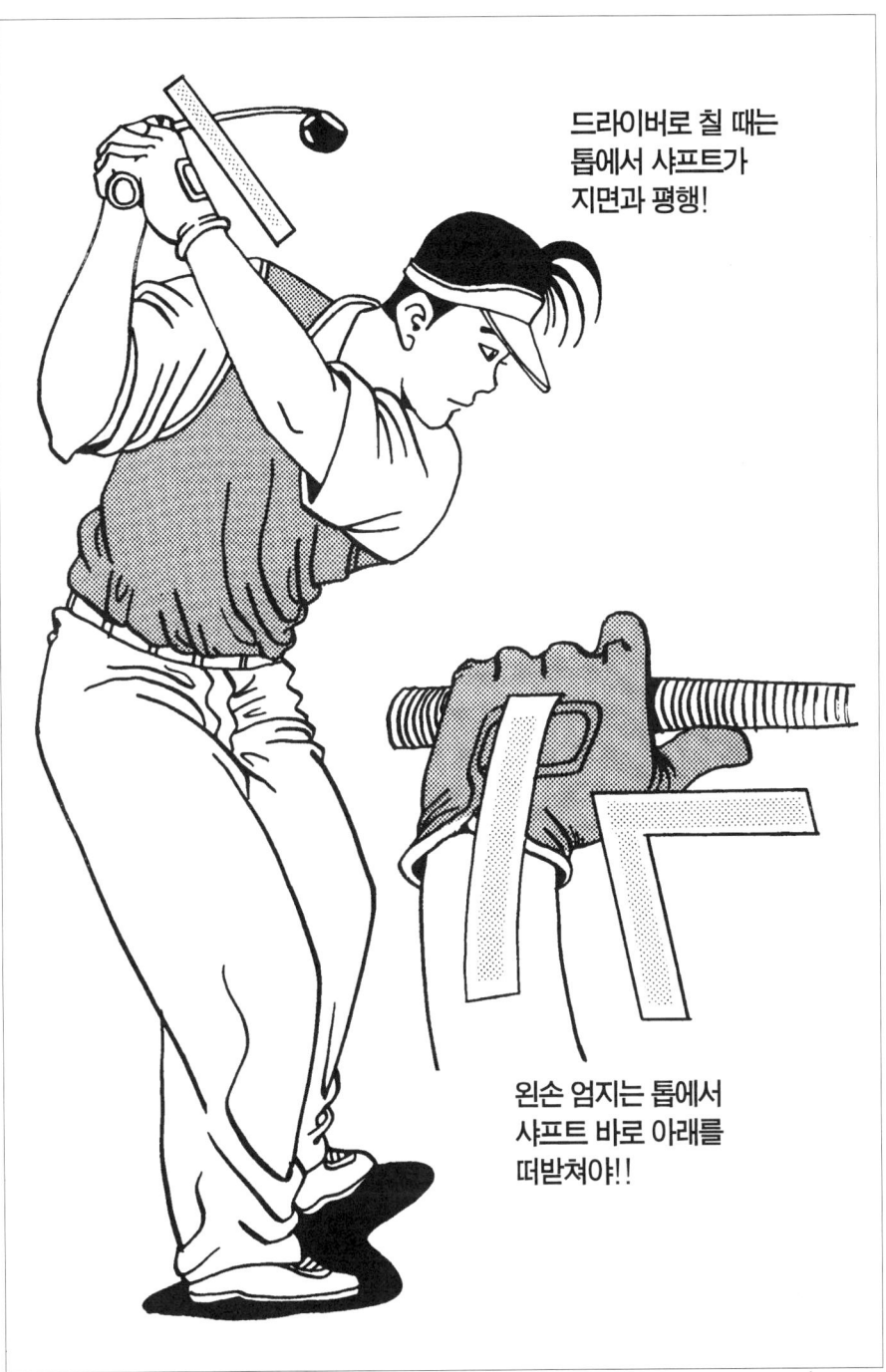

임팩트는 스윙의 한 과정이다
장영일 포인트 레슨

스윙이란 볼을 치기 위한 동작이긴 하지만 친다는 것에만 너무 신경을 쓰면 골프채 헤드를 볼에다 맞히는 것만으로 끝나게 되고 스윙 전체가 작게 변한다. 그렇게 되면 볼을 멀리 보낼 수 없게 된다. 그렇게 하기보다 스윙이라는 큰 흐름 속에서 임팩트를 정의하면 스윙 궤도 위에 볼이 있고 그 볼에 스윙중인 클럽 헤드가 맞았을 때가 결과적으로 임팩트가 되는 것이다. 물론 임팩트에 따라 볼이 나가는 탄도도 달라진다.

임팩트를 점으로 본다면 볼을 때리는 느낌으로 스윙을 하기 때문에 볼이 왼쪽으로 나가는 경우가 많고 스윙도 비교적 빨리 하려는 사람이 많다. 그에 반해 임팩트를 선으로 보는 사람은 볼을 헤드로 실어내는 느낌으로 스윙을 하기 때문에 오른쪽으로 나가는 볼 탄도가 되기 쉽다. 몸을 뒤트는 동작을 중요시하고 볼이 나가는 거리보다도 방향성을 우선으로 하는 사람에게서 많이 볼 수 있다.

참고로 말해 동양의 프로들 대부분은 오른쪽으로 약간 꺾여져 날아가는 탄도가 특징인데 그것은 친 볼이 왼쪽으로 꺾여 날린 것보다 볼이 많이 굴러가지 않아 멀리는 못날릴 망정 안전성이 높기 때문이다.

아무튼 자기 나름대로 볼을 치는 순간의 이미지를 가져야만 스윙이 크게 달라진다는 사실을 알아야 한다. 임팩트 단계에서 주의해야 할 것은 어드레스 때의 모양을 다시 이루는 것이다. 어드레스 때 몸은 볼에 대해 평행을 이루게 마련인데 임팩트시에도 절대 그 모양이 틀어지지 않도록 주의해야 한다.

코킹은 어느 시점에서 해야 하나
장영일 포인트 레슨

손목을 사용하는 것은 장단점이 있다. 비거리를 늘리기 위해 손목의 사용은 필수적이나 지나치면 미스샷을 초래한다. 어떤 상황에서 사용하고 또 어떤 때는 사용을 억제해야 하는지를 알아 보자.

스윙의 일련 동작 중에서 손목의 사용을 가장 억제해야 하는 부분이 폴로스루다. 이때 손목을 사용해 클럽을 올리면 몸의 회전이 멈춰 손만으로 볼을 긁어 올리듯이 치게 되어 큰 훅이 난다. 그러므로 손목의 움직임을 억제해 클럽을 낮고 길게 비구선상에 내주듯이 해야 한다. 이렇게 하면 방향성도 좋아지고 볼을 포착하고 있는 시간이 길어지므로 비거리도 향상된다.

코킹 즉, 손목을 꺾는 것은 스윙의 어디에서 시작해야 하나. 테이크 백과 동시에 코킹을 시작하는 것은 빠르다. 테이크 백의 초기에는 헤드를 가능한 한 낮고 길게 비구선의 뒤쪽으로 당겨 코킹을 만들지 않는다. 그리고 그립이 오른쪽 허리 높이까지 왔을 때 코킹을 시작해야 한다. 이렇게 하면 의식하지 않아도 클럽 헤드가 언제나 정해진 궤도 위를 달려 정확성이 높아진다. 볼이 러프나 벙커에 있을 때는 볼을 가능한 한 위에서부터 예각으로 쳐야 한다. 옆에서 쓸어 주듯이 치면 볼을 탈출시키는 것이 불가능하기 때문이다.

코킹을 이용하면 클럽을 업라이트하게 예각으로 끌어올릴 수 있으므로 헤드가 수직에 가깝게 볼을 히팅할 수 있는 궤도를 만들어 준다. 코킹은 손목을 꺾는 것이다. 그런데 이것을 손등쪽이나 손바닥 쪽으로 꺾는 것으로 알고 있는 사람이 많다. 정확하게 말하면 왼손 엄지의 방향으로 손목을 꺾는 것이다. 이 잘못된 생각 때문에 슬라이스나 훅이 발생한다. 부드럽게 손목을 사용하는 것이 중요하다.

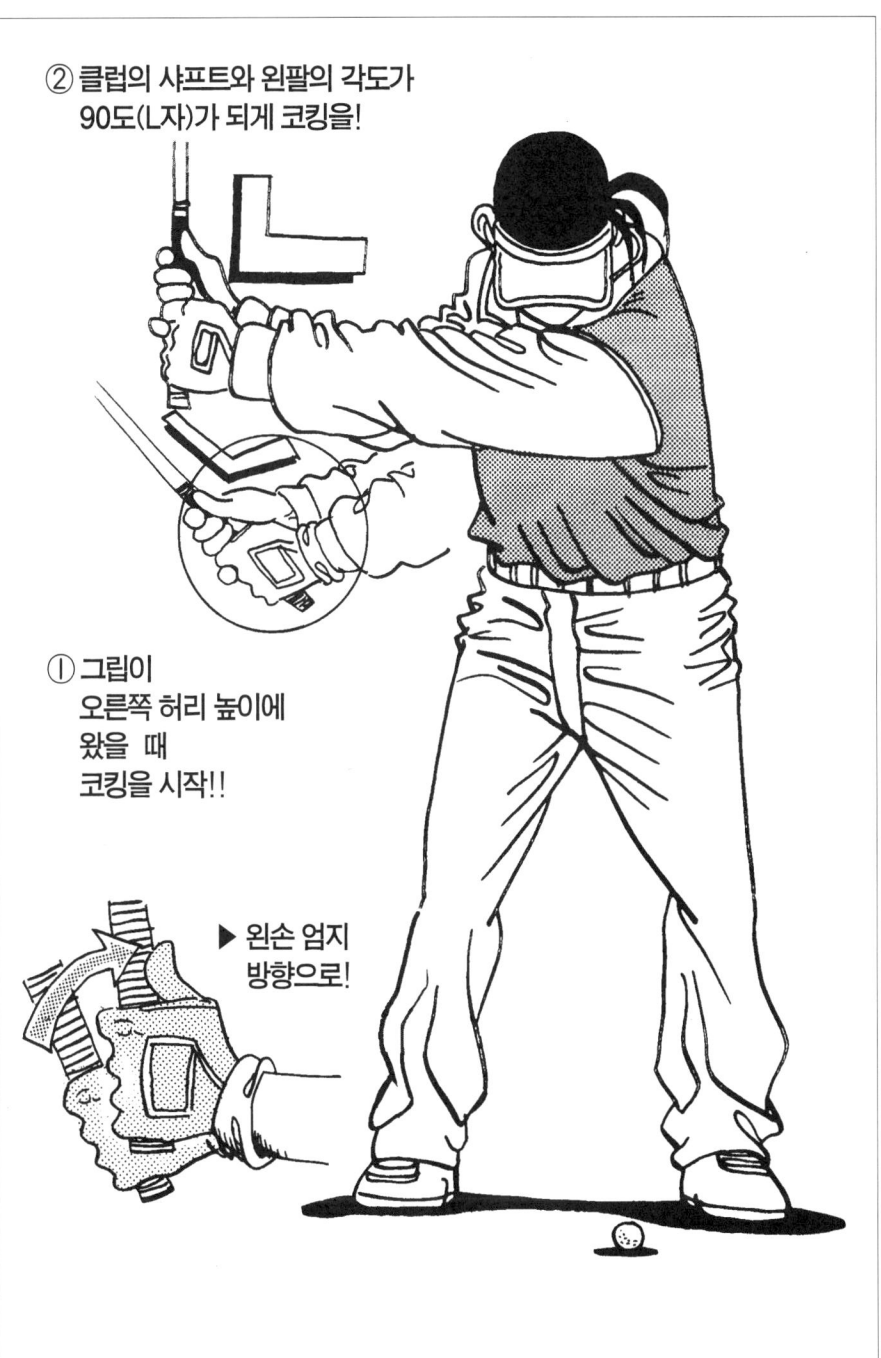

다시 점검해 보는 그립

장영일 포인트 레슨

　골프에서 그립은 종종 과소 평가되는데 이것은 결코 그대로 건너뛸 수 없는 매우 중요한 주제다. 아마 골퍼들이 가장 많이 범하는 좋지 않은 그립은 왼손 손등의 관절이 두 개 이상 보이는 '너무 강한 그립'이다. 이것은 매우 편안한 그립이기는 하다. 그러나 아무리 그 느낌이 편안하다 해도 이와 같은 강한 그립은 골프 실력을 발전시키지 못한다. 그러므로 안전한 스퀘어 그립을 연습하는 것이 큰 도움이 된다.

　스퀘어 그립은 일관된 정통 골프 스윙을 완성하는 데 매우 중요하다. 강한 그립의 더욱 나쁜 폐단은 오른손이 그립의 왼쪽으로 놓이게 되므로 이것 또한 너무 강한 그립을 형성하게 되는 원인이 된다는 점이다. 이 결과 종종 클로스스탠스를 취하게 되고 오른쪽 어깨가 너무 밑으로 기우는 모습을 만든다. 양쪽 어깨를 잇는 선을 긋는다면 그 선은 목표에서 아주 멀리 오른쪽을 가리키게 된다. 그렇기 때문에 클럽을 너무 안쪽에서 휘두르게 되고 또한 팔의 스윙없이 어깨의 회전 동작만을 취하게 된다. 마치 첫 단추를 잘못 낀 경우와 마찬가지로 처음의 하찮은 과오로 말미암아 결국 막대한 피해를 보게 된다.

　스윙을 할 때는 본능적으로 양손이 스퀘어해지려는 경향이 있다. 만약 위와 같이 너무 강한 그립을 취한다면 임팩트때 손은 스퀘어, 클럽 페이스는 완전히 닫힌 채 공을 맞히게 된다. 오른손 엄지손가락과 집게손가락이 마치 방아쇠를 쥐고 있는 듯한 모습을 관찰해 본다. 모든 훌륭한 골퍼들은 모두 이와 같은 모습을 취하고 있다. 이것은 안전성과 파워를 가져다 주기 때문이다. 그리고 가장 중요한 점은 클럽 페이스를 스퀘어하게 하기 쉽다는 것이다. 좋은 그립은 좋은 스윙을 낳는다.

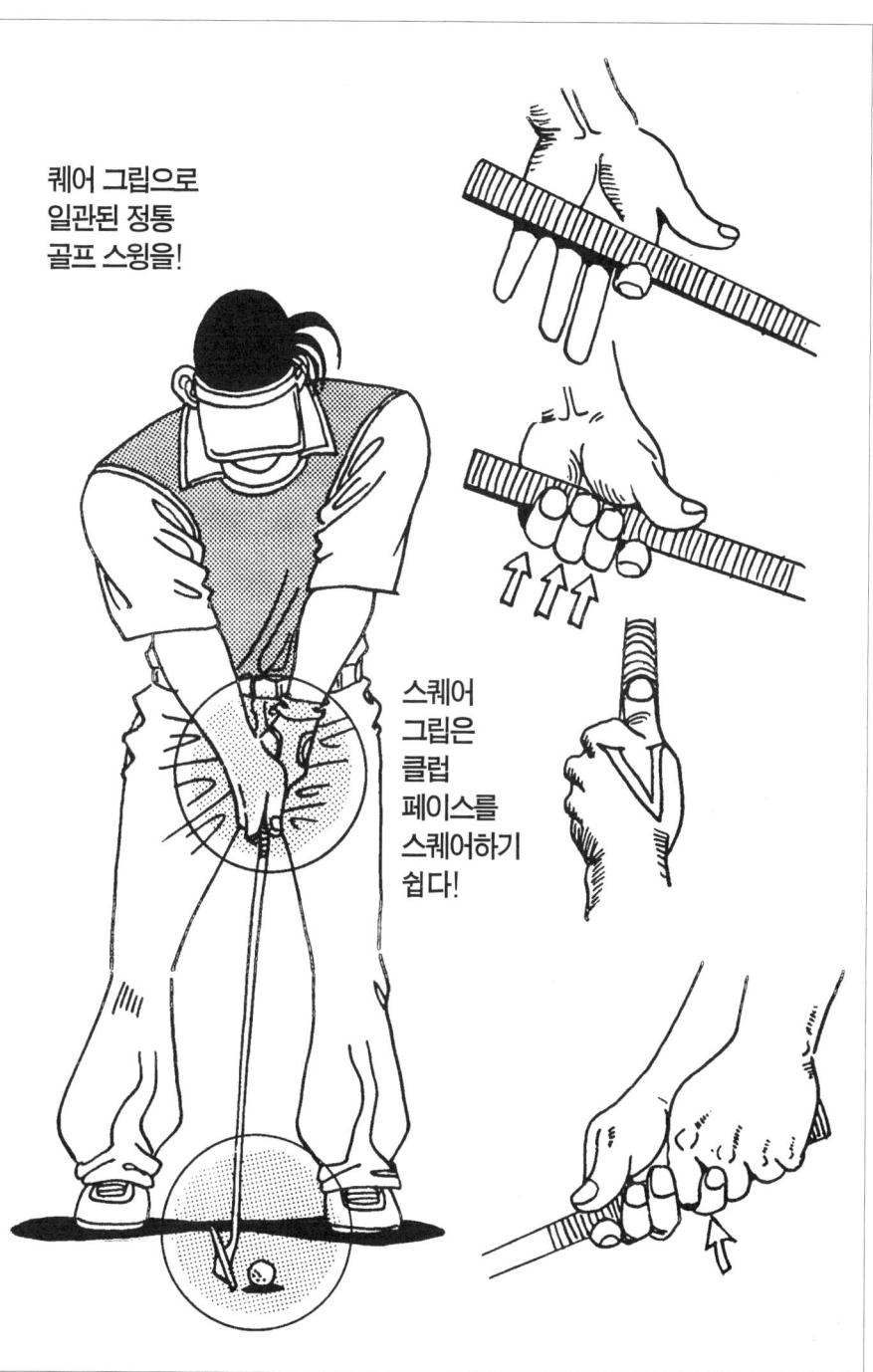

스윙시 척추의 각도
장영일 포인트 레슨

공을 치고 난 뒤 머리를 많이 들어올린다, 혹은 '살짝 엿본다' 는 지적을 많이 들었을 것이다. 스윙중에 이렇게 해도 공을 잘 칠 수는 있다. 사실은 너무 오랫동안 머리를 숙이는 것이 스윙의 회전 동작을 방해하고 있다. 아마 골퍼들은 여러 가지 이유로 어드레스할 때보다 임팩트 때 클럽이 더 짧아지기 때문에 공의 머리를 치게 된다. 대부분 이런 현상의 원인은 척추의 굴절 각도가 백스윙 동안 혹은 다운스윙 동안 변하기 때문이다. 셋업 자세에서 허리를 굽히고 나면 임팩트 이후까지 척추의 굴절 각이 변하지 말아야 한다.

많은 골퍼들은 유연성의 한도보다 더 멀리 뒤로 클럽을 가져가려고 하기 때문에 백스윙 때 허리를 펴는 경향이 있다. 사실상 허리를 일으키면서 클럽을 들어올리는데 이것은 공과의 공간적인 관계를 변화시키는 나쁜 움직임이다.

우수한 플레이어들이 자신들의 샷 안에서 스윙을 하는 반면 서투른 플레이어들은 샷 밖에서 하고 있다. 이것은 모두 균형에 관한 말이다. 균형을 잃으면 스윙 면에 변화가 생긴다. 스윙 면에 변화가 가해지면 샷의 정확도가 떨어진다. 스윙내내 척추각도를 유지할 수 있으면 균형 있는 스윙이 구사되는 것이다.

따라서 어드레스에서 어느정도 척추 각을 세웠으면 그 각을 임팩트 이후까지 유지하는 것을 항상 염두에 두어야 한다.

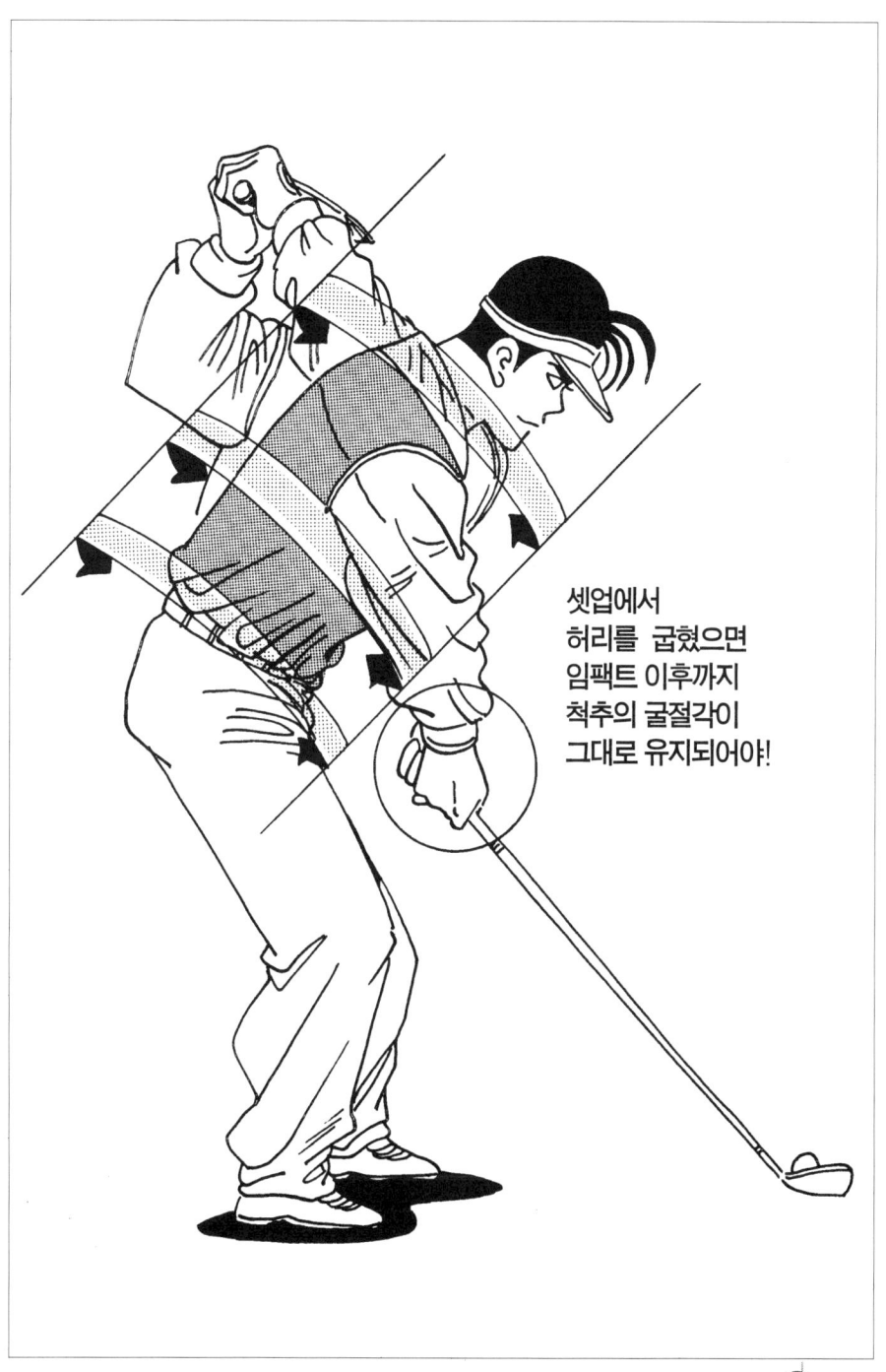

오른쪽 그립의 올바른 자세

장영일 포인트 레슨

　오른손 그립이 왼손을 너무 덮어지게 취하는 원인은 자세를 취할 때 오른팔이 왼팔보다 위로 오기 때문이다. 그럴 때는 볼을 날리는 방향 뒤에 서서 누군가 점검해주도록 부탁을 한다.

　오른쪽 그립이 덜처진 것을 고치려면 옆에서 봤을 때 오른쪽 팔이 왼팔보다도 아래로 오게 하면 된다. 자세를 취했을 때 골프채의 샤프트를 옆으로 가로질러서 그 샤프트의 위에 왼쪽 팔꿈치가 있게 하고 오른쪽 팔꿈치는 샤프트의 아래로 가도록 자세를 취하는 것이다.

　이러한 자세를 자연스럽게 할 수 있게 되면 오른쪽 팔꿈치가 몸에 바짝 오게 취해지고 오른쪽 그립은 옆으로부터 가볍게 잡게 되는데다 너무 덮어지게 그립을 잡는 잘못이 고쳐진다. 오른쪽 팔을 너무 뻗어서 취하는 자세가 그립을 지나치게 덮어서 잡는 원인이라 할 수 있다.

　이럴 경우 백스윙 궤도가 밖에서 안으로 가게 되고 때문에 비스듬히 깎아치는 식이 되며 오른쪽 어깨가 왼쪽보다 강해져서 클럽 헤드가 아웃사이드로 감아 올려져서 어깨가 충분히 회전하지 못한다.

　골프는 '오른쪽 벽의 스포츠'다. 왼손등으로 대문을 두드리듯 왼쪽 벽을 형성하고 오른쪽 벽이 받쳐 주는 임팩트 동작이 지레의 원리처럼 샤프트 탄성에 체중을 실어 타격을 가할 때 자신의 최대 파워를 연출할 수가 있다.

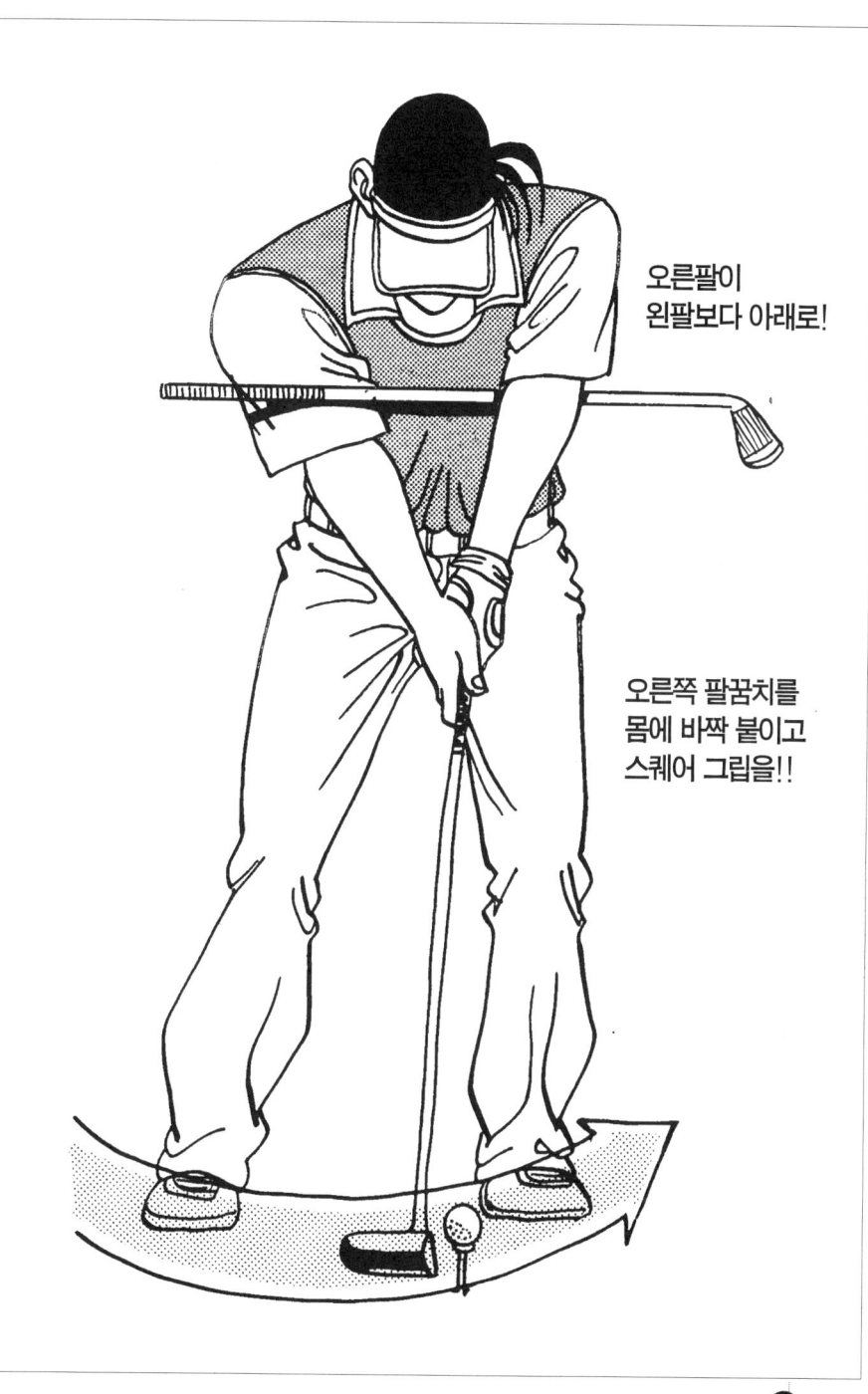

벙커 샷의 기본기
장영일 포인트 레슨

 벙커 샷은 골퍼들이 구사하는 타법 가운데 유일하게 공을 치지 않는 기법이다. 우선 벙커에서 샌드웨지을 사용하게 되면 바운드 각도가 만들어지는데 이와 같은 바운드 각도는 클럽 헤드 뒤쪽 바닥의 트레일링에지가 앞쪽의 리딩 에지보다 아래쪽에 위치하면서 클럽이 떨어진다는 것을 알 수 있다. 이러한 특성 때문에 골퍼들이 클럽을 이동시킬 때 클럽이 모래를 떠내지 않고 모래 사이를 뚫고 지나가게 되는 것이다.

 대다수의 사람들은 모래 위에서 타격을 해 본 경험이 많지 않다. 잘라 치는 대신 걷어서 치는 타격을 해야 한다. 클럽이 모래를 걷어 치게 되면 그 모래는 다시 공을 이동시키게 된다. 벙커 플레이를 할 경우에는 오로지 모래를 옮긴다는 생각만을 가지고 타격해야 한다. 모래를 조금 떠낼수록 공은 더 멀리 날아가게 될 것이다. 또한 공에서 약 2인치 뒤로 떨어진 위치에서 공을 겨냥하는 것이 가장 안전한 타구가 될 것이다. 벙커 샷은 공을 직접 치지 않고 모래를 치는 것이기 때문에 특수한 샷이다. 하지만 공을 직접 치지 않으므로 단순한 스윙이 요구된다. 모래의 저항에 지지 않고 확실하게 핀까지 보내기 위해서는 역시 보디 스윙이 기본이 된다. 벙커에서는 어드레스 때 클럽을 지면에 놓을 수가 없다. 이를 어길 때는 1벌타가 부과된다.

 벙커에서 반드시 지켜야 할 4가지 주의점은 다음과 같다.

1. 발을 단단히 한다.
2. 클럽을 몇 센티미터 짧게 잡는다.
3. 오픈 스탠스를 한다.
4. 공에 시선을 집중하지 않고 공의 2~3센티 뒤쪽에 시선을 집중시키도록 한다. 벙커 샷은 결코 두려운 샷이 아니다.

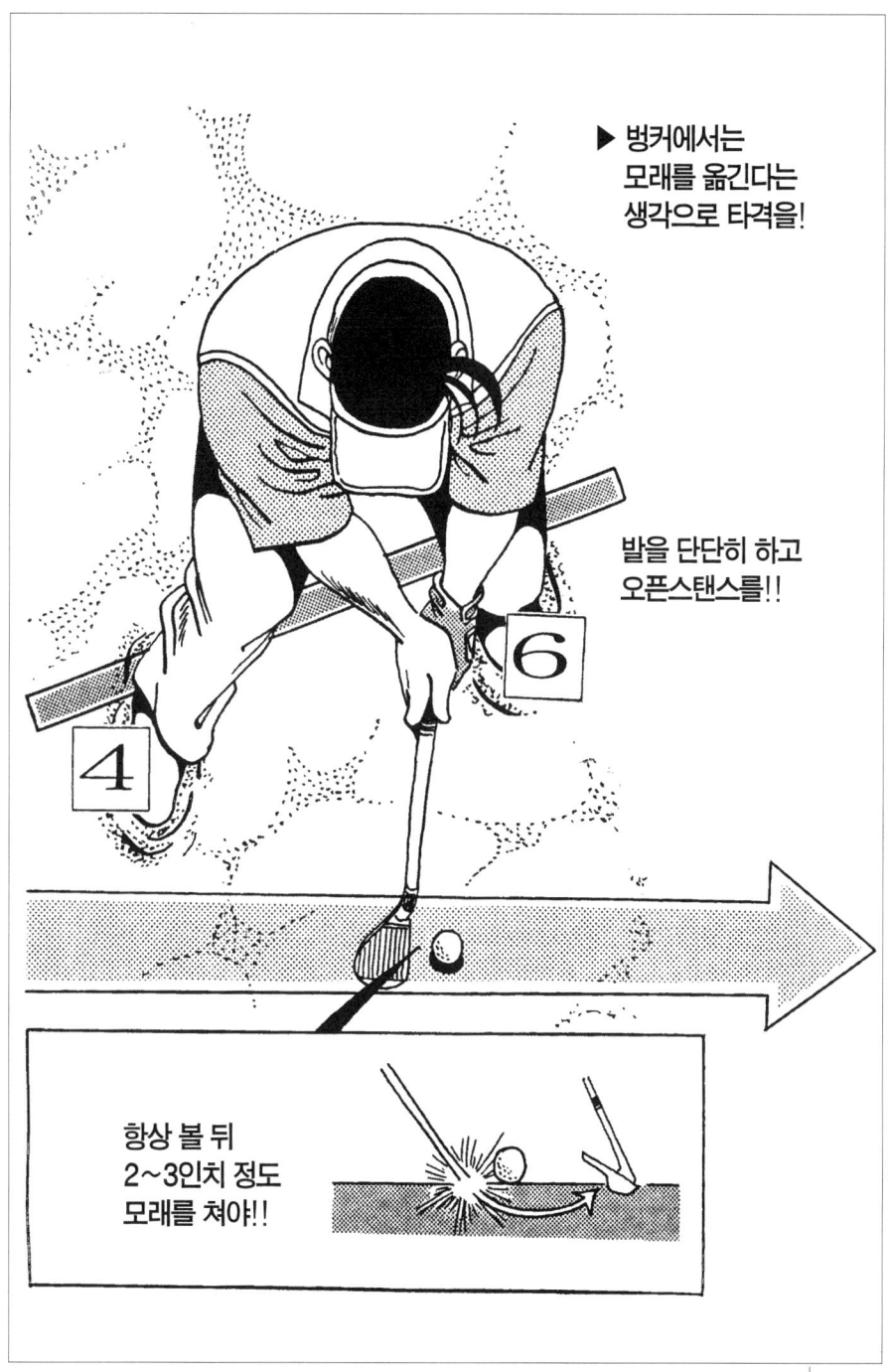

왼발이 벙커 둔덕에 걸려 있을 때

장영일 포인트 레슨

오른발은 벙커 내에, 왼발은 벙커 밖에 놓여 있을 때의 샷은 발이 불안정한 상태이므로 폴로스루를 하기 어렵다. 따라서 헤드를 빼내기 쉬운 자세로 만드는 것이 필요하다.

즉 스탠스를 극단적으로 오픈시키고 허리도 충분히 열어 두어야 하는 것이다. 스퀘어의 어드레스로 치게 되면 아무리 벙커 샷에 능숙한 사람이라도 헤드를 잘 빼내지 못하고 볼을 위로 올리기만 하는 샷이 될 것이다.

게다가 핀까지 상당한 거리가 남아 있는 경우는 폴로스루가 없는 만큼 거리가 나지 않아 이후의 퍼팅에 큰 문제가 된다. 이런 경우의 어드레스 방법은 앞에도 말했듯이 허리를 열어두고 오픈 스탠스를 취해야 한다. 임팩트에서 폴로스루 사이에 왼발이 지면에서 떨어져 버려도 상관없을 정도로 체중의 90%를 오른발에 싣는다. 왼발은 몸의 균형을 위한 최소한의 역할만 한다고 생각하면 되는 것이다.

볼의 위치는 중앙에서 약간 왼쪽에 두게 되는데 둔덕의 경사에 따라 오른발의 위치가 변하므로 발과 볼의 관계에 신경쓰도록 한다. 이 경우 클럽의 그립엔드가 배꼽을 가리키도록 세팅하면 볼은 당연히 그 아래로 오게 된다. 백스윙은 스탠스의 방향에 맞게 오른쪽 어깨 바로 윗부분에 올라갈 정도로 하는데 손목을 상요해 샤프트가 약간 서는 듯한 톱스윙을 만드는 것이 좋다. 어깨와 양팔의 삼각형을 백스윙에서부터 임팩트에 이르기까지 확실하게 유지하면 모래의 저항을 이겨낼 수 있다. 다만 문제인 것은 올려치겠다는 의식이 너무 강한 나머지 그렇지 않아도 어려운 폴로스루가 일체 불가능해진다는 점이다. 백스윙에서 오른발로 체중을 옮기면 임팩트 포인트가 틀어지게 된다.

톱스윙에서의 샤프트 방향
장영일 포인트 레슨

　온플레인으로 휘두를 것인가, 아웃플레인으로 휘두를 것인가는 다운스윙에서 결정된다. 물론 올바른 다운스윙을 하기 위해서는 전단계를 무시할 수 없다. 온플레인에 가까운 상태로 백스윙을 하고 톱스윙의 위치에서 샤프트를 온플레인 상태로 만드는 것이 좋다.
　쓸데없는 몸동작이 필요없으며 간결하고 합리적으로 클럽을 끌어내릴 수 있기 때문이다.
　백스윙이 완료된 상태에서 샤프트가 지면 및 목표 선과 평행하게 되면 온플레인으로 놓여진 것이나 샤프트가 표적선을 지나가게 되거나 왼쪽을 향하고 있으면 아웃플레인 상태다. 이런 상태로는 다운스윙에서 클럽 헤드를 온플레인으로 움직이기 어렵다.
　톱스윙 위치에서 샤프트가 표적선을 크로스하게 되면 다운스윙에서는 온플레인 상태보다는 클럽 헤드가 인사이드로 들어가기 쉽다. 반대로 톱스윙에서 샤프트가 표적선보다 왼쪽을 향하면 다운스윙에서는 온플레인 상태보다 클럽 헤드가 아웃사이드로 들어가기 쉽다.
　톱스윙에서의 샤프트의 방향은 백스윙의 형태로 결정되지만 잊지 말아야 할 것은 오른쪽 팔꿈치의 높이다. 온플레인으로 샤프트를 움직이는 골퍼는 양쪽 팔꿈치가 거의 동등한 높이가 되지만 아웃플레인의 골퍼는 오른쪽 팔꿈치가 왼쪽 팔꿈치보다 극단적으로 높거나 낮게 되어 있다.
　따라서 온플레인의 톱스윙이 잘 되지 않는 사람은 오른쪽 팔꿈치를 점검해 봐야 한다.

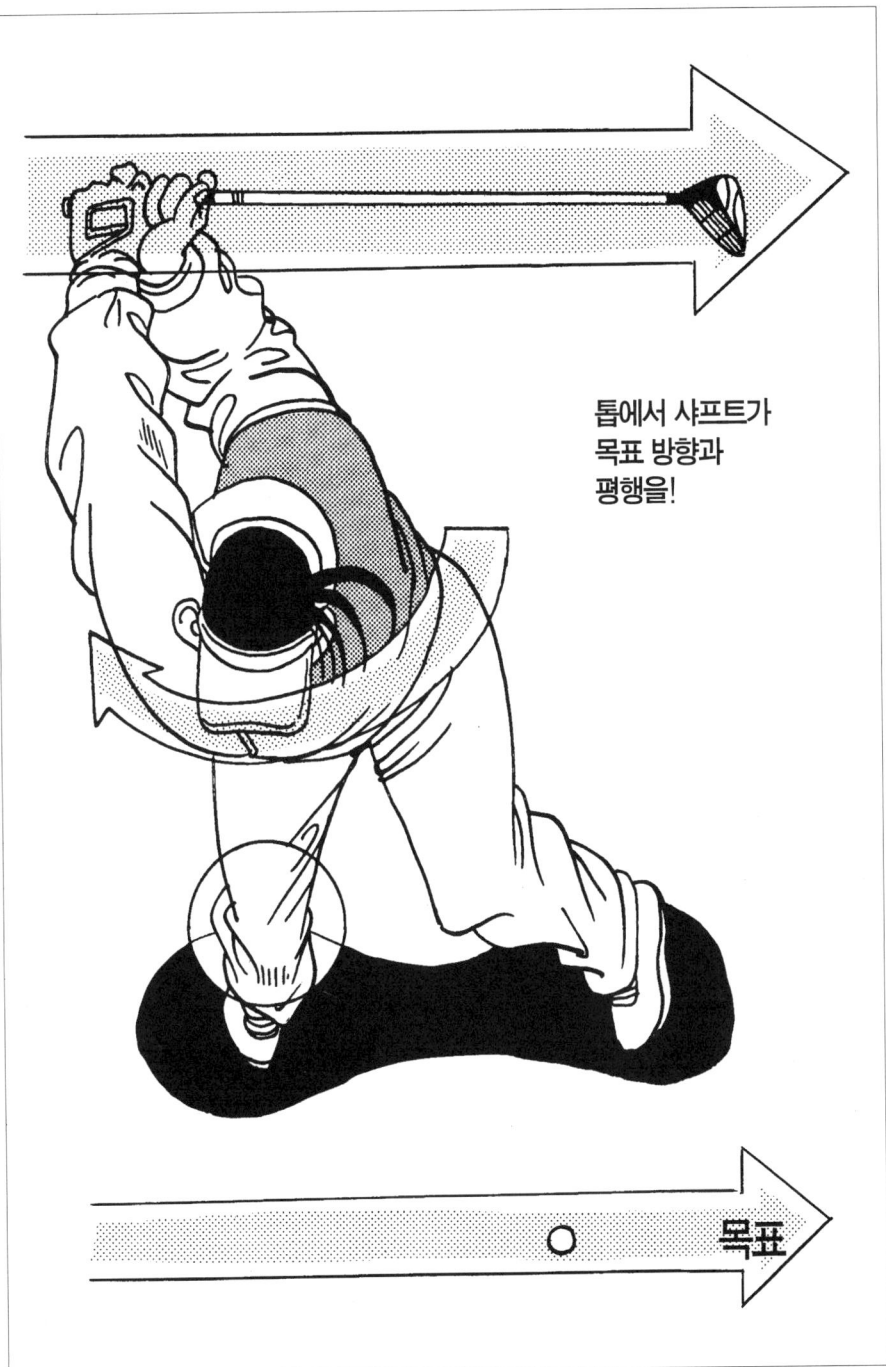

3/4 스윙 타법의 이해
장영일 포인트 레슨

　대부분의 파워 히터들이 드라이버 샷을 할 때 보이는 길고도 불안정한 스윙은 어프로치 샷을 할 때 문제를 야기시키는 경우가 많다. 미들 그리고 쇼트 아이언은 샤프트가 짧기 때문에 드라이버처럼 스윙을 해서는 안 된다. 결과는 정확성의 결여인데 보통 힘을 빼고 스윙하라는 충고를 듣게 되지만 힘을 뺀다는 자체가 그리 쉬운 일이 아니다.

　그와 같은 골프들을 위해 힘을 빼는 것보다 짧게 스윙하는 것을 권하고 싶다. 미들 또는 쇼트아이언으로 3/4만 스윙을 하게 되면 볼을 정확하게 강타하면서도 접촉면이 늘어나고 정확한 동작이 된다. 이 방법과 일반적인 스윙 사이의 가장 큰 차이점은 셋업에 있다. 몸의 무게를 고르게 분산시키는 대신 앞쪽에 놓인 발에 힘을 주고 손을 볼보다 약간 앞에 놓도록 한다.

　그런 다음 안전한 회전을 할 수 있도록 하기 위해 백스윙 톱 순간 왼쪽 어깨가 턱밑에 놓일 수 있도록 하되 손목을 완전히 꺾지 않도록 한다. 그리고 몸의 중심을 뒤쪽에 놓인 발로 옮기는 대신에 톱의 위치에서는 볼의 위쪽에 두도록 한다. 이렇게 하면 느낌은 하늘을 향하고 있는 듯 하지만 수평보다 약 1피트 정도만 위로 향해 있는 상태가 된다.

　다운스윙을 시작할 때 몸을 표적 쪽으로 약간 기울이면서 클럽 헤드를 타격 지점을 향해 끌어내린다. 임팩트 순간에 오른 손바닥을 표적을 향해 밀어준다는 느낌이 들도록 하면 클럽 페이스가 닫히는 것을 막을 수 있다. 클럽 페이스를 직각으로 유지시키면 낮게 날아가는 볼에 자신이 가지고 잇는 힘을 모두 실어 보낼 수 있다. 이것이 3/4 스윙이다.

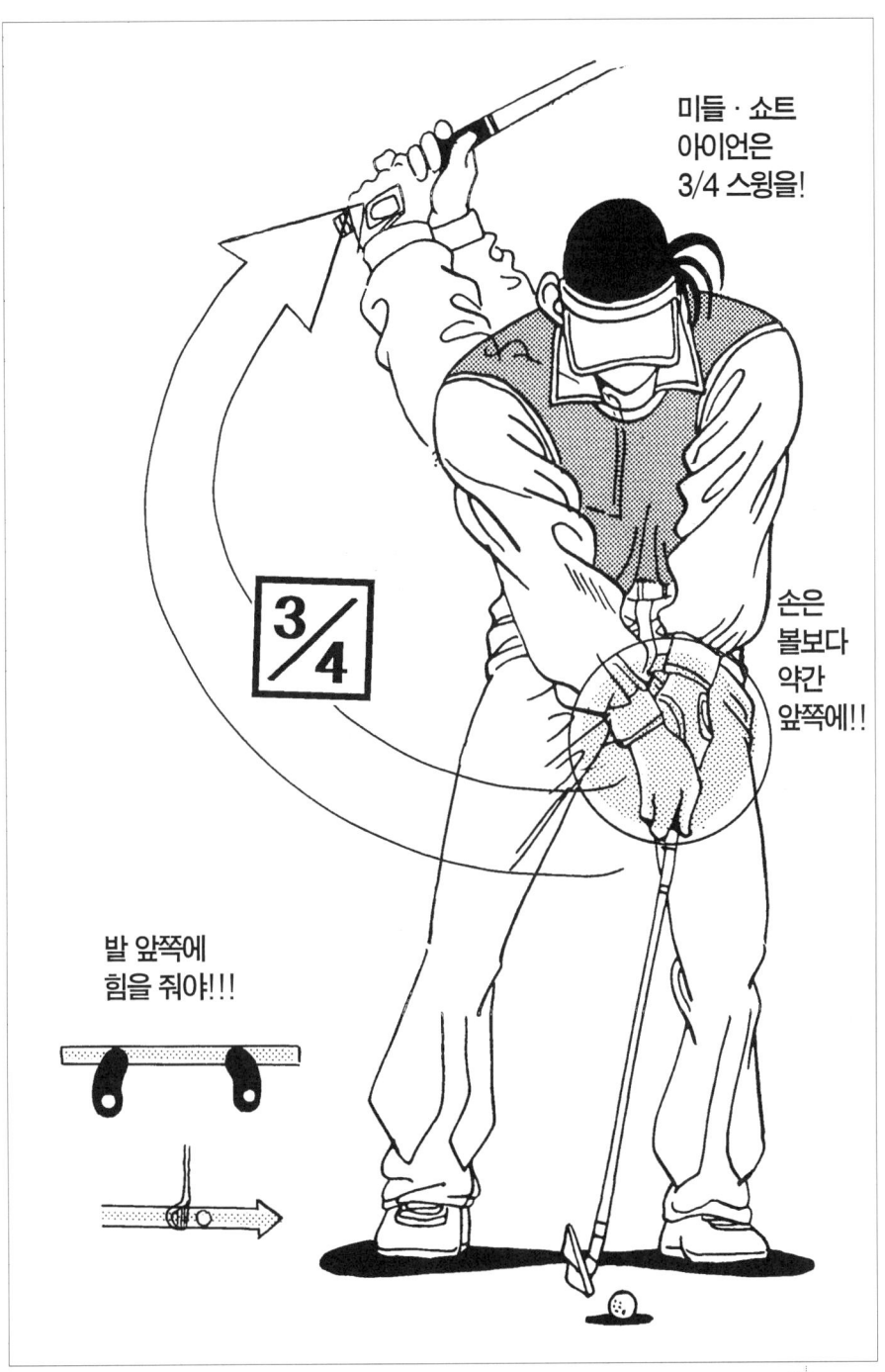

장타자로 가는 길
장영일 포인트 레슨

누구나 장타를 원한다. 이를 위해서는 헤드의 스피드 업이 필요하며 따라서 스피드를 높일 수 있는 근육 단련이 필요하다. 무조건 빨리 휘두른다고 해서 헤드 스피드가 증가하는 것은 아니다. 무리하게 힘을 주어 헤드 스피드를 올리게 되면 스윙 축이 흔들리게 되어 반대로 헤드 스피드가 떨어지고 마는 결과를 초래한다.

그보다도 임팩트에서 멈춘다는 느낌, 이것이 헤드 스피드를 증가시키는 비결이라고 프로들은 말하고 있다. 그러나 이것은 이미지(Image)상의 일이다. 가속되어 내려오는 클럽의 움직임을 멈추는 것은 불가능한 일이다. 하지만 임팩트에서 멈춘다고 하는 의식을 가짐으로써 스윙 축이 고정되고 헤드는 빨라지게 되는 것이다.

이 움직임을 멈추게 하는 근육이 대퇴부 근육과 배 근육이다. 이 근육이 강할수록 임팩트에서 힘이 넘치게 되며 클럽 헤드의 스피드를 빠르게 할 수 있다. 스윙을 지탱하는 힘은 다리에 집중되지만 배 근육이 긴장되어 있는 것도 중요하다. 배 근육이 약하면 임팩트에서 상체가 일어서기 때문이다.

헤드 스피드를 높이기 위해서는 강한 근육도 중요하지만 관절의 움직임 또한 매우 중요하다. 특히 왼쪽 팔꿈치와 왼손목 관절이 결정적인 역할을 한다. 임팩트에서는 클럽을 휘두르는 움직임을 멈춘다는 의식을 갖는 것이 중요한데 이때 왼팔을 곧게 뻗은 상태에서 폴로스루에서 피니시까지 클럽을 휘두를 수는 없다. 여기서 필요한 것은 팔꿈치와 손목의 관절을 조절하는 것이다.

카본 우드가 적합한 골퍼

장영일 포인트 레슨

퍼시몬 우드는 물에 젖으면 붙어서 사용 후에 착실하게 손질하지 않으면 제 성능을 발휘할 수 없고 또 투피스 볼을 쓰면 페이스가 파이거나 오래 쓰면 금이 가기도 한다.

또 메탈 헤드는 내구성이 좋아 여러 조건하에서도 잘 망가지지 않는 특성이 있지만 잔디의 비료나 물에 녹이 나거나 돌같이 단단한 물질을 치면 페이스가 오목하게 변형되기도 한다.

이러한 점에서 카본 헤드는 염려할 것이 없다. 카본 헤드를 오래 쓰면 표면에 가늘고 고운 상처가 많이 생기는데 이 때문에 성능이 떨어지는 것은 간단히 수리할 수 있다. 그러나 반발계수가 작고 스윗 스포트가 넓기 때문에 퍼시몬과 반대로 좋은 샷과 미스 샷의 차이를 감지하기 힘들어 필링을 중시하는 골퍼에겐 부적합하다.

따라서 필링을 중시하는 골퍼는 퍼시몬 우드를 쓰며 상당히 오랜 경험이 있는 사람일 것이고 초보자의 경우 이런 고정 관념을 가진 사람은 적을 것이다. 아직 정확히 공을 치지 못하고 공이 어디에 맞는지 모르는 골퍼는 스윗 스포트가 큰 카본 우드가 적당하다.

결국 초보자이면서 많은 비거리를 원하는 골퍼는 카본 우드가 적합하다.

퍼시몬 우드가 적합한 골퍼

장영일 포인트 레슨

퍼시몬 우드는 우선 스핀이 많다는 점에서 헤드 스피드가 느리거나 빠른 것과 상관없이 드라이버의 타구가 높이 뜨지 않는 사람에게 적합하다. 물론 공이 높이 뜨지 않는 이유는 로프트가 너무 작은 클럽을 쓰거나 페이스를 덮어 로프트를 줄이고 치는 경우일 것이다. 그런 요소를 빼면 퍼시몬 우드는 확실히 높이 날아간다. 단 퍼시몬도 여러 가지 헤드가 있으므로 공을 높이 띄우려면 로프트가 12도 이상이고 헤드라 얇은 클럽을 선택하는 것이 좋다. 또한 스핀이 많으면 휘기 쉬운데 바꿔 말하면 휘도록 치기에 적합한 클럽이다.

골퍼는 두 종류가 있다. 하나는 늘 똑바로 치려는 골퍼이고 다른 하나는 휘는 공을 치는 골퍼다. 골프 코스를 공략하는 데 어느 쪽이 바른 방법이라고 단정지을 수는 없다. 휘는 구질이 특기인 골퍼는 휘어지지 않으면 골프가 되지 않는 것이다. 따라서 휘기 쉬운 클럽인 퍼시몬 우드가 적합하다고 할 수 있다. 단 컨트롤이 되어 휘는 구질이 아니면 의미가 없다.

퍼시몬은 스핀이 걸리기 쉬운 특징이 있고 이 때문에 공이 높이 뜨기 때문에 낙하 후의 런이 적다. 퍼시몬의 스핀을 줄이는 것은 위쪽에 있는 스윗 스포트를 밑으로 설계함으로써 가능해진다. 스윗 스포트보다 타점이 낮으면 그만큼 많은 스핀이 걸린다. 또 반발계수가 크면 그만큼 손에 전해지는 충격이나 타구 소리도 크게 마련이다. 타구감이나 쳤을 때의 필링을 중시하는 골퍼는 감각이나 반응을 감지하는 퍼시몬 헤드가 좋다.

정확한 볼의 위치
장영일 포인트 레슨

드라이버 샷에서는 볼을 왼발 뒤꿈치 안쪽의 연장선에 두어야 한다. 티에 올려놓고 공을 칠 때는 이 위치가 좋으나 아이언 등으로 페어웨이 잔디 위의 볼을 칠 때는 볼이 조금 안쪽으로 들어온다. 이 경우는 볼의 위치를 잘라 말할 수 없다. 라이나 경사에 따라 변하기 때문이다.

그러나 일반적인 아이언 샷에서 볼의 위치는 연습장처럼 라이가 좋고 평평한 상황이라면 양발의 중앙부터 왼발 뒤꿈치보다 조금 안쪽에 볼을 둔다. 주의해야 할 포인트는 절대로 볼이 양발 중앙에서 오른쪽으로 넘어가서는 안 된다는 점이다. 이 범위 내에서 짧은 아이언일수록 볼을 오른쪽으로 두는 것이다.

이렇게 하면 스윙은 변하지 않고 볼을 위에서 다운블로로 타격하는 것이 가능하다. 드라이버는 옆에서 볼을 맞히는 느낌이지만 아이언은 위에서 타격하며 로프트대로 날리는 것이다. 그러기 위해서는 드라이버보다 안쪽으로 들어오게 해야 한다. 실전에서는 볼의 위치가 어디건 칠 수 있어야 하는데 안쪽에 둘수록 볼의 탄도는 낮아지고 왼쪽에 둘수록 높아진다. 어느 정도 의도적으로 높은 볼이나 낮은 볼을 치고 싶을 때는 이런 방법으로 볼의 위치를 바꿔 주어도 좋다. 스윙을 바꾸는 것보다 실패의 확률이 훨씬 적을 것이기 때문이다.

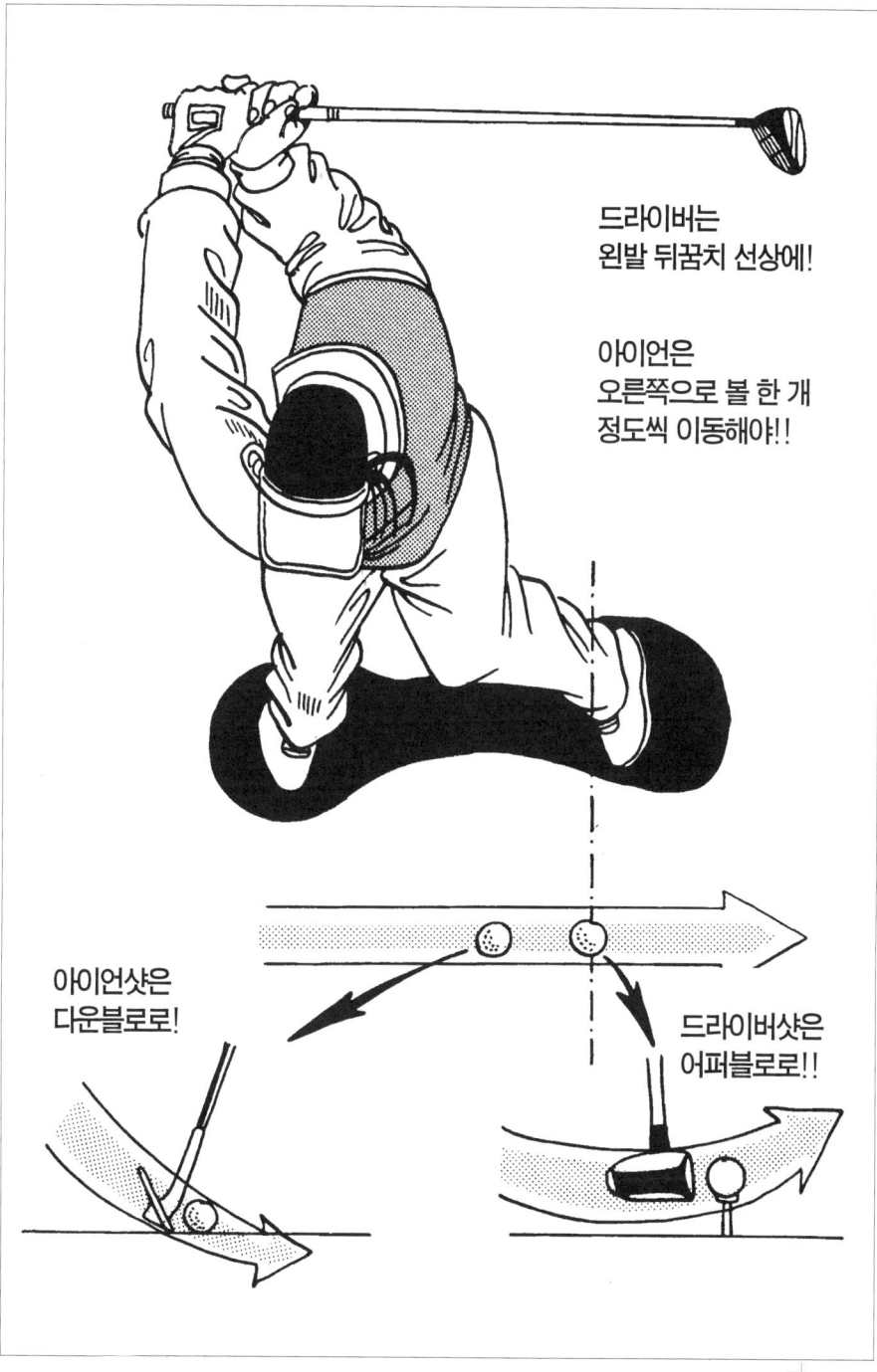

어드레스의 순서

장영일 포인트 레슨

스타트 홀은 여러 사람 앞에서 티샷을 해야 하므로 처음에 꽤 긴장감을 느끼게 되지만 어드레스에 들어가는 순서나 리듬이 일정하면 긴장감에서 오는 미스를 어느 정도 줄일 수 있다. 어드레스라고 하면 전체의 자세만 생각하는 경향이 있는데 잊어서는 안 될 것이 그 순서다. 어떤 식으로 순서를 밟아 볼앞에 서는가에 따라 샷 자체의 성패에 큰 영향을 미친다.

어드레스의 순서가 이렇듯 중요한 의미를 가지는 이유는 우선 정신적인 면에서 긴장 완화를 가져오기 때문이다. 골프는 정신적인 요소가 많은 스포츠다. 심리적으로 압박을 받는 상황일수록 실패하기 쉽고 아주 미세한 의혹이 샷을 망치는 원인으로 작용하기도 하는 것이다. 예를 들어 티그라운드 뒤쪽에 모르는 사람들이 잔뜩 있으면 빨리 휘두르거나 어떻게든 잘 치려고 하는 심리가 작용한다. 그러면 동작이 평상시 리듬보다 빨라져 실패하기 쉽다. 항상 같은 동작을 하는 것은 실패를 막는 데 좋은 방법이다.

많은 골퍼들이 다소 차이는 있겠지만 정상급 프로들의 예를 들어 보자.

1. 볼을 티에 올려놓는다.
2. 볼의 뒤쪽에 서서 칠 방향을 확인한다.
3. 오른손에 클럽을 쥐고 볼이 있는 지점으로 돌아온다.
4. 오른발을 디뎌 페이스를 똑바로 볼에 갖다 댄다.
5. 양발의 위치를 정한다.
6. 그립을 확실하게 한다.
7. 정신을 집중한다.

이상의 순서를 밟아 볼을 치면 웬만한 긴장감을 극복할 수 있다. 이것이 근육 기억법이다.

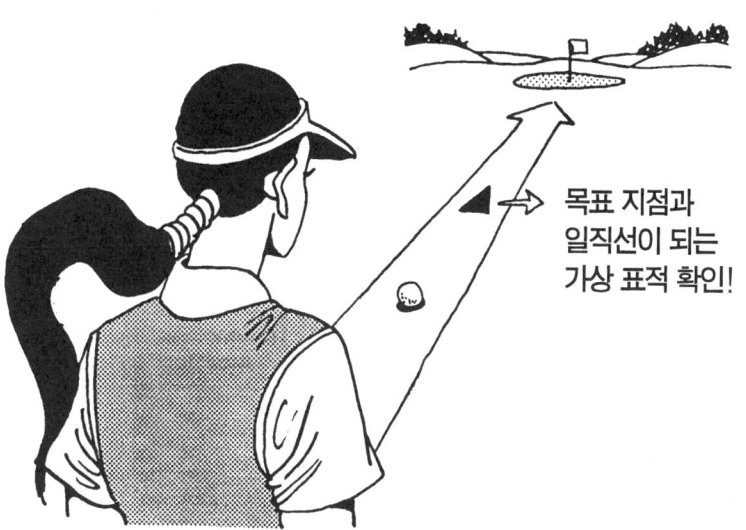

목표 지점과
일직선이 되는
가상 표적 확인!

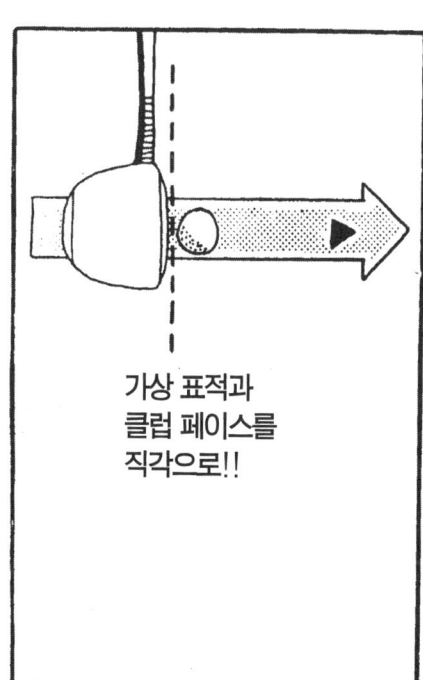

가상 표적과
클럽 페이스를
직각으로!!

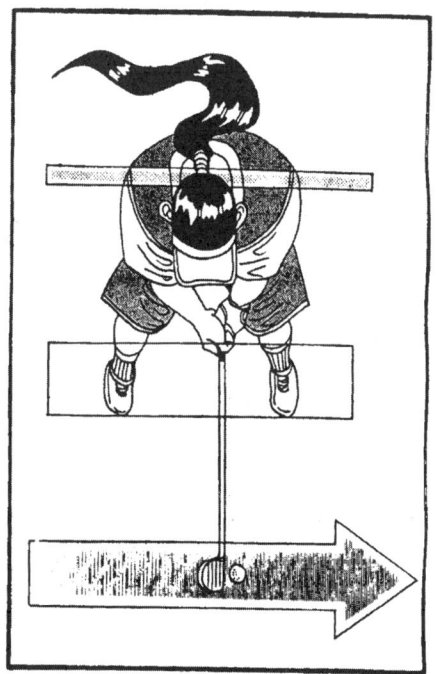

손목으로 하는 칩샷
장영일 포인트 레슨

　보통 수준의 주말골퍼들은 칩샷에서 많은 실수를 범한다. 가장 흔한 실수 가운데 하나는 라이와 거리에 따라 적절한 클럽을 선택하는 것이 아니라 자신이 좋아하는 클럽을 사용한다는 것이다. 일반적으로 볼이 풀 속에 깊이 박혀 있을수록, 그리고 거리가 짧을수록 로프트는 더 많이 필요하다. 반대로 라이가 좋고 거리가 꽤 남아 있을 경우에는 낮은 로프트를 써도 상관이 없다. 세계적인 선수들도 다양한 클럽을 이용해 칩샷을 구사하고 있다.

　아마 골퍼들은 또한 기술 면에서도 많은 실수를 하는데 닫힌 상태에서 셋업을 하는 것도 그 하나다. 프로들은 양발과 엉덩이 그리고 어깨를 표적을 향해 오픈시킨 상태에서 볼을 치는데 이렇게 함으로써 홀을 더 잘 볼 수 있고 팔과 클럽을 막힘없이 스윙할 수 있다. 대부분의 아마추어들은 샷 전에 하는 동작을 급하게 처리하는 데 비해 프로들은 머리 속으로 그림을 그려 보고 몇 차례 연습을 해본 다음에야 실행에 들어간다.

　하지만 마찬가지로 중요한 사실 하나는 주말에만 골프를 치는 대부분의 사람들은 '칩샷을 퍼팅같이 하라'는 조언을 금과옥조처럼 가슴에 새기고 있다는 것이다. 그들은 항시 몸을 움직이지 않고 손목을 뻣뻣하게 한 채 추와 같은 동작으로 팔과 어깨만을 이용해 스트로크를 함으로써 큰 미스를 범하기도 한다.

　프로들을 자세히 살펴보면 그들이 볼을 스탠스에서 상당히 뒤쪽으로 두고 샤프트의 각도는 표적을 향하게 한다는 것을 알 수 있을 것이다. 그런 다음에 비교적 짧게 팔을 이용한 스윙을 하고 손목을 일찍 꺾어 준다. 그 결과 손을 너무 많이 움직이지 않고 가볍게 히팅한다.

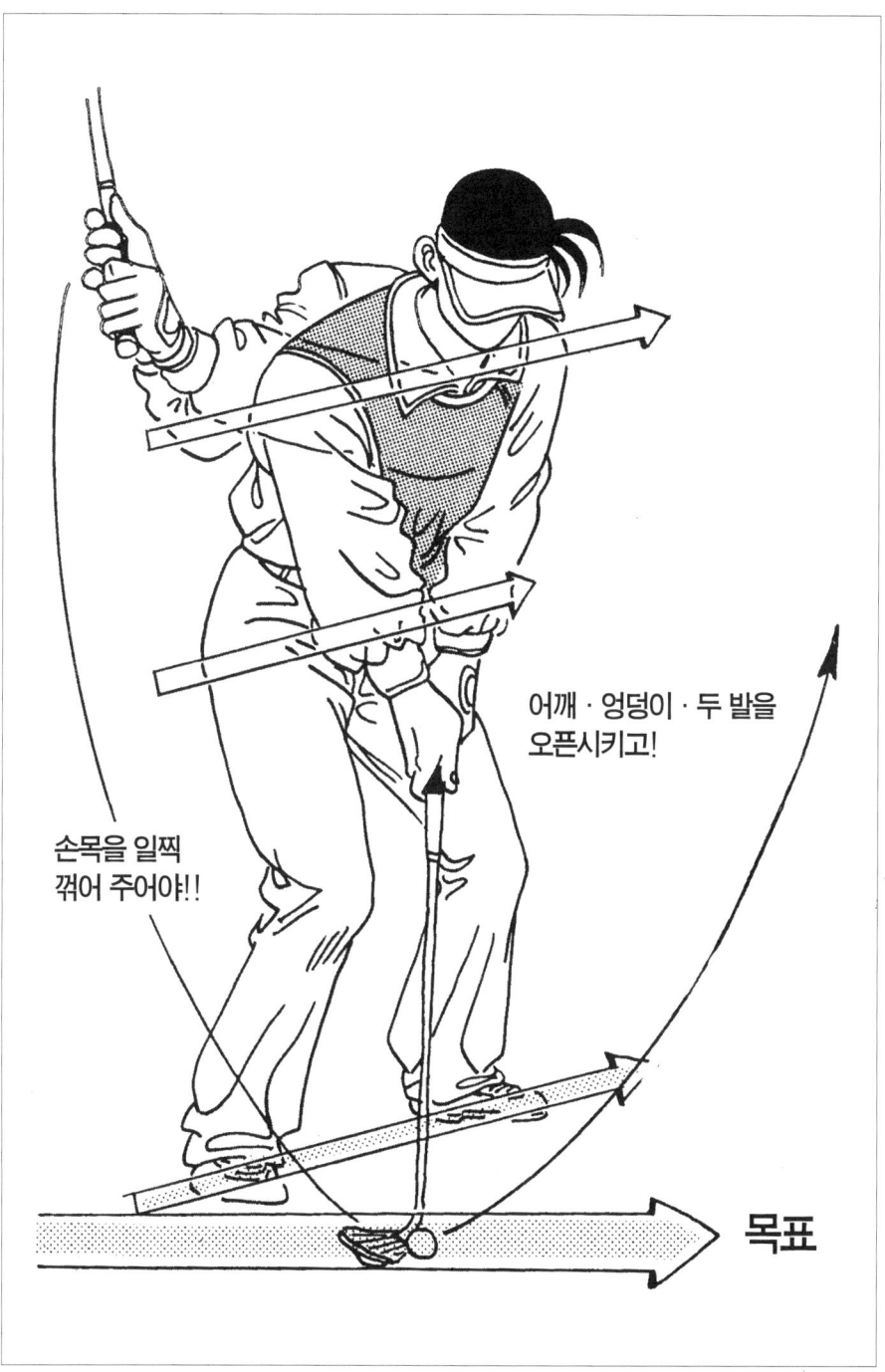

견실한 다운스윙

장영일 포인트 레슨

　다운스윙의 상체 움직임에 대해 가장 단순 명쾌하게 표현하면 '클럽을 세운 상태에서 휘둘러 내린다'고 말할 수 있다. 다른 좋은 표현을 찾아보면 '그립엔드를 볼의 위치로 향하게'라고 하는 것도 가능하다.

　구체적으로 어떻게 하면 좋은가. 우선 클럽을 당겨 내릴 때 오른쪽 팔꿈치가 자신의 앞에 들어오도록 의식하면 그립엔드는 볼의 위치를 가리킬 것이고 클럽은 세워져 있는 상태에서 내려오게 될 것이다. 다운스윙에서 왼쪽 팔꿈치가 당겨지거나 오른쪽 어깨가 떨어지거나 하는 여러 가지 결점으로 고민하는 골퍼가 많은데 오른쪽 팔꿈치를 안쪽으로 떨어뜨리려고 의식하면 스윙은 꽤 안정된다.

　또한 오른쪽 팔꿈치를 요골 앞으로 넣어 당겨내리는 것이 가능하듯 어드레스의 단계에서 이미 오른쪽 팔꿈치를 아래로 향하는 것도 효과적이다. 대부분의 골퍼들은 아무래도 다운스윙 도중에 코킹이 풀어져 클럽 헤드가 곧바로 떨어져 힘의 축적이 되지 않는다. 이 힘의 축적을 유지하기 위해 오른손 엄지와 검지를 단단히 묶어 코킹이 제멋대로 풀리는 것을 막을 필요가 있다. 그리하면 클럽을 휘둘러 내렸을 때 오른손 검지의 마디에 순간적으로 파워가 걸리는 것을 의식할 수 있다면 힘이 축적된다고 할 수 있다.

　이렇게 코킹이 도중에 풀어지지 않게 휘둘러 내리는 것의 포인트는 처음에 꽤 강하게 의식하지 않으면 좀처럼 몸에 익힐 수 없다. 또 한 가지 중요한 것이 임팩트시 머리의 위치가 반드시 볼보다 뒤쪽에 남아 있어야 한다는 점이다. 이것이 비거리 증가의 철칙이다.

목표를 구체적으로 정하자
장영일 포인트 레슨

골프는 완벽한 것이 반드시 좋은 것만은 아니다. 완벽주의는 역으로 자신에게 부담으로 작용되기도 한다. 드라이버가 좋은데도 아이언이 생각처럼 맞지 않으면 여러 가지 고민으로 드라이버의 리듬마저 엉망이 되는 골퍼들을 종종 본다. 골프에 눈을 뜨기 위한 적극적인 사고 방식은 어떤 것일까.

결론적으로 말하면 드라이버에서 퍼터까지 모두 좋은 날은 없다. 골프라는 스포츠는 그런 운동이다.

따라서 그 날의 가장 좋은 리듬을 끝까지 유지하는 지혜가 필요하다. 나쁜 것을 생각하기보다는 좋은 리듬을 통해 스코어를 만회하는 것이 현명한 방법이다. 이른바 적극적인 사고가 골프에 있어서 중요하다.

오늘 드라이버 상태가 안 좋다. 이럴 경우 먼저 이 사실을 솔직히 인정해야 한다. 연습장에서는 좋았는데 왜 지금은 엉망인가 하고 고민할 필요는 없다. 그것보다도 될 수 있는 범위 내에서 목표를 한두 가지 정해 이 목표를 남은 홀에 적용시키는 것이다. 예를 들면 그립을 짧게 쥐고 천천히 휘두른다든가, 스탠스를 평소보다 좁게 해 헤드 업을 방지하는 것 등이다.

목적 의식을 가지면 인간의 잠재 의식은 그 목표를 달성하기 위해 무엇이 필요하다는 것을 판단하고 그 가운데 가장 효율적인 방법을 취하게 된다. 그런 후 다른 것은 생각하지 말고 자신의 능력을 믿고 스윙을 해 본다. 반드시 목표 방향으로 날아갈 것이다.

슬라이스를 치료하는 열쇠
장영일 포인트 레슨

　슬라이스는 포워드 스윙 시작 때 골반을 강하게 회전시키기 때문에 나타나는 경우가 많다. 이것은 상체의 균형을 잃게 하고 포워드 스윙 경로를 아웃 사이드와 오버 더 톱으로 몰고 간다. 그 결과 클럽 헤드가 아웃 사이드인의 경로로 공에 접근하게 됨으로써 슬라이스가 나는 것이다.
　이러한 것은 두 가지 문제점을 갖고 있다. 우선 하체를 회전하는 것은 어깨가 목표 선의 아웃 사이드로 틀어질 수 있다는 것이다. 비록 하체가, 특히 발과 무릎이 클럽 헤드 스피드를 내는 데 약간의 도움을 주지만 대부분의 스피드와 통제력은 양손과 팔에서 나온다.
　양손과 팔, 발, 무릎의 일치된 동작을 통해서만이 원심력을 만들 수 있다. 어느 한 곳이 두드러지거나 전체 동작의 흐름을 갈라 놓게 하는 것, 그리고 그것이 하체인 경우 특히 피해가 크다. 많은 불필요한 상체 움직임은 팔의 자유로운 스윙을 방해할 것이다. 따라서 양발을 시작으로 클럽 헤드를 스윙한다면 그 밖의 모든 것을 부드럽게 연결시킬 수 있을 것이다. 발목, 무릎, 골반, 그 다음에 양팔이 자연스럽게 아래로 떨어지면서 물 흐르는 듯한 스윙이 된다.
　슬라이스를 치료할 때 거울에 자신을 비쳐 보는 것이 좋다. 오른쪽에 위치한 거울을 통해 다운스윙을 시작할 때의 모습을 자세히 살펴보면 왼쪽 골반이 먼저 회전할 경우 상체, 어깨, 클럽이 즉시 아웃사이드로 움직이는 것을 알 수 있을 것이다.
　허리 대신에 발로 시작하면서 포워드 스윙중에 체중을 아주 부드럽게 옮겨 주는 데 초점을 맞추어야 한다.

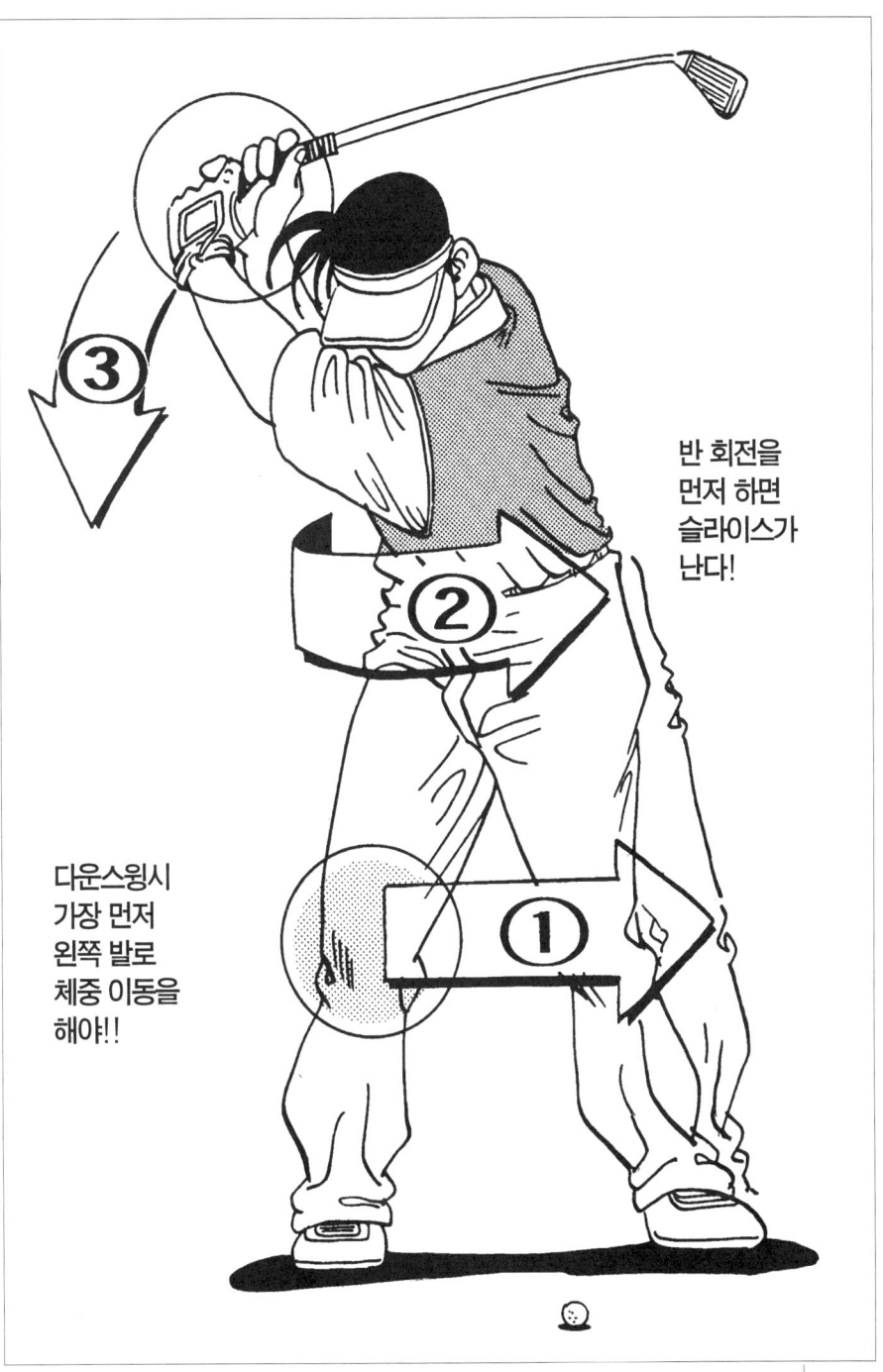

비거리와 스윙 아크의 관계
장영일 포인트 레슨

　어느 정도 경험이 있는 골퍼라면 스윙 아크의 크기, 이른바 백스윙의 크기가 비거리와 비례한다는 것을 알 수 있다. 작은 백스윙보다 큰 백스윙을 하는 것이 보다 멀리 날릴 수 있고 반대로 어프로치 샷처럼 비거리를 의식적으로 조절하고 싶을 때는 백스윙의 크기를 평소보다 작게 하는 것이 좋다. 스윙 아크의 크기에 충실한 골퍼는 '어느 정도 백스윙을 하는 것이 최대한의 비거리를 낼 수 있을까' 하는 데 관심을 둔다.

　골프스윙에서 가장 이상적인 백스윙이란 사실 존재하지 않는다. 단지 골퍼 자신의 체형과 기량에 적합한 것이 이상에 가까운 것이다. 자신이 클럽을 조절할 수 있다면 백스윙을 크게 취할수록 헤드 스피드는 올라간다. 비거리도 당연히 늘어날 것이다. 몸에 큰 무리를 주지 않는 가운데 유연하게 하반신을 버틸 수만 있다면 정상급 프로들처럼 큰 백스윙을 취해도 문제가 되지 않는다.

　그러나 현실적으로 말하면 백스윙의 크기는 어느 정도 기준이 있다. 세계적인 톱프로의 스윙을 보면 알 수 있듯이 샤프트가 지면과 평행한 위치에서 백스윙을 완료하고 있다. 현저하게 클럽 헤드를 밑으로 내리는 골퍼는 그렇게 많지 않다. 지나친 백스윙은 비거리를 늘리는 것보다는 오히려 스윙에 나쁜 영향을 미치기 때문이다.

　스윙 아크를 크게 하면 비거리는 늘지라도 아마의 경우 정확성에 문제가 생길 수 있다. 한편 백스윙의 크기를 너무 작게하는 것도 문제다. 근육을 사용하지 않고 손목만으로 치게 되어 온갖 미스 샷이 유발되기도 한다.

피칭 테크닉
장영일 포인트 레슨

칩핑과 피칭의 가장 큰 차이점은 그립을 쥐는 방법에 있다. 퍼팅과 칩핑 그립은 양쪽 손바닥이 서로를 향해 똑바로 위쪽과 안쪽 중간을 향하게 하는 것이다. 반면 피칭 그립으로는 정상적인 풀스윙 그립을 권한다. 두 그립의 차이는 칩핑을 할 때는 손목 동작을 억제해야 하는 반면 피칭을 할 때는 의식적으로 손목 동작을 만들어 내려고 하지 않아도 약간의 손목 움직임이 있다는 것이다.

피치 샷을 할 때는 그립을 약간 짧게 잡는 것이 좋다. 이렇게 해야 하는 이유는 클럽의 유효 길이를 줄임으로써 스윙하는 동안 볼 아래 있는 땅을 파고 들어감이 없이 평소보다 약간 더 앞쪽으로 몸을 숙일 수가 있기 때문인데 클럽을 자연스럽게 보다 수직 궤도로 스윙을 할 수 있다는 장점이 있다. 그리고 그것은 일반적인 피치 샷에도 좋지만 특히 잘라치는 피치 샷에 이상적이다.

골프 샷은 완전하 수직 궤도와 수평의 중간 정도쯤 되는 궤도로 클럽을 수행해야 한다. 어깨에 커다란 프로펠러가 매달려 있다고 생각하면 이 개념을 쉽게 이해할 수 있다. 척추를 수직으로 세우면 헬리콥터의 회전같이 수평에 가까운 궤도로 회전한다. 피치 샷에서는 헬리콥터가 아닌 비행기 프로펠러에 더 가깝게 궤도를 형성해야 볼을 위에서 내려치는 다운블로 타법을 구사할 수 있다. 그립을 짧게 잡아야 하는 이유가 여기에 있다.

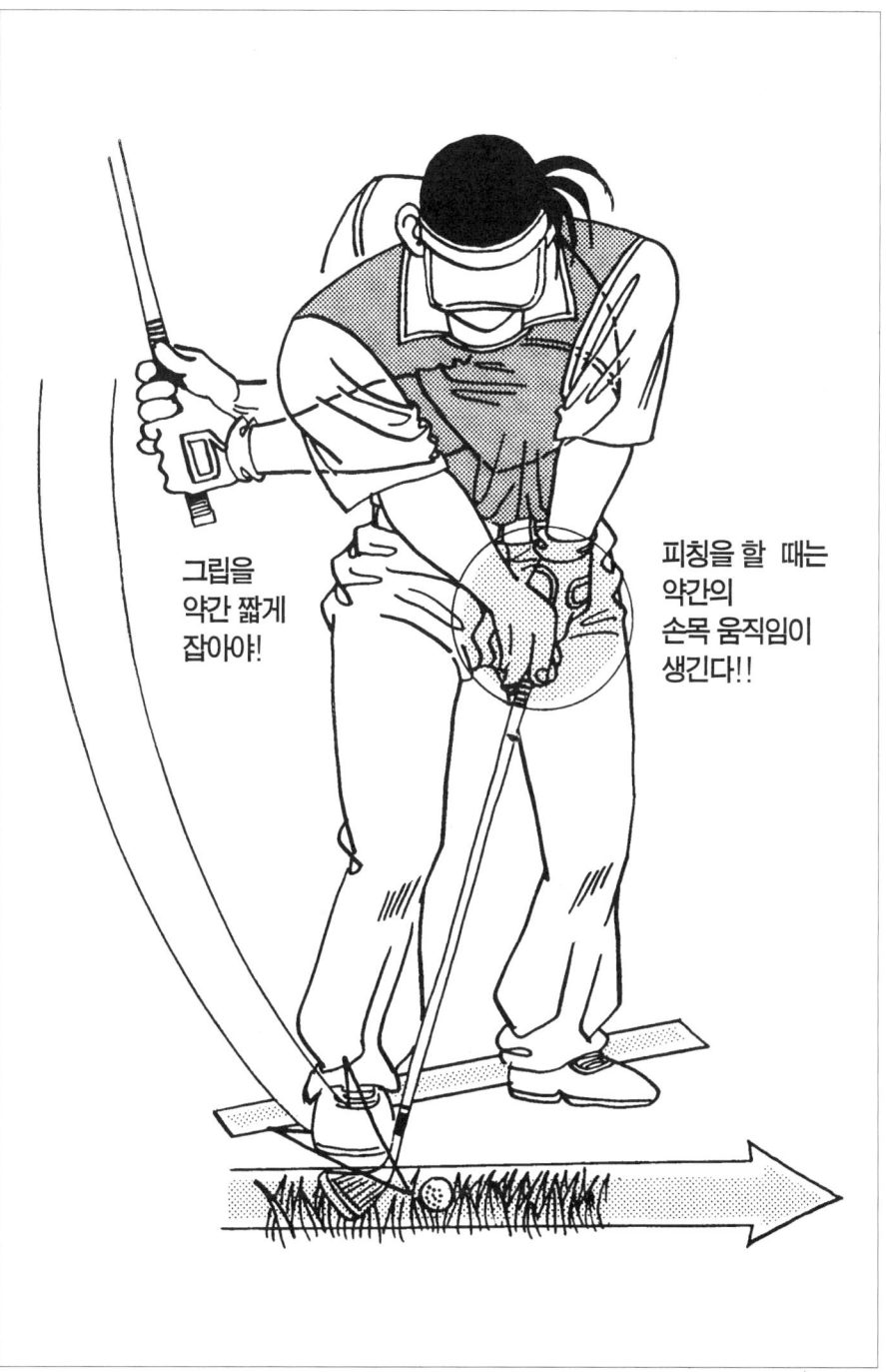

눈을 감고 감각을 익히자
장영일 포인트 레슨

　눈을 감고 연습 스윙을 하면 균형감과 템포를 개발할 수 있다. 평소와 같은 준비 자세를 취하고 눈을 꼭 감은 채 연습 스윙을 반복해 보자. 즉시 자신의 몸이 어떻게 움직이는지 알게 될 것이며 정확하게 자신의 템포가 시작되는 지점의 반응을 느낄 수 있을 것이다.

　이렇게 하면 감각은 모두 어깨로 집중이 되는 것을 알 수 있다. 이것이 바로 스윙이 조절된다고 느끼게 되는 부분이다. 모든 동작이 함께 머리 속에 선명하게 그려질 때까지 몇 분 동안 이 연습을 반복해 보자.

　또 한 가지 알아야 할 중요한 요소는 스윙중에 만들어 내는 소리다. 이것은 눈을 감았을 때 더욱 커진다. 3번 우드로 몇 차례 연습 스윙을 하면서 샤프트에서 나는 바람소리에 귀를 기울여 보자.

　가능한 한 몸을 흔들리지 않게 유지하고 속도를 점차적으로 높여서 임팩트 순간에 최대의 힘이 소비되도록 한다. 자신의 몸의 내부로부터 스윙 템포를 조절하는 것을 느낄 때 최상의 샷이 나오는 것이다. 스윙의 버릇(리듬)을 토대로 빠르기(템포)를 훌륭하게 조절(타이밍)할 수 있으면 언제나 일정한 결과를 가져오는 좋은 샷을 칠 수 있다. 잠시 동안 눈을 감고 연습 스윙을 해 보자. 틀림없이 균형 감각이 좋아지고 일정한 샷의 리듬을 느낄 수 있을 것이다.

클럽 헤드 가속과 지레의 원리
장영일 포인트 레슨

골프 스윙을 하는 데 불가피한 동작 중의 하나인 코킹은 비거리에 직접적인 영향을 미친다. 손목 관절을 사용한다는 의미의 코킹에 대해 알아보자.

백스윙 중 관절이 어떻게 꺾이느냐에 따라 스윙 형태는 세 가지로 분류된다. 먼저 노코킹으로 톱스윙을 하는 스윙을 원레버 스윙이라고 말하며 왼팔과 클럽이 거의 일직선이 된다. 이런 방법을 취하면 관절의 꺾임이 없기 때문에 방향성이 좋을 수는 있지만 다운스윙에서 지레의 원리가 적용되지 않기 때문에 클럽 헤드를 가속시킬 수가 없다. 헤드 스피드는 투레버 스윙의 반 이하로 떨어지고 만다.

커다란 바위를 들어올릴 때 버팀목을 바위 밑에 밀어넣고 움직이게 하는 지레의 원리로 임팩트시 왼팔과 왼쪽 어깨를 지점으로 오른손목의 코킹을 풀지 않고 샤프트의 탄성으로 볼에 강한 충격을 가해야 한다. 이것이 투레버 스윙인데 일반적인 스윙에서 누구나 만들어진다. 백스윙 중 손목이 올바르게 코킹된 스윙을 가리킨다.

마지막으로 3레버 스윙. 이것은 손목의 코킹과 더불어 백스윙 중에 왼팔 꿈치가 꺾이고 손목이 손등이나 손바닥쪽으로 다시 꺾이는 것을 말한다.

결론은 풀샷에서 비거리를 원한다면 투레버 스윙을 선택하는 것이 좋다. 또 힘이 약한 골퍼라도 3레버 스윙을 선택해서는 안 된다. 타이밍과 방향성이 나빠짐은 물론 비거리의 손실 가능성도 크기 때문이다.

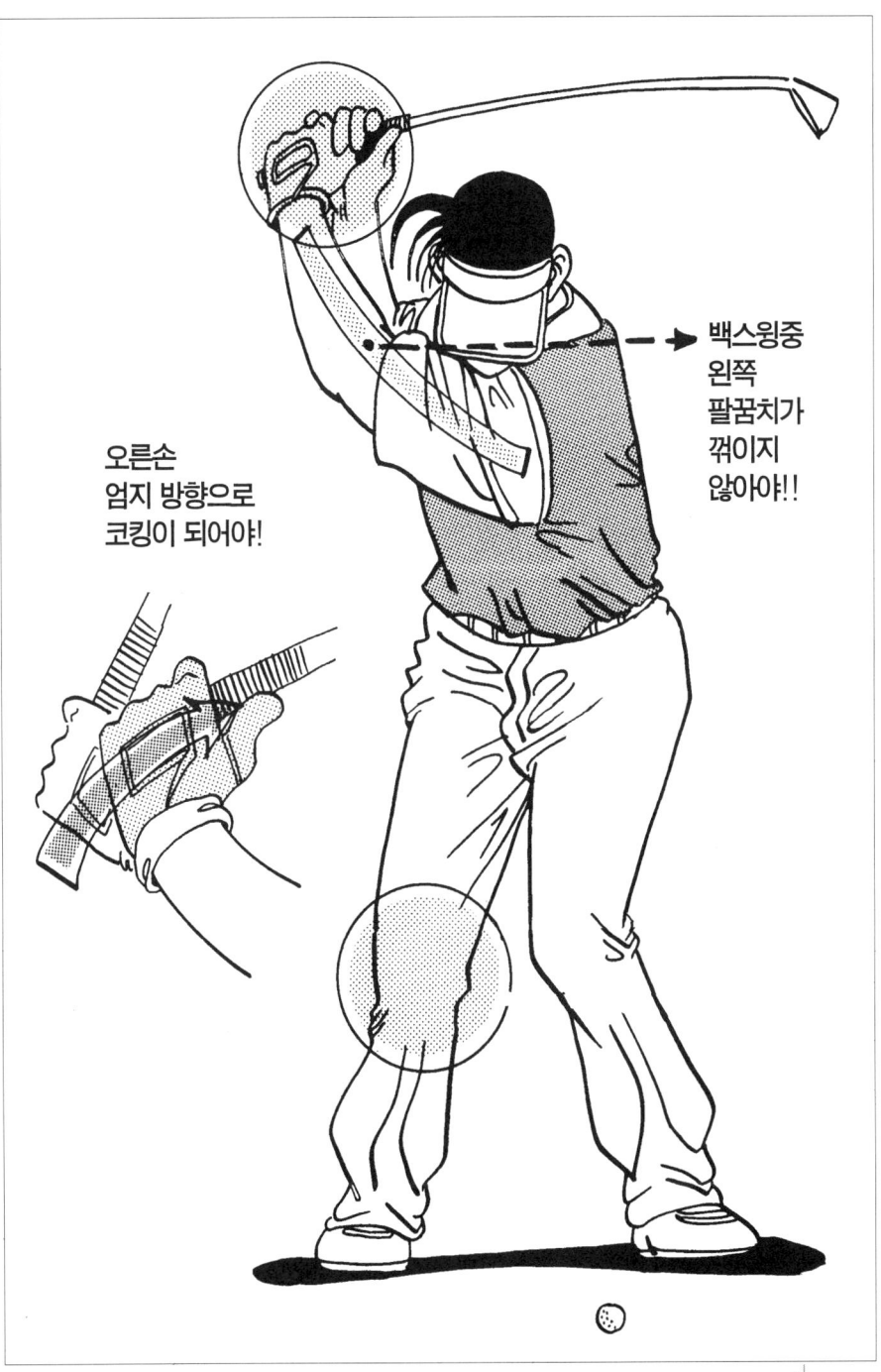

퍼팅의 명수가 되자
장영일 포인트 레슨

　그린은 고려그린과 벤트그린이 있다. 고려그린은 볼의 회전이 잔디의 결에 영향을 받으나 벤트그린은 부드럽고 볼의 회전이 좋으며 퀄리티도 높기 때문에 거의 주종을 이루고 있다.

　고려그린은 잔디의 결을 읽는 것과 히트할 때 힘의 가감을 파악하는 것이 어려운 반면에 벤트그린은 굴릴 라인을 결정하고 그곳으로 보내기 위해 잔디의 속도에 맞춰 굴린다고 하는 것이 포인트다.

　샷에 있어서도 마찬가지로 잔디의 속도에 맞추어 미묘한 히트 감각을 파악할 수 있는 그립을 만드는 것이 중요하다. 퍼팅은 잔디 위에 볼을 굴려 직경 10.8cm의 홀컵을 노리는 플레이로, 어떻게 하면 몸의 움직임을 정지시키고 팔과 손을 홀컵 방향대로 휘두를 수 있을까 하는 것이 과제다.

　그러기 위해서는 클럽을 목표 방향에 스퀘어로 유지하게 하는, 혹은 헤드를 방향대로 정확하게 휘두르기 쉬운 그립이 필요하다. 즉 임팩트에서 손목이 흔들리지 않고 들어와 부드럽게 휘둘러 빼 주는 것이 중요한데 이 조건을 만족시켜주는 그립은 역오버래핑이다. 역오버래핑 그립은 왼손으로 지탱하고 오른손으로 히트한다고 봤을 때 유연한 터치를 생겨나게 한다.

　어드레스시에는 보통 볼을 왼발 뒤꿈치 선과 양발 중앙 사이에 두고 양발, 무릎, 허리, 어깨 등 4개의 선을 목표 방향과 평행으로 한다.

　컵인하는 조건은 두 가지가 있다. 하나는 임팩트에서 퍼터 페이스가 목표선에 스퀘어로 세팅된 것으로 특히 쇼트 퍼팅에서는 이것이 절대 조건이 된다. 또 한가지는 퍼터의 헤드를 목표한 방향으로 휘두르는 것으로 롱 퍼팅의 열쇠를 쥐고 있는 포인트가 된다. 한 마디로 퍼팅은 '히트 앤드 스루'다.

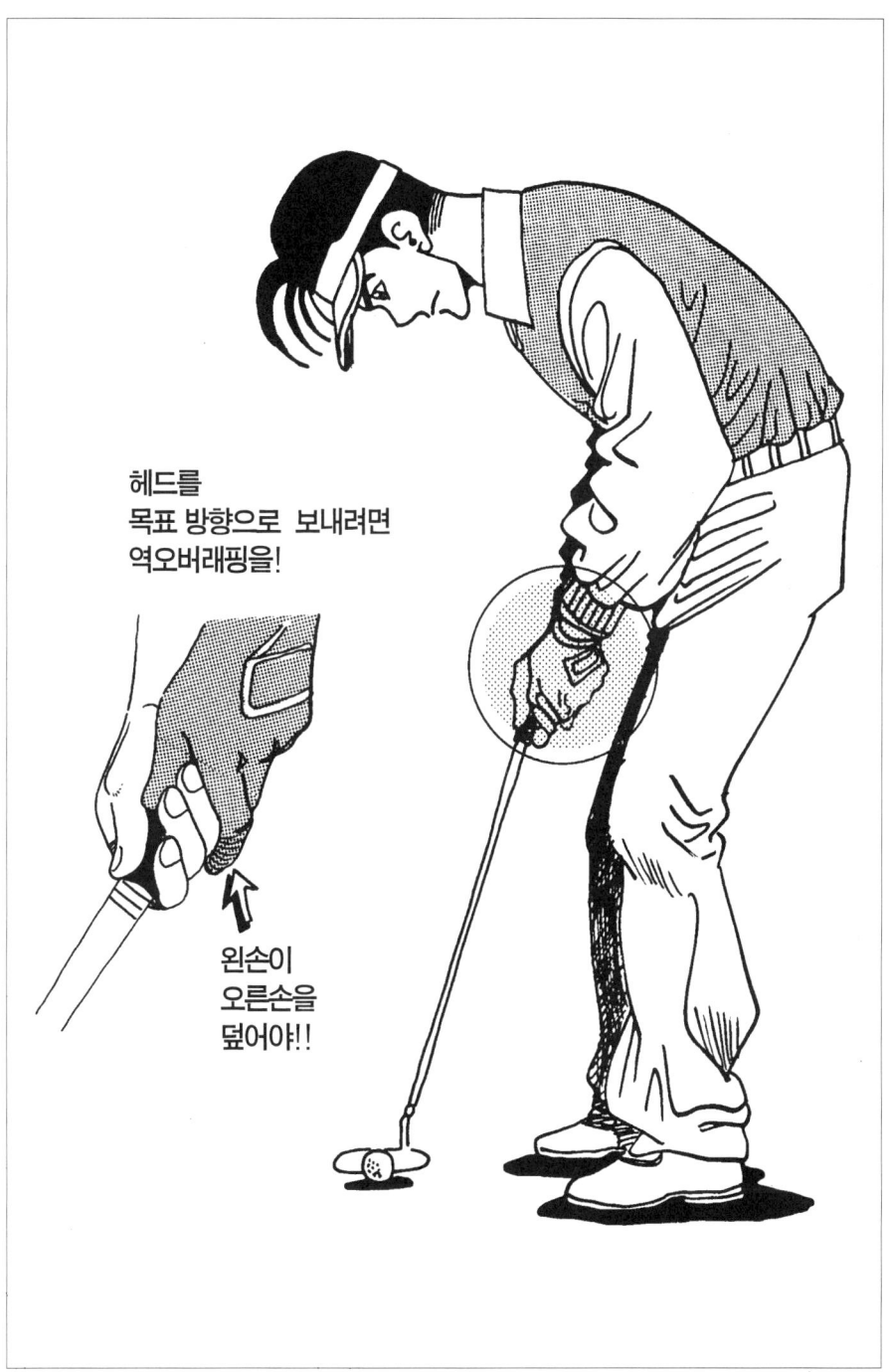

스윙의 메커니즘
장영일 포인트 레슨

　스윙은 팔의 종적인 동작과 허리의 횡적 동작이 합쳐진 것인데 손으로만 클럽 헤드를 돌리게 되면 팔을 횡적으로 쓰는 결과가 된다. 헤드를 몸 뒤로 돌리게 되면 오른쪽 팔꿈치를 당길 수밖에 없다. 그렇게 되면 동작이 막히게 되는데 그 상태에서 손을 들어 백스윙 끝으로 가게 하려면 어깨에 힘을 주고 몸 오른쪽을 펴서 들어올릴 수밖에 없다. 오른쪽 허리의 위치가 어드레스 때보다도 높아지고 횡적으로 써야 할 허리를 종적으로 쓰게 된다. 흔히 '널뛰기식' 스윙이라고 표현하는데 그것은 허리를 종적으로 쓰기 때문이고 몸을 위 아래로 놀리는 원인이 된다.

　허리를 종적으로 쓰는 또 하나의 모양은 처음부터 골프채를 들어올리려고 하는 테이크 백이다. 아무리 팔이 종적인 동작이라고 하지만 몸이 틀어지는 동작과 타이밍이 맞아야만 제대로 되는 것이다. 몸을 그대로 두고 골프채를 들어올리게 되면 팔이나 허리가 종적인 동작이 된다. 마치 왼손잡이 피니시 같은 백스윙 정점이 되고 만다.

　일반적으로 볼 때 골프채 헤드를 크게 휘둘러 돌리려는 나머지 손목을 지나치게 사용함으로써 팔을 횡적으로 쓰기 때문에 허리를 종적으로 쓰게 된다. 몸 중심부터 작동시키는 기분으로 왼쪽 어깨, 왼손, 골프채 헤드 이 세 가지를 함께 작동시켜 테이크 백을 하고, 오른쪽 발을 억제하면 몸 왼쪽이 펴져서 몸 오른쪽이 작아지는 백스윙이 된다. 하반신은 버팀 역할을 하며 상반신은 비틀어 감는 맷돌의 원리가 되는 것이다.

　스윙의 메커니즘은 팔 동작에 몸의 틀어올리기 동작이 보태지면서 완성된다.

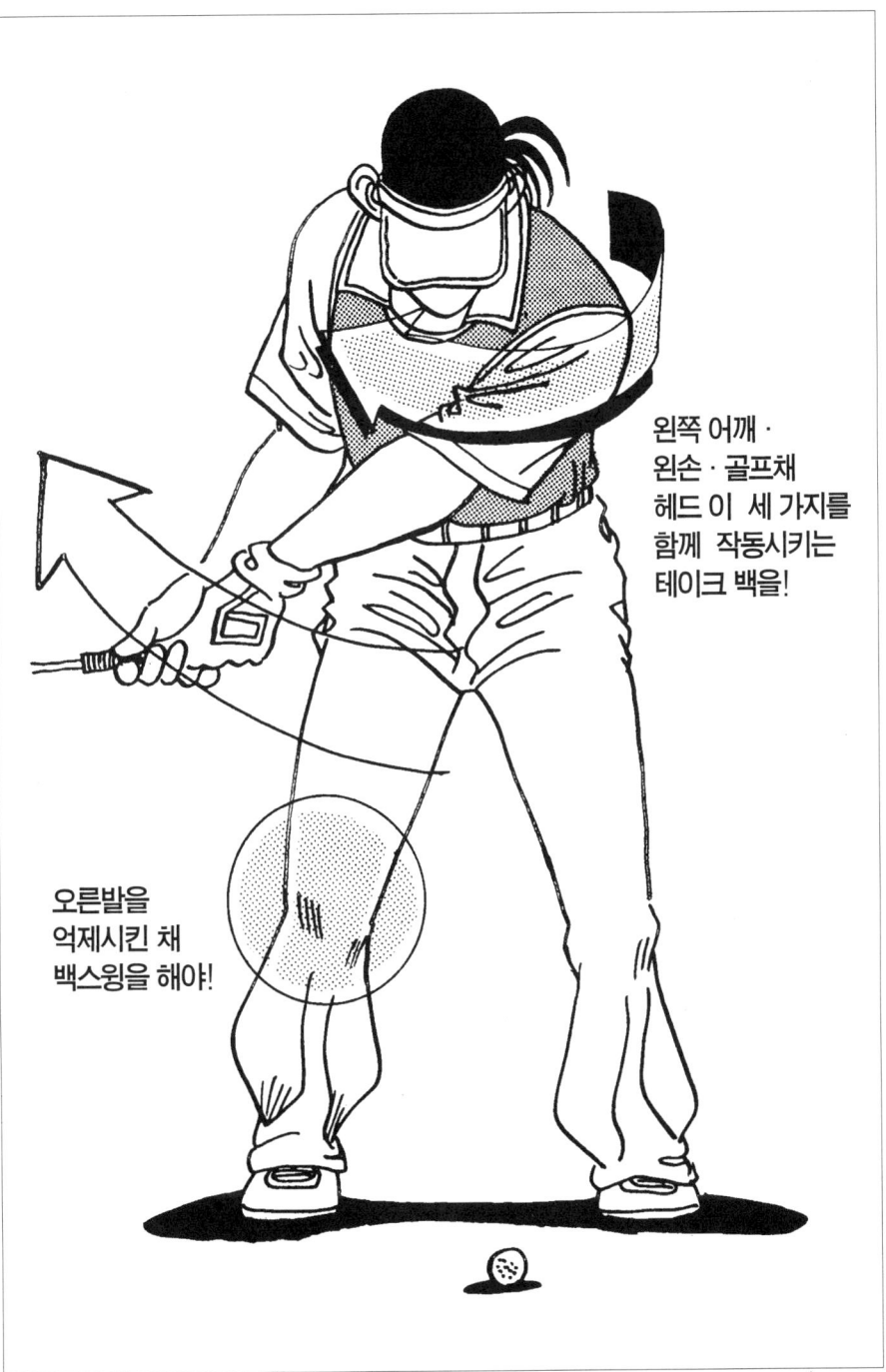

피치 샷의 이해

장영일 포인트 레슨

주말골퍼들 사이에 가장 연습을 소홀히 하는 샷이 피치 샷일 것이다. 때문에 피치 샷을 할 때 확신감의 결여로 불안해 하며 좀더 적극적인 시도를 하지 못하고 불만스런 결과를 초래한다. 피치 샷은 풀스윙의 축소판이라 할 수 있는데 실제로 스윙의 기술적 측면에서는 큰 차이가 없지만 파워보다는 정확도를 필요로 하는 샷이기 때문에 보내고자 하는 거리를 조절할 수 있도록 셋업 자세를 약간 조정할 필요가 있다.

먼저 스탠스를 약간 좁히고 왼발에 체중을 실은 셋업 자세를 취한다. 오픈 스탠스를 만들어 발과 엉덩이가 목표 방향보다 오른쪽을 향하게 하고 어깨는 목표에 직각을 유지하도록 한다. 마지막으로 샷에 대한 확신감을 가지되 클럽 헤드의 스피드를 줄이기 위해 클럽의 그립 밑이나 혹은 1인치 정도까지 클럽을 짧게 내려잡는다.

그런 다음 풀스윙을 할 때와 마찬가지로 손과 팔 그리고 상체를 하나로 해서 공 뒤로 클럽을 옮긴다. 중요한 포인트는 바로 손목이 꺾이면서 백스윙 초기 단계까지 왼팔이 가슴에 붙어 있는 느낌이 들어야 한다는 점이다. 아이언을 풀스윙할 때와 같이 오른쪽으로 자연스럽게 체중이 옮겨가도록 해야하는 것도 잊어서는 안 된다. 가까운 거리에서 피칭을 할 때 강조되어야 할 것은 파워보다는 정확성이지만 피치 샷을 할 때 다리를 사용하지 말라는 것은 아니다. 스윙시 다리의 움직임을 팔의 느낌만큼 똑같이 가져가 보는 것도 좋은 방법이다. 피치 샷은 상체와 하체의 움직임이 하나로 통합되어야 하며 손과 팔만의 샷이 절대 아니기 때문이다.

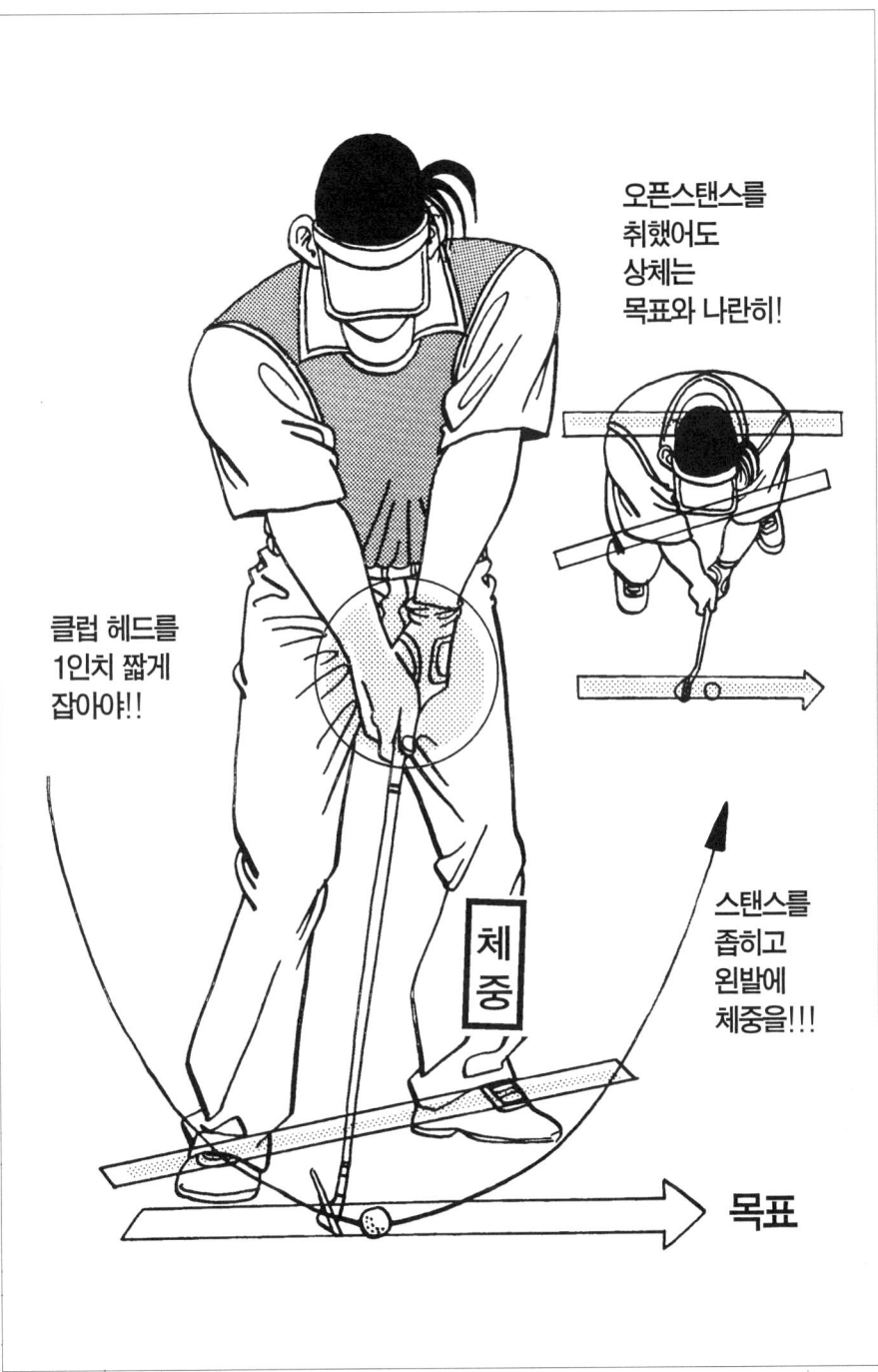

퍼팅의 마술사가 되자 · 1
장영일 포인트 레슨

손목에는 많은 미세한 신경이 집중되어 있어 일상적인 동작에는 대단히 편리하지만 퍼트에서는 역으로 방해가 되기 쉽다.

이번에는 슬라이스 라인에서 퍼팅을 시도할 경우를 살펴보자.

홀컵에서 5m 정도 떨어진 슬라이스 라인일 때 홀컵 왼쪽을 향해 쳐야 할 경우 생각보다 다소 강하게 쳐야 목표 지점에 도달할 수 있다. 만일 확실히 치지 않으면 홀컵에 도달하지 못할뿐더러 경사 때문에 미끄러져 홀컵에서 멀리 벗어나게 될 것이다.

이럴 때 정상급 프로들은 다음과 같은 방법을 취한다.

1. 우선 평소 때보다 볼의 위치가 왼편으로 가도록 스탠스를 조절한다.
2. 클럽 페이스를 평소보다 조금 닫는다는 기분으로 어드레스한다.
3. 어드레스시 양손의 위치를 고정시키고 헤드가 목표를 향해 스퀘어가 되도록 만든다.
4. 휘는 만큼 왼쪽을 향하고 목표를 향해 친다.

이때 다른 동작을 첨가할 필요는 없다.

1~4번의 경우 중에서도 가장 쉬운 방법은 4번이다. 1~3번의 타법의 목적은 클럽 페이스를 닫은 채 퍼팅을 함으로써 가능한 한 볼이 오른쪽 아래로 미끄러지지 않게 하기 위한 것으로 어떤 의미에서 볼 때 합리적인 방법이라고 말할 수 있다. 그러나 이는 꾸준한 연습을 통해 자신의 것으로 만들어야 비로소 실전에서 사용할 수 있다는 어려움이 있다. 또한 페이스를 얼마나 열어야 할지, 힘은 어느 정도 주어야 하는지 판단이 쉽지 않다. 중요한 포인트는 홀컵에 대해 어드레스를 취하는 것이 아니라 휘어지는 정점을 향해 스퀘어로 퍼팅을 시도해야 한다는 것이다.

▶ 5M 떨어진 슬라이스 라인의 경우

퍼팅의 마술사가 되자 · 2
장영일 포인트 레슨

그린에서의 거리 조절은 어떻게 할 것인가/

퍼트시 홀컵과의 거리에 따라 각각 조금씩 다른 어드레스와 타법을 사용하는 골퍼들을 볼 수 있다. 예를 들면 짧은 거리에서는 스탠스를 좁히고 자세를 낮추며 볼을 바로 위에서 내려다보며 스트레이트 궤도로 스트로크한다. 반면 긴 퍼트시에는 스탠스를 조금 넓히고 자세를 세우며 볼을 조금 옆에서 보듯 머리를 기울여 어퍼블로로 치는 등 길이에 따라 타법을 변화시키는 방법도 있다. 이 밖에 프로들은 경험에서 체득한 자신만의 타법을 쓰기도 한다.

하지만 아마의 경우 자세를 바꾸는 데 따른 성공확률은 그다지 좋지 않다. 따라서 퍼팅을 시도할 때 혼란을 방지하기 위해서는 타법을 바꾸지 않는 편이 좋다. 그래도 다소의 기량 향상을 위해 퍼트 자세를 조금 바꾸고 싶다면 그립의 위치를 변화시켜 클럽의 길이를 조절하는 방법을 추천하고 싶다.

짧은 퍼트라면 짧게 쥐고 작은 진폭으로 스트레이트 궤도로 정확히 볼을 치고, 긴 퍼트라면 평상시보다 조금 길게 잡는다. 이렇게 하면 자연히 자세가 올라갈 것이다. 또한 몸을 조금 펴면 홀컵이 멀리 있어도 볼이 굴러갈 라인의 이미지를 확실히 그리기 쉽고 스트로크 진폭도 자연스럽게 커지며 볼이 굴러가는 방향 또한 잘 살필 수 있다. 한편 거리감도 자연스럽게 몸에 전해진다.

이렇듯 그립의 위치를 바꾸는 것만으로 좋은 퍼팅을 할 수 있으므로 굳이 힘들여 타법을 바꿀 필요는 없다.

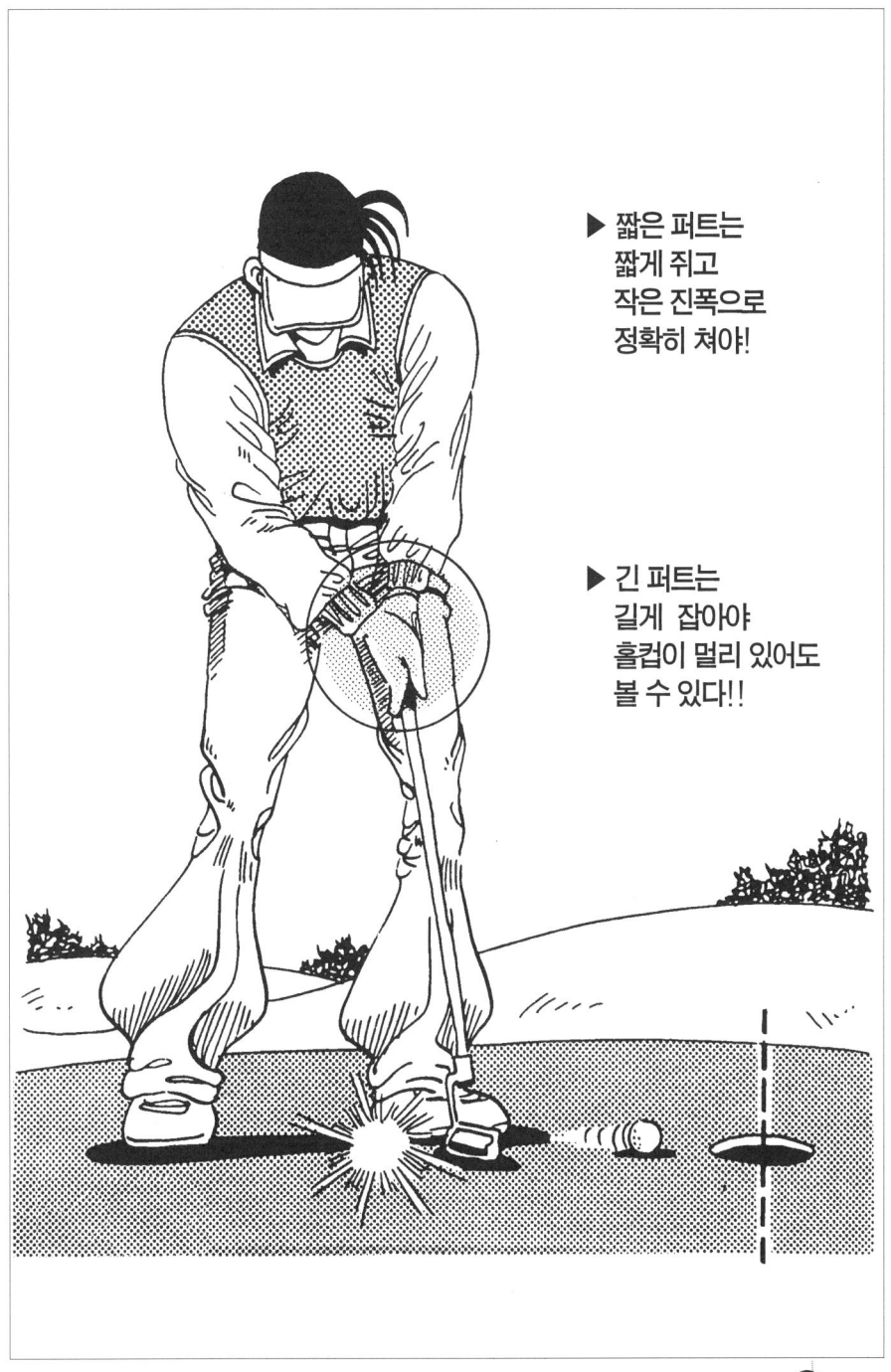

퍼팅의 마술사가 되자 · 3
장영일 포인트 레슨

오르막 퍼팅의 경우. 오르막의 긴 거리(15m) 정도라면 상당히 강하게 쳐야 할 것이다. 게다가 경사가 심하고 잔디 결의 방향이 반대인 그린이라면 보다 확실하고 강한 퍼팅이 필요하다. 또한 올려 쳐야 할 상황이기 때문에 거리감을 잡기에도 불리해 홀컵에 2~3m 못 미치는 경우가 많다. 따라서 이때는 정확히 도달하기를 바라기 보다는 컵을 지나친다고 생각하는 편이 훨씬 성공 확률이 높다.

오르막 퍼팅을 시도할 때 우선 첫 퍼트에서는 컵의 아래쪽이든 윗쪽이든 50cm 정도까지는 붙여야 한다. 이 과정에서 컵의 앞쪽 50cm 이내로 보낼 것인가, 아니면 뒤편 50cm부근으로 칠 것인가를 결정해야 한다. 현실적으로 위와 같이 오르막에다 잔디결이 반대일 경우 볼을 홀컵 50cm 앞에 멈추도록 하는 것은 어렵다. 따라서 50cm 정도 오버시킨다는 느낌으로 치는 편이 훨씬 유리하다. 컵을 지나친 뒤 다시 돌아올 때 내리막 라인이라는 것이 마음에 걸리겠지만 볼이 컵을 넘어가는 사이 되돌아오는 라인의 상태를 어느 정도 파악할 수 있다는 유리한 점이 있다.

일반적으로는 컵의 앞에 멈추게 하고 다음 퍼트를 오르막에서 치는 것이 쉽다고 하지만 이는 반대다. 컵에 도달시키지 못한 볼은 남은 거리의 라인을 파악하기 힘들며, 또한 잔디결이 반대일 경우는 퍼트시 힘을 조금 가감시키는 것만으로도 볼이 휘기 쉽다. 마음먹고 단호하게 쳐야 한다. 지나치지 않으면 결코 들어갈 수 없다.

▶ 오르막 15M 거리의 롱퍼팅

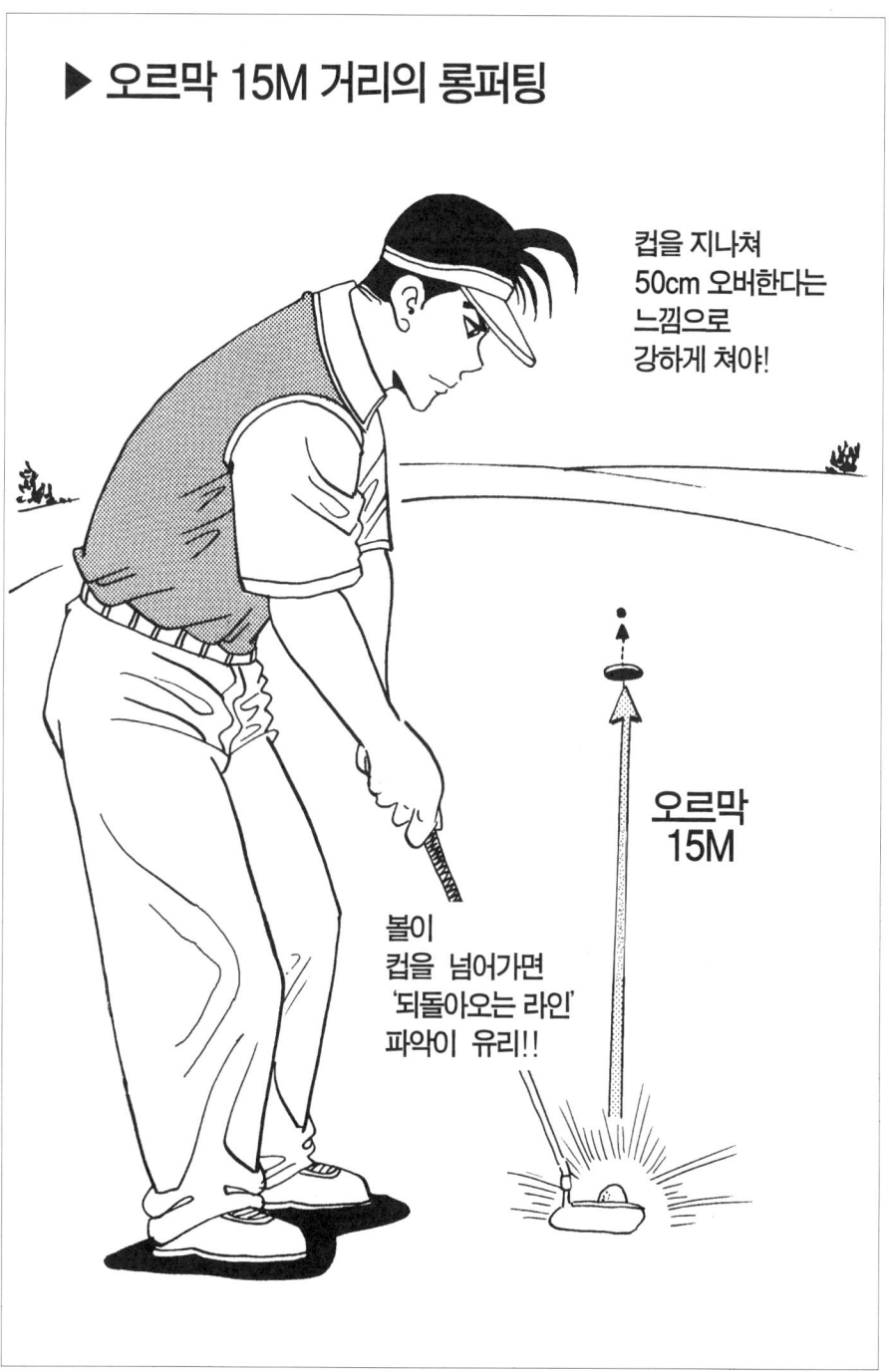

퍼팅의 마술사가 되자 · 4
장영일 포인트 레슨

내리막 퍼트를 겁내는 것은 '지나치면 어떻게 하나' 하는 기분을 가지고 있기 때문이다. 그렇게 되면 자칫 잘못해 짧게 히팅하기 때문에 다시 내리막 퍼트를 남기게 된다. 내리막 퍼트에서 경사와 그린을 어떻게 정확히 판독할 것인가를 알아본다.

내리막 빠른 그린에서의 10m 이상 롱퍼트일 경우 범하기 쉬운 실수는 다음과 같다.

1. 슬라이스나 훅의 경사가 심할 경우 볼이 크게 휠 염려가 있다.
2. 두려움을 느낄수록 확실히 치기 힘들며 한 번에 컵인할 가능성은 더욱 희박해진다.
3. 너무 세게 치면 4~5m 컵을 벗어나 버린다.

물론 이상은 모두 피해 가야 할 부분이며 1퍼트에 성공시킨다면 더할 나위 없겠지만 어쨌든 2퍼트로는 끝내야 한다. 성공시킬 수 있는 방법은 다음과 같다.

1. 볼을 컵 뒤로 오버시켜 아래쪽으로 보낸다.
2. 그린의 빠르기를 읽고 컵의 앞쪽 어느 지점에 보내야 컵까지 굴러갈 것인가를 계산, 가상의 컵을 그려 그 지점까지 정확히 쳐야 한다.

내리막 롱퍼트를 좋아하는 사람은 없다. 경사가 심하고 빠르면 살짝 쳐도 그린 바깥까지 굴러가기 쉽다. 이를 위해서는 2번의 방법을 취하는 것이 좋다.

발끝이 올라간 상황의 공략법
장영일 포인트 레슨

자신의 발보다 볼의 위치가 높을 때는 클럽을 짧게 쥐어야 하는 것이 필수다. 볼의 위치도 정상적인 샷을 할 때처럼 하면 실수를 하기 쉽다. 이는 스탠스를 취한 상태에서 체중 이동이 없이 팔만으로 휘두르기 때문이다. 따라서 평탄한 라이보다 볼을 안쪽에 두어야 한다.

세 번째 포인트는 노리는 방향과 스탠스. 발끝이 올라간 상황에서는 타구가 훅이 되기 쉬우므로 대개 목표를 오른쪽으로 설정하지만 이때 중요한 실수를 범하는 경우가 많다. 목표를 오른쪽에 두는 것과 몸 전체를 오른쪽으로 향하는 것을 혼동하는 것이다.

노리는 방향은 오른쪽이라 하더라도 스탠스는 오픈으로 해 두지 않으면 안 된다. 클럽 페이스를 오른쪽으로 향하게 하고 볼을 안쪽에 두게 되면 아래에서 위로 올려치는 듯한 스윙이 되므로 더욱 심한 훅이 나게 된다. 클럽 페이스와 어깨선은 목표 방향에 두더라도 오픈 스탠스를 취해야 훅이 날 경우를 최소화할 수 있는 것이다.

몸전체를 오른쪽으로 향하게 하면 발끝이 올라가는 상황에서 왼발이 위에 놓이는 자세가 되고 이는 왼쪽을 막히게 하여 생각 이상으로 훅이 심해져 컨트롤이 어려워진다.

고질적인 슬라이스 퇴치법 · 1

장영일 포인트 레슨

주말골퍼들의 가장 공통된 고민거리이며 보편적인 미스 샷 1위는 단연 슬라이스 구질이다. 이렇게 부지기수의 골퍼들에게 고통을 주는 원인은 무엇일까?

슬라이스와의 전쟁은 바로 그립으로부터 시작된다. 위크 그립은 임팩트 시 클럽 페이스를 열리게 하고 아무리 스윙 폼이 좋아도 볼을 오른쪽으로 날아가게 한다. 먼저 그립부터 점검해 보자. 클럽을 왼쪽 사이드에 편안히 내려놓은 상태에서 자연스럽게 감싸 잡아야 가장 이상적이다.

그러나 여기에서는 몇 가지 중요한 포인트를 염두에 두어야 한다. 우선 손바닥 뒷부분이 그립의 상단 끝부분과 일치되도록 그립을 잡는다. 이러한 형태는 손가락으로 클럽을 컨트롤하기 쉽게 만들고 손바닥 근육이 너무 긴장되지 않도록 해주는 역할을 한다.

둘째로 엄지는 위에서 아래로 내려다 볼 때 중앙에서 약간 오른쪽에 놓여져 있어야 하며, 너클이 두 개 정도 보여야 한다. 그 다음 엄지와 검지 사이에 빈틈이 없어야 한다. 그립을 잡은 양손은 하나의 유니트가 되어 클럽이 몸의 일부가 되도록 한다.

슬라이스의 원인은 매우 다양하지만 먼저 왼손 엄지손가락이 오른손의 생명선 위에 놓이게 잡아야 하며 엄지와 검지 사이에는 틈새가 없어야 한다. 이렇게 클럽을 쥐기 위해서는 양손에 동전이 끼어 있을 수 있는 정도의 악력이 있어야 한다. 그렇다고 해서 온 근육이 긴장되어 클럽이 뻣뻣하게 움직일 정도로 단단하게 잡아서는 안 된다. 중요한 포인트는 스윙을 하는 동안 일정한 악력이 유지되도록 해주는 것이 견실한 스윙을 만들어 준다는 것이다.

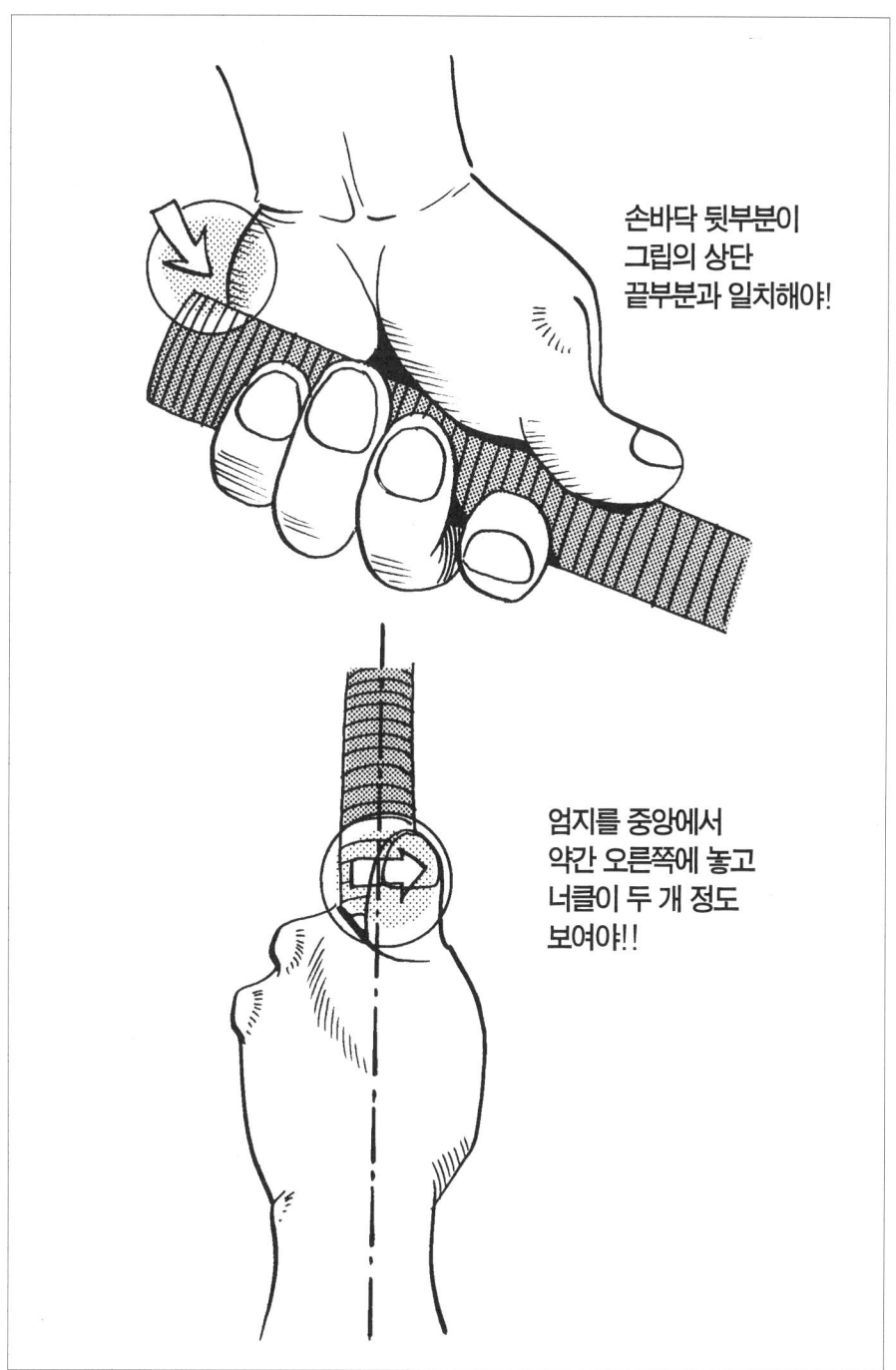

고질적인 슬라이스 퇴치법 · 2

장영일 포인트 레슨

　때에 따라 코스 공략에 있어 슬라이스가 도움이 되는 경우도 있다.
　슬라이스 구질을 갖고 있는 많은 골퍼들은 클럽 페이스가 목표 선 위에 오래 머물러 있어야 한다는 강박 관념에 싸여 있기 쉽다. 스윙 플레인상으로 볼 때 다운 스윙시 클럽 헤드는 목표 선 안쪽으로부터 볼을 향해 가고 있으며 임팩트 때는 잠시 목표 선 위를 거쳐 팔로 스루 때에는 다시 안쪽으로 이동한다.
　클럽 페이스는 다운 스윙시 목표 선에서 약간 오픈되어 있고 팔로 스루에는 클로스되어 마치 문짝이 열리고 닫히는 작용과도 같다. 플랫한 스윙을 위한 연습 방법으로 '야구 스윙'을 권한다. 이 연습은 클럽 페이스의 로테이션을 잘 느낄 수 있는 효과적인 방법으로, 궁극적으로는 슬라이스를 방지해준다. 티업된 볼 위로 야구 스윙을 할 때 팔, 손목, 엘보, 어깨 등 모든 연결 부분이 스윙하는 동안 긴장되지 않도록 주의한다.
　스윙하기 전 한 두번 정도 야구 스윙을 해보면 드라이버 샷이 사이드 블로 타법이라는 것을 알 수 있다. 안정된 척추선의 각도는 불필요한 몸의 움직임을 최소화하고 정확한 임팩트를 만드는 기반이다. 엉덩이를 고정시키면 안정된 스윙을 보장받는다. 이러한 사항이 잘 지켜지면 볼은 스퀘어로 맞게 되고 스트레이트나 드로우성 구질의 좋은 샷을 만들 수 있다.
　좋은 자세는 불필요한 몸의 움직임을 필요없게 해준다. 몸통을 중심으로 최소의 좌우 편차가 생기고 상체가 감기는 완전한 바디 턴의 자세가 되는 것이다.

고질적인 슬라이스 퇴치법 · 3
장영일 포인트 레슨

　슬라이스를 만들어 내는 또 다른 공통적 원인은 몸의 오른쪽을 너무 높은 상태로 유지한 채 스윙하는 것이다. 이러한 자세는 경직되고 아웃사이드 인의 스윙을 유발시킨다. 임팩트시에 오른쪽은 왼쪽보다 낮아야 하고 왼쪽 발바닥에 벽돌 한 장을 밟고 선 듯한 자세가 되어야 한다. 특히 드라이버 샷에서는 임팩트시 이렇게 쏠린 듯한 몸의 위치가 클럽 헤드를 목표 선의 인사이드로 끌고 나와 클럽 페이스가 스퀘어된 상태로 정확한 임팩트를 만든다.

　어드레스에서 올바르게 셋업을 하면 몸의 오른쪽은 낮고 머리가 뒤에 남아있는 정확한 임팩트를 훨씬 용이하게 만들 수 있다.

　머리를 볼 뒤에 두고 오른 어깨를 약간 낮추어 셋업한다. 또한 머리의 위치와 어깨 회전이 백스윙 내내 몸의 중심축에서 벗어나지 않도록 주의해야 한다. 이렇게 하면 몸통을 완전히 회전시켜 줄 뿐 아니라 인사이드 아웃의 다운스윙 궤도를 만들어 줄 것이다.

　또한 임팩트에서는 하반신의 힘도 중요하지만 등 근육도 상당히 사용하고 있음을 알아야 한다. 더욱이 이것은 일순간에 일어난다. 다운스윙부터는 서서히 속도가 증가되어 휘둘러지는데 이 순간 클럽에는 원심력이 작용되어 손에서 클럽이 떨어져 나가려고 한다. 이 원심력은 헤드 스피드가 빠르면 빠를수록 크게 된다. 물론 그립을 확실히 잡고 있는 악력도 필요하지만 클럽이 떨어져 나가려고 하는 원심력에 지게 되면 몸이 비구 방향으로 흘러 버리고 만다. 따라서 이 힘에 지지 않는 힘이 필요하며 이때 작용하는 근육이 등 근육이다. 이 근육이 강할수록 헤드 스피드를 높이고 축적된 파워를 낳으며 슬라이스를 치유할 수 있는 것이다.

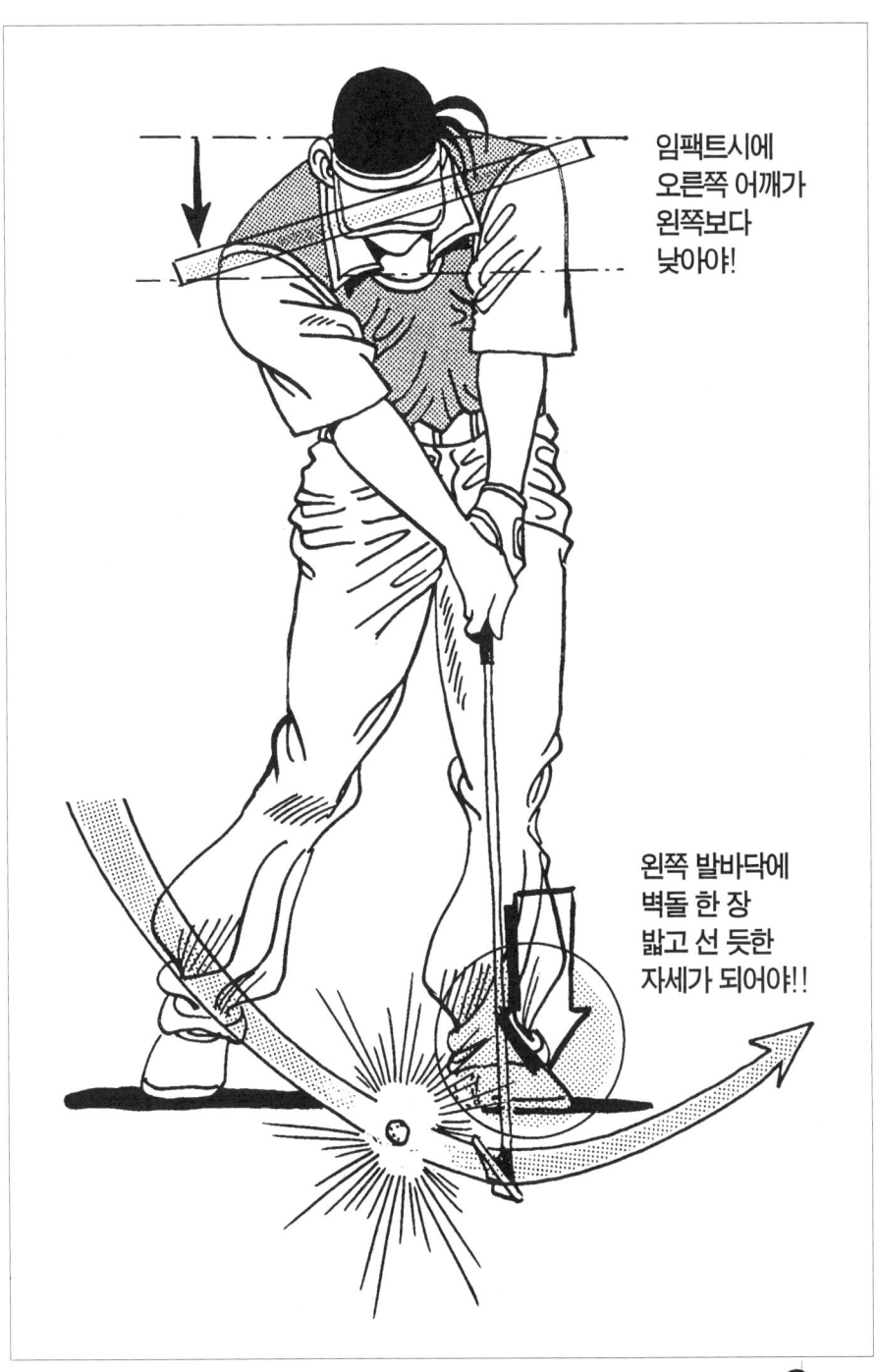

고질적인 슬라이스 퇴치법 · 4
장영일 포인트 레슨

슬라이스의 징조는 아주 단순하다. 밖에서 안으로 당기는 스윙 궤도를 만들거나 임팩트 순간에 클럽 페이스를 오픈하는 행위는 결국 왼쪽에서 오른쪽으로 볼을 휘게 한다. 페이스 평면으로 되어 잇는 아이언보다는 약간 불룩한 드라이버의 경우에 슬라이스가 더 많다.

슬라이스 구질의 골퍼들에게 가장 흔한 실수는 스탠스에서 너무 앞쪽에 볼을 놓아 결과적으로 아웃사이드 인의 스윙 궤도를 그린다는 것이다. 두 개의 클럽을 사용해 볼 위치를 점검해 보자. 하나는 목표 선과 평행하게, 다른 하나는 직각을 이루게 해 바닥에 놓는다. 드라이버 샷을 할 때는 왼쪽 발꿈치가 직각으로 두 번째 클럽에 닿도록 셋업한다. 그러나 골퍼의 개성에 따라 약간 앞뒤로 조정해도 무방하다.

볼을 똑바로 치기 위해서는 임팩트 순간 클럽 페이스가 반드시 스퀘어 상태에 있거나 목표 선을 바로 보고 있어야 한다는 것이다. 클럽 페이스가 어드레스 상태에서 열려 있거나 닫혀 있으면 임팩트시 헤드가 볼을 스퀘어로 맞출 확률이 적어진다. 임팩트시 클럽 페이스를 스퀘어 상태로 유지하기 위해 클럽을 손으로 조정하기란 쉽지 않은 일이다. 어드레스에서 스퀘어 상태로 했다고 해서 임팩트 때도 똑같은 위치로 되돌아온다는 보장은 없지만 그만큼 성공 가능성은 높다.

가장 좋은 방법은 백스윙시 드라이버 헤드 솔부분을 30cm 정도 뒤로 풀을 문지르면서 시동을 거는 것이다.

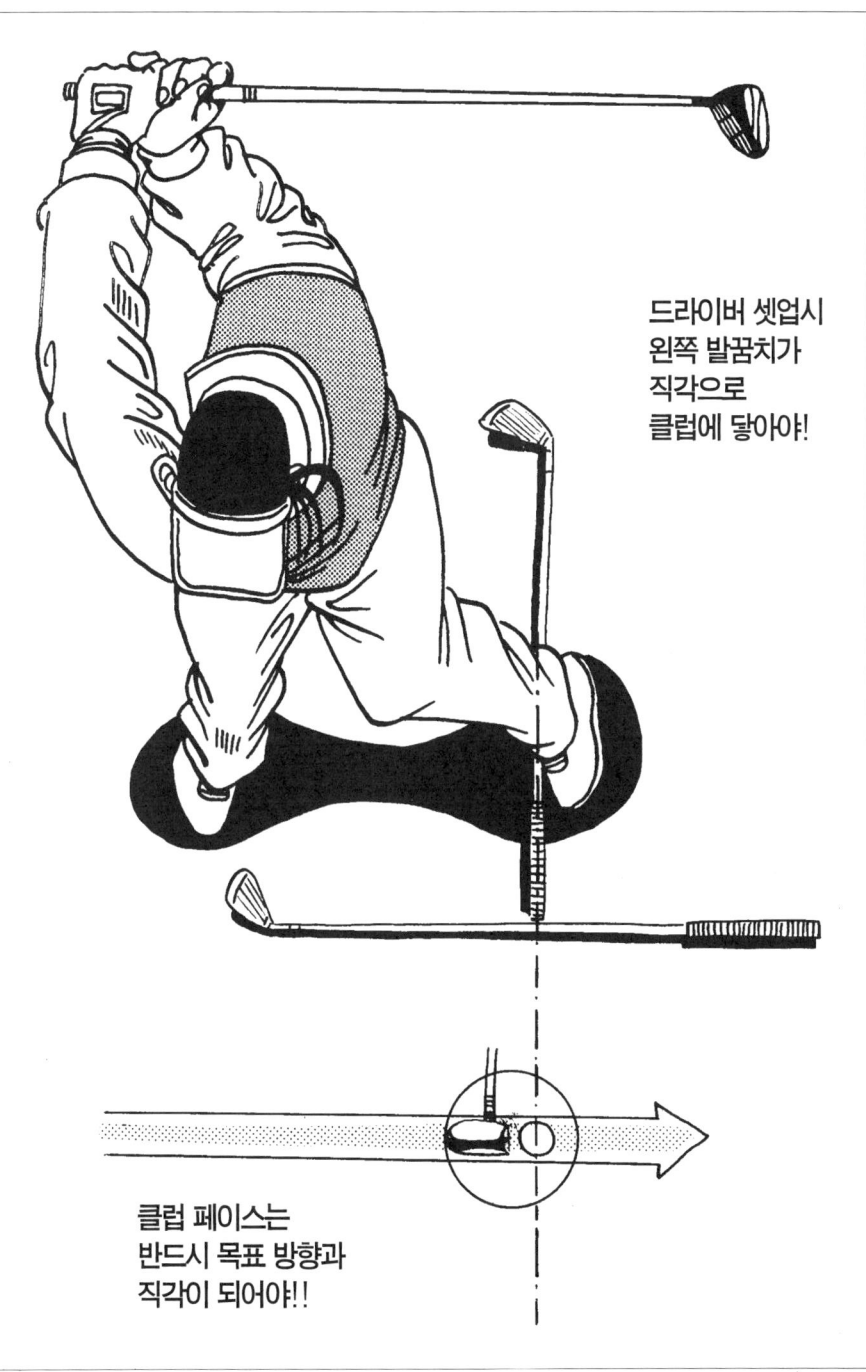

고질적인 슬라이스 퇴치법 · 5
장영일 포인트 레슨

왜 슬라이스가 나는지를 밝혀 내고 어떠한 연습을 해야 고쳐지는지를 알아 보자.

그립과 어드레스시에 볼의 위치를 점검하고 다음으로는 중요한 톱스윙에서 손목의 꺾인 각도를 점검해야 한다. 어드레스 때 클럽 페이스가 스퀘어하게 되었다고 해도 백스윙 동안 오픈될 가능성이 아주 많다. 스윙의 정점에서 클럽이 오픈되면 임팩트시에도 열릴 가능성이 크다. 이는 손목을 너무 많이 사용함으로써 생긴다.

톱스윙에서 손목이 꺾인 각도를 점검해 보자. 그림과 같이 톱스윙에서 왼손등이 팔뚝과 일직선이 되도록 해야 한다. 손목이 꺾여 왼손등이 팔뚝 쪽을 향하면 클럽이 오픈되고 슬라이스가 유발되기 쉽다. 손등이 수평으로 놓여있지 않고 다소 수직으로 꺾이면 클럽 페이스가 오픈된다.

이러한 현상의 원인은 백스윙시에 손목을 너무 꺾기 때문에 일어난다. 이러한 잘못을 저지르지 않기 위해서는 백스윙시 양손이 무리없이 들어올려져야 한다. 스윙을 하는 동안 클럽 페이스가 스퀘어 상태를 유지하는지 확인하기는 어렵다. 클럽보다 큰 물체(빗자루 등)가 이러한 어려움을 해소시켜 줄 수 있을 것이다. 클럽을 잡듯이 빗자루의 손잡이를 쥐고 빗자루 한면을 클럽 페이스로 가정해 보자.

손잡이가 발끝선을 따라 수평이 되도록 테이크 백을 시도한다. 이때 빗자루의 궤도가 지면과 평행이 되는지 확인한다. 톱스윙에서 빗자루 헤드는 왼팔뚝과 평행을 이루어야 한다. 거울이나 동반자의 도움을 받아 연습해 보면 어떤 변화가 일어나는지를 알 수 있다.

오른팔 사용법을 알자
장영일 포인트 레슨

골프 스윙에서 오른손의 사용을 피하려는 골퍼가 많다. 비거리를 늘리려면 바로 이 오른팔 사용법을 잘 알아야 하는데도 골프를 왼팔로 쳐야 한다는 고정관념을 갖고 있는 것이다.

오른손과 팔은 골프에서 항상 무시되어 왔지만 가장 큰 재산이기도 하다. 대부분의 골퍼들이 오른손잡이임을 생각하면 오른손을 잘 써야 효과적인 샷을 할 수 있는 것이다.

이를 위한 간단한 연습 방법을 소개한다. 오른쪽 팔꿈치를 오른쪽 엉덩이 바로 앞에 위치시키고 오른손바닥에 힘을 실어 골프 카트를 밀어 본다. 이렇게 할 때 꽤 많은 압력을 만들 수 있다. 그런 다음 왼손 등으로 같은 동작을 반복해 본다. 두 경우 모두 거의 같은 느낌을 받을 수 있을 것이다.

톱플레이어들의 스윙을 보면 내내 오른팔꿈치를 몸 옆에 붙여 주는 것을 볼 수 있다. 하지만 이것은 다운 스윙에서만 적용될 동작이다. 백스윙에서 오른팔은 자유롭게 움직여야 한다. 만약 팔꿈치가 처져 있다면 백스윙은 아주 좁아진다.

골프는 왼쪽 벽의 스포츠다. 임팩트는 지레의 원리이므로 왼손등을 볼 뒤에 갖다대고 오른손바닥으로 압정을 박듯이 강타하면 비거리의 대책을 해결할 수 있다.

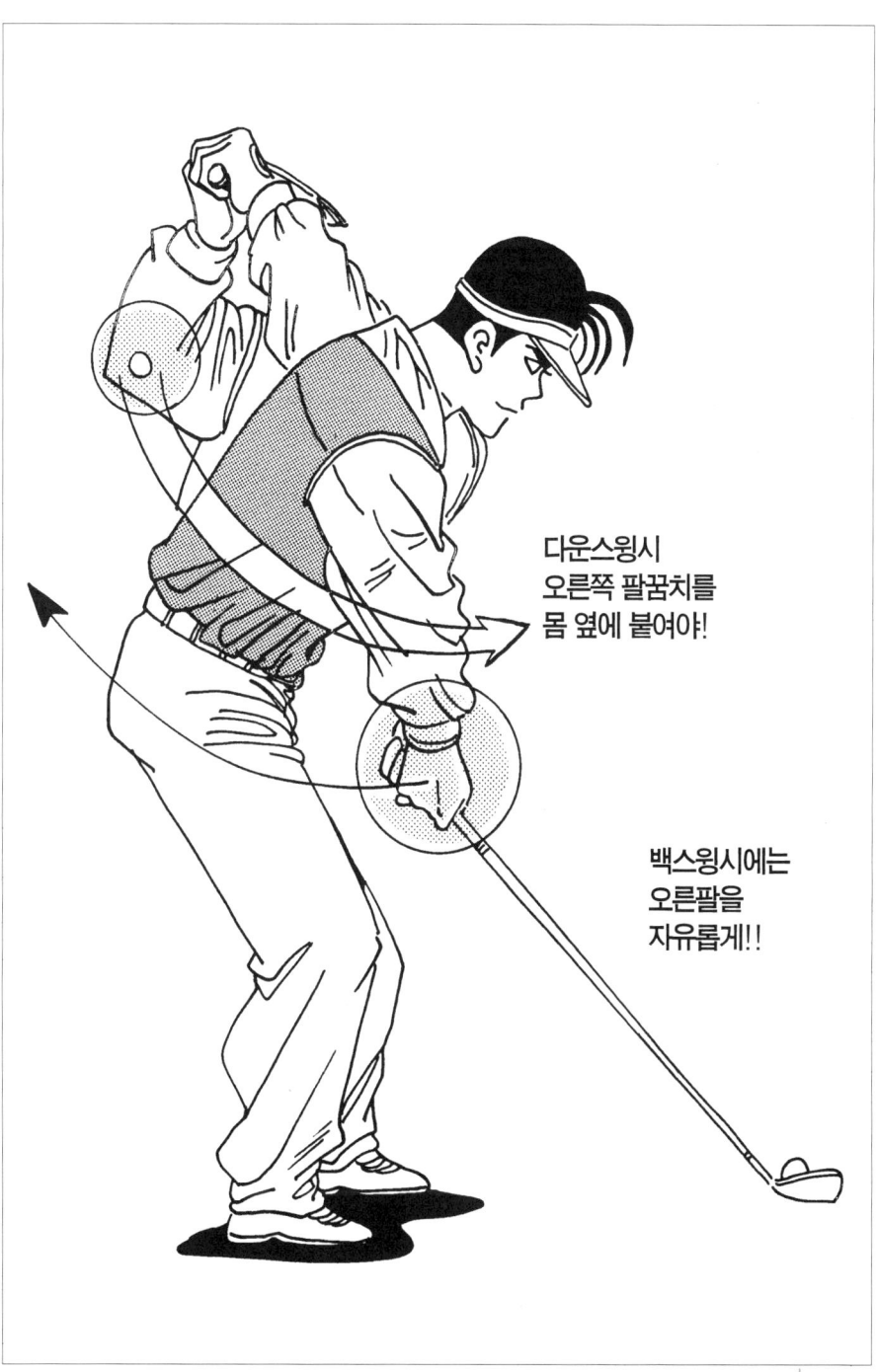

드라이버로 러프를 탈출한다

장영일 포인트 레슨

아주 험난한 러프를 탈출해야 할 때, 페어웨이를 벗어났거나 나무 뒤에서 쳐야 할 때 대부분의 골퍼들은 아주 조심스럽게 어프로치하듯 샷을 하는 경우가 많고 그 결과 페어웨이에 올려놓기도 힘든 상황을 만드는 경우가 많다. 또는 때에 따라 탈출하기가 비교적 쉽다고 판단되면 2번이나 3번 아이언을 가지고 낮은 탄도의 샷을 구사하려는 경우가 대부분이다.

그러나 이런 클럽들은 볼이 너무 높게 날거나 휘어지는 상황을 만들기 쉽고 결국 또 다시 트러블에 빠지는 경우로 이어진다. 따라서 이처럼 홀을 향해 트러블 샷을 해야 하는 경우라면 드라이버로 샷을 하는 것이 더 탈출에 용이하다. 드라이버는 클럽의 특성상 탄도가 낮게 만들어졌고 원래 무게도 무겁기 때문에 다른 클럽에 비해 유리하다.

드라이버를 가지고 트러블 샷을 잘하려면 우선 스탠스를 평상시보다 더 넓게 하고 그립은 내려잡아야 하며 볼은 스탠스의 중심에 놓는다. 이때 그립은 퍼팅할 때처럼 역오버래핑 그립을 취하면 더욱 좋다. 임팩트 때 클럽 헤드가 흔들리는 것을 방지할 수 있기 때문이다. 스윙 길이는 평상시보다 약 반 정도 줄이는 것이 좋고 템포는 아주 유연하게 가져가야 한다.

볼을 낮게, 똑바로 멀리 날리기 위해 무엇보다 중요한 것은 하프 스윙을 해야 한다는 것이다. 드라이버는 솔의 밑부분이 평면으로 사이드 블로의 기능을 갖고 있기 때문에 깊은 풀에 말리거나 힐 부분이 풀에 감김으로 나타나는 미스가 거의 없다.

또한 로프트가 작아서 낮은 탄도를 유지할 수 있어 터널을 통과하는 구질을 연출할 수 있다.

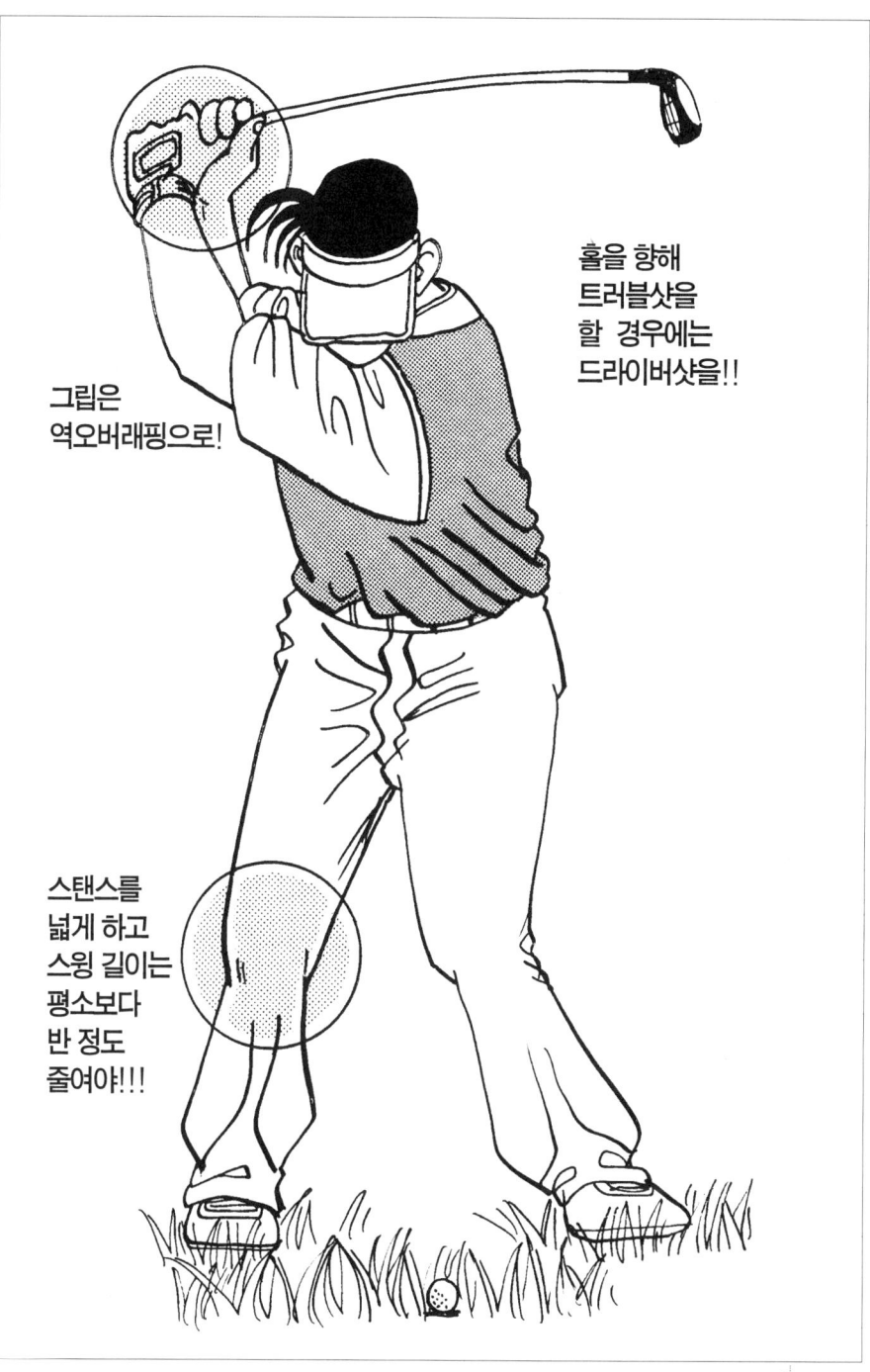

일관성 있는 어드레스
장영일 포인트 레슨

어떻게 드라이버로 일관성있게 비거리를 증대시킬 수 있을까?

스윙에서 균형과 리듬, 템포는 매우 중요하다. 바로 힘들이지 않는 자연스러움이다. 모든 사람의 템포는 저마다 다르다. 하지만 자신의 스윙이 빠르거나 느리거나 상관없이 중요한 것은 항상 적당한 범위에서 스윙을 해야 한다. 이것이 보다 멀리, 보다 정확히 타격하기 위한 첫단계다.

어드레스에 대한 확신만 있으면 직선 타격을 가능하다. 항상 일관성 있는 준비 자세의 습관을 키우면 종잡을 수 없는 구질에서는 벗어날 수 있다. 그렇다면 일관성 있는 어드레스를 위해서는 어떻게 해야 하나.

우선 클럽을 손에 쥐지 않은 상태에서 풀장으로 다이빙하려는 자세로 볼 앞에 서서 체중을 발 중앙에 모으고 균형잡힌 느낌을 가져본다. 그런 다음 손에 클럽을 쥐고 느낌을 재현한다. 이때 자신의 자세가 바른지 확인하는 기준은 다음과 같다. 클럽의 그립 끝부분과 자신의 몸과는 주먹 하나 반 정도의 간격, 즉 입으로 공을 물고 떨어뜨리면 양손의 그립 위에 떨어질 정도의 거리가 이상적이다.

또 한가지 중요한 포인트는 볼의 위치를 왼쪽 발뒤꿈치 바로 안쪽에 두지 않으면 훌륭한 샷을 구사할 수 없다는 점이다. 자신의 양발을 모으고 볼은 양발의 중앙에 마주보게 한다. 그 다음 편안하게 설 수 있는 한도 내에서 오른발을 옮긴다. 이때 왼발은 절대 움직여서는 안 된다. 언제 어떤 위치에서 공을 치더라도 항시 일관성 있는 어드레스를 한다면 직선 타격을 보장해 줄 것이다.

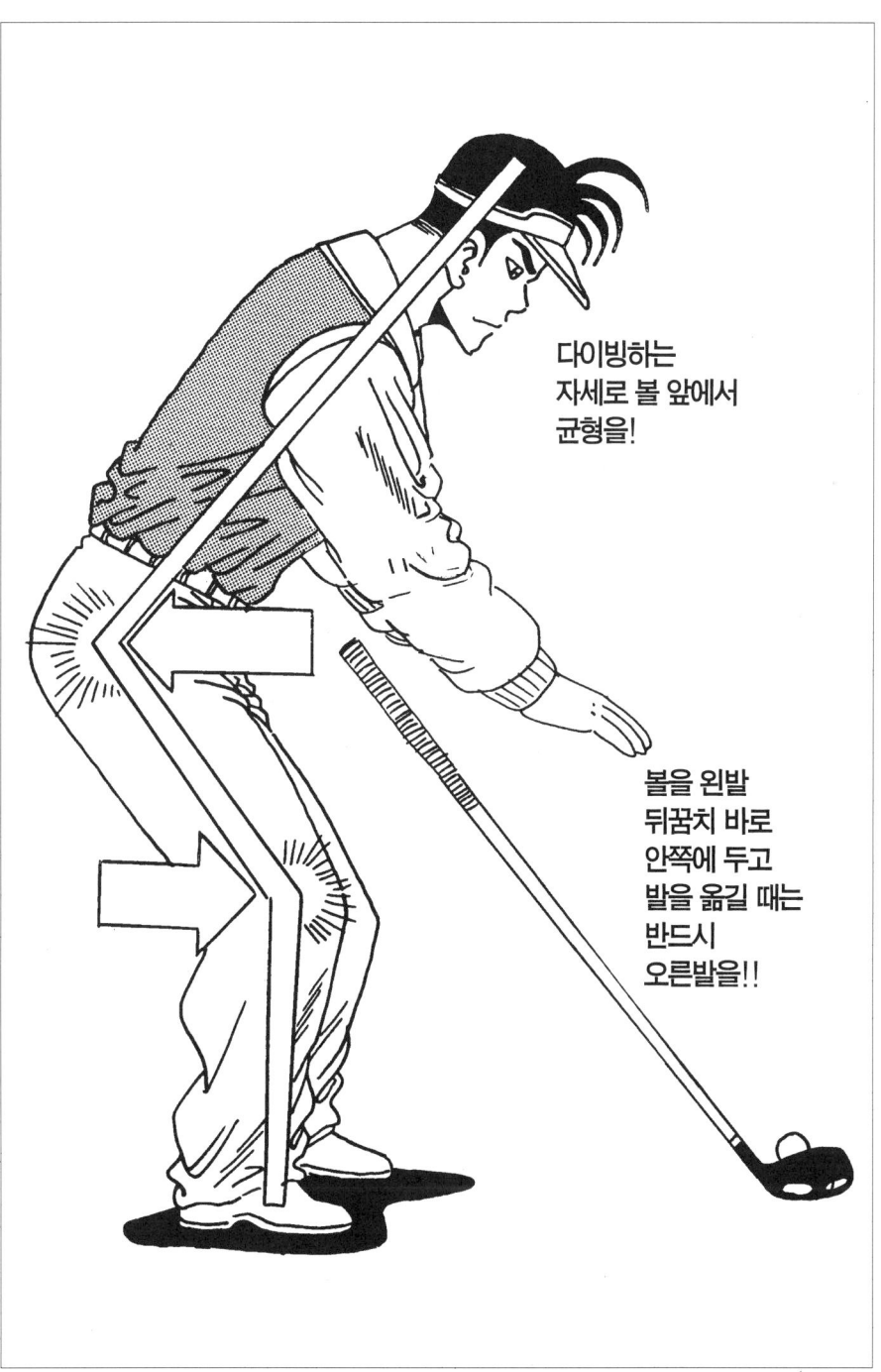

좋은 그립의 조건

장영일 포인트 레슨

골프는 클럽이라는 기구를 사용하는 스포츠다. 따라서 골퍼와 클럽의 만남은 그립이며 그립의 제1목표는 양손의 일체감 형성이다. 양손을 한손같이 움직이고 사용할 수 있어야 한다. 이를 위해 왼손 셋째, 넷째, 다섯째 손가락에 힘을 가하고 오른손은 셋째와 넷째 손가락만으로 힘을 가해야 한다. 이는 오른손과 왼손의 악력이 다른 데서 기인한 측면도 있다.

그립은 양손의 쥐는 방식에 따라 오버래핑, 인터로킹, 베이스볼 그립 등으로 구분할 수 있다. 가장 일반적인 그립은 오버래핑 그립. 인터로킹 그립 역시 힘이 약한 여성 골퍼들에게 효과적인 그립의 하나다.

왼손 그립에서 중점적으로 점검해야 할 부분이 왼손엄지의 위치와 상태다. 왼손 셋째, 넷째, 다섯째 손가락을 사용해 클럽을 주도적으로 잡고 왼손 엄지는 샤프트 중앙에서 약간 오른쪽으로 올려 놓는 것이 일반적이다. 이때 왼손 엄지를 길게 펴고 스윙을 하는 골퍼(롱섬 타입)는 전반적인 스윙의 흐름을 왼손으로 주도해 클럽 헤드의 속도를 증가시키는 스타일인데 임팩트 시 왼손등으로 타격할 때 지레의 원리가 다소 약해져 방향이 다소 흔들리는 경우가 많다. 30대의 건장한 체격을 지닌 중급자 또는 바디 스윙을 하는 중급자에게서 많이 발견된다. 스윙 템포가 빠르거나 손목을 많이 사용하는 골퍼에게는 어울리지 않는 그립이다.

노약자나 여성 골퍼는 손목의 힘이 약하기 때문에 숏섬으로 좌우 균등하게 힘의 분배를 할 수 있다. 손목의 움직임을 충분히 활용해서 스윙 동작을 보완할 수 있어 몸이 굳은 사람과 고령자 골퍼에게 효과적이다.

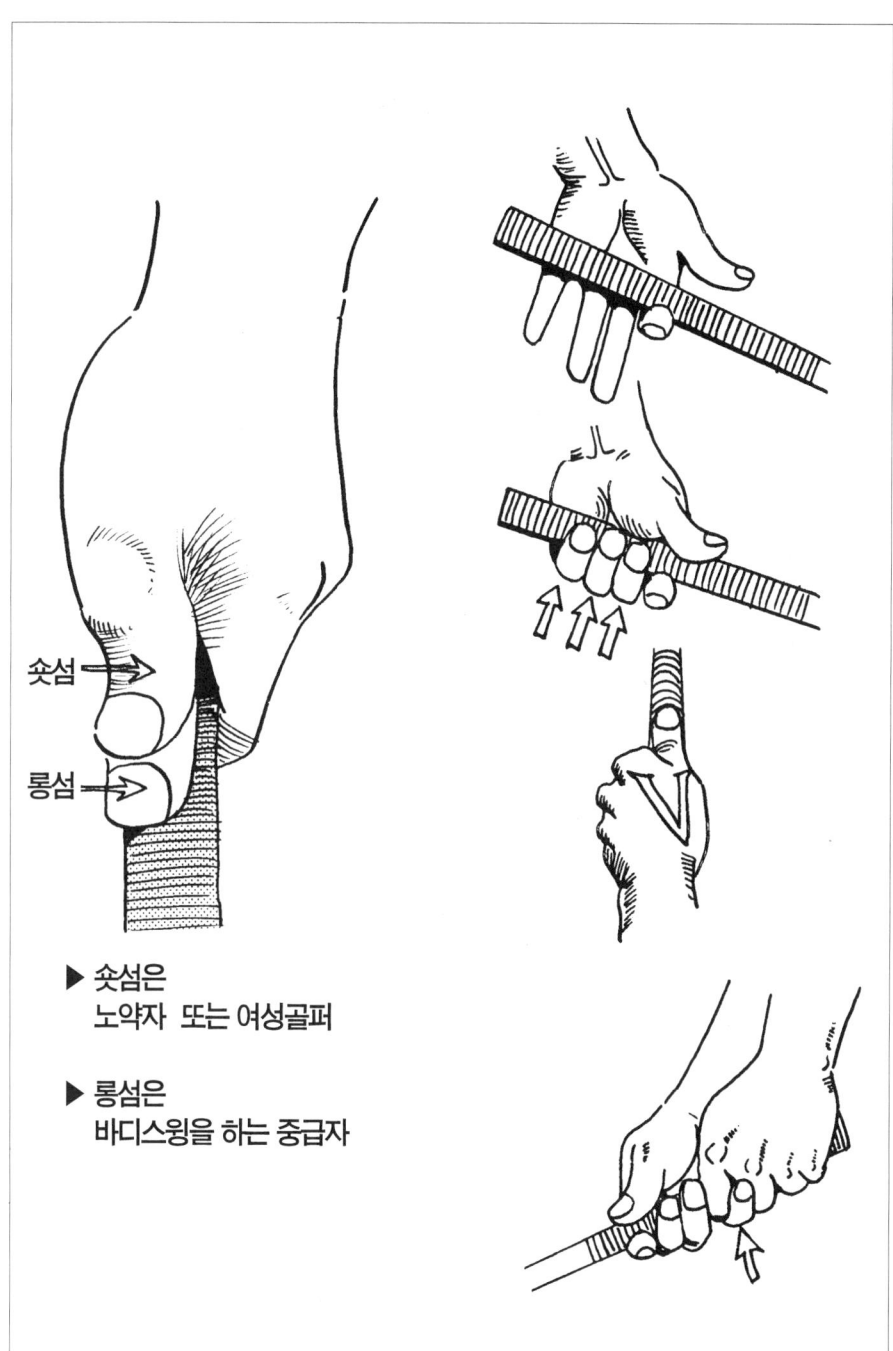

▶ 숏섬은
  노약자 또는 여성골퍼

▶ 롱섬은
  바디스윙을 하는 중급자

백스윙의 시동

장영일 포인트 레슨

　많은 아마 골퍼들은 백스윙의 순서를 잘못 이해하기 때문에 비거리와 정확도에서 손해를 보는 경우가 많다. 테이크백은 왼쪽 어깨부터 시작하는 방법과 오른쪽 어깨부터 시작하는 방법이 있다. 하지만 대부분의 아마 골퍼들은 손목과 오른쪽 어깨부터 출발함으로써 오버 스윙이 되거나 파워를 격감시키는 문제를 야기시킨다.

　오른쪽 어깨를 틀어 주는 느낌이 강하면 허리도 필요 이상으로 돌아갈 위험이 크기 때문에 아무리 어깨를 틀어도 허리 역시 그만큼 돌아가 효율적으로 상체의 비틀림이 될 수 없다. 또 오른쪽 어깨부터 시동하면 팔의 움직임보다 몸이 먼저 돌아가기 쉬워 클럽 헤드가 필요 이상 인사이드 방향으로 움직일 위험이 커진다. 따라서 왼쪽 어깨부터 테이크백하는 것을 항상 명심해야 한다.

　오른쪽 어깨를 멈추는 느낌으로 왼쪽 어깨를 틀어 주면 허리는 필요 이상 움직이지 않는다. 또한 팔보다 몸이 먼저 회전하는 것도 막아 클럽 헤드가 필요 이상 인사이드로 움직이지 않게 된다.

　백스윙은 어깨 90도-허리 45도-무릎 15도 정도의 회전이 가장 이상적이다. 의외라고 생각할지 모르지만 어깨라는 것은 오른쪽을 회전한다고 왼쪽도 자동적으로 그만큼 돌아가는 것은 아니다. 골프 스윙은 어느 쪽으로 시동하느냐에 따라 백스윙은 극단적으로 달라진다는 것을 반드시 기억해 두기 바란다. 오른쪽 어깨부터 몸을 틀어 주면 몸이 굳은 사람도 어깨 회전은 쉬워진다. 하지만 아무리 몸을 회전해도 의미가 없는 것이다.

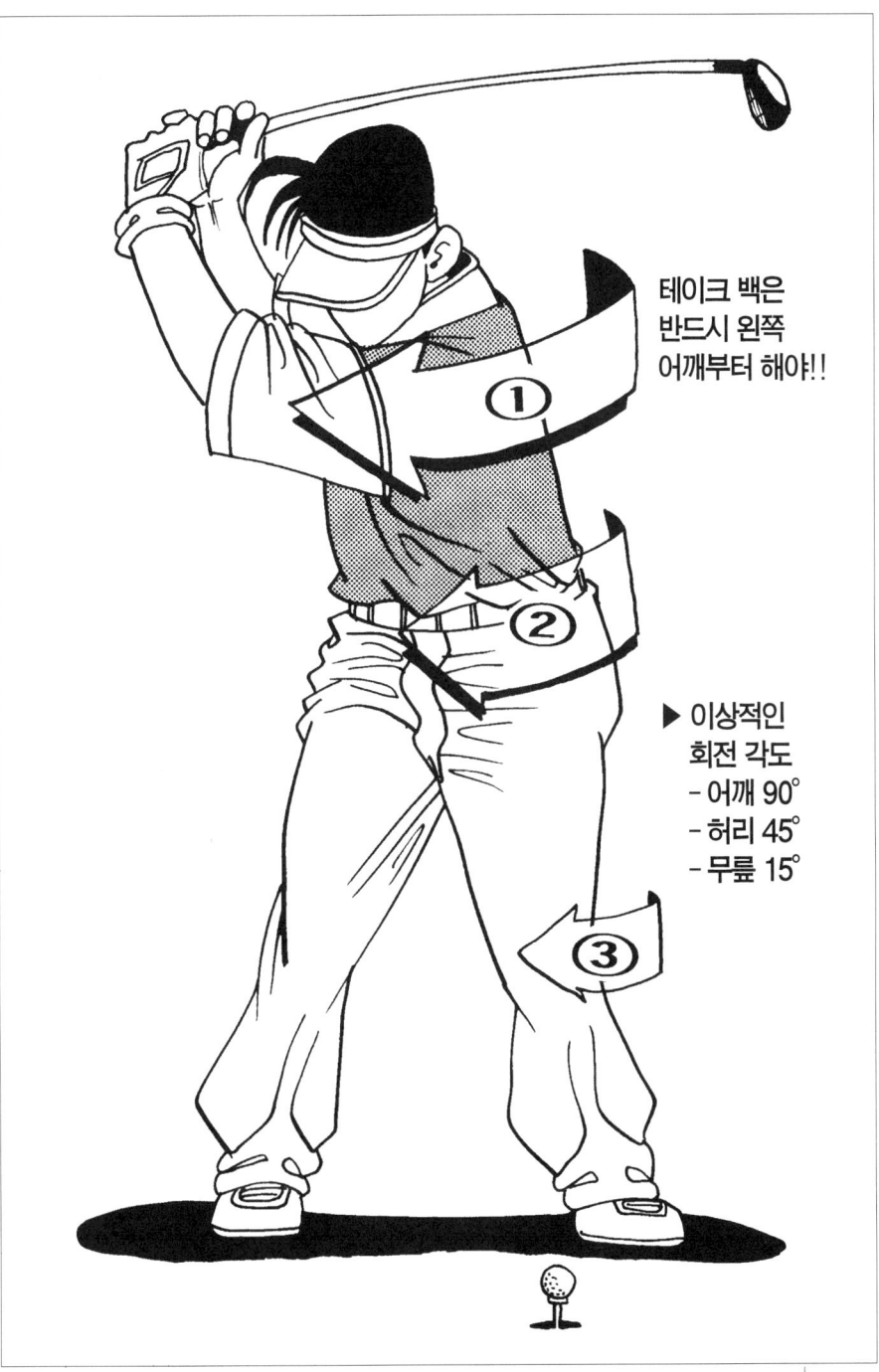

확실한 벙커 탈출법 · 1

장영일 포인트 레슨

좋은 라이에서의 표준적인 샷은 흔히 스플래시 샷(모래를 가볍게 튀겨내는 샷)이라고 한다. 이 샷은 전적으로 느낌에 의존한다고 할 수 있다. 그러나 어려운 라이에서 해야 하는 익스플로션 샷은 완전한 자세와 방법에 의해서 시도되어야 한다.

익스플로션 샷의 일반적 요소는 ▲양발을 깊게 모래에 묻고 몸 오른쪽을 축으로 스탠스는 오픈시킨다. ▲중심은 몸 왼쪽에 쏠리게 하며 손목은 빨리 코킹시키고 스윙은 낮게 천천히 하며 볼 밑부분의 모래를 떠내야 한다.

이런 동작을 잘 익히고 나면 벙커 샷을 자신 있게 할 수 있고 어려운 라이에서의 샷도 잘 칠 수 있을 것이다. 그린 주위의 벙커 샷 방법도 일반적인 샌드 샷 방법과 근본적으로 동일하다. 단 그때 상황에 맞게 셋업 자세만 다르게 하면 된다. 무엇보다도 일단 샌드 샷의 기본적인 요소들은 확실하게 연마하는 것이 필요하다.

벙커 안에서의 라이가 양호하다면 샷을 짧게 할수록 스탠스와 클럽을 오픈시켜야 한다. 벙커 턱에서 그린의 깃대까지의 거리가 아주 짧아 4~5야드밖에 되지 않는다면 일단 스탠스 자세를 볼을 낙하시키려는 목표 지점에 대해 완전히 오픈의 형태로 잡고 클럽 페이스도 가능한 오픈시킨다. 이때 그립을 잡은 형태를 다소 바꿔야 하는데 왼손은 보통의 샌드 샷을 할 때처럼 하고 오른손은 약간 더 내려 잡고 오른쪽으로 약간 회전시켜서 임팩트시 오른손이 왼손 아래 부분에 있도록 그립을 잡는다. 볼은 왼발 앞꿈치 연장선상에 두고 체중은 왼쪽에 대부분 쏠리도록 하며 볼 1/2인치 뒤쪽 모래를 쳐낸다는 생각으로 스윙을 시작한다. 이때 시선은 반드시 클럽을 낙하시킬 지점에 둔다.

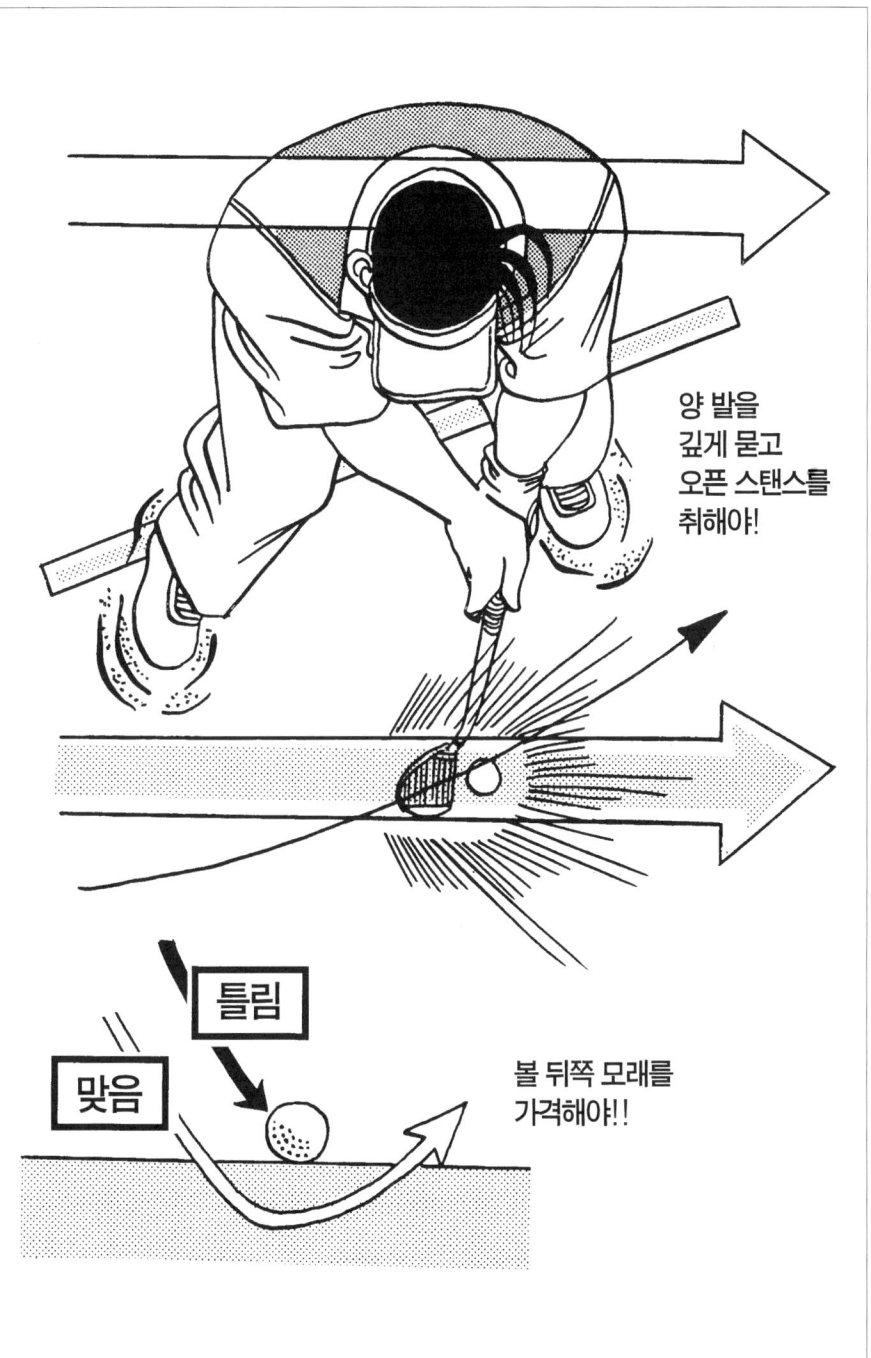

확실한 벙커 탈출법·2
장영일 포인트 레슨

그린이 아주 크고 홀컵이 그린 아래 뒤편 경사쪽에 있을 때 구사해야 할 샷은 낮게 나르는 러닝 샷이다. 이런 곳을 향해 샷한 뒤 볼이 내리막 경사를 향해 곧장 굴러가다 보면 그린을 벗어나 큰 트러블에 빠질 위험이 높다.

따라서 이런 상황에서는 일단 볼의 착륙 지점을 정하고 거기에 맞는 볼의 러닝 정도를 결정한다. 그런 뒤 기술적인 면은 낮게 나르면서 스핀을 많이 주는 샷과 유사하게 구사한다. 단 이때는 샌드웨지 대신에 피칭웨지를 사용하는 것이 더 효과적이다. 스탠스는 오픈시키고 클럽 페이스는 약간 오픈시킨다.

이렇게 하면 피칭웨지의 로프트를 감소시키는 효과를 낳음으로써 볼은 낮게 날게 된다. 보다 볼에 가깝게 다가서고 볼 뒤쪽 1/2인치 되는 부분의 모래를 쳐 낸다. 샌드웨지로 이렇게 하면 볼은 벙커 턱에 걸리지만 피칭웨지의 로프트는 그린 위로 볼을 띄울 수 있게 한다.

또 다른 상황도 있다. 모래에서 깃대까지의 거리가 50야드 정도 된다면 골프에서 가장 격렬한 샷을 구사해야 한다. 이럴 때 제대로 샷을 하지 못하면 점수를 망치기 쉽다. 이런 샷은 스탠스와 클럽 페이스를 약간만 오픈시킨다. 체중은 왼발 앞쪽에 쏠리게 하고 손은 볼보다 반드시 앞에 둔다. 그리고 볼 뒤쪽 3/4인치 되는 부분의 모래를 목표로 스윙한다. 이런 셋업 자세는 U자 형태의 스윙이 되면서 폴로스루도 다른 때에 비해 다소 평평하게 된다. 테이크어웨이에서는 손목의 코킹 상태를 유지하며 가능한 한 천천히 한다.

그러나 임팩트에서는 왼손이 볼 앞에 올 때까지 왼손목을 바깥쪽으로 구부린다. 이런 형태는 로프트를 감소시키고 볼은 낮게 날게 된다.

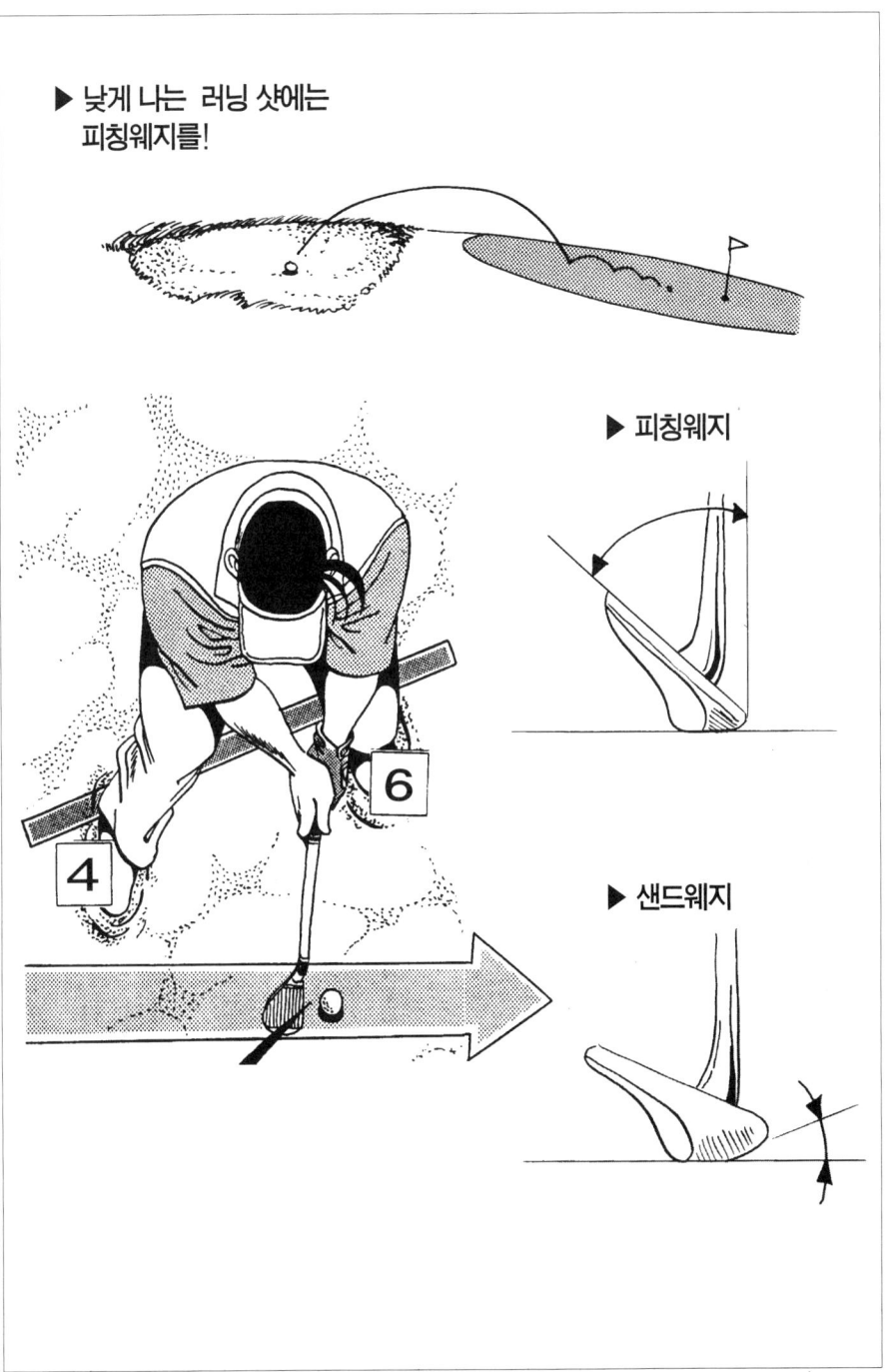

▶ 낮게 나는 러닝 샷에는 피칭웨지를!

▶ 피칭웨지

▶ 샌드웨지

확실한 벙커 탈출법 · 3

장영일 포인트 레슨

짧은 거리서 높게 띄워야 하는 벙커 샷은 V형태의 동작과 유사하다. 또한 낙하 뒤 스핀량도 아주 적다. 이런 샷은 그린 주위의 아주 깊은 벙커에서 샷을 하거나 그린이 아주 작은 경우에 퍽 유용한 샷이다. 이런 샷을 잘하려면 우선 볼을 왼발 앞쪽 연장선상에 다소 멀리 떨어진 위치에 놓아야 한다. 스탠스 역시 넓게 벌리지만 체중은 오른발에 대부분 쏠리도록 한다. 양손은 볼의 약간 뒤쪽에 두고 오른손을 임팩트 동안 유연하게 회전시킨다.

보통 때의 샷보다 볼에서 먼 부분의 약 1/2인치 지점을 가격한다. 이렇게 하면 볼과 클럽 페이스 사이에 모래의 양이 보통 때보다 더 많은 상황이 되어 백스핀이 거의 없고 높게 날아서 그린에 안착되는 샷을 구사할 수 있다. 일단 셋업 자세를 정확하게 잡은 뒤 백스윙을 부드럽게 하고 임팩트는 단단하게 가져간다.

그린 주위 벙커 턱이 낮은 곳은 샷하기에 좋은 라이 가운데 하나다. 이때 셋업자세는 높게 나는 샷을 할 때와도 다소 다른 형태다. 볼은 스탠스 중심 연장선상에서 다소 멀리 놓는다. 체중은 몸 왼쪽에 쏠리게 하고 그립은 보통 때와 유사하게 잡으며 손을 볼보다 약간 앞에 둔다. 셋업 자세는 오픈의 형태가 되어서는 안 되고 클럽 페이스는 약간 오픈시킨다. 볼 뒤쪽 1/2인치 되는 모래 부분부터 스윙을 시작한다.

이처럼 약간만 오픈시킴으로써 샌드웨지의 로프트는 다소 줄어들게 되며 볼은 낮게 날게 된다. 볼과 클럽 페이스 사이에 모래 양이 아주 적은 형태의 샷으로 스핀이 많아지게 된다.

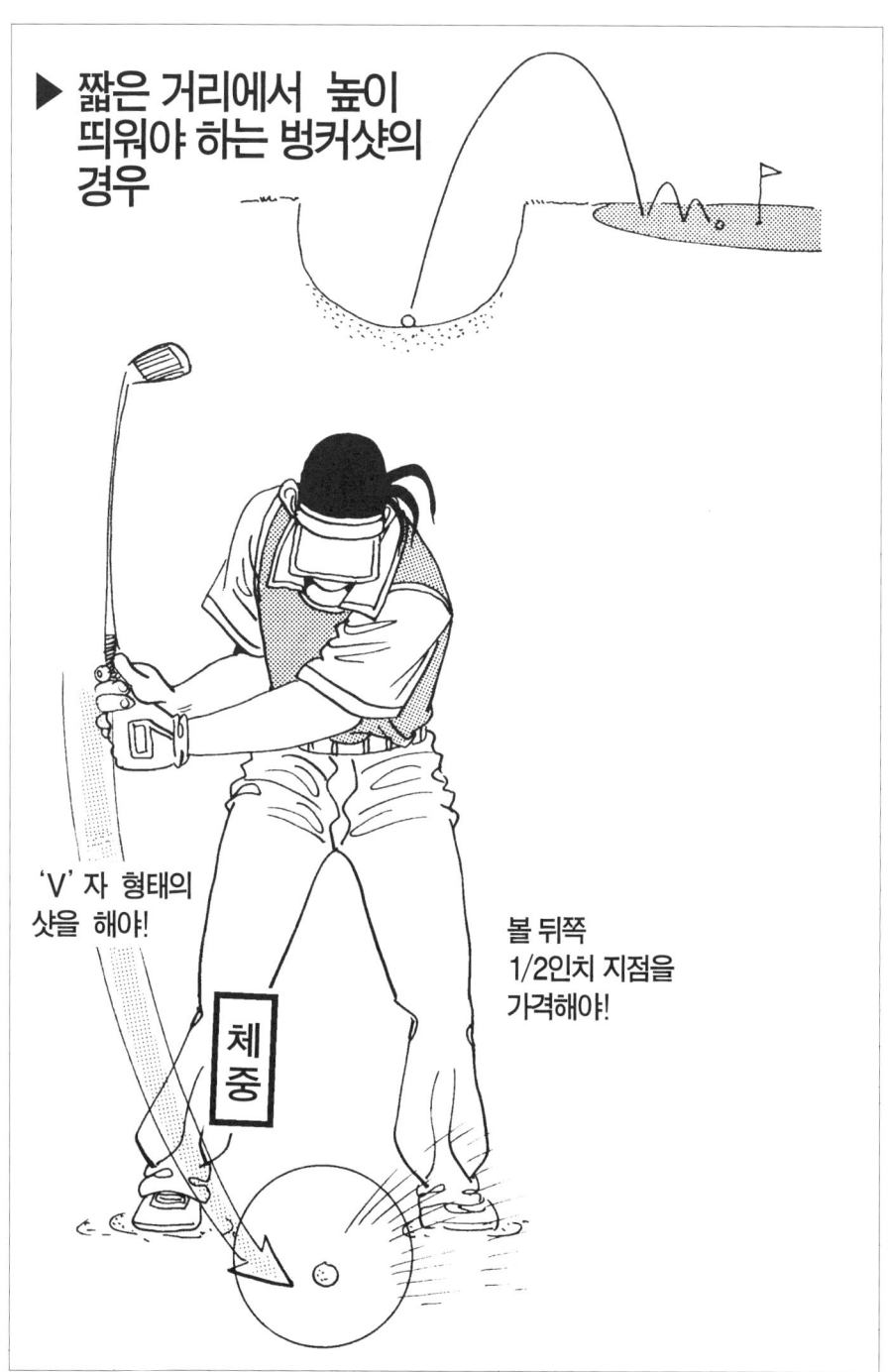

여성골프특강 **페어웨이 우드 공략법·1**
장영일 포인트 레슨

페어웨이 우드는 드라이버와는 달라서 페어웨이라든지 러프에 있는 볼을 칠 때 사용하는 클럽이다. 남성 골퍼들은 근력이 여성보다 강하기 때문에 세컨샷을 아이언 클럽으로 다운 블로우 샷을 구사해 그린을 공략하지만 힘이 약한 여성 골퍼들은 비거리 증대에 도움을 주는 페어웨이 우드를 잘 활용하면 스코어를 줄이는 데 큰 도움이 된다.

티업이 되어 있지 않은 만큼 심리적으로 어렵다고 생각할지 모르지만 드라이버보다 로프트가 있고 샤프트도 짧기 때문에 생각만큼 어렵지 않다. 페어웨이 우드로 하는 샷은 아이언 샷과 같이 그린이라든지 핀을 직접적으로 겨냥하는 샷이 아니다. 여성 골퍼의 경우 비거리가 짧더라도 그린 쪽에 가깝게 떨어뜨려야지 하는 편안한 마음가짐으로 샷에 임하는 것이 좋다.

볼의 위치는 드라이버 때보다 볼 한 개 정도 안쪽으로 넣는다. 즉 왼발 뒤꿈치의 안쪽 연장선보다는 조금 더 몸의 가운데 쪽으로 옮겨 둔다. 이유는 샤프트가 짧아져 필연적으로 볼까지의 거리도 짧아지고 클럽 자체의 로프트가 있어서 잔디 위에 직접 있는 볼을 치기 위해서는 볼의 위치 또한 바뀌어야 하기 때문이다. 그리고 페어웨이 우드는 스윙이 최하점이 되기 직전에 치지 않으면 안 된다. 또한 샤프트가 짧아지게 되는 만큼 스탠스의 폭 또한 좁게 가져가는 것이 좋다.

페어웨이 우드 샷에서 가장 주의해야 할 점은 티잉그라운드와 같이 평탄한 곳이 상당히 적다는 것이다. 첫눈에는 평탄해 보여도 왼발이나 오른발 중 어느 한 발은 높거나 낮은 경우가 많다. 페어웨이 우드에서 잊지 말아야 할 것은 무릎에 여유를 두고 어드레스를 해야 다소의 언듈레이션에도 쉽게 적응할 수 있다는 점이다.

여성골프특강 페어웨이 우드 공략법 · 2
장영일 포인트 레슨

　페어웨이 우드는 클럽의 헤드 자체에 어느 정도 체적이 있는 만큼 롱아이언보다 훨씬 치기 용이하고 볼이 위로 뜨기 쉬운 클럽이다. 클럽 헤드와 체적, 그리고 성능을 믿고 볼을 향해 클럽 헤드를 자신감 있게 내려친다면 자연히 볼은 날아갈 것이다. 굳이 다루기 힘든 롱아이언을 사용할 필요가 없는 것이다.

　임팩트에서 그립에 흔들림이 없도록 주의하면서 클럽 헤드를 볼에 자신감 있게만 내려치면 OK다. 롱아이언처럼 솔의 폭이 좁지 않기 때문에 다소 뒤땅을 친다해도 솔면이 미끄러져 어느 정도의 비거리는 기대할 수 있다. 페어웨이 우드 샷에서 가장 좋지 않은 스윙은 퍼올리는 듯한 스윙이다.

　볼이 잔디 위에 직접 놓여 있기 때문에 어떻게든 볼을 떠올리지 않으면 안 된다는 불안감에서 퍼올리는 듯한 스윙을 하기 쉽다. 하지만 잔디 위에 있는 볼을 퍼올리려고 한다면 페어웨이 우드 특유의 넓은 솔이 튕겨져 올라 솔의 맨앞에 있는 클럽 페이스와 솔과의 연결된 선상에 있는 리딩에지가 떠올라 있는 상태에서 볼을 때리게 된다. 즉 토핑이 발생하는 것이다. 빗자루로 마당을 쓸 듯이 하는 타법이라면 솔도 쉽게 빠져나가서 클럽 페이스의 면에서 볼을 칠 수 있지만, 퍼올리듯이 한다면 다시 토핑이 발생하게 된다.

　여성 골퍼들은 이러한 원리를 꼭 잊지 않도록 해야 한다. 또한 러프에 볼이 있는 경우는 그린까지 아무리 멀다 해도 3번 우드를 사용하지 말고 4번 혹은 5번 우드를 사용하면 유리하다. 러프는 잔디의 저항이 심해 로프트가 작은 3번으로는 볼이 뜨지 않기 때문이다. 또한 러프의 저항을 덜 받기 위해 다운블로우로 치는 것이 중요한 포인트다.

여성골프특강 **페어웨이 우드 공략법 · 3**
장영일 포인트 레슨

　힘이 약한 여성 골퍼에게는 훅 그립이 좋다. 힘이 모자라는 만큼 한껏 쥐는 훅 그립이 유리하다. 이 그립에 의해 어깨, 팔, 허리로 원피스 스윙을 하게 되는 것이다. 페어웨이 우드는 롱아이언에 비교해 훨씬 치기 쉬운 클럽이므로 아마추어는 우드를 많이 가지고 라운딩하는 것이 도움이 될 것이다.
　남성의 경우 1, 3, 4번이나 1, 3번 우드 셋팅이 많지만 여성의 경우 대다수는 1, 3, 4, 5번의 클럽 셋팅이 많다. 그만큼 파워가 부족한 여성 골퍼에게 페어웨이 우드는 스코어를 줄일 수 있는 강력한 무기가 될 수 있다. 또한 나이가 많은 골퍼와 여성은 6, 7번 우드를 사용하는 쪽이 더욱 재미있고 쉬워질 것이다.
　본래 여성 골퍼에게 있어 페어웨이 우드는 그린을 목표로 하는 클럽은 아니지만 그린을 목표로 하는 아이언 대신에 페어웨이 우드를 선택할 것을 권해 본다. 미들 아이언보다는 탄도도 높고 볼도 쉽게 멈추는 이점이 있다. 여성에게 그 많은 우드가 과연 필요할까 하는 의문을 품는 사람도 있겠지만 당연히 필요하다. 3번 우드는 볼의 상태도 좋고 조금이라도 멀리 날리고 싶을 때, 4번 우드는 약간 슬로프가 있는 것과 러프일 때, 5번 우드는 조금 깊은 러프일 때, 이렇게 상황에 따라 최적의 클럽을 구분해서 사용할 수 있다.
　핸드 다운의 어드레스를 취하고 최대한 상하 운동을 하며 양발과 무릎을 확고히 하고 축을 굳혀 놓은 뒤 헤드를 휘두르는 느낌으로 스윙을 해 본다. 또한 여성의 스윙은 크지 않으면 멀리 날지 않는다. 양쪽 겨드랑이가 죄어지고 어깨가 돌아오면 오버스윙이 될지라도 다운스윙 궤도를 견실히 하면 강한 타격을 할 수 있다.

힘이 약한
여성 골퍼는
훅그립을!

▶ 3번 우드 - 볼의 상태 양호, 멀리 날릴 때
▶ 4번 우드 - 약간 슬로프거나 러프일 때
▶ 5번 우드 - 깊은 러프일 때

여성골프특강 **핀에 근접시키는 칩샷**
장영일 포인트 레슨

칩샷이 필요한 상황은 일반적으로 볼과 핀 사이에 아무런 장애도 없고 그 거리가 15m 정도일 때다. 이런 경우 칩샷의 궤도는 평평하며 볼은 낙하 후 상당한 런을 지니게 된다. 칩샷은 피칭샷, 특히 높게 나르는 피칭샷보다는 단순한 편이다. 또한 칩샷은 다른 어떤 샷보다도 그 결과가 기대에서 크게 어긋나지 않으며 실수를 하더라도 비행 궤도가 평이하기 때문에 그 손실이 크지 않은 샷이기도 하다.

칩샷을 할 때는 클럽 페이스의 경사가 다소 있는 클럽을 선택하는 것이 좋다. 보통 7번 아이언으로 하는 경우가 많다. 그러나 이 클럽은 길고 라이가 플랫하기 때문에 볼에 대해 멀리 스탠스를 잡아야 한다. 따라서 초보자일 경우 우선 9번 아이언으로 시도하는 것이 좋다. 9번 아이언이 7번에 비해 다루기 쉽기 때문이다. 9번으로 어프로치 자세와 양손의 볼에 대한 위치 등이 제대로 습득되고 난 뒤 7번으로 바꾸는 것도 한 방법이 될 수 있다.

그런데 자주 클럽을 바꾸는 골퍼들을 종종 보는데 이런 경우 비거리에 따라 스윙법을 바꾸어야 하기 때문에 혼란을 겪게 될 확률이 높다. 따라서 아주 먼 칩샷일 때를 제외하고는 7번이나 9번으로 하는 것이 더 좋다.

그립은 보통의 그립법으로 하되 양손이 클럽을 잘 다룰 수 있도록 다소 내려뜨린 형태로 하다. 이렇게 하면 특히 짧은 칩샷에서 더욱 좋은 효과를 얻을 수 있다.

스윙의 기본 셋업
장영일 포인트 레슨

골프는 항상성, 정확성, 장타성의 운동이다. 골프는 볼을 목표 지점으로 운반하는 게임이므로 초보자의 단계부터 목표 의식을 갖는 것이 중요하다. 초보자는 그저 볼을 치는 것에 마음을 빼앗겨 목표 의식이 희박해지는 경향이 있다. 연습장에서는 샷이 좋은데 코스에 나가면 전혀 달라지는 사람이 있다. 이것은 목표를 향해서 반복 훈련하는 것을 게을리하는 것이 최대 원인이다.

처음부터 똑바로 칠 수 있는 사람은 없기 때문에 휘어지는 것에 상관하지 말고 반드시 목표를 설정하는 습관을 기른다. 연습에 앞서 매트가 어디를 향해 있는가를 확인해야 한다. 목표를 설정했으면 타석과 목표를 잇는 선을 마음속에 그리고 그 선상에 표식이 되는 물체를 설정한다.

처음에 슬라이스를 내는 사람이 압도적으로 많으므로 비구선에 맞춰 스윙할 경우 어느 정도 휘어지는지 알 수 있다. 목표로 볼을 보내기 위해 오른쪽으로 휘어지는 만큼 왼쪽을 향하면 좋다. 이 연습을 하지 않으면 코스에 나갔을 때 방향 감각을 잃기 쉽다. 타법의 문제보다 방향이 나쁘기 때문에 미스 샷이 되는 경우가 많다.

샷을 할 때마다 목표를 확인하고 비구선을 그린 뒤에 볼을 치는 습관을 기르도록 한다. 프로나 상급자는 클럽을 오른손에 쥐고 오른손으로 페이스의 방향을 맞춰 스탠스를 잡으면서 셋업을 완료한다.

중요한 포인트는 오른손 엄지 검지의 그립한 모양이 비구선과 평행과 직각을 이루어야 견실한 스윙 궤도를 이룰 수 있다.

목표 지점과 일직선이 되는 가상 표적 확인!

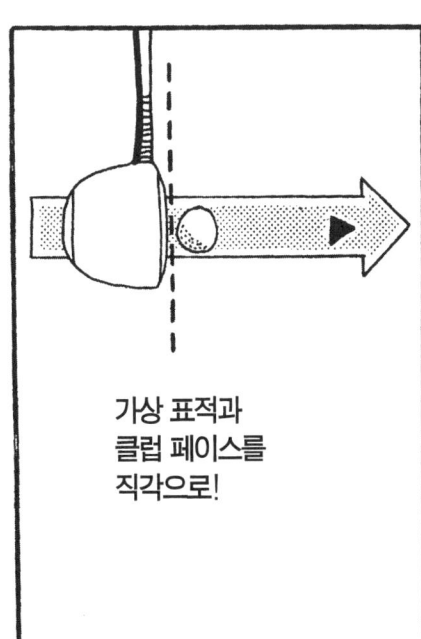

가상 표적과 클럽 페이스를 직각으로!

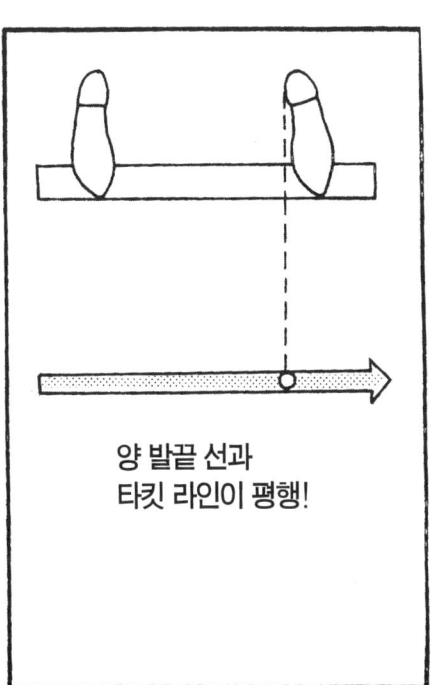

양 발끝 선과 타킷 라인이 평행!

스윙의 메커니즘
장영일 포인트 레슨

　대부분의 주말골퍼들은 단지 막연히 클럽을 휘두르는 경우가 많다. 이것으로는 아무리 세월이 흘러도 완숙한 스윙을 만들기 어렵다. 따라서 합리적이고 효과적인 연습이 중요하다. 정상급 프로들의 스윙을 지켜보면 전체적인 스윙 동작은 달라도 공통되는 기본이 존재함을 알 수 있다.

　만일 스윙 도중에 몸의 축이 일정하다면 클럽 헤드의 궤도는 자신의 몸을 중심으로 한 원이 된다. 우선 이 반원을 생각해 보면 원주상을 움직이는 클럽 헤드가 볼을 때리면 볼은 원주와 접하는 직선 방향으로 날아간다. 만일 볼에 스핀이 걸려 있어도 임팩트 직후 짧은 거리에는 그 영향을 무시해도 좋고 볼이 나가는 방향은 이 접선의 방향이라는 것을 이해해야 한다.

　따라서 목표 방향으로 볼을 보내고 싶으면 몸의 정면 즉 클럽 샤프트가 목표 선과 직각이 되는 위치에 볼을 두고 치면 된다. 목표 선보다 오른쪽으로 볼이 날아가는 사람은 볼을 오른쪽에 두었고 반대로 왼쪽으로 날아가는 사람은 볼을 반대로 왼쪽에 놓았다는 뜻이다.

　그리고 다음으로 중요한 것은 임팩트시의 클럽 페이스 방향이다. 페이스가 운동 방향과 스퀘어한 상태라면 볼에 사이드 스핀이 걸리지 않지만 페이스가 오픈되어 있으면 슬라이스 회전, 반대로 닫혀 있으면 훅 회전이 걸린다. 즉 슬라이스 회전이 걸려 있으면 서서히 볼은 오른쪽으로 휘어지게 되는 것이다.

　골프의 기본은 평행과 직각이다.

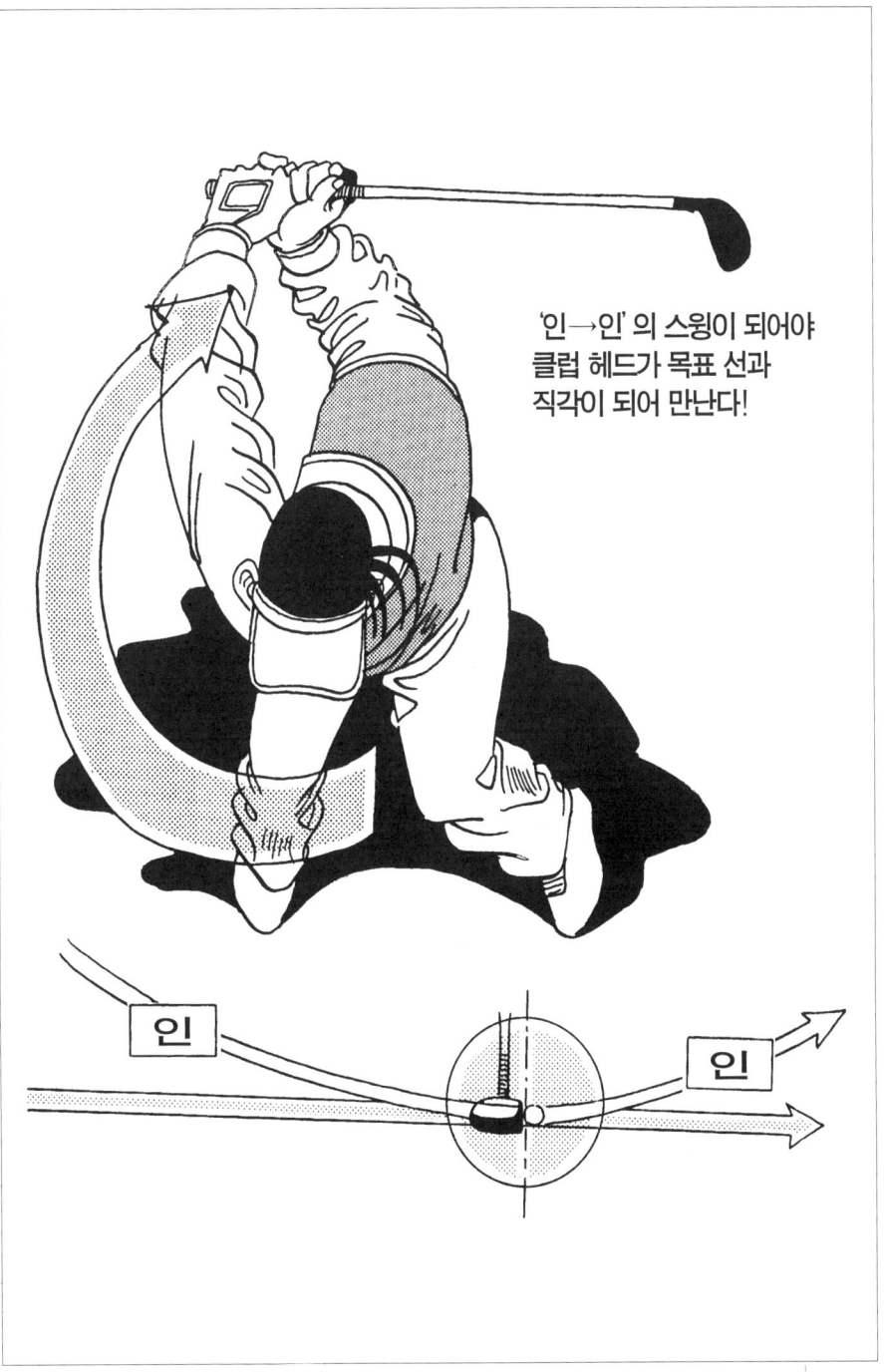

그립을 쥐는 방법
장영일 포인트 레슨

주말골퍼들은 클럽을 잡는 방법이 지나치게 강하며 특히 톱에서 그렇게 되기 쉬운데 이것은 어깨와 상체의 근육을 경직시키기 때문에 다운스윙의 스타트를 급하게 한다. 따라서 다운스윙에 힘이 들어가 목표 선의 아웃사이드에서 치게 되며 볼에 다다르기 전에 힘을 다 내버린다.

그립을 쥐는 방법과 강도는 어느 정도가 이상적일까? 그 독특한 느낌과 타이밍을 체득하려면 젖은 스펀지에서 물을 짜내지 않을 정도로 그립을 잡는 의식을 가져야 한다. 톱에서 여유 있는 그립을 하면 다운스윙에서 원심력을 강화하게 되며 또한 근육이 정교한 스윙을 완성시켜 준다. 대부분의 골퍼들은 오버래핑 그립을 취하지만 주니어나 여성의 경우는 잡기 쉬운 베이스볼 그립이 바람직하고 좌우 일체감이 있는 인터로킹 그립은 손가락이 짧은 골퍼들에게 적합하다.

어떤 그립을 선택하는가는 자신이 가장 쉽고 클럽을 편안하게 휘두를 수 있는 방법을 찾는 것이 좋다. 단 왼손 엄지를 샤프트 위에 놓아 집게 손가락과의 사이에 만들어지는 V자가 오른쪽 어깨를 가리킨다면 오른손의 V자도 같은 방향을 가리키고 있어야 한다. 제각기 다른 방향을 가리키면 클럽을 쥐기 어려울뿐더러 정확히 휘두를 수 없게 된다. 이 V자가 가리키는 방향은 오른 어깨가 되든 턱이 되든 모두 상관없다.

그러나 그립을 쥐는 힘의 세기는 균등하지 않다. 왼손은 방향을, 오른손은 힘이라고 말하는 것처럼 양손의 역할은 구분되어 있다. 왼손으로 스윙을 컨트롤하고 있다는 느낌을 갖기 위해서는 왼손 75%, 오른손 25%의 왼손 주체 그립을 취하는 것이 바람직하다.

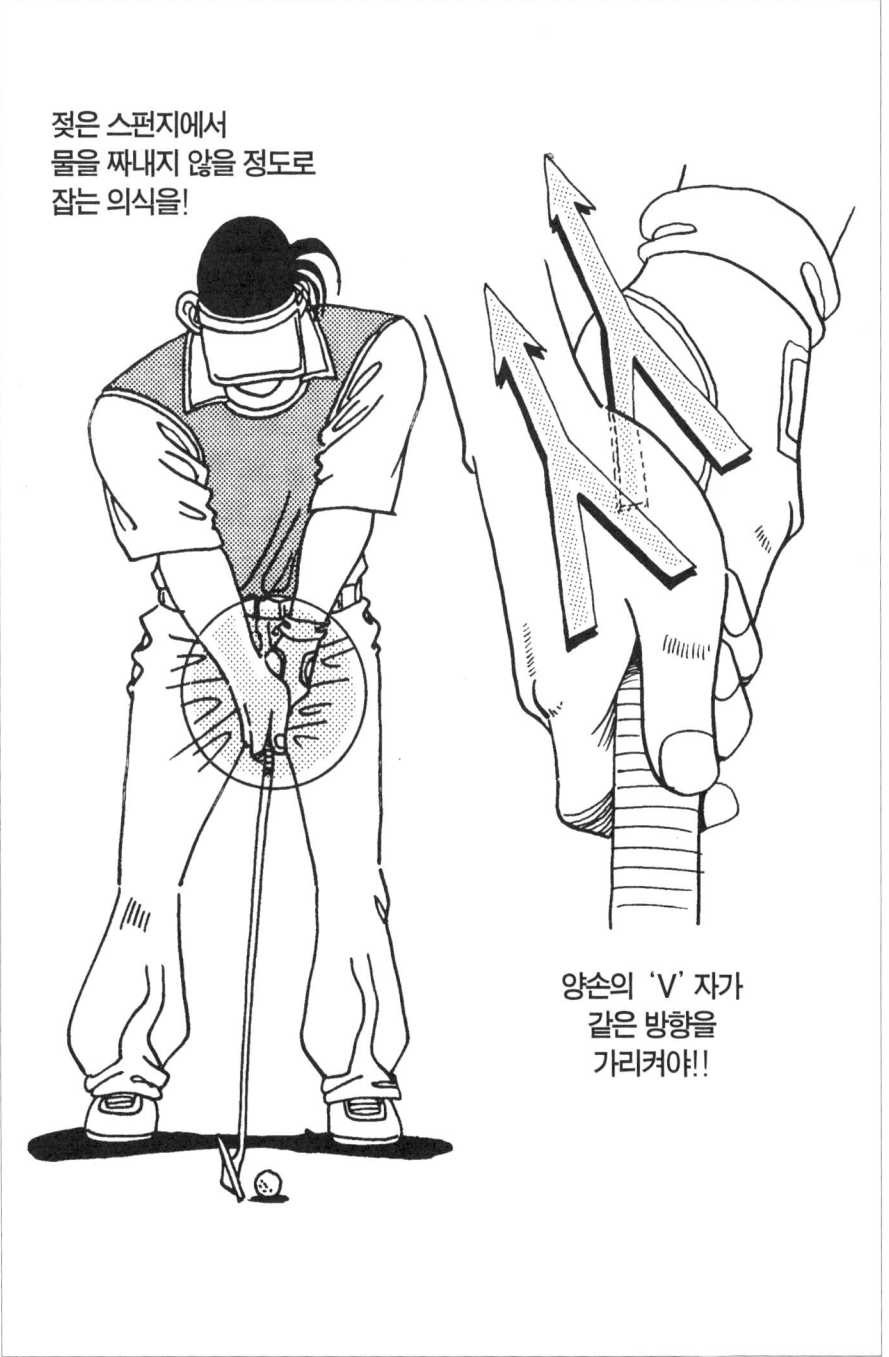

퍼팅 스트로크의 비법

장영일 포인트 레슨

　홀인원의 행운이 따르지 않는 이상 그린 위에서의 퍼팅 스트로크는 필수적으로 이루어진다. 골프 스윙 가운데서 가장 짧고 단순하면서도 섬세한 테크닉을 요구하는 퍼팅, 그래서 더더욱 실수를 많이 범하는 것이 퍼팅이다. 퍼팅에 승부를 걸기 위해서는 다른 것이 없다. 반복된 연습이다.

　퍼팅은 그린에서 행해지는 가장 짧고 단순한 골프 스윙이다. 이 스트로크의 목적은 골을 쳐서 홀컵 또는 컵 근처에 보내는데 있다. 어떻게 보면 아주 간단하기 이를 데 없는 스윙이다.

　정상급 프로들에게서 공통적으로 발견되는 완벽한 퍼팅을 위한 요소를 보면 1. 양손을 함께 모아 퍼터를 잡는다. 2. 퍼터 페이스를 중심으로 스탠스 위치를 정하고 셋업한다. 3. 퍼터 페이스가 스윙아크의 가장 하단에서 볼을 때릴 수 있도록 볼의 위치를 정한다. 이 세 가지는 퍼팅에 있어서 반드시 취해야 하는 기본이다.

　이 필수적인 기본을 익히기 위해서는 1. 퍼터 헤드를 시선의 중앙에 위치시켜야 하며 퍼터는 그린 위에 평평하게 놓는다. 퍼터 헤드의 끝이 위를 향하거나 땅을 향하게 기울여서는 안된다. 2. 대부분의 퍼터 그립이 둥근 것보다는 평평한 것이 많으므로 양손을 함께 모아 일체감의 그립을 해야 한다. 3. 퍼터는 가급적 헤드가 무거운 것을 선택해야 하며 그렇게 해야 퍼터의 백스윙 및 다운스윙을 행할 때 원하는 방향을 용이하게 택할 수 있다.

　이런 점에 유의하면서 되도록 공을 강하게 때리는 스트로크를 익히도록 한다. 또한 멀리 굴리기 위해서는 상대적으로 빠른 리듬으로 스트로크를 구사해야 성공 확률이 높다.

연습 방법과 목적 그리고 이유
장영일 포인트 레슨

골프는 정성을 쏟는 만큼 결과를 얻게 된다. 아마 골퍼들은 머리로 스윙 감각을 익히고 근육 기억을 위해 연습을 한다. 골프 스윙은 스스로 습득해야 하는 하나의 습관이다. 무엇을 습득한다는 것은 어려운 일이다. 특히 나이가 많을수록 그 어려움은 가중된다. 그런데도 나이가 많은 골퍼들은 별로 연습을 하지 않고 하더라도 지름길을 택하려 한다. 결과가 좋을 수가 없다.

어떻게 연습하는 것이 효과를 극대화할 수 있을까?

첫째, 연습은 짧게 자주 하는 것이 좋다. 특히 나이가 많은 골퍼들은 완전히 지쳐 녹초가 될 정도의 마라톤식보다는 30분 정도씩 일주일에 4~5회 정도하는 것이 적당하다. 둘째, 플레이하는 것처럼 연습해야 한다. 어떠한 동작이라도 샷을 만들어가는 연습이 되어야 한다. 셋째, 기본기에 충실한 연습을 해야 한다. 그래야 어떤 동작이든 견실하게 완성될 수 있는 것이다. 만일 미스 샷에 대한 근본적인 원인이 발견되지 않을 경우는 레슨 프로들에게 문의한다. 넷째, 쇼트 게임 연습을 많이 한다. 이것은 시간이 훨씬 적게 드는 훈련이다. 풀스윙을 하기보다는 피칭과 칩에 주력해서 연습을 해 본다.

그러나 결과는 천천히 나타난다. 연습이야말로 자신의 능력에 대한 확신과 재능에 대한 신뢰를 쌓는 유일한 방법이다. 특히 나이가 많은 골퍼들은 발전할 수 있다는 신념을 갖는 것이 필요하다.

측면 경사지의 세컨샷 공략법
장영일 포인트 레슨

세컨샷 지점은 평탄한 지형만 있는 것이 아니다. 오히려 경사지에서 샷을 해야 할 때가 더 많다. 골프 코스가 연습장 매트 위처럼 변화가 없는 지형이라면 오히려 재미가 반감될 수도 있을 것이다. 경사지 특히 볼이 양발보다 낮은(또는 높은) 라이의 세컨샷은 간단한 요령만 알고 있으면 어렵지 않다.

볼이 스탠스보다 낮은 라이는 지형상 슬라이스가 불가피하다. 이때는 슬라이스를 억제하기보다 이용하는 공략법이 필요하다. 어드레스에서 보내고자 하는 목표보다 왼쪽을 겨냥한다. 스탠스는 약간 클로스시킨다. 즉 양발 끝선이 비구선과 평행인 상태에서 오른발을 뒤로 뺀 자세다. 이때 스탠스는 클로스 상태지만 어깨선은 목표 왼쪽을 향하고 있어야 한다. 이는 지형 여건상 불가피한 슬라이스를 최대한 억제하고자 하는 준비 자세다. 평탄한 지형에서 클로스 스탠스를 취하고 스윙을 낮게 하면 훅이 나는 원리를 응용한 것이다. 볼은 스탠스 중앙에 놓는다. 볼이 스탠스 앞쪽으로 치우칠수록 슬라이스 성질을 더욱 가중시킬 수 있기 때문이다.

또 하나의 포인트는 몸 중심을 낮추는 것이다. 상체와 무릎을 많이 굽히고 그립도 약간 내려잡아 볼과 가깝게 어드레스해야 한다. 어드레스시 체중은 양발 끝쪽으로 올 수 있도록 하며 60% 정도 왼발에 체중이 실리도록 하는 것이 바람직하다. 스윙은 짧고 간결해야 한다. 한 클럽을 짧게 잡고 간결한 톱스윙과 낮은 폴로스루의 스윙을 시도해야 한다. 특히 백스윙에서 체중이동 없이 상체를 회전시킨다는 이미지다. 임팩트에서 최저 무릎 높이를 유지하면서 어깨 회전에 의한 낮은 스윙을 해야 하는 것이다.

볼이 양발보다 높은 라이

장영일 포인트 레슨

　슬라이스가 많은 주말골퍼들은 오른쪽 경사면에서 볼을 쳐야 하는 경우가 많다. 따라서 이 발끝이 올라간 상태에서의 샷이야말로 최초로 습득해야 할 필수 과목이라 할 수 있다. 볼이 양발보다 높은 라이의 상황에서는 발끝이 내려간 상태의 스윙과 반대의 요령이 필요하다. 즉 훅이 나는 상황이다.

　이럴 경우 스윙에 앞서 훅을 이용할 것인가 아니면 훅을 최대한 억제하면서 스윙을 할 것인가를 결정해야 한다. 한 가지 참고할 것은, 볼이 좌우로 휘어지면 그만큼의 거리 손실을 고려해야 한다. 어드레스에서 가장 중요한 것은 상체를 세우는 것이다. 상체를 편안히 세워 스윙을 한다. 무릎을 굴절할 필요도 거의 없다. 볼이 양발보다 높은 상황에서 상체를 평소처럼 숙이게 되면 자연스런 스윙이 불가능해진다.

　어드레스는 오픈 스탠스, 볼 위치는 중앙 오른쪽에 둔다. 오픈스탠스와 볼 위치 조정은 훅을 최소화하기 위한 조치다. 물론 오픈스탠스지만 어깨선은 목표 오른쪽을 향한 자세가 된다. 어드레스에서 체중은 양발 뒤꿈치쪽으로 지탱하면서 오른발에 60% 정도 비중을 둔다. 제거리보다 한 클럽 길게 잡은 상태에서 그립은 내려 잡는다. 스윙은 역시 간결해야 한다. 평탄한 라이가 아닌 곳에서 몸의 움직임이 많으면 미스 샷의 확률이 높아지기 때문이다.

　백스윙은 평소의 궤도보다 업라이트하게 들어올린다는 이미지다. 임팩트는 오른발 체중의 자세로 만든다. 발끝 내리막 상황처럼 체중이 왼쪽으로 쏠리는 듯한 자세로는 정확한 샷을 구사할 수 없다. 볼이 높은 라이에서는 편안하게 선 자세로 팔을 휘두른다는 이미지면 충분하다.

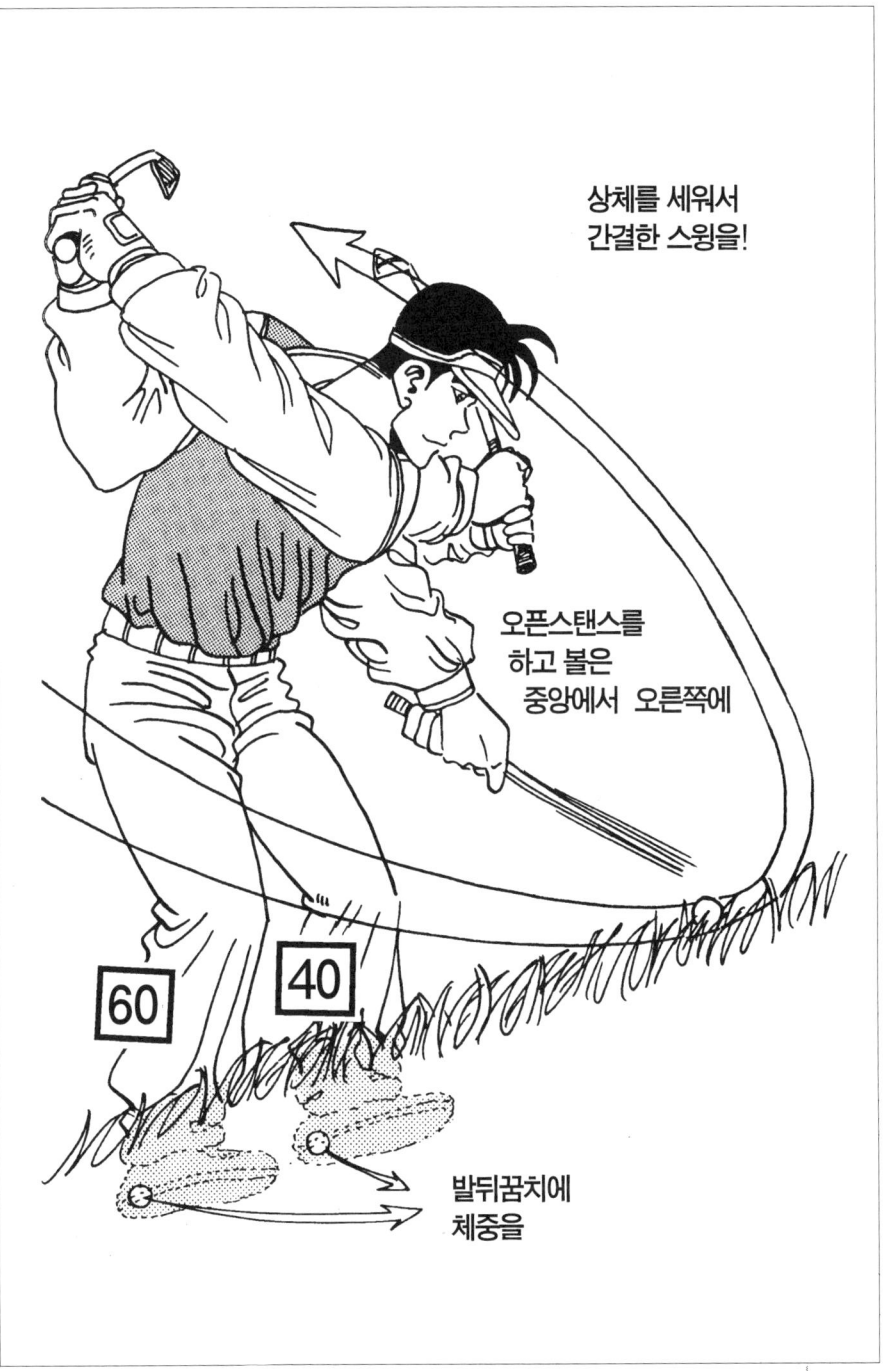

올바른 어드레스 · 1
장영일 포인트 레슨

자신의 스윙이 잘못되고 있다면 어드레스 자세를 점검해 무엇이 잘되고 무엇이 잘못되었는지 살펴보아야 한다. 그립이 제대로 되어 있지 않으면 거의 어드레스 자세도 잘못되는 결과를 초래한다.

이처럼 스윙을 시작하는 처음 자세부터 잘못되면 좋은 스윙을 할 수 없다. 자세가 잘못되는 가장 일반적인 요소 세 가지는 첫째, 발 뒤로 체중을 쏠리게 하는 것. 둘째, 무릎을 지나치게 굽히는 것. 셋째, 상체를 약간 기울이는 것을 자연스럽게 하지 못하고 허리만 구부리는 것 등이다.

이런 잘못된 자세를 초래하는 가장 큰 원인은 볼에 대해 몸을 너무 멀리 떨어뜨린 상태에서 어드레스를 취하기 때문인데 이렇게 함으로써 보다 파워풀한 스윙이 가능할 것이라고 생각하기 때문이다. 그러나 이것은 매우 잘못된 생각이다.

양무릎은 풀장에서 다이빙을 하려고 하는 순간과 똑같은 정도로 굽히고 체중은 보다 뒤쪽으로 쏠리도록 한다. 머리는 다소 숙여서 볼을 보고 클럽을 잡았을 때 양팔은 자연스럽게 아래로 내려뜨리는 형태가 되도록 한다. 이것이 바로 올바른 어드레스 형태다. 아마추어 골퍼들을 보면 티에서 처음 취하는 어드레스는 제대로인 경우가 많다. 그런데 목표를 한 번 보고 어드레스를 다시 할 때 자세가 흐트러지는 경우를 볼 수 있다. 이유는 목표를 보고 나면 그 목표에 맞추려고 다리의 자세나 모양을 자꾸 여러 번 고치기 때문이다. 일련의 동작들은 일정한 법칙에 의해 움직일 수 있는 훈련이 필요한 것이다.

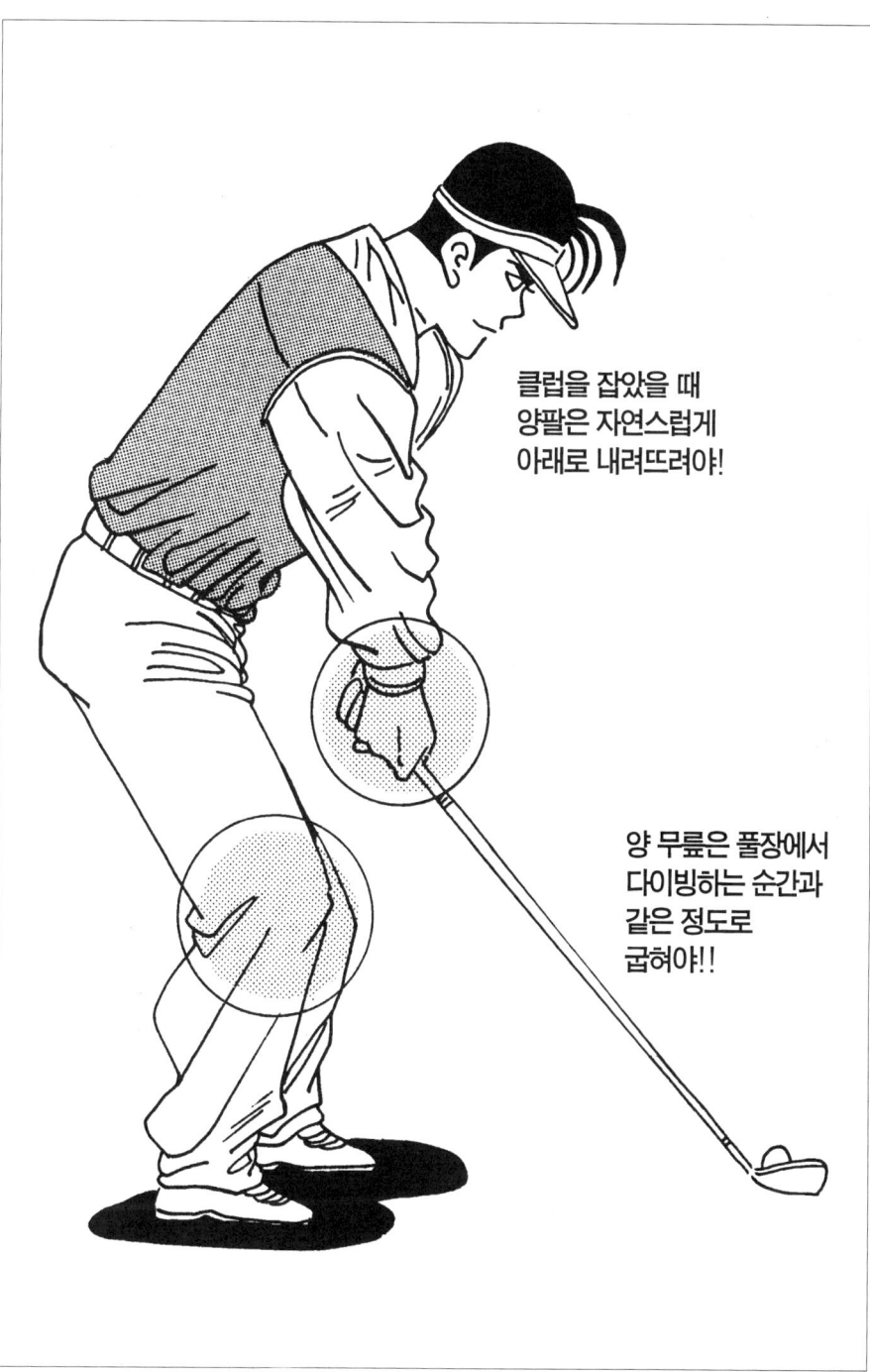

올바른 어드레스 · 2
장영일 포인트 레슨

　골프란 어쩌면 좋은 동작을 이뤘다가 잃어버리고 그것을 다시 찾고 하는 과정의 반복이라고도 할 수 있다. 제대로 된 스윙 동작을 잃어버렸을 때 그것을 쉽게 원상복귀시킬 수 있는 두가지 힌트를 소개한다.

　우선 가끔은 연습장에 자신이 자주 사용하는 클럽을 많이 가지고 가서 클럽과 볼 위치가 목표에 대해 정확한 자세을 이루고 있는가를 점검해 보자. 이때 왼발 끝이 8번 아이언의 호젤 부분을 향하고 있고 오른발 끝은 그립의 안쪽을 향하고 있다면 모든 자세가 잘 되고 있다는 증거다. 만일 7번 아이언으로 할 경우 클럽 헤드가 왼발 뒤꿈치를 향하고 있고 클럽이 볼을 똑바로 겨누고 있다면 그것은 바로 볼 위치가 정확히 놓여 있음을 나타내는 것이다.

　다른 클럽들도 모두 이렇게 한 번씩 목표 선과 평행을 이루도록 하면서 어드레스를 잡아 보면 좋은 어드레스를 위한 감각을 증진시킬 수 있을 것이다. 이처럼 올바른 자세는 자신의 체중과 스탠스의 폭을 고려해서 각 클럽별로 적절하게 조절해야만 한다. 따라서 가끔씩 실제로 볼을 치면서 이런 훈련법을 해 본다면 잃어버렸던 올바른 어드레스 자세를 찾을 수 있을 것이다.

　두 번째 훈련법은 양발의 자세와 볼의 위치가 제대로 이루어짐으로써 좋은 스윙이 됐을 때마다 티를 가지고 볼과 발의 위치를 표시해 보는 것이다. 이렇게 하면 왼발 앞부분에서 볼까지의 올바른 간격을 정확하게 알 수 있을 것이다. 한 번 이렇게 한 뒤 다시 처음의 자세를 잡아 보면 이렇게 표시해 둔 기억이 유지되면서 올바른 어드레스가 근육에 의해 기억된다.

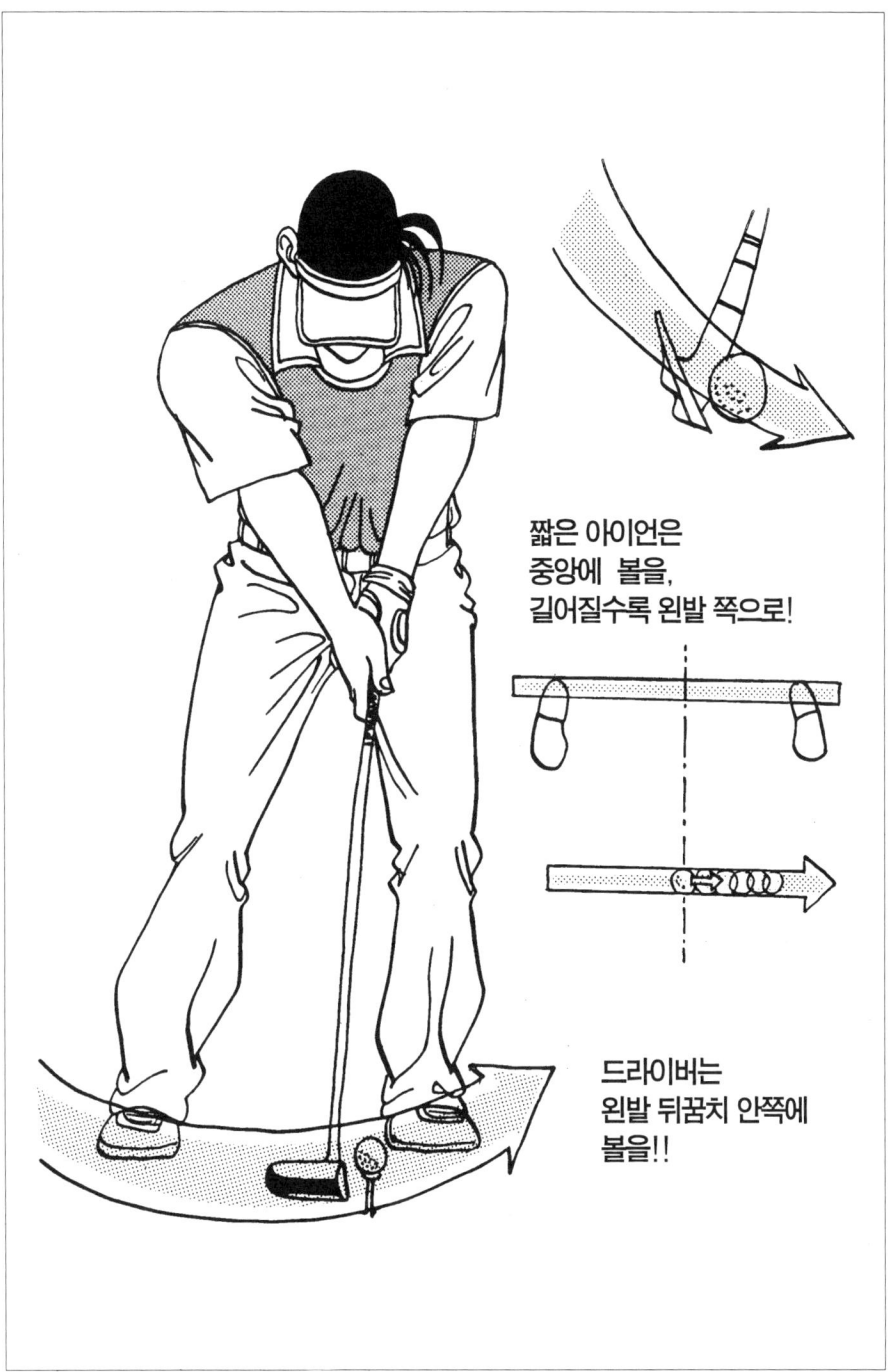

올바른 어드레스 · 3
장영일 포인트 레슨

필드에서 플레이할 때와 똑같이 볼을 놓고 어드레스와 스탠스를 잡은 다음 자신의 자세를 총체적으로 점검해 보자. 수시로 이런 점검을 하다 보면 어드레스의 잘못을 발견할 수 있으며 이런 과정을 거치면서 스윙도 견실하게 완성된다.

훅이 자주 나는 골퍼들을 보면 거의 어드레스를 했을 때 양손이 너무 볼의 앞쪽에 놓여 있거나 스윙을 하는 동안 양손이 볼 앞쪽으로 미끄러지면서 움직이기 때문에 발생하는 경우가 많다. 이런 경우 다운 스윙에서 체중 이동이 제대로 이루어진다고 해도 임팩트시 왼손을 지나치게 릴리스시키거나 회전시키는 현상으로 이어지게 된다. 따라서 결국 클럽 헤드가 볼을 히트할 때 토우 부분에 맞거나 회전되면서 강한 훅성을 지닌 볼이 된다.

이를 방지하기 위해서는 어드레스 자세에서 양손은 약간만 볼 뒤에 두고 스윙하는 동안 오른손이 지나치게 작동되지 않도록 왼손 그립을 더 강하게 잡는다. 즉 훅을 방지하기 위해서는 오른손의 힘을 약하게 하는 것이 아니라 왼손의 힘을 더욱 강화시키는 데 있는 것이다.

또 비기너와 싱글골퍼의 가장 큰 차이점은 어드레스 이후 목표를 바라보는 시각 차이에 있다. 싱글들은 페어웨이, 그린, 티잉 그라운드 등 어디서나 어드레스 뒤 머리를 회전시켜서 목표를 바라본다. 그러나 비기너들은 머리를 들어 올려 목표를 본다. 이는 자연스러운 동작이 아니며 슬라이스나 밀어치는 미스 샷을 유발하게 된다.

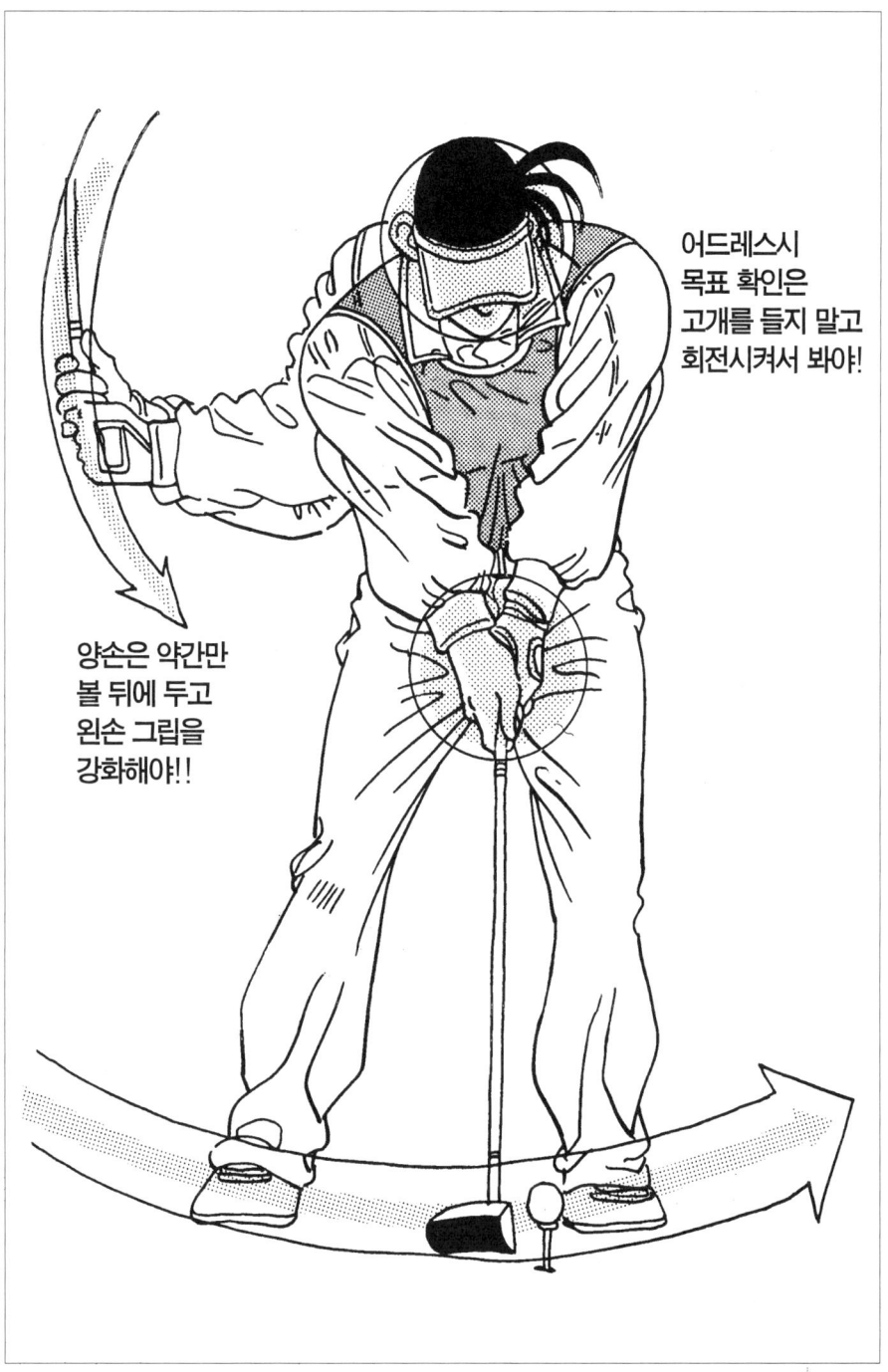

슬라이스 철저 해부 · 1
장영일 포인트 레슨

왜 슬라이스가 발생하는가?

먼저 백스윙에서의 잘못부터 알아보자. 대부분의 아마 골퍼들은 중심축이 반대가 되는 백스윙을 하고 있다. 머리는 목표를 향하고 체중은 오른쪽보다 왼쪽에 쏠리며 이런 형태는 어깨의 완벽한 회전을 방해할 뿐 아니라 스윙에서의 힘을 감소시킨다. 또한 부정확한 체중 이동은 다운스윙에서 몸이 목표에 대해 먼쪽으로 움직이게 함으로써 결국 임팩트에서 클럽 페이스가 오픈된다. 이런 힘없는, 그리고 오픈된 클럽 페이스는 약하면서도 높게 나르는 슬라이스를 낳게 된다.

정확한 백스윙은 왼쪽 어깨가 턱의 약간 아래쪽을 지나며 회전한다. 백스윙의 톱은 볼의 약간 뒤에 머무는 바람직한 자세를 이루어야 한다. 제대로 된 어깨 회전은 또한 체중 이동이 제대로 이루어지며 파워풀한 임팩트를 만들어낼 수 있다.

어깨 회전에 관한 훈련법은 양팔을 교차시켜서 몸에 붙이고 백스윙을 연습하는 것이 있다. 이렇게 하면 어깨 회전에 대한 느낌을 얻음과 동시에 완벽한 역회전에 대한 감각도 알 수 있다. 이처럼 양팔을 함께 균등하게 역회전하면 무엇보다 백스윙에서 클럽을 급격히 뒤로 들어올리려는 유혹에서 벗어날 수 있다. 그리고 이런 형태는 힘찬 다운스윙을 이루는 데 필요한 스윙아크도 크게 만들 수 있다.

슬라이스 철저 해부 · 2
장영일 포인트 레슨

 슬라이스를 유발시키는 수많은 원인을 면밀히 분석해 보면 몇 가지 특징을 발견할 수가 있다.
 그 가운데 하나는 백스윙을 너무 멀리 안쪽에서 시작하는 것이다. 클럽이 안쪽을 향하면서 진입하는 것과 클럽이 인사이드로 향할 수밖에 없는 것과는 큰 차이가 있다. 안쪽을 향할 수밖에 없게 되는 것은 힘과 어깨가 너무 빨리 회전하면서 클럽이 몸 뒤쪽에 놓일 수밖에 없기 때문에 발생하는 현상이다.
 이런 자세로는 클럽 페이스를 스퀘어의 형태로 유지하는 것이 불가능하다. 백스윙시 클럽 페이스가 양쪽 다리 뒤쪽에 있게 되면 결국 슬라이스성 스핀이 걸릴 수밖에 없게 된다. 정확한 백스윙은 클럽이 허리 위치에 올 때 일단 정지한 다음 샤프트가 목표 선과 평행을 이루고 있는지, 그리고 다운스윙을 제대로 할 수 있는지 점검해 본다. 이때 양팔이 다운스윙의 형태로 진입하기 직전까지는 어깨의 역회전 형태가 그대로 유지되고 있는지도 살펴보도록 하자.
 이런 중요한 포인트를 익힐 수 있는 훈련법은 어드레스 자세를 잡고 볼을 놓은 다음 다른 한 개의 볼은 목표 선과 같은 연장선상에 티업한 볼보다 한 발자국 정도에 떨어진 자리에 놓는다. 그리고 백스윙을 시도할 때 티업한 볼보다 뒤에 놓은 볼을 밀어낸다는 이미지로 스윙 연습을 하면 올바른 어깨 회전 감각을 증진시킬 수 있다.

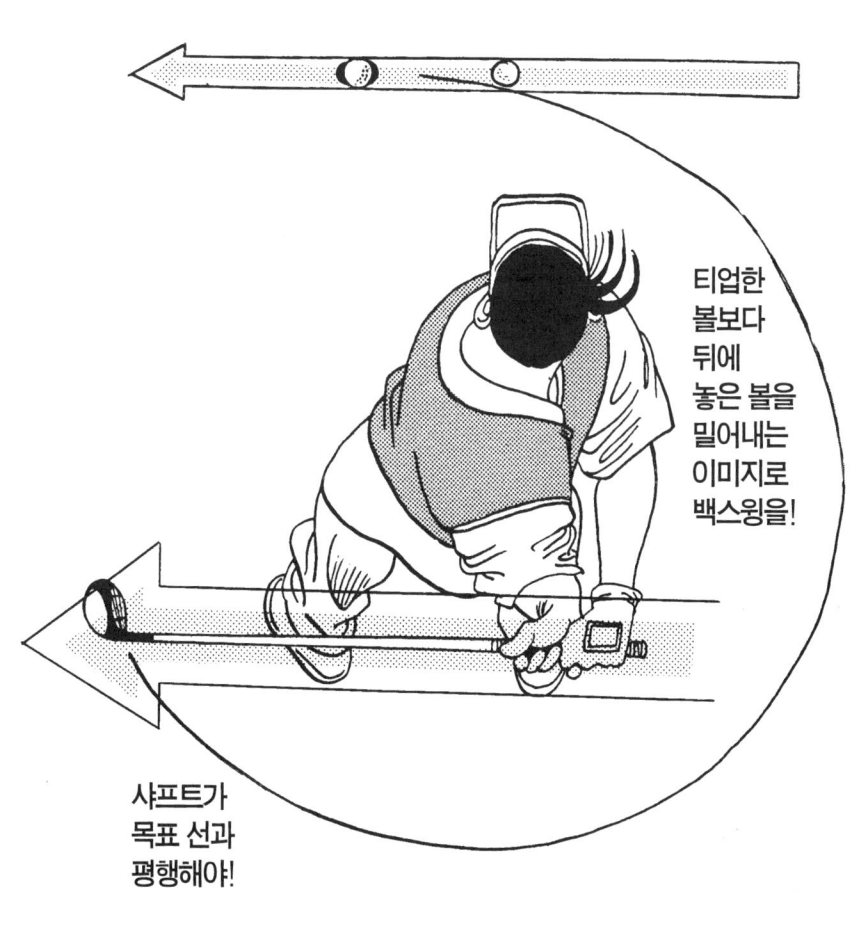

슬라이스 철저 해부 · 3
장영일 포인트 레슨

많은 아마 골퍼들은 거의 자신의 스윙을 면밀하게 검토할 기회를 갖지 못한다. 그 결과 제대로 된 스윙을 하려면 어떻게 해야 하는지도 파악하기 힘들게 된다.

만일 스윙을 시작할 때 위크 그립을 하게 되면 팔꿈치에서 손에 이르는 부분이 오픈된 채 톱스윙에 다다르게 되고 클럽의 토우 부분은 곧장 지면을 가리키는 형태가 된다. 이런 자세가 되면 페이드 샷이 된다.

따라서 슬라이스를 퇴치하고자 한다면 무엇보다 그립부터 점검해야 한다. 그립을 잡았을 때 왼쪽 손등의 관절 두 개를 자신이 내려다볼 수 있도록 하고 이와 더불어 오른손의 엄지와 검지가 이루는 V자가 오른쪽 어깨를 가리키도록 해야 한다. 이런 스트롱 그립은 톱스윙에서 클럽 페이스가 스퀘어 형태를 이루게 해주며 임팩트에서도 스퀘어를 유지해 준다.

톱스윙에서 페이스가 오픈되는 문제점은 미들 아이언으로 자신의 엉덩이 높이까지만 올리는 하프스윙의 훈련법으로 교정할 수 있다. 이런 연습을 통해 클럽 페이스가 클로스의 형태를 이루는 자세에 대한 감각을 느낄 수 있을 것이며 손목을 지나치게 움직이지 않는 감각도 알 수 있게 될 것이다.

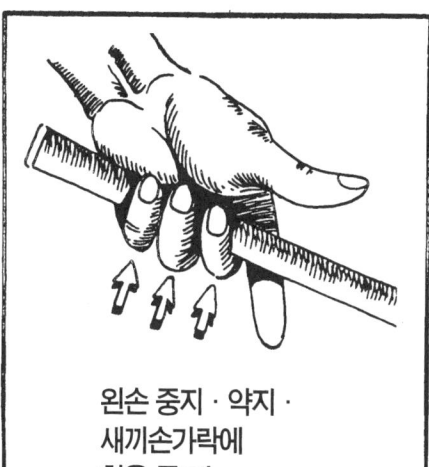

왼손 중지 · 약지 · 새끼손가락에 힘을 주고!

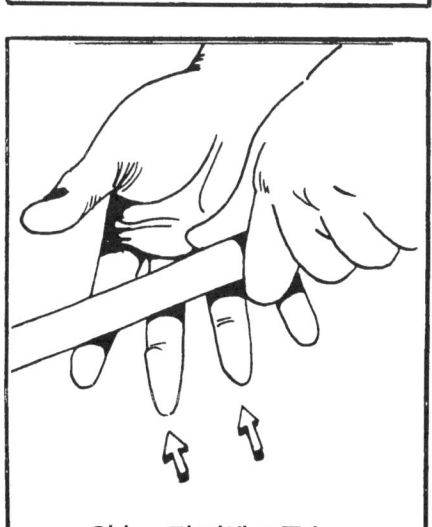

왼손 그립 뒤에 오른손 중지 · 약지에 힘을 주어 그립해야!!

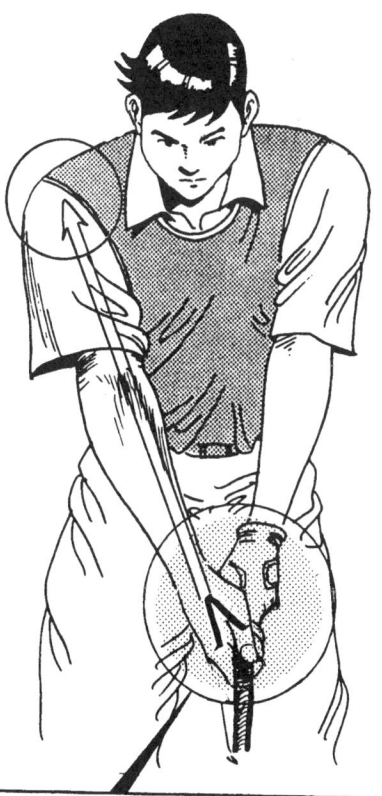

엄지와 검지가 이루는 'V'자가 오른쪽 어깨를 가리키는 스트롱 그립을

다운스윙 잘못으로 인한 슬라이스 · 1

장영일 포인트 레슨

　손목을 지나치게 움직이는 것도 흔한 잘못 가운데 하나인데 다운스윙을 시작하자마자 오른손목을 급격하게 작동시켜 클럽이 과도하게 움직이는 것이다. 그 결과 클럽을 내던지는 식으로 다운스윙이 이루어진다. 이런 방법을 취하면 손목을 다시 코킹시키는 시간이 없기 때문에 임팩트에서 오른손이 왼손 바로 밑부분에 위치하고 볼 뒤쪽에 오게 되는 자세가 된다.

　이렇게 되면 클럽의 로프트를 감소시키고 페이스는 오픈되고 이 두 가지가 결합됨으로써 높게 뜨는 약한 슬라이스를 유발하게 된다.

　다시 한 번 강조하지만 다운스윙의 시작을 리드하는 것은 하반신이어야 한다. 양손이나 양팔 혹은 양어깨로 리드해서는 절대 안 된다. 상체의 중심부(흉골)와 하체의 중심부(배꼽)가 목표를 향해 회전한다는 느낌을 갖도록 한다. 왼쪽 엉덩이는 밖을 향해 회전하며 클럽 페이스는 스퀘어의 형태를 유지해야 한다. 임팩트에서는 양손 모두 클럽 헤드보다 앞쪽에 와 있어야 한다.

　약간 느리게 스윙을 하다가 클럽이 볼에 닿기 직전 멈춰 보자. 이것은 무엇보다도 임팩트에서의 정확한 자세와 감각과 몸의 정렬 등에 대해 살펴보기 위함이지만 어드레스와 거의 흡사한 형태를 이룬다는 강박관념을 갖지 않도록 한다.

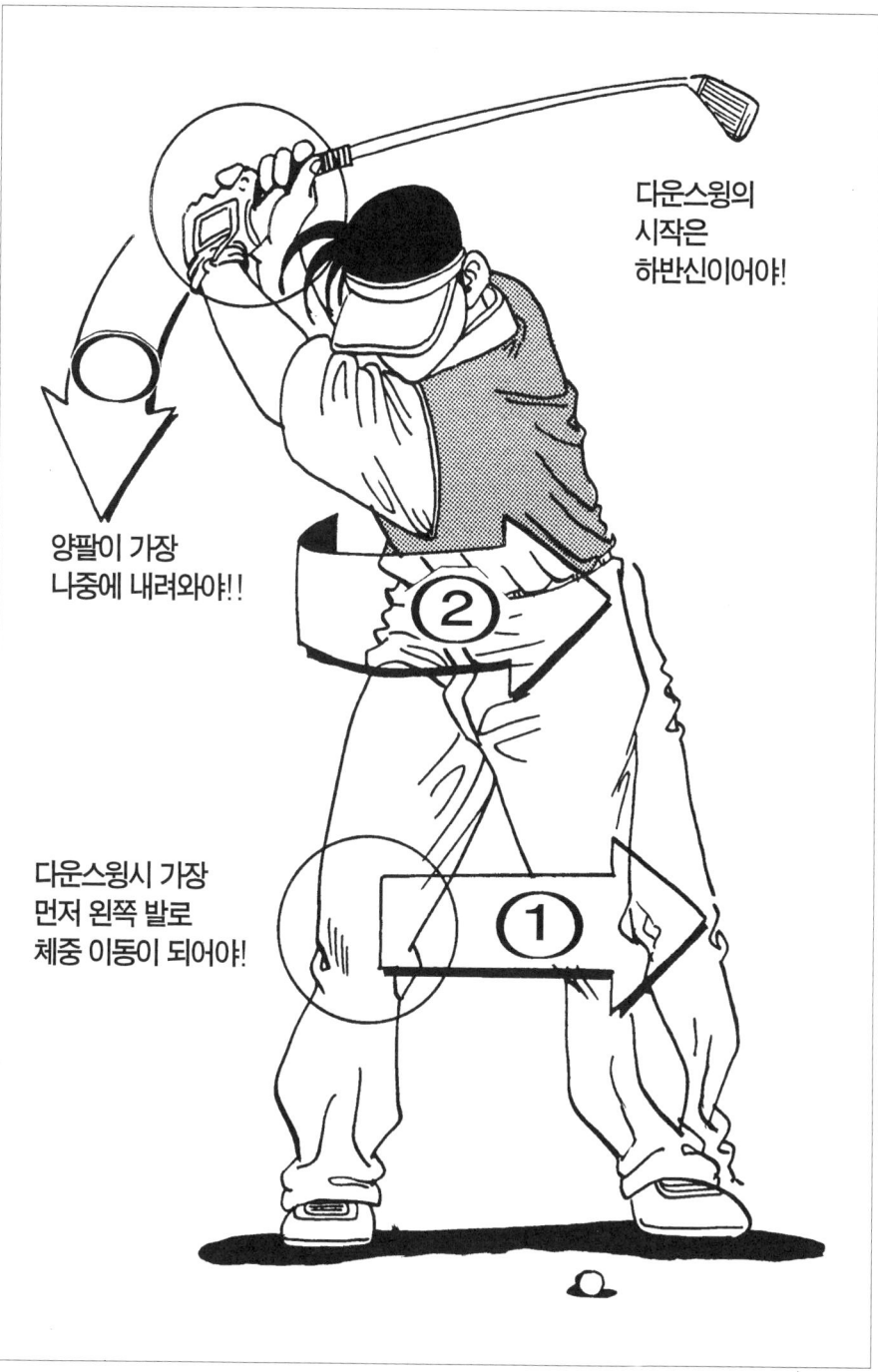

다운스윙 잘못으로 인한 슬라이스 · 2
장영일 포인트 레슨

만일 다운스윙의 시작을 몸 상반신으로 한다면 오른쪽 어깨가 목표 선을 향해 튀어나온 형태가 될 것이다. 동시에 왼손목과 팔이 지나치게 구부러지면서 닭발처럼 휘어지게 된다. 결국 클럽의 컨트롤은 오른손만으로 하게 되며 볼에 대해 급한 경사를 이루며 히트하게 된다. 결과는 역시 밀어치는 슬라이스로 이어진다.

정확한 다운스윙의 시작은 몸 하반신이 목표 선을 향해 회전하고 왼발이 움직이면서 해야 한다. 양손과 팔 그리고 어깨는 몸통에 대해 클로스의 형태로 아래를 향해 움직여야 하며 이때 오른쪽 어깨는 왼쪽 어깨보다 뒤쪽에 있는 형태를 유지해야 한다. 클럽 헤드는 임팩트에 진입하기 직전까지는 지면을 향하면서 목표 선을 지나야 한다.

다운스윙을 견실하게 익힐 수 있는 훈련법은 볼을 왼발 앞쪽 약간 떨어진 곳에 둔다. 이런 위치에 놓인 볼을 제대로 히트하기 위해서는 양팔을 쭉 뻗은 상태에서 당기는 동작으로는 어렵고 대신 몸 하반신이 낮게 움직이면서 체중 이동이 제대로 이루어져야만 한다. 그렇게 되면 오른쪽 어깨는 뒷부분에 남아 있게 되며 결국 볼에 대해 클럽 페이스가 스퀘어 형태로 다가설 수 있게 된다.

다운스윙 잘못으로 인한 슬라이스 · 3
장영일 포인트 레슨

임팩트에서는 몸을 전반적으로 볼 뒤에 두어야 한다는 것이 정설이다. 그런데 이 말을 너무 의식한 나머지 몸 뒤쪽으로 지나치게 움직이는 경향이 많고 그 결과 양팔과 클럽이 목표 선을 가로질러 뒤쪽으로 가게 되는 현상으로 이어진다.

이처럼 몸이 뒤로 쏠리면 체중이 대부분 몸 오른편에 실리게 되고 따라서 클럽의 여유있는 릴리즈가 이루어지지 못한다. 대신에 클럽 페이스가 임팩트에서 오픈되고 피니시가 역C자 모양으로 된다. 결국 볼 뒷부분을 톱핑하는 히트가 되어 버리는 것이다.

다운스윙 동안 체중은 자연스럽게 오른편에서 왼편으로 이동되면서 목표를 향해야 한다. 이것이 제대로 이루어지면 피니시는 거의 직립의 형태가 되며 적절한 균형을 갖추게 된다.

왼편 엉덩이가 역동적으로 움직이면서 체중 이동이 제대로 이루어지면서 다운스윙이 시작되면 몸 오른편은 목표를 향해 머리가 회전됨에 따라 움직이게 되는 것이다.

이 동작을 숙달하기 위한 훈련법은 어드레스에서 왼쪽 발등과 평행하게 볼을 놓은 뒤 백스윙을 하는 동안 오른발을 회전시키고 머리는 목표를 향해 움직인다. 이런 발동작은 몸 왼편으로 체중을 이동시키는 것을 도와주며 균형도 잘 잡히게 된다.

페어웨이를 사수하라
장영일 포인트 레슨

어떤 골퍼라도 언제나 목표한 곳으로 곧장 쳐낼 수 없다. 겨냥한 곳으로 쳤다고 생각하지만 대개는 볼이 다소 휘어지게 마련이다. 자신의 샷을 한 번쯤 점검해 보자. 티샷에서 먼저 생각해야 할 점은 무엇일까?

티샷을 할 때 가장 중요한 것은 볼을 페어웨이에 안착시키는 일이다. 페어웨이에 있으면 롱아이언이나 우드를 모두 사용할 수 있지만 페어웨이를 빗나가면 어떤 곤경을 당할지 모른다. 깊은 러프일 수도 있고 치기 어려운 비탈일 수도 있다. 또는 로스트 볼이 될 가능성도 있을 것이다.

페어웨이 150m는 러프의 200m를 능가한다. 그렇게 확신한다면 막연히 페어웨이 중앙을 겨냥해 치는 산만한 샷을 하지는 않을 것이다. 만일 슬라이스 구질의 골퍼라면 페어웨이 왼쪽에 목표를 설정해야 한다. 가령 정면으로 날아가거나 혹은 예상대로 슬라이스가 나더라도 페어웨이에 안착할 수 있다. 어느 정도 슬라이스가 심해 그림 B지점까지 간다해도 페어웨이 안이다. 늘 구질을 생각해서 최악의 경우라도 페어웨이에 떨어뜨리는 것이 최선의 공략법이다.

그래서 골프는 다음 샷의 위치를 생각해서 공략하는 넥스트 샷 운동이라고 말하는 것이다.

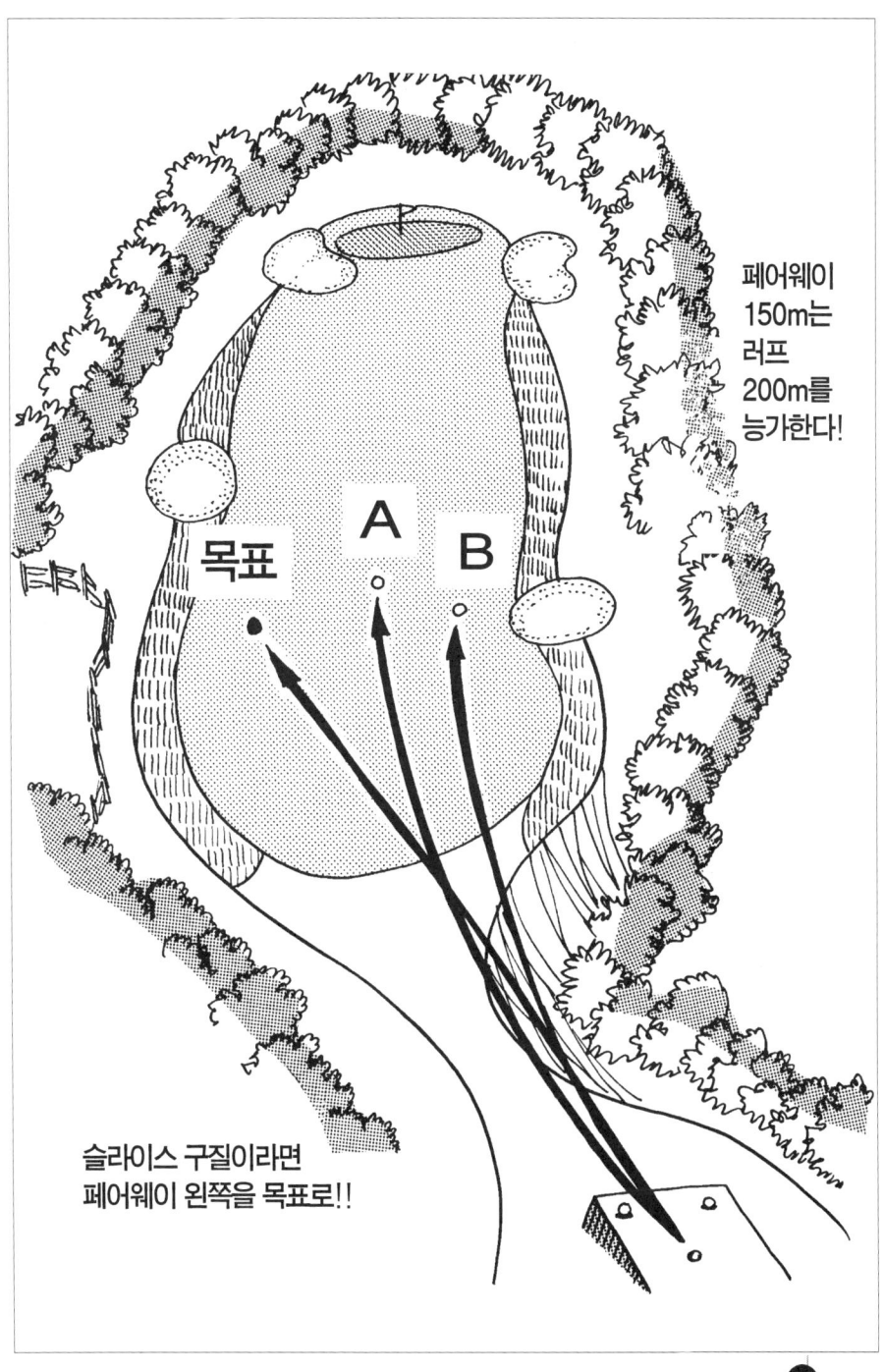

페어웨이는 넓다
장영일 포인트 레슨

코스 공략의 기본은 자신이 확실히 칠 수 있는 코스로 공략해야 한다는 점이다. 비록 자신으로선 마음에 안 드는 슬라이스라도 또는 납득이 안 가는 훅이라도 자신의 구질을 인정해야 한다. 그것을 잊고 이상적인 구질만을 추구해서는 좋은 스코어를 낼 수 없다.

구질에 따라 티를 꽂는 위치도 달라야 한다. 예를 들어 슬라이스 구질을 가지고 있는 골퍼는 티잉 그라운드의 오른쪽 끝에서 치는 것이 좋을까 아니면 왼쪽 끝이 유리할까?

슬라이스를 두려워하는 골퍼들 대부분은 왼쪽끝에서 공을 치려는 경향이 많다. 왜냐하면 그래야 조금이라도 오른쪽 러프쪽으로 덜 가도록 하기 위함이다. 그러나 '오른쪽 끝에 서서 페어웨이 왼쪽으로' 치는 것이 좋다. 왜냐하면 같은 슬라이스라도 왼쪽에서 치게 되면 오른쪽 러프까지 휘어질 가능성이 많지만 오른쪽 끝에서 페어웨이 왼쪽을 겨냥해서 샷을 하면 똑같이 휘어지더라도 페어웨이에 멈출 확률이 높기 때문이다. 홀을 곧바로 공략하는 것보다는 옆에서 공략하는 것이 안전 지대가 더 넓다.

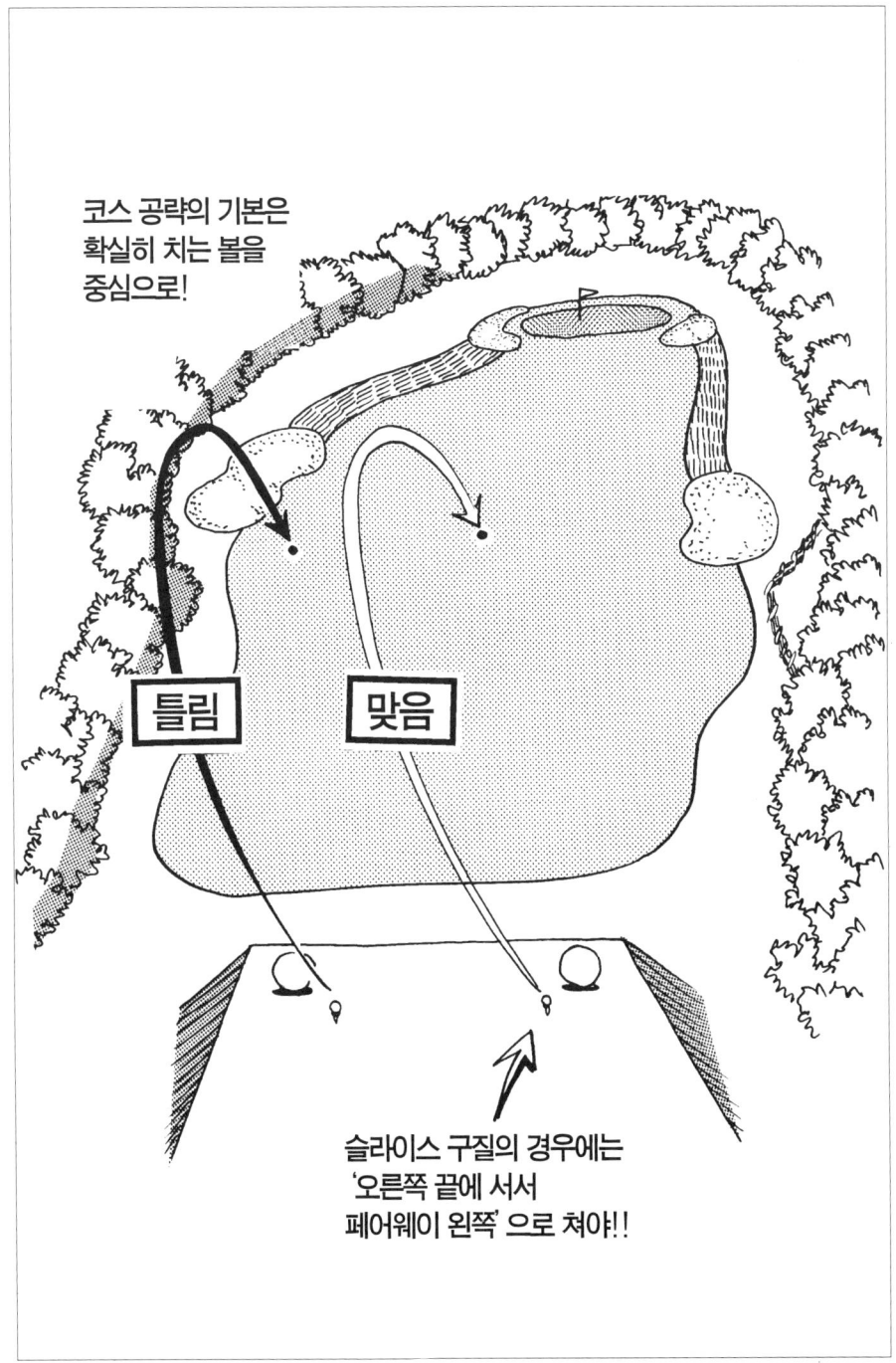

회전축에 관한 두 가지 포인트
장영일 포인트 레슨

　다운스윙시 오른쪽 다리에서 왼쪽 다리로 평행의 체중 이동이 이루어졌을 때 스윙호는 임팩트에서 수평의 형태를 이루게 된다. 이런 이동을 정확하게 하려면 백스윙에서 몸 오른쪽으로 체중을 이동할 때는 오른쪽 엉덩이가 축을 이루어야 하고 다운스윙에서 목표를 향해 체중을 몸 왼쪽으로 이동할 때는 왼쪽 엉덩이가 축을 이루어야 한다.

　많은 골퍼들은 아직도 축은 하나라는 생각을 지니고 있다. 즉 머리를 고정시키고 이것을 축으로 한 원운동이 바로 스윙이라는 관념을 지니고 있다. 만일 평행 이동이 아니라면 이런 기술은 스윙호가 큰 원을 그리도록 하기 위한 올바른 생각이다. 그러나 이런 동작은 히트 지점의 넓이를 제한할 수도 있다. 두 개의 회전축의 스윙은 히트 지점을 넓게 해준다. 왜냐하면 몸이 다운스윙 동안 오른쪽 다리에서 왼쪽 다리로 수평 이동하기 때문이다. 다운스윙의 시작을 정확하게 하려면 체중을 목표를 향해 수평으로 이동시켜야 한다. 이렇게 하면 양발이 아래를 향해 움직이기 시작함과 더불어 오른쪽 어깨도 아래쪽으로 움직인다. 이와 병행해서 등뼈, 자세히 말하면 엉덩이쪽에 있는 등뼈도 약간 기울어지면서 앞쪽을 향하게 된다. 어드레스 자세를 잡고 양무릎을 굽히고 체중을 양발 바깥쪽에 균등하게 싣고 하프스윙을 해보면 그 이유를 알 수 있다.

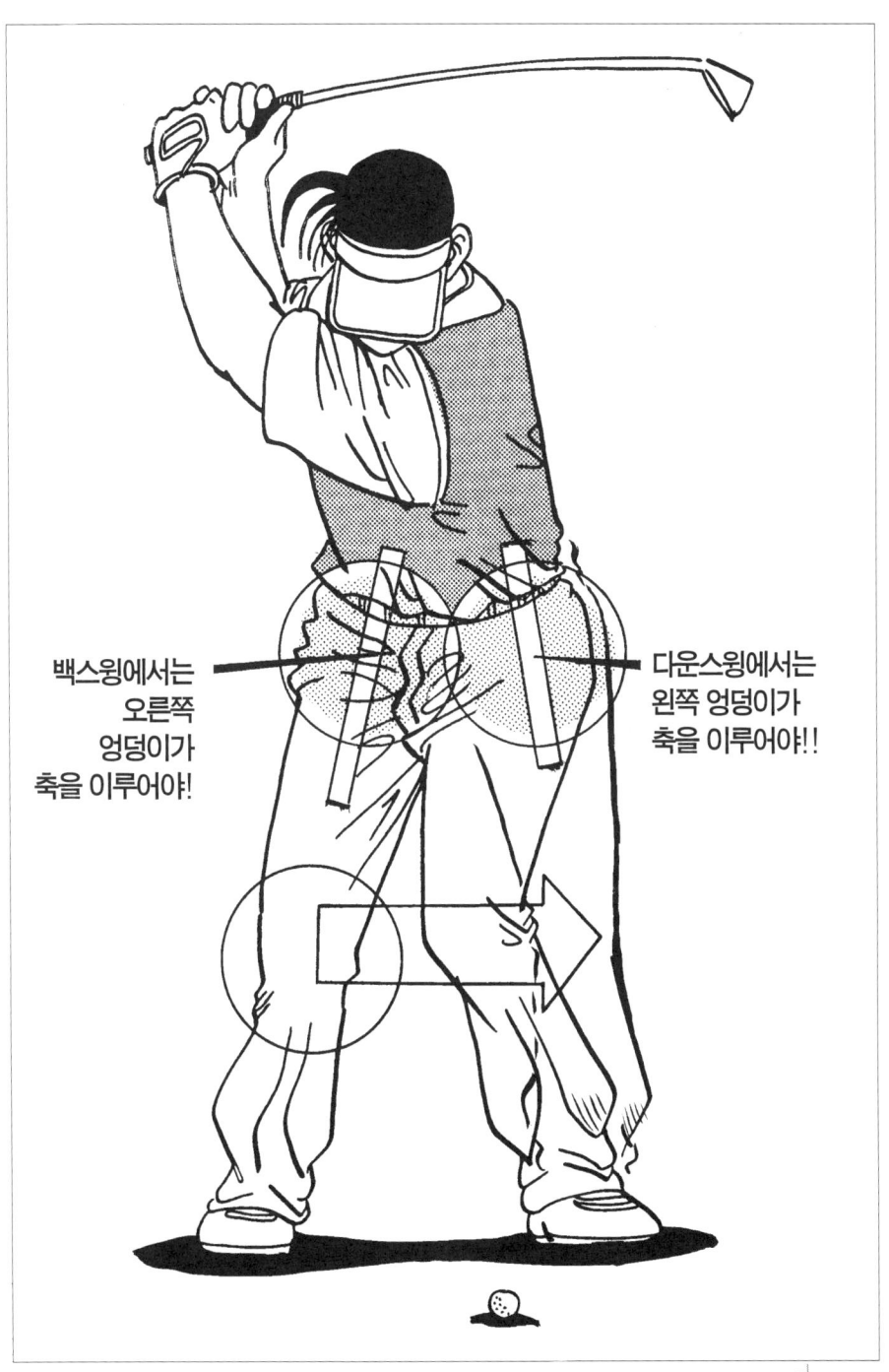

임팩트 자세에 도움 되는 연습 방법
장영일 포인트 레슨

누구나 어린 시절 돌을 수면위에 날려 돌이 물위에서 얼마나 많이 튀는지를 관찰해 본 적이 있을 것이다. 돌을 물 위에 더 많이 튀게 하기 위해선 돌의 모양뿐 아니라 돌을 던지는 모션이 더욱 중요하다.

이때 수면과 평행에 가까운 돌을 던져야 한다. 언젠가 해변이나 저수지에 나가면 이런 연습을 해 보면 알 수 있다.

골프 스윙에 있어서도 이같은 원리가 많은 도움이 된다. 골프 코스에서는 약간 변형된 동작을 취할 수 있다. 골프 클럽을 세워 그 위에 왼손을 올려놓고 그 밑으로 볼을 던지는 연습을 해 보자. 이러한 연습 방법은 클럽 헤드가 인사이드로부터 볼을 치는 스윙 감각을 몸에 배게 하는 좋은 방법이다.

이와 흡사한 임팩트 동작에 도움이 되는 연습법을 또 하나 소개한다. 임팩트 후 양손이 허리 높이로 지나갈 때 왼팔을 접기 시작하면 올바른 스윙 플레인으로 회전시켜 줄 수 있다.

이러한 폴로스루를 느끼려면 스윙 플레인과 같은 각도에 유리창이 있다고 상상해 볼 필요가 있다. 스펀지로 이 유리의 양면을 닦는다. 오른손은 유리 위를, 왼손은 밑부분을 닦는 움직임을 만들어낼 것이다.

이러한 자세는 양손이 폴로스루하는 동작과 흡사하다. 그리고 이 이미지는 올바른 스윙 궤도를 만들어내고 임팩트시에 스퀘어로 회전하는 것을 도와줄 것이다.

왼쪽 손등으로 옆사람을 치듯이

장영일 포인트 레슨

　슬라이스를 유발하는 스윙중에는 오른손이 임팩트 과정에서 왼손 아래에서 회전되어 클럽 페이스가 열린 채 볼을 맞추는 경우가 많다. 오른손은 클럽 페이스를 닫으면서 왼손 위로 충분히 회전시킬 필요가 있다. 이런 동작을 리스트 턴(왼손목 되돌리기)이라고 일컫는다.
　책을 읽을 때 책장을 넘기듯 클럽을 잡고 양쪽 어깨 높이에서 양쪽 손목을 사용해 클럽을 오른쪽으로 회전을 시도해 보자. 이러한 동작은 백스윙의 포지션을 만들어 낼 것이다. 그리고 클럽을 반대로 왼쪽으로 회전시켜 보자.
　이러한 연습은 임팩트 순간 클럽 페이스를 닫아 주는 감각을 몸에 익히게 해준다. 이때 몸의 다른 부분은 가능한 한 움직임을 억제해야 한다. 클럽과 양손의 모션만으로 느껴 보고 실전에서 잘 적용될 수 있도록 반복 연습해 보자.
　또 다른 효율적인 연습법으로 몸과 팔을 일체화시키면서 왼손등으로 옆사람을 치는 동작을 연상해 보자. 그림과 같이 왼쪽에 친구를 세워 놓고 어드레스 자세를 취한다. 이때 오른손은 몸 뒤로 놓는다. 엉덩이는 지면과 평행하게 회전시키고 왼쪽 어깨는 위로, 오른 어깨는 아래로 돌려 임팩트와 폴로스루 스윙을 하면서 몸을 회전시킨다. 이때 왼손을 쭉 뻗으면서 옆사람의 배를 치는 연습을 반복해 본다. 이때 중요한 것은 턱, 오른쪽 어깨, 오른쪽 무릎, 볼의 위치가 일직선상에 위치하는 정교한 임팩트 동작을 해야 한다는 점이다.

수풀 속에서 확실한 탈출법
장영일 포인트 레슨

　수풀 속으로 들어간 뒤의 리커버리 샷에서 실수를 하는 것은 왜일까. 결론부터 말하면 페어웨이에서의 샷과 동일한 자세를 취하기 때문이다. 볼의 라이도 좋고 클럽도 휘두를 수 있는 전방에 방해가 되는 것이 없다면 보통 샷처럼 스윙하면 된다. 그러나 나무와 나무 사이를 뚫고 다음 샷을 생각하는 리커버리 샷을 할 경우에는 어프로치의 스탠스 조성이 기본이 된다.

　가령 7번 아이언 거리라 하더라도 전방의 나뭇가지에 닿지 않게 하기 위해 5번을 선택했다면 풀샷을 할 때와는 다른 스탠스를 할 것이다. 확실하게 나무사이를 빠져나갈 수 있도록 해야 하는 것이다. 클럽 페이스는 목표 방향으로 맞추고 스탠스는 오픈으로 하여 좁게 취한다. 볼은 오른발 가까이에 두고 클럽은 왼쪽 엉덩이 바로 앞 임팩트 존에 가까운 어드레스를 취하고 3/4 스윙을 한다.

　7번의 거리에서 5번을 지니고 휘두르는 사람은 없겠지만 파5홀의 제2타에서는 거리를 원하기 때문에 풀스윙을 하고 만다. 이래서는 리커버리의 목적에서 벗어나 전방 나무에 맞아 점점 수풀 속 깊이 들어가는 미스를 거듭하게 된다.

　확실하게 칠 수 있는 어드레스를 취하고 느린 스윙을 해야 한다. 손목에 힘이 들어가면 임팩트에서 몸이 젖혀지므로 톱핑이 되기 쉽다. 리커버리가 목적이라면 어프로치를 하는 스탠스를 취하는 것이 중요한 포인트다.

플레이를 방해하는 요소들
장영일 포인트 레슨

골프는 긍정적인 사고를 갖고 플레이를 해야 한다. 소극적인 사고는 스코어메이킹에 도움이 되지 못한다. 골프를 하다 보면 뜻하지 않게 자신의 플레이를 방해하는 요소가 자주 생긴다. 어드레스를 하는데 주위에서 잡담이 들려올 때가 있고, 사람들의 움직임, 이웃 홀로부터 날아오는 볼 등 집중력을 흐트러지게 하는 요소가 있을 때, 그것이 샷하기 전이라면 동작을 새롭게 하기 위해 반드시 환기가 필요하다.

가끔 마음에 걸리기는 하지만 그대로 쳤는데 미스를 했다고 후회하는 골퍼가 있다. 신경이 쓰이는 요소가 있으면 그것을 반드시 해결하고 플레이에 임하는 것이 좋다. 자신의 미스 샷이라면 할 말이 없지만 다른 사람이 원인이라면 후회가 남게 마련이므로 잘 판단해야만 한다. 경계를 게을리하면 후회가 되며 주의 환기는 동작을 새롭게 하는 효과가 있다. 다음의 세 가지는 반드시 지키도록 한다. 샷을 시도할 때 골퍼마다 차이가 있겠지만,

1. 퍼팅을 시도하기 전 라이 판독을 다시 해본다.
2. 클럽을 바꾸어 마음을 새롭게 한다.
3. 연습 스윙을 몇 번 해 본다.
4. 심호흡으로 마음을 가라앉힌다.

이 가운데 연습스윙은 가장 손쉬운 컨트롤 방법이다. 하지만 이보다 앞서 자신의 실수를 남의 실수로 돌리지 않는 자세를 갖는 것이 무엇보다도 중요하다.

장마철 벙커 공략법
장영일 포인트 레슨

초보자들로부터 로우 핸디캐퍼에 이르기까지 거의 모든 아마추어 골퍼들이 공통적으로 애를 먹는 것이 바로 그린 주변의 벙커 플레이다. 골프를 처음 시작하는 대다수의 골퍼들은 단지 벙커에서 공을 빼내는 것조차도 어려워한다. 이런 골퍼들은 보통 공 주위의 모래에 원을 그리고 공을 맞추는 대신 모래 원 안으로 공을 튕겨 보내는 연습법을 사용하는 것이 효과적이다.

우선 모래의 상태는 어떻고 공이 벙커의 어디에 어떻게 놓여 있는가? 그린 위 어느 정도에 공을 올려놓을 것인가? 그리고 그린의 경사는 얼마나 되는가를 알아야 한다.

젖거나 단단히 굳은 모래는 장마철에 코스에서 자주 마주치는 벙커의 상태다. 이런 상황에서는 임팩트할 때 공 뒤에 모래가 더 적어서 깔끔하게 접촉할 수 있고 따라서 공에 더 많은 회전을 줄 수 있다. 이때 위험한 것은, 지면이 너무 단단해서 클럽이 많이 튀게 될 것이라는 점이다. 어떤 플레이어는 스플래시 샷 대신에 칩핑 동작을 사용하기를 더 좋아하며, 심지어 어떤 골퍼들은 피칭웨지를 사용하기도 한다. 젖은 모래에서는 정상적인 때보다 더 무겁게 나오는 것을 알아야 한다. 그래서 좀더 세게 스윙을 시도해야 하며 실제 상황보다 좀더 긴 샷을 하려는 기분으로 스윙해야 한다.

임팩트를 향상시키는 방법

장영일 포인트 레슨

임팩트는 볼을 세게 때리는 동작이 아니라 클럽 페이스가 볼과 만나는 순간이다. 임팩트의 핵심은 공에 접촉되는 클럽 페이스의 방향, 클럽 헤드의 위치, 그리고 클럽 헤드의 회전 속도다. 아이언 샷이 약한 플레이어들이 안고 있는 많은 문제점 중에 가장 나쁜 원인은 클럽 샤프트가 임팩트 전에 왼팔을 통과함으로써 발생된다. 그런 상황이 실제로 발생됐을 때 그것을 분별하기란 어렵지 않다. 왜냐하면 샤프트가 실제로 뒤쪽으로 뉘여진 상태에서 클럽 헤드가 볼을 때리기 때문이다. 이러한 스윙은 토핑, 지나치게 좌우로 벗어나는 구질, 생크 등과 같은 모든 미스 샷을 만들어 낸다.

아무리 훌륭한 샷을 했다 할지라도 그 샷에는 전혀 힘이 없어 약해지기 마련이다. 이상적인 것은 샤프트가 약간 목표를 향해 핸드퍼스트가 되는 것이다. 임팩트시 샤프트와 연결해 위쪽으로 형성된 직선은 왼쪽 어깨보다 목표방향에 더욱 가깝게 되어야 한다. 그것은 아마추어를 탈피한 A급 수준의 임팩트를 만들어 준다.

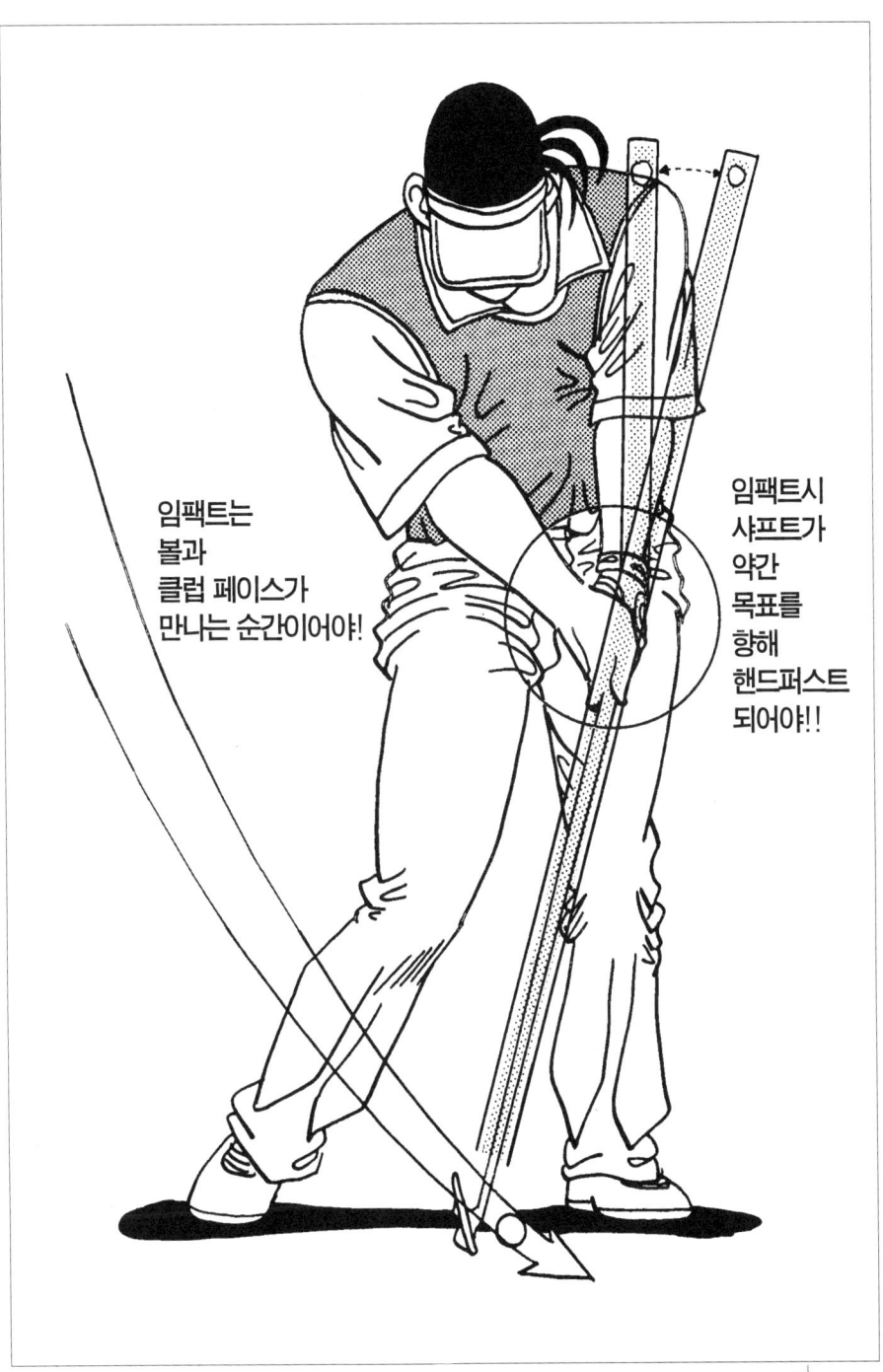

클럽의 변천에 따른 스윙 타법
장영일 포인트 레슨

최근 비거리를 늘리기 위해 클럽의 헤드가 커지고 샤프트가 길어지며 그립이 두꺼워지는 방향으로 변하고 있다. 이러한 신제품을 잘 활용하려면 훅 그립을 잡고 약간 닫는다는 느낌으로 들어 올려 주는 스윙이 적합하다. 헤드 사이즈가 크게 되면 단점도 있다. 클럽 구조상 스윙이 지체되는 경향이 많게 된다는 것이다. 때문에 오른쪽으로 전혀 날려 보내지 않을 것 같은 훅 페이스의 클럽이 증가하고 있다.

예전부터 클럽은 열어서 들어올리고 닫아서 내려 볼을 똑바로 보낸다고 했다. 그러나 클럽의 변화로 인해 그렇게 할 필요가 없게 된 것이다. 오히려 페이스를 닫는다는 느낌으로 들어올리는 것이 좋다. 그리고 손을 돌리지 않더라도 페이스는 목표를 향하고 있기 때문에 그대로 임팩트하면 된다.

클럽을 높게 들어올리면 닫는 느낌이 되지 않으므로 아주 낮은 테이크 백을 하는 것이 중요하다. 또한 야구 배트 양끝을 잡고서 두 사람이 서로 반대 방향으로 돌렸을 때 두꺼운 쪽의 힘이 강하게 나타나는 것처럼 헤드가 큰 클럽을 사용할 때는 그립도 두꺼워야 적당한 힘을 발휘할 수 있는 것이다.

훅 그립으로 잡고 닫은 느낌으로 백스윙을 하게 되면 비거리도 증가되고 휘어지지 않는 구질이 나온다.

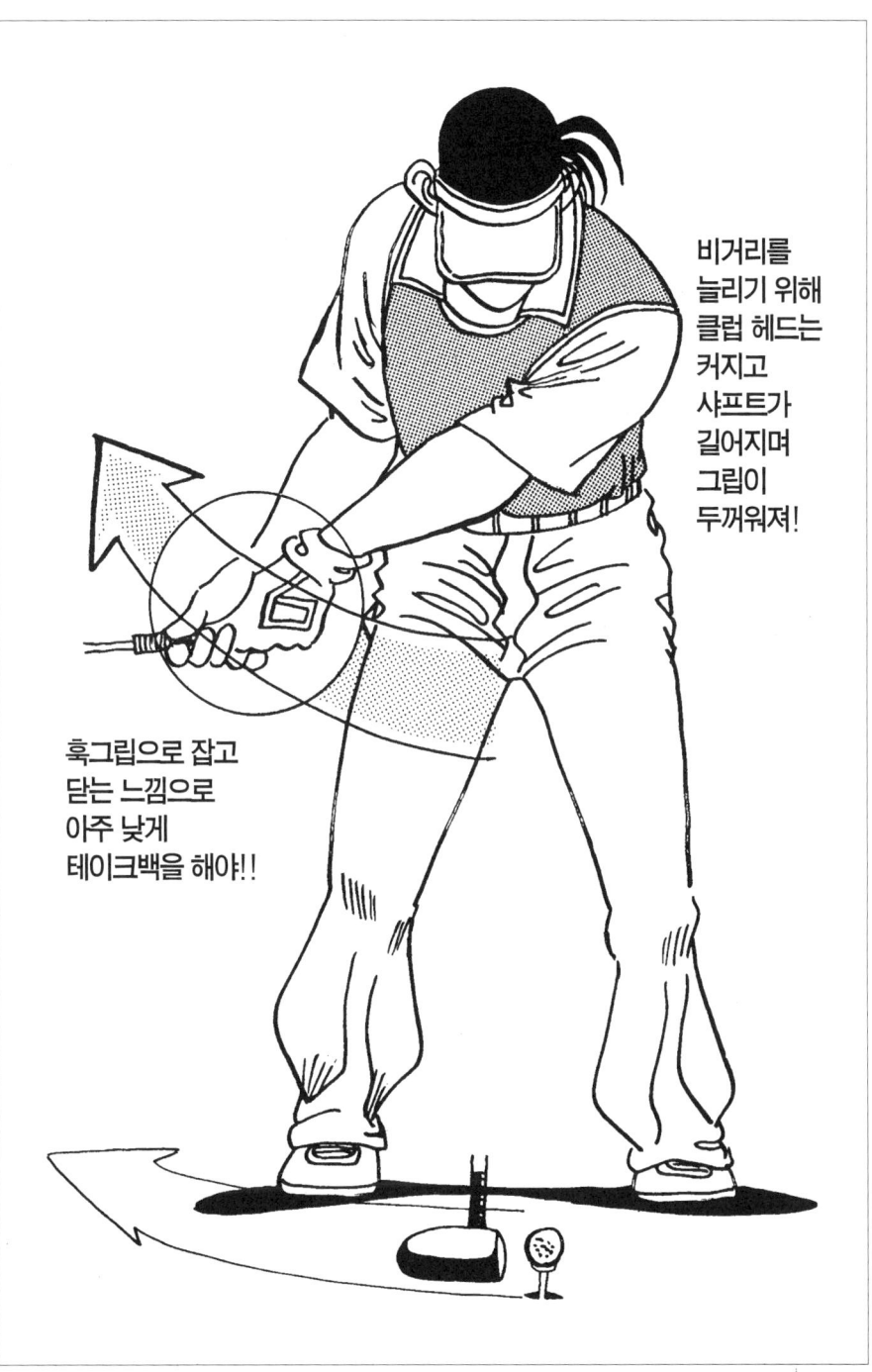

복잡 미묘한 골프 심리학
장영일 포인트 레슨

똑같은 사물을 보아도 성격이나 컨디션, 심리 상태 등에 따라 받아들이는 인상이 각기 다르다. 이것은 골프에 있어서도 마찬가지다. 같은 조건 아래서 플레이하고 있는데 어떤 사람은 괴롭고 어떤 사람은 정반대가 되는 경우가 많다. 특정 홀을 좋아하고 싫어하는 것이 좋은 예다.

슬라이스가 나는 사람은 휘는 것을 계산해서 처음부터 왼쪽에 목표를 정하지만 티잉 그라운드가 왼쪽에 있으면 싫어한다. 이와는 반대로 훅을 내는 사람은 오른쪽 티 박스를 싫어하게 마련이다. 즉 각자의 구질에 따라 이용하는 것이 다르다.

이는 타구의 높이에 대해서도 적용된다. 타구를 낮게 치는 사람은 내리막 홀을 좋아하고 높은 공을 치는 사람은 오르막 홀을 좋아하지만 내리막 홀은 질색이다. 같은 조건의 플레이에서도 좋고 싫은 것이 있다는 것은 기술의 차이에 있다. 컨디션과 집중력은 밀접한 관계가 있기 때문에 컨디션만 좋으면 약간 몸이 피곤하거나 핀치에 몰려도 이를 이겨낼 수가 있다.

어쨌든 골프는 복잡하다.

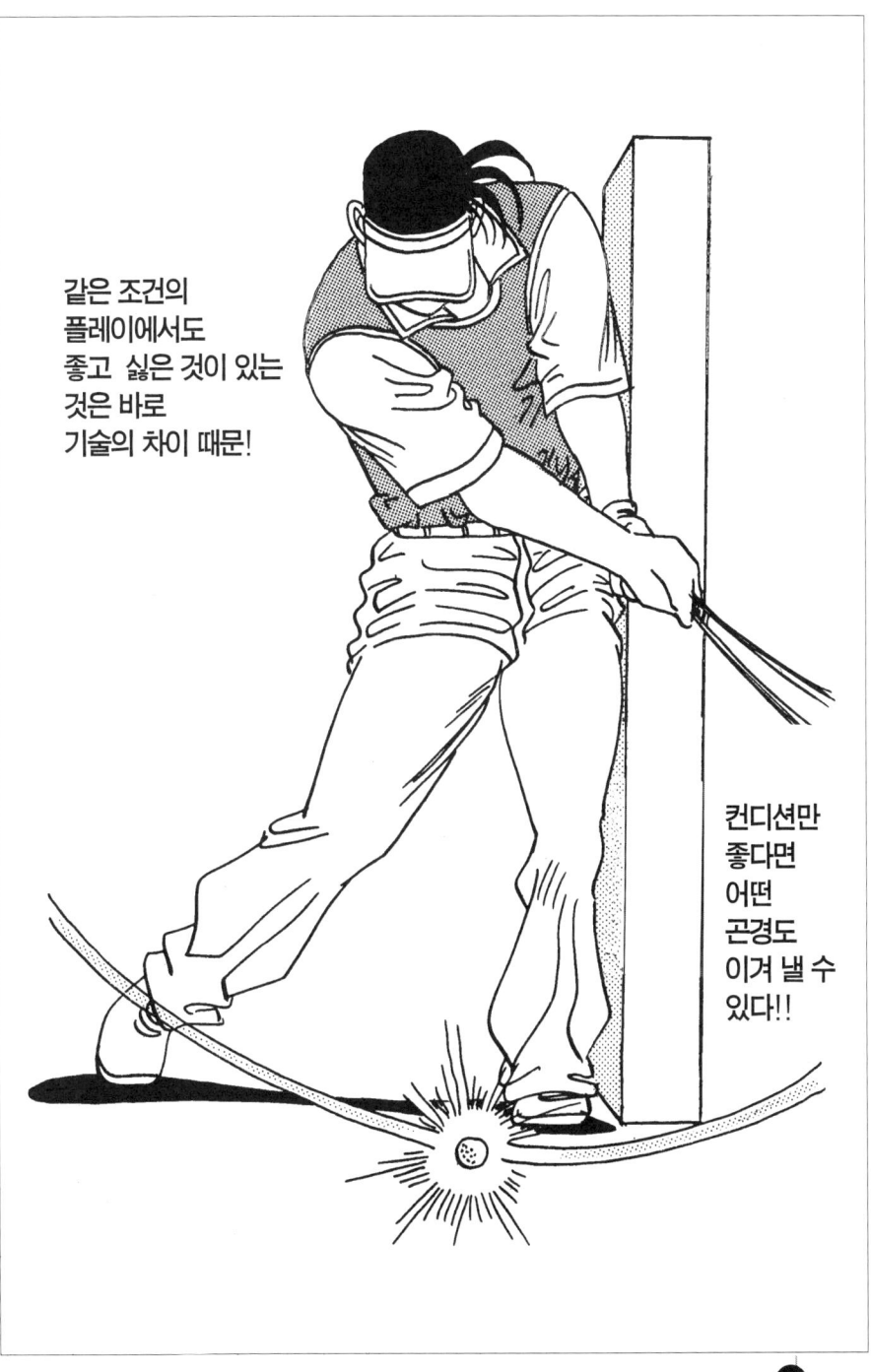

어깨의 회전은 수평도 수직도 아니다

장영일 포인트 레슨

골프스윙에 있어서 수평과 수직 타법이란 있을 수 없다. 오른쪽에서 왼쪽으로, 위에서 아래로와 같이 극단적인 한방향으로 진행하는 것이 아니라 등뼈와 직각을 이루는 그 중간의 한 선으로 회전하는 것이 골프 스윙이다.

이를 위해 사람의 몸은 어드레스부터 그 동작을 위해 준비하고 있으며 스윙이 시작되면 허리와 엉덩이가 여기에 맞춰 회전한다. 어드레스에서 등뼈의 각도는 앞으로, 그리고 약간 오른쪽으로 기울어져 있다. 백스윙이 시작되면 어깨는 이 기울어진 등뼈에 직각으로 회전하게 되므로 수평이나 수직회전이 되면 안 된다.

일반 아마추어 골퍼에게 자주 나타나는 현상이 수평회전인데 클럽 헤드가 테이크 백에서 너무 인사이드로 들어와 대부분 톱스윙에서 8자를 그리며 아웃사이드 인으로 궤도가 그려진다. 이렇게 되면 슬라이스나 생크가 발생하게 된다. 정확한 어깨의 회전은 오른쪽 어깨가 머리 뒤편으로 상승하고 왼쪽 어깨를 볼 뒤를 향해 수평으로 회전하는 느낌이다. 타구가 어떻게 날아가는지는 스윙 궤도와 클럽 페이스 방향에 의해 결정된다.

스윙 궤도는 인사이드 인, 인사이드 아웃, 아웃사이드 인의 세 가지며 페이스의 방향은 스퀘어, 오픈, 크로즈드 등 역시 세 가지다. 이 두 가지 조화에 의해 아홉가지 샷이 형성된다. 스윙 궤도에 능숙해지기 위한 지름길은 자기가 어떤 샷을 하고 있는가를 파악하는 것이다. 그러면 휘어지는 원인도 알 수 있고 정교한 업라이트 타법도 정착시킬 수 있다.

골퍼의 스윙 전략
장영일 포인트 레슨

신경이 예민한 골퍼의 스윙 전략

　신경이 예민한 골퍼는 자칫 자신의 타이밍을 잃기 쉽다. 무의식중에 한가지만 지나치게 점검하는 경향이 강하다. 미스샷을 한 경우 원인이 무엇일까 하는 문제에 지나치게 골몰하는 것이다. '인간이니까 때로는 미스샷도 나온다' 고 생각하면 되는 것을 성격상 그렇게 하지 못하는 것, 이것이 결점이다.
　이런 사람들은 코스 공략이 확실하고 상황 파악이 적절한 장점을 가지고 있기도 하나 한 가지 미스에 지나치게 신경을 쓰고 스윙 자세 점검에 예민하며 남의 플레이 하나하나에도 지나치게 반응하는 단점을 가지고 있게 마련이다. 일류 프로골퍼들도 하루 가운데 정말로 만족할 만한 굿샷은 2~3회 밖에 되지 않는다고 한다. 그렇다고 해서 경기중 세세한 자세 점검을 계속 하지는 않는다. 리듬이나 타이밍이 잘못되었겠지 하는 정도로 생각하는데 그친다. 그렇게 하는 것이 스스로 마음이 편하기 때문이다. 자신의 민감한 성격으로 코스를 어떻게 공략할 것인가, 그 순간의 바람은 어떠했는가, 라인은 어떤가 하는 등에 관심을 기울여 보라. 좀 더 성공적인 플레이를 할 수 있을 것이다.

성격이 대범한 골퍼의 스윙 전략

　성격이 대범한 사람은 승부에 강한 타입이다. 겁내지 않는 대담한 성격이 과감한 공략을 하도록 만들어 어려운 상황을 좋은 결과로 이끌어 낸다. 그러나 반대의 결과가 되기도 쉽다. '긍정적으로 생각해 과감하게 공략하자' 는 기분이 앞뒤없이 강해지기도 하고 또는 '이 정도면 되겠지' 하는 식의 애매한 골프가 되는 경우도 있다. 전체의 연결을 생각하지 않고 그때 그때에 맞는 임기응변식의 플레이로 흘러가기 쉬운 것이다.

이런 골퍼는 긴장감이 강하고 기분전환이 빨라 미스샷 뒤에도 자신의 스윙을 할 수 있는 장점이 있으며 반대로 플레이가 임기응변식이 되기 쉽고 별로 신경을 쓰지 않아 상대의 플레이에 폐가 되는 일이 많은 단점이 있다.

성격이 대범한 사람은 미스샷을 해도 그 충격이 그리 크지 않고 미스샷 후에도 쉽게 자기 스윙을 되찾을 수 있다. 조금만 강한 기분을 억제해서 전체를 보고 플레이하게 되면 커다란 발전을 기대할 수 있다. 대담한 성격이 공격적인 플레이를 하게 함으로써 좋은 결과를 얻는 경우가 많으나 잘못되면 크게 무너지는 타입이기도 하다.

욕심 많은 골퍼의 스윙 전략

욕심을 가지고 플레이하는 것도 중요하다. 도전 의욕이 있을수록 골프는 발전하기 때문이다. 이런 유형의 골퍼들은 승부에 대한 집착이 강하고 노력파라는 장점이 있는 반면 욕심이 많아 약간의 미스에도 무너지기 쉽고 완벽한 스윙을 추구하려고 하며 좀처럼 스윙이 굳어지지 않는다.

너무 완벽한 결과를 추구하면 미스했을 때의 정신적 타격이 크다. 따라서 결과만을 집착하지 말고 차분히 상황을 관찰하면서 미스해도 침착하게 플레이해야 한다. 욕심이 앞서면 기술을 확실히 익히지 않은 채로 나아가게 된다. 게임중에 미스를 하면 자책감이 커져서 그것이 초조감을 일으키고 초조감은 또 연달아 미스를 초래하는 것이다.

차분하게 약점을 볼 줄 아는 정신적인 면의 안정이 필요하다. 그 이후에 자신의 골프에 대한 환상을 머리에 그리며 플레이하면 좋은 결과를 얻을 수 있을 것이다. 어떻게든 좋은 결과만을 얻으려고 하면 오히려 발전이 늦고 승부에 약해진다. 마음을 비우고 30야드만 날리겠다고 하면 300야드를 날릴 수 있는 것이 골프다.

재주가 많은 골퍼의 스윙 전략

잔재주가 많은 것이 오히려 화가 되어 대성하지 못하는 경우가 많다. 내버려두면 이같은 경우가 되어 언제까지나 제자리걸음을 하기 쉽다. 골프스윙은 정신적으로는 비교적 단순하게 생각하는 것이 좋다. 실제는 극히 복잡한 것이므로 너무 많은 생각을 하고 실행해 나가려고 하면 발전할 수 없다. 그러므로 골프에 관해 신뢰할만한 선배 한 사람을 정해놓고 그 사람의 충고만을 받아들여 실행하는 것이 바람직하다.

재주가 많은 사람들은 남의 스윙의 장점을 잘 받아들이고 스윙이 중간에 이상해져도 어떻게든 해결해서 치는 장점이 있는 반면 어프로치 등에서 지나친 잔재주를 부리고 남의 충고를 무엇이나 받아들이며 한가지에 집착이 없으므로 자기 스윙을 만들기가 쉽지 않은 단점이 있다.

이런 유형의 골퍼들은 모든 사람의 말을 다 들으려고 해서는 안 된다. 어프로치 샷이나 퍼팅, 리듬 등에 있어 남의 장점을 받아들이는 것은 좋으나 재주가 많다고 해서 골프를 개안했다는 자만심보다 한 동작 한 동작 마스터해 가야 좋은 결과를 얻을 수 있는 것이다.

재주가 없는 골퍼의 스윙 전략

재주가 없는 사람은 자신이 골프에 적합하지 않다고 생각하기 쉽다.

무엇을 해도 간단히 되지 않으므로 골프가 어렵다고 생각하고 만다. 그래서 쉽게 골프에 대한 정열도 식을 가능성이 많다.

그러나 골프는 재주가 많은 사람보다 재주가 없는 사람 쪽이 오히려 잘 칠 가능성이 많은 운동이다. 재주가 없는 사람은 시간이 많이 걸리기는 하지만 한 가지에 꾸준히 노력하므로 자기 스윙을 굳힐 수 있고 항시 긴장된 마음을 지니는 장점이 있다. 반면 남의 충고를 막바로 소화해 내기가 어렵고 골프에 대해 희망적으로 생각하기보다는 그렇지 않은 경향이 있으며 다음 샷을 생각하고 칠 여유가 없다는 단점이 있다.

하지만 일단 인내를 가지고 스윙 동작을 하나씩 마스터해 나가면 우선 정신적인 면이나 기술적인 면에서 자신감을 찾을 수 있을 것이다. 재주가 많은 사람은 고민이나 방황이 많아 자멸하기 쉽다.

재주가 없다고 포기하는 것은 금물이다. 재주가 없는 쪽이 일단 한 가지를 익히면 오히려 재주가 많은 사람에 비해 좀처럼 잊어버리지 않는 장점이 있다.

체형에 따른 골퍼의 스윙 전략

장영일 포인트 레슨

몸이 마른 골퍼의 스윙 전략

마른 체형의 사람은 일반적으로 스웨이가 발생하기 쉬우며 허리가 안정되지 않는다. 비교적 자유로이 자신의 몸을 움직일 수 있기 때문에 무의식 중에 손만으로 스윙을 컨트롤하는 경향이 있다. 따라서 뒤땅치기나 톱핑이 많이 발생하고 가끔 굿샷을 했다 싶어도 크게 슬라이스가 나고 만다. 이것은 몸이 흔들리는데서 나오는 현상이다.

그러므로 스윙을 함에 있어 몸의 축이 무엇보다 중요하다는 것을 인식해야 한다. 살찐 사람이 허리를 30도 가량 비트는 데는 상당한 고통이 따르지만 마른 사람은 힘들이지 않고서도 45도 가까이 회전시킬 수 있다. 이런 차이가 있으므로 스윙에 있어서도 분명히 방법의 차이가 생긴다.

마른 사람은 몸을 쉽게 뒤틀 수 있고 따라서 스윙 아크를 크게 할 수 있는 장점이 있는 반면 몸이 흔들리기 쉽고 하체가 불안정한 단점을 지니고 있다.

그러므로 마른 골퍼는 몸의 움직임이 자유롭다는 점을 충분히 살려야 한다. 테이크 백 때는 오른쪽 무릎의 방향과 오른쪽 허벅지의 형태를 바꾸지 말고 석고로 고정해 놓은 것같은 기분으로 몸의 동요를 억제해야 한다.

뚱뚱한 골퍼의 스윙 전략

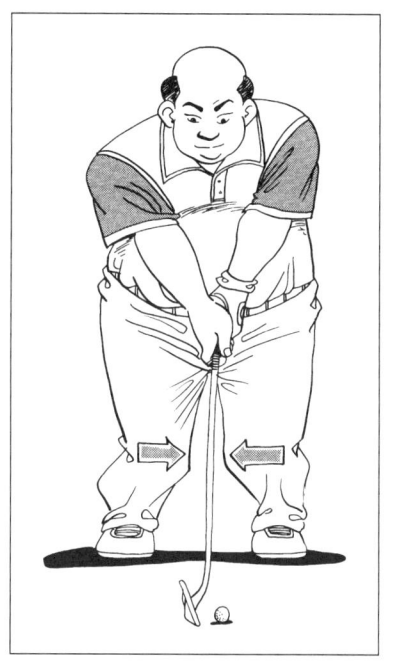

이러한 유형의 골퍼는 하반신의 지나친 움직임을 방지하기 위해 양 무릎을 약간 안쪽으로 모아서 안짱다리의 자세를 취하고 그대로 스윙하는 것이 효과적이다. 그렇게 하면 백스윙 때는 몸의 중심이 오른쪽 무릎의 안쪽에, 다운 스윙에서 임팩트에 걸쳐서는 반대로 왼쪽 무릎 안쪽으로 가게되어 하반신의 지나친 흔들림을 억제할 수 있다.

충분히 몸을 비틀어서 치는 것이 어려운 스타일이므로 팔꿈치에서 손에 이르는 부분의 동작을 중심으로 볼을 쳐야 한다. 배가 나온 사람은 어드레스 때 앞으로 몸을 숙이기가 힘들다. 이런 사람들은 볼이 멀리 날아가지 않는다고 체념을 하거나 아니면 몸을 좌우로 흔들면서 어떻게든 멀리 날리려고 하는 두 가지 유형이 있다.

스윙 중 몸이 안정되고 체중 이동만으로도 장타를 날릴 수 있는 장점이 있으나, 백스윙 때 몸을 틀기 어려워 손으로만 하는 스윙이 되고 몸을 흔들어 치는 버릇을 가지기 쉽다.

따라서 뚱뚱한 골퍼는 걷는 리듬을 이용, 오른발에서 왼발로 체중을 옮기면서 체중 이동에 따라 팔을 휘두르는 것이 좋다. 백스윙 때 오른발에 실렸던 체중을 왼발로 옮기면서 임팩트를 시도하면 된다. 스탠스는 훨씬 좁게 편하게 서 있을 수 있는 정도의 폭이면 된다.

키큰 골퍼의 스윙 전략

긴 샤프트로 스윙하지 않는 한 키가 큰 골퍼는 앞으로 구부린 상태에서 어드레스하기 쉽다. 허리가 많이 앞으로 꺾인 자세에서는 안정된 스윙을 하기 어렵다. 상체를 크게 비틀어 치려고 해도 앞으로 많이 숙인 자세에서는 손이나 팔로 백스윙을 하는 것이 편하기 때문이다.

키가 크면 업라이트한 스윙 궤도가 그려진다. 업라이트한 스윙 자체는 나쁘지 않지만 손과 팔에만 의존하는 방법은 샷의 컨트롤이 나빠진다. 키가 크면 이 방법으로도 볼은 제법 멀리 날아간다. 몸회전을 하기보다는 눈앞의 결과만 쫓는 플레이를 하기 쉽다.

키가 큰 골퍼는 스윙 아크가 크고 업라이트한 스윙 궤도를 그릴 수 있으며 긴 샤프트의 클럽도 어렵지 않게 휘두를 수 있는 장점이 있지만 손발의 길이를 잘 활용하기가 쉽지 않고 어드레스 때의 자세가 앞으로 지나치게 구

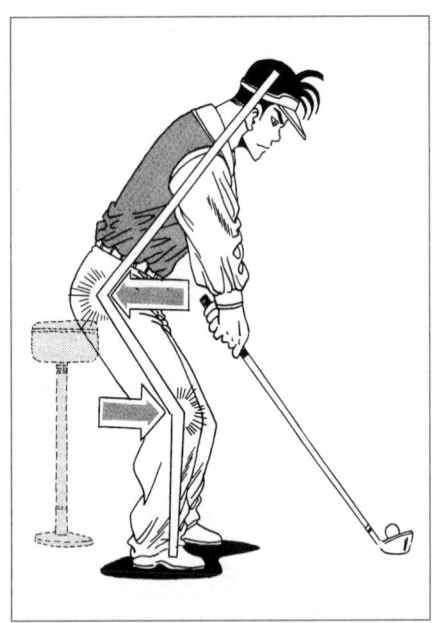

부러지기 쉬우며 자신도 모르게 손만으로 휘두르거나 몸이 많이 움직이는 등의 단점이 있다.

키가 크다는 것은 스윙 아크가 커지는 것과 직결되기 때문에 자신의 높이를 살려 크게 자세를 잡는 것이 중요하다. 허리를 구부려 높은 의자에 걸터 앉는 듯한 어드레스를 취하고 무릎을 약간 구부리면 스윙 플레인도 안정된다. 단 백스윙 때 주의할 점은 손목만을 꺾지 않도록 해야 한다는 것이다.

키작은 골퍼의 스윙 전략

아무래도 옆에서 옆으로의 극단적인 스윙이 되기 쉬운 것이 키가 작은 골퍼의 특징이다. 키가 작은 만큼 곧게 선 어드레스를 하게 되는 것이다. 또한 스탠스의 폭을 크게 넓히는 경향이 있기도 하다. 이는 어드레스를 했을 때 스탠스가 좁으면 장타가 불가능하지 않을까 하는 생각이 들기 때문이다.

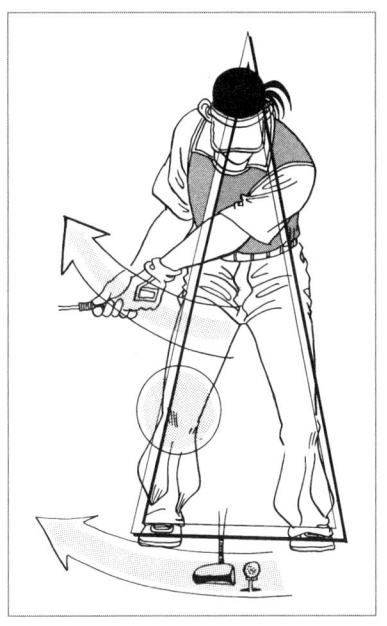

키가 작은 사람들은 거리가 나지 않는다는 선입견에 빠지기 쉬워 장타를 날리기 위해 스탠스를 넓혀 하반신을 안정시키려고 할 것이다. 그러나 결론은 이와는 반대다. 장타를 치려고 한다면 스탠스는 너무 넓지 않아야 한다. 스탠스가 넓으면 손으로만 치는 스윙이 되기 쉽다. 손으로 아무리 세게 쳐도 볼은 그리 멀리 날아가지 않는다. 키가 작은 골퍼들은 플랫한 스윙을 하기 쉽고 하반신이 안정되는 장점이 있는 반면 옆으로 휘두르기 쉬워 다운스윙 때 클럽이 누워 버리거나 스탠스가 넓어지는 경향 때문에 체중 이동이 어려워지는 단점이 있다. 드라이버의 스탠스는 어깨 넓이가 원칙이다. 무릎을 살짝 구부리고 허리부터 약간 앞으로 숙인 어드레스를 취한다. 오른쪽 손목의 지나친 코킹을 자제하고 양손 양발 양어깨에 의해 생기는 삼각형의 형태를 유지하면서 낮게 테이크 백을 한다. 기분상으로는 오른쪽 허리 높이에서 왼쪽 허리 높이를 향해 휘둘러간다.

절대로 머리보다 높은 위치를 향해 양손을 끌어올리는 식의 톱스윙은 금물이다.

몸이 굳은 골퍼의 스윙 전략

몸이 굳었다는 것만으로도 골프에 부적합하다고 여기는 사람이 있다. 이것은 잘못된 생각이다. 몸이 경직됨을 살려서 스윙 자세를 만들면 몸이 부드러운 사람보다 오히려 안정된 스윙을 할 수도 있다. 주의할 점은 몸이 굳었음에도 불구하고 무리하게 부드러운 사람과 같은 자세를 취하려고 하는 것이다. 특히 몸을 부드럽게 쓰라는 등의 주위 충고를 그대로 받아들여 연습하다보면 돌이킬 수 없는 결과를 맞게 된다.

골프 스윙을 보다 완벽하게 하기 위해 쓸데없는 동작을 생략하는 것이 좋다. 몸이 굳은 사람은 크게 몸을 돌리는 것이 어렵다. 턱밑까지 왼쪽 어깨를 넣으라지만 쉽지 않다. 몸이 굳었음을 그대로 인정해야 하는 것이다.

중요한 것은 리듬이다. 몸을 비틀기보다는 리듬과 타이밍에 중점을 두어 스윙 자세를 다듬는 것이 좋다.

톱스윙의 위치와 자세를 정하기 쉽고 임팩트 때 몸이 안정되는 장점이 있지만 백스윙 때 몸의 회전이 부족하고 약간만 리듬이 잘못되어도 미스샷이 날 가능성이 높으며 자신만의 스윙을 만들어가는 데 많은 시간이 필요한 단점이 있다. 사람에 따라 리듬도 다르다. 따라서 어드레스에서 톱스윙, 그리고 피니시에 이르는 동안 자신의 이름 한자씩을 머리에 헤아리며 치는 연습을 하면 굳은 몸의 동작에 리듬이 생길 것이다.

오른팔 힘이 강한 골퍼의 스윙 전략

오른팔의 힘을 주로 사용하는 골퍼의 경우 플러스가 되는 점도 있지만 마이너스가 되는 부분이 더 크다. 골프에서는 똑바로 볼을 날릴 필요가 있기 때문이다. 멀리 날린다 해도 볼이 크게 휜다면 아무 소용이 없다.

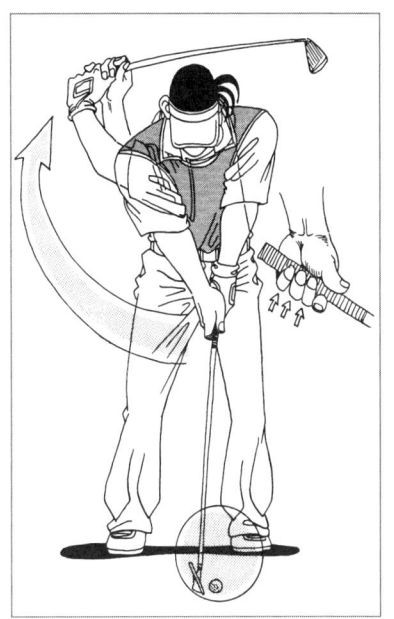

직구에 가까운 볼을 치려면 핸들의 역할을 하는 왼팔을 잘 활용해야 한다. 핸들 조정이 잘된 뒤에 파워를 가해야 한다. 오른팔의 힘을 나중에 작용하는 것이 기본이다. 오른손으로 친다는 기분이 강하면 스윙 궤도가 일정해지지 않는다. 매번 스윙이 달라지는 현상이 생기는 것이다. 때로는 똑바로 날아가는 것도 가능하지만 그것이 지속되지는 않는다. 따라서 왼손 그립을 확실히 익혀야 한다. 왼손의 새끼손가락, 약지, 중지의 세 손가락으로 클럽을 잘 감싸쥐면 된다.

오른팔의 힘이 강한 골퍼는 임팩트가 강하고 오른손이 잘 듣는 장점을 살려 스윙자세를 단순하게 완성시킬 수 있으며 백스윙 궤도가 일정하다는 장점이 있으나 스윙에 의한 히팅보다는 힘으로 치려고 하고 손목을 꺾는 임팩트가 되기 쉬운 단점이 있다.

오른손이 지나치게 강하면 힘이 있는 반면 때로는 제멋대로 스윙을 만들어지는데 이를 방지하기 위해서는 양손을 일체화해 클럽을 끌어올리는 것을 염두에 두면 좋은 스윙을 만들 수 있을 것이다.

보디 턴 연습법
장영일의 포인트 레슨

정상급 프로들의 세계에서 주류를 이루는 것이 보디 턴 스윙이다. 그 이유는 허리에 부담을 주지 않기 때문인데 아마추어도 이 스윙법을 잘 익히면 백스윙에서 생긴 파워를 잃지 않고 클럽 헤드에 집중시킬 수 있다.

손이 아니고 보디 턴으로 볼을 날린다는 이미지를 파악하기 위해서는 빗자루를 휘두르는 것이 가장 좋은 방법이다. 과거에 프로들이 자주 사용하던 연습법으로 길고 무거운 빗자루를 휘둘러 원을 그리기 위해서는 몸 전체를 사용할 수밖에 없기 때문이다.

백스윙에서는 오른발을 축으로 상체를 꼬아 주고 왼발부터 다운스윙에 들어간다. 오른쪽 허리가 들어가면서 수평으로 회전하는 것은 일정한 높이의 스윙으로 위로 올라가는 것이 아니라 클럽 헤드가 통과하는 높이를 일정하게 하는 것이다. 이를 위해서는 오른쪽허리가 백스윙에서 위를 향하거나 다운스윙에서 밑으로 처지지 않도록 한다.

허리의 회전이 매끄럽게 되면 클럽은 어드레스 위치로 되돌아온다. 돌아오는 타이밍이 약간 어긋나도 큰 실수는 나지 않는다. 빗자루 연습을 처음에 집중적으로 한 사람일수록 골프를 빨리 잘 칠 수 있다. 빗자루가 없으면 야구 방망이도 상관없다. 빗자루 연습은 오른쪽 허리가 들어가면서 수평으로 회전해 매끄럽게 원을 그릴 수 있도록 해준다.

허리의 회전을 느끼게 하는 연습법

장영일 포인트 레슨

공이 많이 뜨는 것은 오른쪽허리가 내려가고 왼쪽허리는 올라가 허리의 회전이 되지 않기 때문이다. 이러한 것을 머리로는 알 수 있어도 허리의 회전이 정지되는 버릇이 몸에 강하게 배어 있기 때문에 뒤땅 현상을 고칠 수 없는 것이다.

허리를 돌리려고 해도 실제로 돌아가지 않기 때문에 허리의 회전을 느낄 필요가 있다. 이 경우 공을 끈에 매달아 허리에 묶고 다운스윙의 이미지로 몸을 비틀거나 회전해 본다. 정확하게 허리를 돌리면 끈에 매달린 공은 함께 돌아간다. 하지만 회전의 속도가 느리거나 허리의 상하 움직임이 있다면 공은 허리의 주변을 회전할 수가 없어 밑으로 떨어지게 된다.

허리를 자른다는 이미지로 회전을 한다면 원심력이 작용해 공은 돌아갈 것이다. 우산을 돌리면 물방울이 수평으로 날아가는 것과 같은 이치다.

허리가 너무 돌아가면 왼쪽이 열려 슬라이스가 된다고 믿는 사람이 있는데 허리가 빠지는 것과 회전하는 것은 전혀 다르다. 열리는 동작을 멈추게 하면서 회전만 시키면 원심력이 작용해 비거리도 증가시킬 수 있다.

좋은 퍼트의 핵심
장영일 포인트 레슨

　퍼팅을 아주 정확하고 제대로 하는 것은 수준급 프로골퍼들도 어려운 일이다. 그만큼 좋은 퍼트를 하는 것이 힘들다는 것이다. 그러나 좋은 퍼트를 하는 방법은 의외로 단순하다. 볼을 정확하게 치고난 뒤 부드럽게 굴러가게 하면 된다. 이것이 좋은 퍼트의 핵심이다.

　그렇다면 이렇게 치려면 어떤 방법으로 해야 하는가. 우선 익혀야 할 것이 있다. 볼을 놓는 위치를 잘 잡아야 한다. 대부분의 아마 골퍼들은 보폭을 너무 좁게 하는 경우가 많다. 이렇게 하면 트러블을 야기시키는 출발점이 된다.

　왼발쪽에 너무 가깝게 볼을 놓으면 퍼터의 리딩에지 부분으로 볼의 1/2 부분만을 스트로크하게 된다. 스탠스에 대해 너무 멀리 볼을 놓으면 테이크 어웨이에서 퍼터헤드가 급격하게 위를 향해서 돌아가게 된다.

　이렇게 되면 궤도가 너무 가파른 임팩트가 되며 그 결과 볼에 대해 클럽을 밀어넣는 식으로 스트로크가 되면서 어떤 예측도 불가능하게 만든다.

　볼의 위치를 재점검해 보자. 왼쪽 발끝 연장선상에서 약 3인치 되는 부분을 그린 존이라 하는데 이곳에 볼을 놓고 퍼트로 연습해 보자. 그러면 다운 스윙 시작부터 임팩트까지 속도가 높아지면서 볼을 정확하고 부드럽게 칠 수 있다.

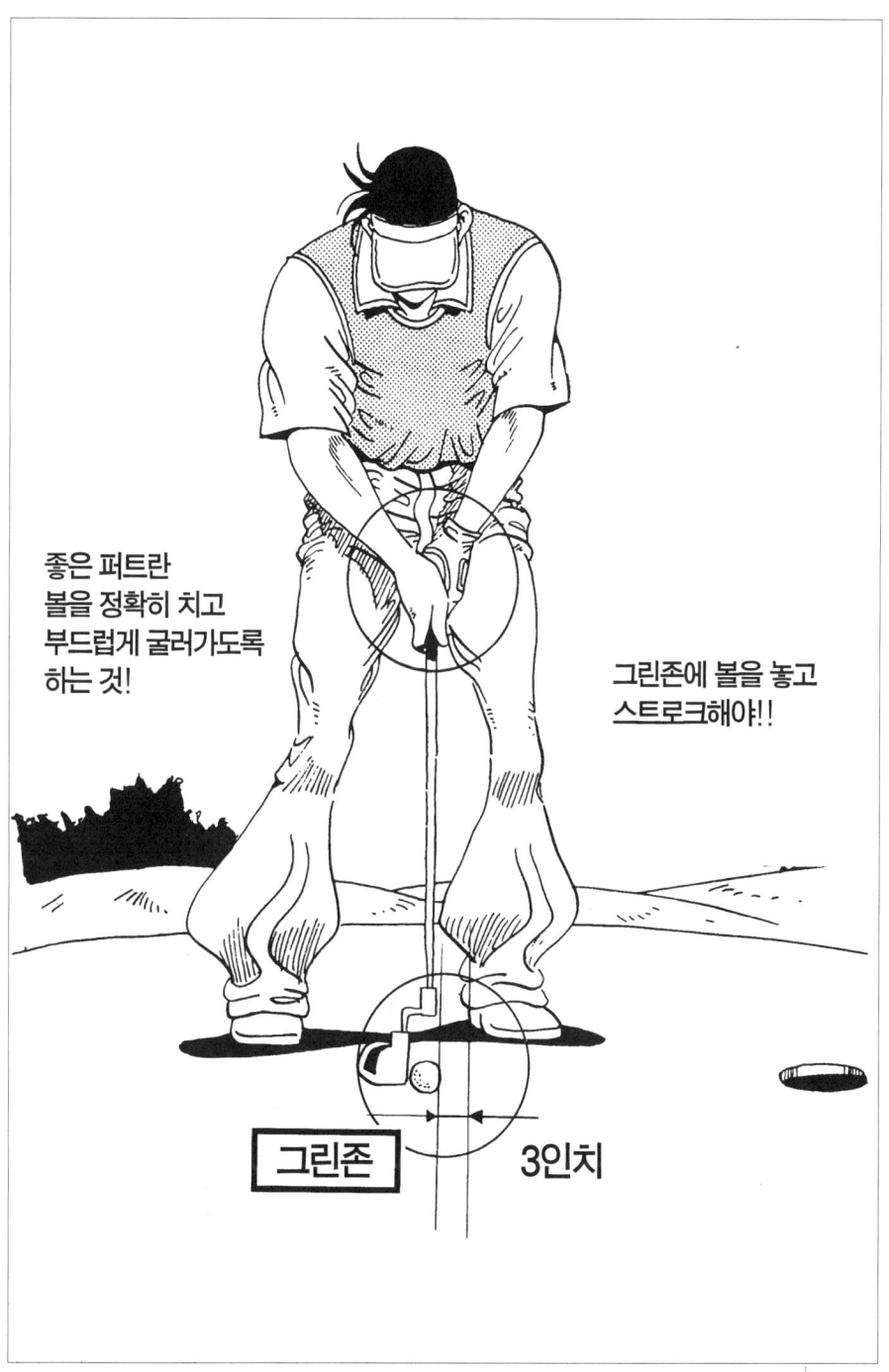

쇼트퍼팅 연습법
장영일 포인트 레슨

퍼팅이 제대로 되지 않으면 스코어는 절대 좋아지지 않는다.

쇼트퍼트를 실패하는 대부분의 원인은 볼을 적극적으로 홀컵 뒤쪽을 향해 일직선으로 퍼트하지 못하기 때문이다. 그리고 이런 퍼트를 하는 이유는 컨트롤을 잘하지 못하기 때문이다. 즉 테이크 어웨이부터 볼에 대해 너무 먼 곳에서 시작하기 때문에 올바른 컨트롤이 어려워진다.

이처럼 지나치게 퍼터를 움직이면 헤드가 스트로크하는 동안 과도하게 흔들리거나 움직이게 된다. 결국 백스윙 이후 다운스윙에 이르면서 속도가 감소하고 그 상태가 유지되면서 폴로스루까지 이어지게 된다. 이런 잘못들이 총체적으로 결합해서 불안정하고 자신가밍 결여된 쇼트퍼트가 되는 것이다.

일단 쇼트퍼트를 할 때는 많은 움직임이 필요없다는 의식을 지니는 것이 필요하다. 쇼트퍼트에서는 아주 효율적으로 퍼터를 움직이는 것이 훨씬 효과적이다. 퍼터 페이스로 볼을 살짝 노크한다는 느낌을 갖자는 것이다.

이런 타법을 습득하기 위한 연습법은 골프장이나 연습장의 연습 그린에서 티를 볼 뒤쪽 6인치 되는 지점에 꽂고 6피트 거리의 쇼트퍼트를 반복한다. 이때 퍼터헤드가 백스윙에서 티를 건드리지 않도록 주의하면서 연습을 하면 보다 적극적인 퍼팅 스트로크를 할 수 있다.

비에 젖은 그린 공략법

장영일 포인트 레슨

잔디의 특성이나 혹은 비탈진 정도에 따라 목표를 어디쯤에다 두고 공략하는 것이 좋으냐 하는 게 달라지지만 그것은 상급자에게나 가능한 작전이다. 효율적으로 공략한답시고 목표를 너무 좁게 잡으면 부담감이 오고 오히려 유연한 스윙을 못하게 될 우려가 있다. 다만 날씨에 따라서는 그린의 잔디가 빗물에 젖어 볼이 굴러가는 것을 저해하는 상태거나 아니면 건조해서 지나치게 굴러가거나 하는 차이가 생기므로 이 점을 계산해 놓는 것이 좋을 것이다.

비가 내리고 있는 날에는 볼이 그린에서 많이 굴러가지 못한다. 따라서 보통 때는 140야드 거리를 6번 아이언으로 치는 사람이라도 비가 오는 날에는 이 정도도 못날릴 때가 많다. 이런 경우에는 한 클럽 길게 잡아 그린에 낙하시키기만 하면 된다는 작전이 효과적이다. 그립이 빗물에 젖어 미끄럽기에 큰 동작으로 치지 말고 작게 억제해서 치는 것이 중요하다.

반대로 햇빛이 쨍쨍한 날씨일 때는 그린의 바닥이 말라 있으므로 지나치게 굴러가지 않도록 거리를 억제시키는 게 좋다. 상황에 따라서는 그린 앞쪽의 탁 트인 장소에 떨어뜨려 볼이 굴러 올라가는 방법도 있다는 것을 알아야 한다.

헤드 스피드를 가속시키는 법
장영일 포인트 레슨

공을 멀리 보내기 위해서는 헤드가 빨라야 한다. 이를 위해서는 서서히 스피드를 증가시키는 것이 좋다. 어디에서 스피드를 최대로 할 것인가. 물론 공을 치는 순간, 즉 임팩트에서 헤드 스피드를 최대로 하려고 하지만 실제로는 좀더 앞에서 최고 스피드에 이르게 된다.

프로들은 자주 폴로스루에서 날린다고 말한다. 즉 폴로스루에서 헤드 스피드가 최대가 된다는 말이다. 힘이 나오는 것은 일순간으로 폴로스루에서 헤드 스피드가 최대로 하려면 다운스윙 중에는 조용하게 내려와야 한다는 것이다.

권할만한 연습법으로 폴로스루에서 소리를 내게 하는 것이 있다. 톱스윙에서 내려오면서 치면 다운스윙에서 소리가 나 임팩트에서는 속도가 줄어든다. 몸의 오른쪽이 아니고 왼쪽에서 소리가 나도록 하는 것이다. 가능한 한 힘을 넣는 타이밍을 늦게 해 폴로스루에서 소리가 나도록 하려면 허리를 돌리는 속도가 빨라야 하다. 이렇듯 소리 연습으로 좋은 스윙이미지를 가지는 것이 중요하다.

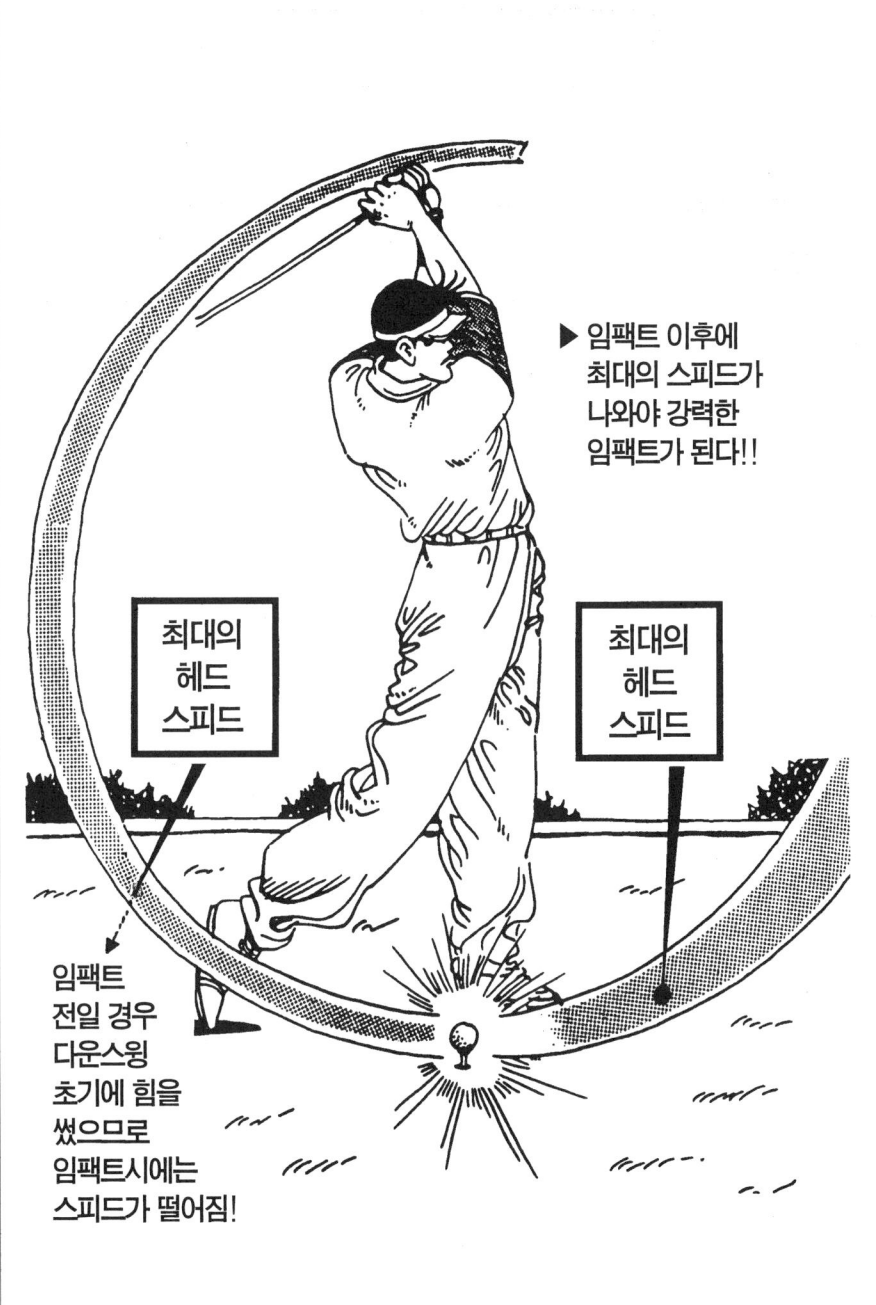

목표를 향해 피니시하는 법
장영일 포인트 레슨

골프에서 잘못 알려진 것들이 많은데 그 가운데 목표 방향으로 손이 나가면 공이 똑바로 나갈 것이라고 하는 잘못된 인식이 있다. 손은 몸을 턴하는 방향으로 움직이지 않으면 안 된다. 목표 방향으로 손이 나가면 헤드 스피드가 빨라지지 않는다. 임팩트 뒤 팔을 펴는 것은 헤드 스피드를 떨어뜨리는 원인이 된다. 팔을 펴면 상체의 턴에 제동이 걸리기 때문이다.

따라서 임팩트 뒤에는 왼쪽 팔꿈치를 꺾어 주도록 해야 한다. 이를 위해서는 다음과 같은 연습법이 효과적이다. 어드레스에서 백스윙을 하지 않고 피니시까지 들어 주는 것이다. 어떻게 하면 빨리 들어 줄 수 있는가를 생각해 보면 왼쪽 팔꿈치를 꺾어 주는 것이 가장 지름길이라는 것을 알 수 있을 것이다. 왼쪽 팔꿈치를 밑으로 향하도록 꺾어 주면 몸이 매끄럽게 돌아가고 오른쪽 어깨가 왼발 위까지 돌아간다. 이 연습을 반복하고 어느 방향으로 회전시키는가를 생각해 본다. 정확한 백스윙은 왼쪽 팔꿈치가 꺾어지는 피니시를 취하게 된다. 팔꿈치를 꺾어주면서 왼쪽으로 휘두르는 이미지가 들면 헤드 스피드도 올라간다.

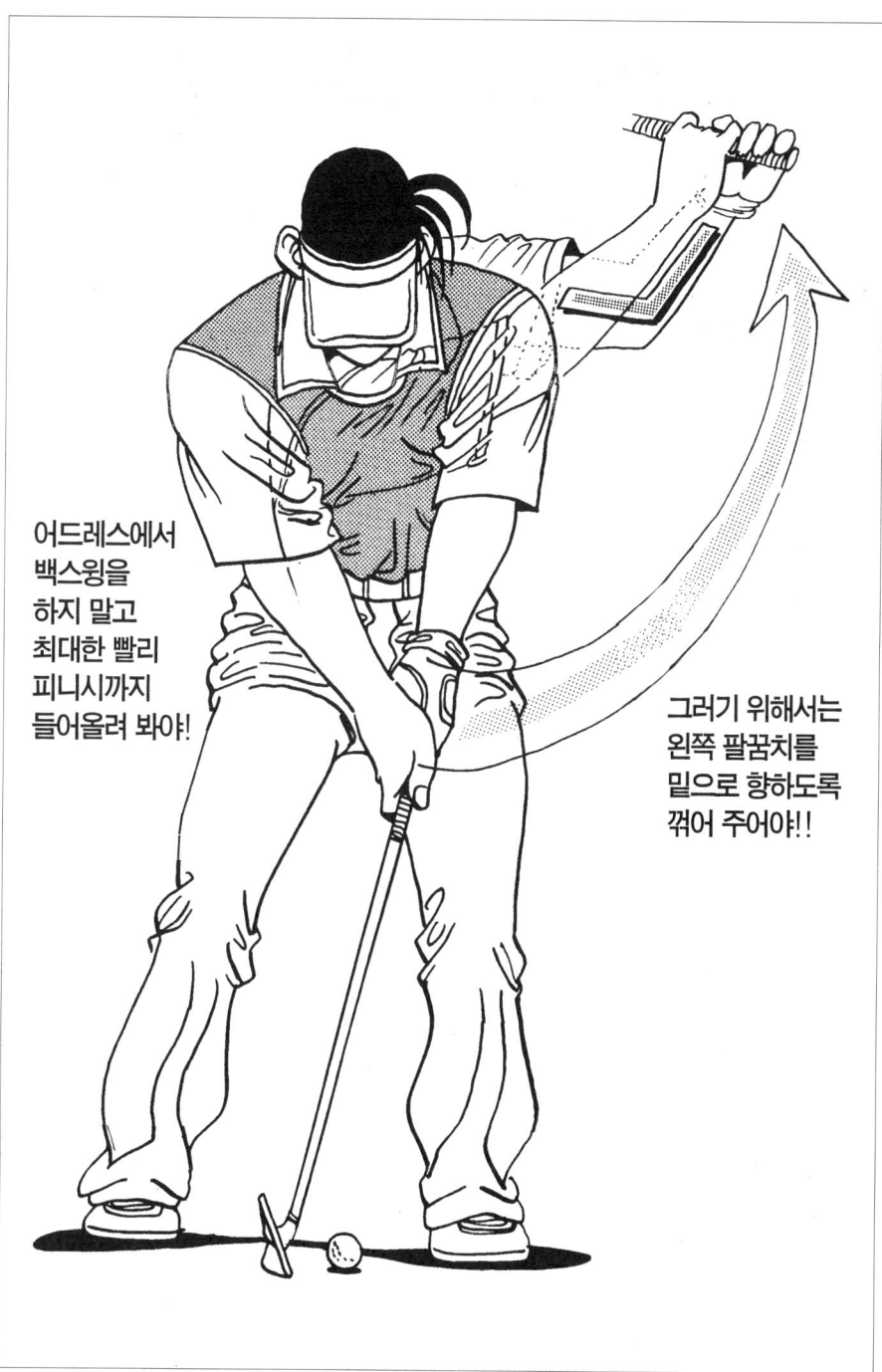

쇼트아이언 어드레스의 중요성
장영일 포인트 레슨

아마 골퍼의 경우 웨지 샷을 하기 위해 어드레스를 했을 때 가장 흔한 문제점은 볼을 밀어치듯이 자세를 잡는다는 것이다. 이처럼 너무 타이트하고 경직되게 어드레스를 하면 볼에 대해 너무 가깝게 서게 된다.

이런 자세를 잡으면 볼을 잘 히트시킬 듯한 느낌이 들지 모르지만 결과는 그 반대다. 양손을 너무 몸에 대해 바짝 붙인 듯한 형태로 하게 되면 백스윙을 제대로 할 수 있는 공간이 없게 된다. 따라서 풀스윙을 하려고 양손을 올바른 스윙 면을 넘어서 밀어치는 듯한 움직임이 되고 결국 백스윙과 다운스윙에서 스윙 면을 벗어나는 움직임이 되어 버린다.

웨지를 이용해 피칭 샷이나 칩샷을 하기 위해 어드레스를 할 때는 우선 몸을 똑바로 세운 상태에서 양손을 쭉 내려 뻗는다. 그리고 양 무릎을 약간 굽히면 등뼈는 곧장 뻗은 상태에서 약간만 비스듬한 각도를 유지하는 모습이 된다. 이런 자세에서 클럽을 잡고 헤드를 지면에서 약간 떨어뜨린 상태로 몇 번 움직여 본다. 그런 뒤 볼을 가장 잘 히트시킬 수 있겠다는 느낌이 드는 지점에 클럽 헤드를 댄다.

이런 과정을 거친 다음 어드레스를 하고 볼을 치면 보다 여유로운 마음에서 스윙을 할 수 있으며 그래야만 제대로 된 스윙 아크를 이루면서 쇼트 아이언 공략을 할 수 있다.

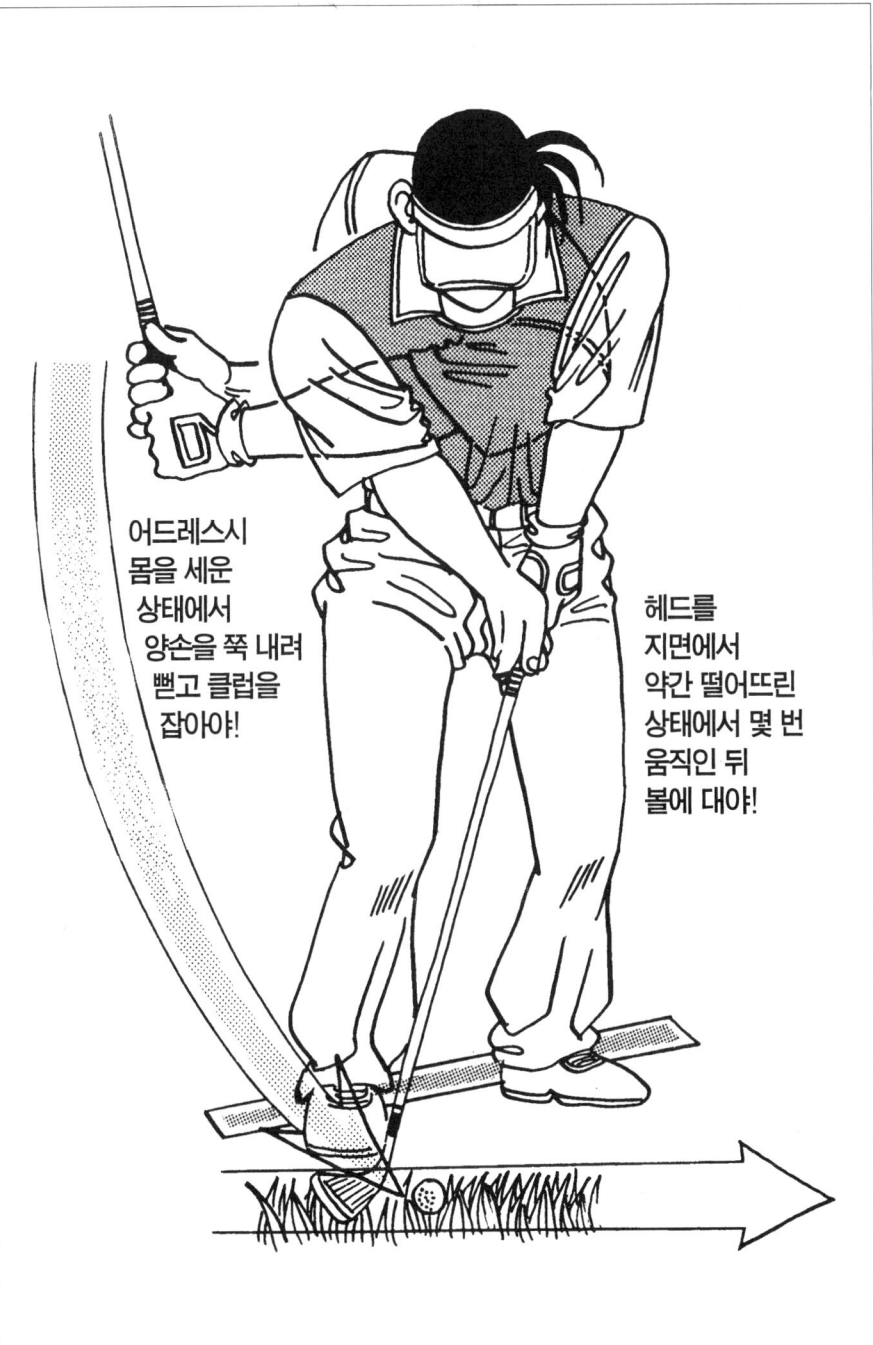

지혜로운 OB코스 공략법
장영일 포인트 레슨

그린 오른쪽이 OB지역이고 깃대가 그린 오른쪽에 있을 때 깃대 방향으로 볼을 날리는 것은 위험이 뒤따른다. 상급자라면 OB를 개의치 않고 날려보낼 수 있지만 핸디가 높은 사람은 그린 왼쪽 한가운데 부분을 목표로 삼는 것이 현명한 작전이다. 거리가 130~150야드 정도여서 5~7번 아이언으로 치는게 알맞은 상황이라면 각도가 적은 롱아이언은 볼이 오른쪽으로 휘어나가기 쉽다는 점을 염두에 두어야 한다. 이런 경우에는 그린의 왼쪽 끝 부분으로 날려보내도록 한다.

반대로 120야드 이하의 거리이고 8~9번 아이언으로 충분히 날릴 수 있는 거리라면 짧은 아이언으로 쳤을 때 볼이 왼쪽으로 휘기 쉽다는 점을 계산해 둔다. 이럴 경우 그린 왼쪽 앞에 있는 벙커에 빠뜨려서는 안되므로 그린을 2등분했을 때 왼쪽에 목표를 두는 것이 좋다.

일반적으로 롱아이언을 쳤을 때 생기는 오류는 볼이 오른쪽으로 꺾여 나가고 쇼트 아이언으로 치면 왼쪽으로 휠 때가 많다는 것을 알아야 한다. OB나 낭떠러지, 더구나 높은 턱의 벙커같은 '절대 빠뜨려서는 안 되는 위험한 지대'가 있을 때는 슬기롭게 위험 요소를 피하도록 목표를 설정해 공략하는 것이 좋다.

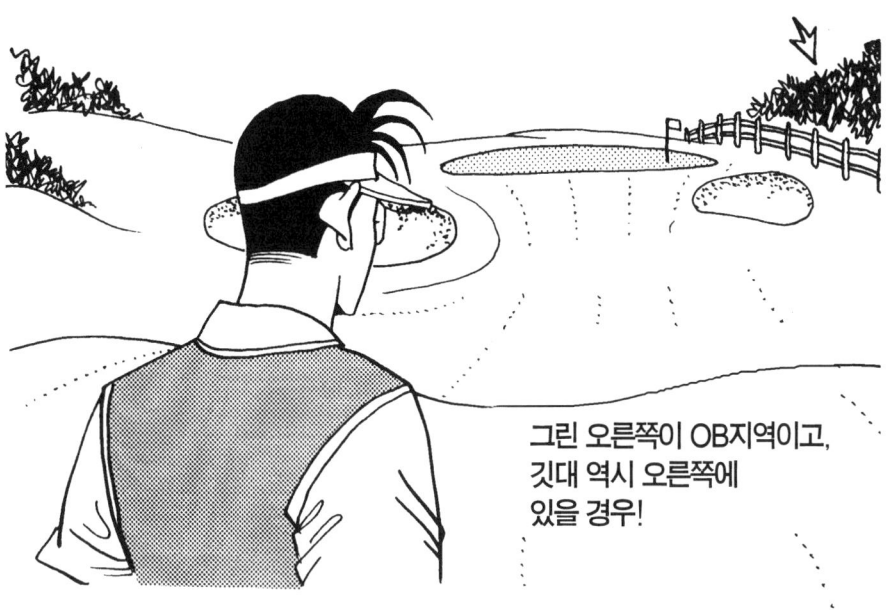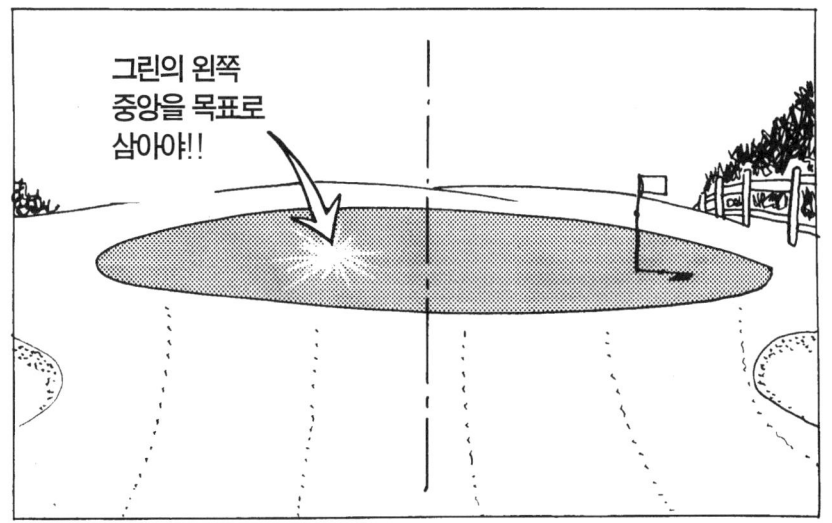

빗속의 라운딩을 위한 상식

장영일 포인트 레슨

　유난히 비가 많다. 비오는 날의 라운딩은 불쾌지수가 높고 매우 피로해진다. 빗속에서는 어떻게 코스를 공략해야 할까.

　페어웨이에서 아이언을 사용할 때는 평상시보다 한 클럽 길게 선택하는 것이 좋으나 티샷은 별 차이가 없다. 지면이 무른 상태이므로 아이언보다는 우드를 사용하는 것이 좋다.

　비옷을 입은 상태이거나 비가 내리는 동안에는 몸의 움직임이 제약을 받고 정신집중이 어렵다. 따라서 스윙 크기를 3/4로 줄이는 것이 좋으며 몸 전체를 이용한 스윙보다는 되도록 하체 사용을 제한하기 위해 발바닥을 지면에 붙이고 손과 팔이 스윙을 주도하도록 한다. 벙커 샷을 할 때 겁을 먹는 골퍼들이 많은데 젖은 모래를 의식하지 말고 평상시처럼 자연스럽게 스윙하면 된다.

　페어웨이가 젖어 있으면 공이 구르지 않아 거리가 나지 않으므로 무리한 플레이보다는 쇼트게임에서 승부를 거는 것이 현명하다. 젖은 그린을 향해 어프로치할 때는 칩샷보다 홀컵 가까이 떨어뜨리는 피치 샷이나 로브 샷을 하도록 하고 퍼팅은 공이 잘 구르지 않고라이도 제대로 먹지 않으므로 과감하게 칠 필요가 있다.

　빗속에서 플레이할 경우의 피로도는 맑은 날씨보다 두 배 이상이 되기에 골퍼들의 신체 저항력은 자연히 저하될 수밖에 없다. 따라서 충분한 수면과 비타민류를 많이 포함한 고칼로리 음식을 섭취하는 것도 도움이 된다.

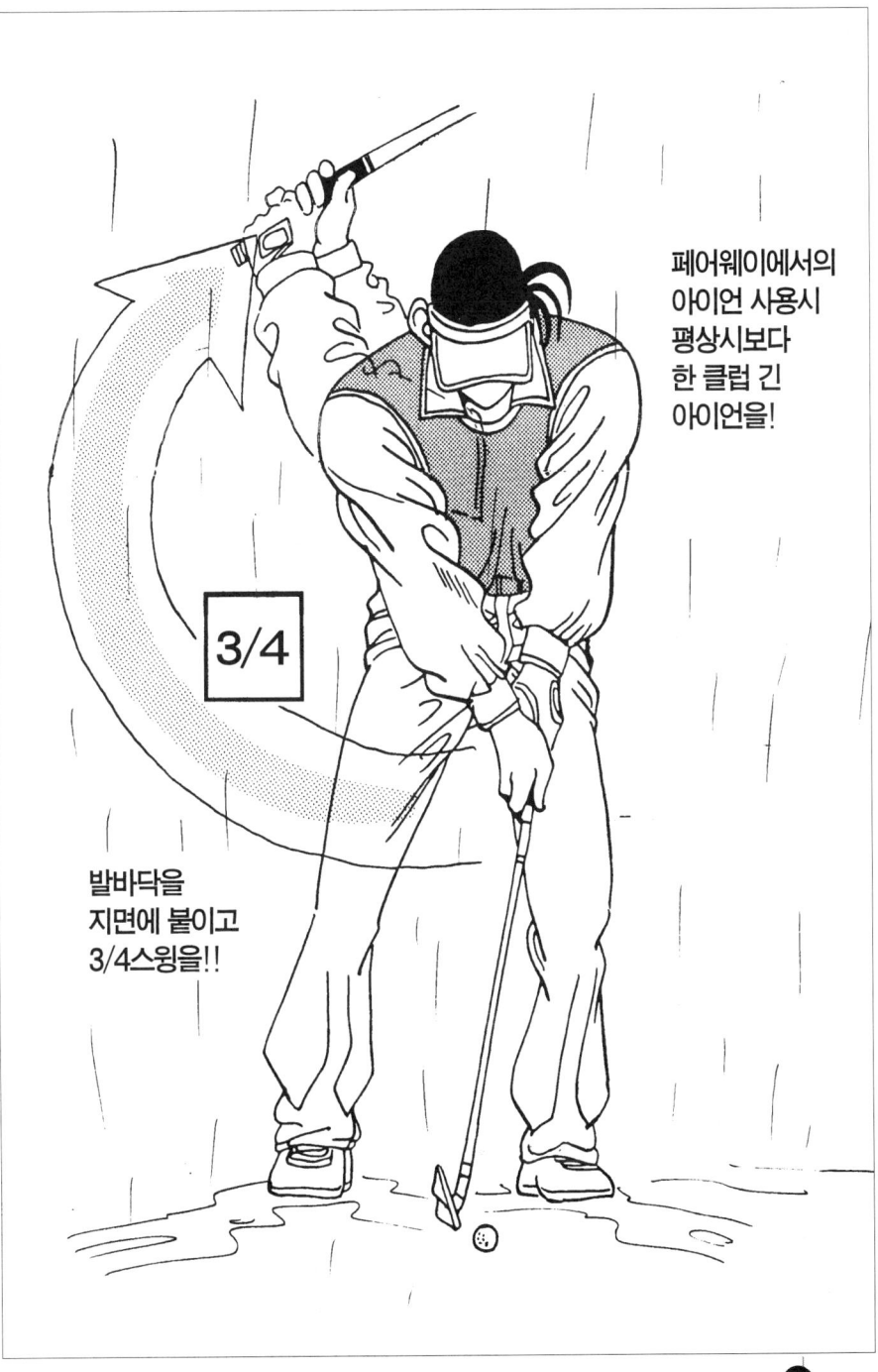

그림으로 쉽게 배우는
초보자를 위한 골프 입문

지은이 장영일
그린이 이용훈
펴낸이 양동현
펴낸곳 골프아카데미
　　　　출판등록 제307-2012-7호
　　　　02832, 서울 성북구 동소문로 13가길 27
　　　　전화 02-927-2345 팩스 02-927-3199

초판 1쇄 인쇄 2000년 1월 5일
개정판 1쇄 발행 2013년 3월 25일
　　5쇄 발행 2022년 6월 20일

ISBN 978-89-98209-02-5 13690

* 이 책은 신저작권법에 의해 보호받는 저작물이므로
　무단으로 전재하거나 복제할 수 없습니다.
* 잘못 만들어진 책은 구입한 곳에서 바꾸어 드립니다.

www.iacademybook.com